La Canción de Concierto en el Grupo de los Ocho de Madrid

Aurelio Viribay

La Canción de Concierto
en el Grupo de los Ocho de Madrid

Prólogo de Paulino Capdepón

MÚSICA

Colección Música. Consejo Editorial

Gemma Pérez Zalduondo, Universidad de Granada
Juan José Carreras López, Universidad de Zaragoza
Manuel Pedro Ferreira, Universidade Nova de Lisboa
Alejandro Madrid, University of Chicago
Roberto Illiano, Centro Studi Opera omnia Luigi Boccherini
María Palacios Nieto, Universidad de Salamanca

© Aurelio Viribay
Edita: Editorial Doble J
Camino Fuente del Rey 1, Finca Las Señoritas
21200 Aracena, España
ISBN: 978-84-96875-42-5

ÍNDICE

Agradecimientos............................... I
Prólogo....................................... i
1. Introducción 1
2. El Grupo de los Ocho de Madrid................ 11
3. Ernesto Halffter 35
4. Rodolfo Halffter............................ 117
5. Julián Bautista 145
6. Salvador Bacarisse.......................... 193
7. Juan José Mantecón 319
8. Fernando Remacha........................... 367
9. Gustavo Pittaluga........................... 411
10. Rosa García Ascot 423
11. Conclusiones 427
Apunte discográfico 451
Relación de ejemplos musicales 455
Bibliografía.................................. 459

Agradecimientos

A Manuel Halffter Cámara Santos —hijo del compositor Ernesto Halffter Escriche— y a su esposa María Rosa Goñi, no sólo por poner a mi disposición partituras de canciones inéditas de su padre, sino por compartir generosamente conmigo su tiempo y su entusiasmo por el grupo de compositores objeto de estudio de este libro.

A Salvador Bacarisse Cuadrado —hijo del compositor Salvador Bacarisse Chinoria—, por la autorización prestada para acceder a las partituras que forman parte del Legado Salvador Bacarisse Chinoria, así como a Belén Patón Lorca por autorizarme el acceso a las partituras incluidas en el Legado Juan José Mantecón Molins, ambos depositados en la Biblioteca de la Fundación Juan March de Madrid. Igualmente agradezco a los equipos de la Biblioteca de la Fundación Juan March, de la Biblioteca Musical del Ayuntamiento de Madrid, de la Biblioteca Nacional, de la Biblioteca de la Residencia de Estudiantes de Madrid y de la Biblioteca del Conservatoire Royal de Liège (Bélgica) por facilitar mi labor investigadora.

A la Dra. Carmen Torreblanca y a José Armenta, por su traducción y revisión de los textos de todas canciones en francés de Ernesto Halffter, Julián Bautista, Salvador Bacarisse y Juan José Mantecón incluidas en este libro; a Alejandro Arnáiz y Borja Mariño por su traducción de los textos gallegos; y a la soprano portuguesa Manuela Costa por su traducción de las *Canciones portuguesas* de Ernesto Halffter.

A mi esposa, Marta Knörr, quien además de haber prestado su voz de mezzosoprano para buena parte del repertorio estudiado en esta publicación, ha sobrellevado con buen ánimo mis ausencias y ha supuesto un estímulo imprescindible para llevar a cabo el largo trabajo de investigación y su plasmación en este libro.

Prólogo

Tengo el gusto de conocer a Aurelio Viribay desde 1998 cuando ambos ingresamos como docentes en la Escuela Superior de Canto de Madrid. Desde entonces he observado con admiración no sólo su sólida formación musical sino también la variedad de sus intereses artísticos e intelectuales pues siempre ha sido un firme defensor de la necesidad de aunar la formación práctica con la formación teórica y musicológica. Sus numerosos alumnos (de los que siempre ha sabido granjearse su aprecio), sus colegas de la citada Escuela, o bien los cantantes y grupos a los que ha acompañado, han sido los grandes beneficiarios del interés de Aurelio por perfeccionarse y por seguir avanzando en la senda del conocimiento musical y humanístico.

Cuando en 2009 Aurelio Viribay me propuso que le dirigiera una tesis doctoral sobre el repertorio de canciones del Grupo de los Ocho de Madrid, acepté sin dudarlo un solo momento, en el convencimiento de que la investigación que iba a emprender sería coronada con el éxito, como así ocurrió: Aurelio unía a su ya dilatada experiencia como pianista un profundo conocimiento del repertorio liederístico en su condición de profesor de repertorio vocal tanto en España como en el extranjero. Si a ello unimos una tenacidad a prueba de cualquier reto, puede comprenderse que su trabajo de investigación fructificara en la máxima calificación que otorga la universidad española, es decir, «Sobresaliente cum laude», calificación que obtuvo en la Universidad Rey Juan Carlos de Madrid. Sólo puedo decir que nunca había conocido a una persona que se entregara al trabajo investigador con tal pasión y con tal constancia, hasta el punto que sacrificaba las vacaciones o los fines de semana: gracias a este esfuerzo descomunal, la tesis doctoral pudo completarse en un tiempo inusual. En 25 años de carrera nunca fue tan fácil mi labor de tutelar un trabajo de investigación. En su generosidad, Aurelio siempre se refería a «nuestra tesis» pero yo puedo decir que los muchos méritos de este libro se deben única y exclusivamente a su autor. Por otra parte —algo que tampoco es muy frecuente en las lecturas de las tesis doctorales sobre música en España— Aurelio deleitó a todos los presentes en la defensa de su tesis doctoral en noviembre de 2011 interpretando en compañía en su esposa, la mezzosoprano Marta Knörr, una selección de canciones, en una nueva prueba de que teoría y práctica deben ir de la mano, tal es su idea de la investigación musical, que comparto plenamente.

Pero para comprender mejor esta dedicación quisiera glosar su amplia y excepcional trayectoria académica y artística. Se graduó con la máxima calificación (Matrícula de Honor) en el título de Profesor Superior de Piano y asimismo obtuvo la misma titulación superior en Música de Cámara. Después de obtener brillantemente el DEA (Diploma de Estudios Avanzados) en la Universidad Autónoma de Madrid en 2007, se doctoró en 2011 por la Universidad Rey Juan Carlos de Madrid, tal como comentábamos anteriormente. Entre 1995 y 1997 fue profesor de Repertorio Vocal en la Hochschule für Musik y en el Conservatorio de Viena, y desde 1998 en la Escuela Superior de Canto de Madrid. También ha sido muy destacada su intervención como pianista acompañante de cursos impartidos por Thomas Quasthoff en el Mozarteum de Salzburgo, Walter Berry en Austria o Teresa Berganza en la Escuela Superior de Música Reina Sofía de Madrid.

La nómina de cantantes a los que ha acompañado es asimismo muy relevante: Walter Berry, Ainhoa Arteta, María Bayo,

Ángeles Blancas, Ofelia Sala, Ruth Rosique, Alicia Nafé, Lola Casariego, Milagros Poblador o Ana María Sánchez, entre muchos otros. Se ha presentado en numerosos países, así como en las principales salas de concierto y festivales españoles, ha protagonizado diversos estrenos y ha realizado grabaciones para RNE, Catalunya Música y RTVE.

Su discografía, en sellos como Columna Música o Stradivarius, está centrada en la canción de concierto, destacando los CDs *Canciones del Grupo de Madrid* y *Compositoras españolas del siglo XX* —ambos con la mezzosoprano Marta Knörr—, *Canciones*, con la soprano Lola Casariego, *Indianas* de Guastavino con el Cuarteto Vocal Cavatina, o la primera grabación del *Retablo sobre textos de Paul Klee* de Benet Casablancas. Ha publicado un buen número de artículos en revistas como *Scherzo*, *La Zarzuela*, *Intermezzo*, *Ritmo* o *Melómano*, labor que también ha extendido a la elaboración de notas al programa de mano.

La temática de este libro se centra en la producción de canciones para voz con acompañamiento de piano compuestas por los compositores pertenecientes al Grupo de los Ocho de Madrid, integrado a su vez dentro de la denominada Generación de la República o Generación del 27. Los ocho compositores que forman este grupo son los hermanos Ernesto y Rodolfo Halffter, Julián Bautista, Salvador Bacarisse, Fernando Remacha, Gustavo Pittaluga, Juan José Mantecón y Rosa García Ascot. El objeto de estudio constituye un tema al que Aurelio Viribay viene dedicándose desde hace varios años como investigador y como pianista, motivado por un lado, por la alta calidad e interés artístico de muchas de estas canciones, y por otro, debido al hecho de que las adversas circunstancias históricas vividas por estos compositores —Guerra Civil, exilio— hicieron que su obra no se asentara en los repertorios de los intérpretes, como posiblemente hubiera ocurrido si dichas circunstancias históricas les hubieran resultado favorables.

Este estudio comienza situando el Grupo de los Ocho de Madrid en su entorno histórico y cultural como parte de la floreciente Edad de Plata de la cultura española. Se presenta asimismo el ideario estético común del grupo así como el importante papel desarrollado por éste en el momento musical de su época. Tras este apartado, el trabajo dedica un capítulo a cada uno de los ocho compositores incluidos, en el que se estudian detalladamente y de forma individual todas las canciones y grupos de canciones con acompañamiento de piano de cada compositor. De esta forma, la relación completa de canciones para voz y piano de cada uno de los compositores estudiados en este trabajo de investigación establece un catálogo actualizado de esta parcela de su producción. Se incluyen además los textos cantados de cada canción, así como su traducción española en caso de tratarse de textos en una lengua que no sea la castellana. Con el objeto de no sobrepasar las dimensiones razonables de este libro, cuyo origen es una tesis doctoral, acertadamente se ha optado por obviar las biografías de los compositores y a cambio se ofrece la bibliografía más relevante de los mismos.

Uno de los indudables méritos de este libro reside en analizar por vez primera la totalidad de la producción de canciones con acompañamiento de piano de los compositores del Grupo de los Ocho de Madrid, impulsando de esta manera la restauración de su música a través de la recuperación para el patrimonio musical de las numerosas canciones descatalogadas e inéditas de Salvador Bacarisse, Juan José Mantecón, Julián Bautista, Ernesto Halffter, Rodolfo Halffter, Gustavo Pittaluga y Fernando Remacha.

El corpus compositivo de canciones de concierto del Grupo de los Ocho de Madrid, contemplado en su conjunto casi ochenta años después de la fundación del grupo, lamentablemente no halla la difusión y conocimiento entre los intérpretes y el público que corresponde a su envergadura y a su calidad global, desequilibrio que tan sólo una continuada labor de rescate musicológico y editorial podría solucionar, como paso previo hacia una mayor presencia de las canciones objeto de este trabajo en salas de concierto, grabaciones, archivos sonoros y programaciones didácticas de conservatorios, universidades y escuelas de música. Este trabajo de investigación pretende fijar una base sólida y permanente para futuras investigaciones así como para una deseable recuperación editorial que suponga a su vez un estímulo para la interpretación, grabación, difusión e inserción normalizada en el repertorio de cantantes y pianistas de este corpus injustamente orillado.

Deseo a todos los lectores que disfruten con este libro, que sin duda alguna marca un hito en los estudios concernientes a la historia de la canción en España y a la historia musical contemporánea de nuestro país y aguardamos con expectación las nuevas investigaciones que emprenda en el futuro Aurelio Viribay.

Paulino Capdepón Verdú
Profesor Titular de Historia de la Música
Real Academia de la Historia

1. Introducción

1.1. Presentación

La temática de este libro se centra en la producción de canciones para voz con acompañamiento de piano compuestas por los compositores pertenecientes al Grupo de los Ocho de Madrid, integrado a su vez dentro de la denominada Generación de la República o Generación del 27. Los ocho compositores que forman este grupo son los hermanos Ernesto y Rodolfo Halffter, Julián Bautista, Salvador Bacarisse, Fernando Remacha, Gustavo Pittaluga, Juan José Mantecón y Rosa García Ascot.

El objeto de estudio constituye un tema al que vengo dedicándome desde hace varios años como investigador y como pianista, motivado por un lado, por la alta calidad e interés artístico de muchas de estas canciones, y por otro, debido al hecho de que las adversas circunstancias históricas vividas por estos compositores —Guerra Civil, exilio— hicieron que su obra no se asentara en los repertorios de los intérpretes, como posiblemente hubiera ocurrido si dichas circunstancias históricas les hubieran resultado favorables.

Pese a la importancia del género, la canción de concierto española del siglo XX está relativamente poco estudiada en comparación con otros géneros, como el pianístico, sobre los que la bibliografía especializada es más abundante. Las especiales características de la música vocal de cámara como unión de música y poesía puede que sea una de las razones de este abandono, ya que el estudio de cualquier género de música vocal sería incompleto en caso de regirse exclusivamente por parámetros musicales. A la hora de abordar la canción de concierto no se debe olvidar en ningún momento que ésta es un todo compuesto por música y poesía, y las relaciones entre la parte vocal y la instrumental, la forma en la que éstas interactúan y se imbrican una con la otra, su mayor o menor grado de dependencia y preponderancia de una respecto a la otra son aspectos que pueden dar pie a un interesante estudio que no encontramos en los géneros musicales puramente instrumentales.

Este estudio comienza situando el Grupo de los Ocho de Madrid en su entorno histórico y cultural como parte de la floreciente Edad de Plata de la cultura española. Se presenta asimismo el ideario estético común del grupo así como el importante papel desarrollado por éste en el momento musical de su época. Tras este apartado, el trabajo dedica un capítulo a cada uno de los ocho compositores incluidos, en el que se estudian detalladamente y de forma individual todas las canciones y grupos de canciones con acompañamiento de piano de cada compositor. De esta forma, la relación completa de canciones para voz y piano de cada uno de los compositores estudiados en este trabajo de investigación establece un catálogo actualizado de esta parcela de su producción que actualiza catalogaciones preexistentes. Se incluyen además los textos cantados de cada canción, así como su traducción española en caso de tratarse de textos en una lengua que no sea la castellana. Con el objeto de no sobrepasar las dimensiones razonables de este libro, cuyo origen es una tesis doctoral, se ha optado por obviar las biografías de los compositores y a cambio se ofrece la bibliografía más relevante de los mismos.

1.2. Estado de la cuestión

Si bien la canción de concierto española del siglo XIX cuenta con un estudio global a cargo de Celsa Alonso[1], no existe en lo referente a la canción de concierto del siglo XX una bibliografía moderna específica que aborde el género de forma panorámica y sistemática. El libro de Antonio Fernández-Cid sobre la canción de concierto española[2], único en su género hasta el momento, fue publicado en 1963 y si bien para su época constituyó una aportación considerable, su contenido ha quedado hoy definitivamente obsoleto y superado, aunque como mera relación de compositores y obras aún puede mantener cierta vigencia como referencia para estudios posteriores[3].

En el caso de libros sobre la historia del género liederístico a cargo de autores extranjeros destaca la *Guide de la Mélodie et du Lied*[4], que dedica varios de sus capítulos al estudio de la producción de canciones de compositores españoles pero sin citar a ninguno de los compositores pertenecientes al Grupo

---

[1] ALONSO, Celsa: *La canción lírica española en el siglo XIX*. Madrid: Instituto Complutense de Ciencias Musicales, 1995.
[2] FERNÁNDEZ-CID, Antonio: *Lieder y canciones de España*. Madrid: Editora Nacional, 1963.
[3] Otro tanto puede decirse del libro del mismo autor editado una década más tarde: FERNÁNDEZ-CID, Antonio: *La música española en el siglo XX*. Madrid: Fundación Juan March, 1973.
[4] FRANÇOIS-SAPPEY, Brigitte y CANTAGREL, Gilles: *Guide de la Mélodie et du Lied*. París: Librairie Artéme Fayard, 1994.

de los Ocho de Madrid. A título casi anecdótico cabe citar que el libro editado por Denis Stevens sobre la historia de la canción[5] dedica tan sólo siete de sus quinientas páginas a la canción española, mientras que una obra de referencia sobre la historia del Lied, como es la escrita por el barítono Dietrich Fischer-Dieskau[6], tan sólo cita a Manuel de Falla como enriquecedor del patrimonio musical popular dentro del capítulo titulado *Excurso: el esfuerzo por lograr el tono popular*. La importante publicación alemana sobre los diferentes géneros musicales editada por Hermann Danuser dedica dos de sus volúmenes al género liederístico[7], el segundo de los cuales incluye dos amplios estudios del lied desde 1880 hasta 2000, en los que los más representativos compositores españoles en este género, como Enrique Granados, Manuel de Falla, Joaquín Turina, Eduardo Toldrá, Joaquín Rodrigo, Federico Mompou o Xavier Montsalvatge, se encuentran incomprensiblemente ausentes. Por su parte Elisabeth Schmierer, en la misma editorial, publica una historia del Lied[8] que dedica tan sólo página y media —de las cuatrocientas de que consta el volumen— a la producción de canciones en España, citando de forma excesivamente superficial a Isaac Albéniz, Enrique Granados, Manuel de Falla, Joaquín Turina y Joaquín Rodrigo. El recorrido por la canción de concierto española de cuya introducción se encarga el pianista Graham Johnson[9] omite a los compositores pertenecientes al Grupo

---

5 STEVENS, Denis: *Historia de la canción*. Madrid: Taurus, 1990.

6 FISCHER-DIESKAU, Dietrich: *Hablan los sonidos, suenan las palabras*. Madrid: Turner Música, 1990.

7 DANUSER, Hermann (ed): Musikalische Lyrik. Lied und vokale Ensemblekunst. Handbuch der Musikalischen Gattungen, Vols. 8.1 y 8.2. Laaber: Laaber-Verlag, 2004.

8 SCHMIERER, Elisabeth: *Geschichte des Liedes*. Laaber: Laaber-Verlag, 2007.

9 COCKBURN, Jacqueline; JOHNSON, Graham; STOKES, Richard: *The spanish song companion*. Oxford: Scarecrow Press, 2006.

Introducción

de los Ocho de Madrid, al igual que hace Carol Kimball en su guía de la canción[10].

El libro de Tomás Marco[11] y el dirigido por Alberto González Lapuente[12] sobre la música española del siglo XX, citan parte del repertorio de canciones cuando se refieren a la producción de cada uno de los compositores tratados, mientras que un estudio tan importante como el libro de María Palacios[13], único hasta la fecha dedicado exclusivamente a los compositores del Grupo de los Ocho de Madrid, presenta en su análisis de una selección de obras de estos compositores, dos canciones: *La corza blanca* de Ernesto Halffter y *Verano* de Rodolfo Halffter.

Para encontrar información relevante sobre la producción de canciones de concierto de compositores españoles a lo largo del siglo XX resulta por tanto preciso recurrir a estudios monográficos sobre compositores determinados, y aún en este caso la canción de cámara a menudo es tratada como un género casi marginal.

1.3. Metodología

Las características de este trabajo de investigación requieren por tanto el trabajo directo sobre las fuentes, en este caso las partituras de las canciones objeto del estudio. Las canciones

10 KIMBALL, Carol: *Song: A Guide to Art Song Style and Literature*. Milwaukee: Hal Leonard Corporation, 2006.
11 MARCO, Tomás: *Historia de la música española 6. Siglo XX*. Madrid: Alianza Editorial, 1983.
12 GONZÁLEZ LAPUENTE, Alberto (ed.): *La música en España en el siglo XX. (Historia de la música en España e Hispanoamérica, vol. 7)*. Madrid: Fondo de Cultura Económica, 2012.
13 PALACIOS, María: *La renovación musical en Madrid durante la dictadura de Primo de Rivera: El Grupo de los Ocho (1923-1931)*. Madrid: Sociedad Española de Musicología, 2008.

estudiadas se han abordado directamente sobre las fuentes impresas, partiendo de la experiencia interpretativa previa como pianista especializado en el acompañamiento de cantantes, llevada a cabo tanto en un proceso de estudio y ensayo como en diferentes salas de concierto y grabaciones.

Algunas de estas canciones están editadas y actualmente en catálogo, pese a no formar aún parte del repertorio más habitual de los cantantes y pianistas. Existen sin embargo numerosas canciones tanto inéditas como editadas pero actualmente descatalogadas y que por tanto no pueden encontrarse más que en archivos o bibliotecas. Para localizar dicho material he acudido a diversos archivos, como la Biblioteca Musical del Ayuntamiento de Madrid, la Biblioteca Nacional —donde se encuentra el archivo personal de Julián Bautista[14]—, la Biblioteca de la Residencia de Estudiantes de Madrid y la Biblioteca del Conservatorio de Lieja (Bélgica). Los manuscritos aún sin publicar de las canciones de Salvador Bacarisse y de Juan José Mantecón se encuentran en la Biblioteca de la Fundación Juan March de Madrid; gracias a sendas autorizaciones de los depositarios de los respectivos legados de Bacarisse[15] y Mantecón[16] he podido acceder a este interesante material inédito —especialmente abundante en el caso del primer compositor—, que se estudia y recupera por primera vez en este trabajo. Además Manuel Halffter, hijo del compositor Ernesto Halffter, me ha proporcionado las partituras de algunas canciones inéditas de su padre.

---

14 Archivo de Julián Bautista (Biblioteca Nacional de España).

15 Legado Salvador Bacarisse Chinoria (Biblioteca de la Fundación Juan March. Madrid). Se trata de una donación realizada en 1987 por el hijo de Bacarisse, Salvador Bacarisse Cuadrado. Dicho fondo se encuentra actualmente digitalizado.

16 Legado Juan José Mantecón Molins (Biblioteca de la Fundación Juan March. Madrid). Se trata de un donación efectuada en 2001 por los herederos de Juan José Mantecón. Este fondo se encuentra actualmente digitalizado.

Para el análisis estilístico se ha buscado recorrer el mismo camino llevado a cabo por el compositor en su creación, es decir, partir del texto previo que dispone el compositor para dotarlo de música y alcanzar una creación que trasciende tanto el elemento previo literario como el elemento musical posteriormente incorporado. La música vocal se ha de analizar como un todo formado por música y texto, y el presente estudio estilístico busca destacar aquellos elementos musicales que el compositor utiliza para dotar de significado musical al texto. El estudio del texto arroja luz sobre la elección de un determinado elemento o recurso musical por parte del compositor, mucho mejor que cualquier análisis musical, si éste deja de lado por completo el texto, elemento que comparte importancia con la música al cincuenta por ciento. Lo que es lo mismo que decir que lo que es válido para el análisis de la música instrumental no lo es necesariamente en el caso de la música vocal.

1.4. La canción de concierto: bases del género

El género de la canción de concierto española, o canción culta para voz con acompañamiento instrumental —generalmente pianístico—, alcanza su máximo desarrollo y pleno apogeo durante el siglo XX, si bien es al final del siglo XIX, con las figuras de Felipe Pedrell, Enrique Granados, Isaac Albéniz y Manuel de Falla, cuando se produce su eclosión. El repertorio más común y habitual de los intérpretes comienza con la producción de canciones de Enrique Granados, para extenderse en el tiempo hasta la obra cancionística del compositor vivo más destacado del género en la actualidad, Antón García Abril.

Como género, la canción de concierto española es una de las irradiaciones al exterior de la poderosa influencia del lied alemán, al igual que lo son la mélodie francesa, la canción rusa, la canción inglesa y, en suma, las diversas variantes nacionales del género liederístico que se dan, con mayor o menor fuerza, en todos los países con tradición de música culta. La canción de concierto española presenta en su momento de máximo apogeo, que es el siglo XX, una gran riqueza compositiva tanto desde el punto de vista cuantitativo como cualitativo, pese a que la calidad de tan amplia producción tiende a una comprensible irregularidad. Las bases sobre las que se asienta la extraordinaria riqueza e importancia de este género durante el siglo XX son básicamente tres.

La primera de ellas es la enorme importancia de la poesía española, no sólo la del Siglo de Oro o la de los poetas románticos, fuentes recurrentes en los compositores españoles a la hora de buscar inspiración para la composición de sus canciones, sino también la de la poesía de ese extraordinario periodo de la cultura española denominado Edad de Plata, a cuyos poetas —muy especialmente Rafael Alberti y Federico García Lorca, dadas las especiales cualidades «musicales» de su poesía— acudirán de forma recurrente tanto los compositores españoles contemporáneos a ellos, como los de épocas posteriores.

La segunda base sobre la que se asienta la extraordinaria eclosión de la canción de concierto española en el siglo XX es la gran riqueza del folclore musical español, que junto a la poesía culta, conforman las dos principales ramas de estudio de este género. Desde que Felipe Pedrell sentara las bases de las siguientes generaciones de compositores haciéndoles ver las posibilidades del folclore español como base definitoria de la música española, las obras basadas en el folclore español han sido y siguen siendo incontables. De esta poderosa influencia no podía escapar un género como la canción de concierto, que puede basarse directamente en el folclore por medio de las adaptaciones del mismo en forma de canciones con acompañamiento de piano. Precisamente el máximo exponente del género es el grupo integrado por las *Siete canciones populares españolas* de Manuel de Falla, basadas de forma muy directa en el folclore español.

La tercera base sobre la que se asienta la importancia de este género está relacionada con el acompañamiento, y se trata del pleno desarrollo de las posibilidades instrumentales y del virtuosismo pianístico; si bien en España la escuela pianística alcanza su apogeo durante el segundo tercio del siglo XIX, no adquiere anteriormente un desarrollo de importancia comparable al alcanzado gracias a la irrupción de los compositores-pianistas Enrique Granados e Isaac Albéniz.

2. El Grupo de los Ocho de Madrid

2.1. Contexto cultural y generacional

El período situado aproximadamente entre los años 1898 y 1939 es conocido en la historia de la cultura española como Edad de Plata[17] por tratarse de una época de regeneración cultural fruto de la voluntad de superar la mediocridad de la restauración canovista. José-Carlos Mainer habla de la decisiva aportación cultural de este periodo en los siguientes términos:

> «[…] lo que confiere un intenso patetismo a la creación cultural de este periodo fue, más que un régimen que se extinguía, el enfrentamiento de lo viejo y lo nuevo, la tradición rural y la expansión capitalista moderna, la perduración y el cambio hacia la modernidad, pugna que llegaba tardíamente al país, pero que afectó a la sociedad entera, integrándola en un cuerpo de cierta coherencia como no lo había estado en etapa alguna de su historia»[18].

---

17 Un completo estudio sobre la creación musical en la Edad de Plata puede verse en: NAGORE, María; SÁNCHEZ DE ANDRÉS, Leticia; TORRES, Elena (eds.): *Música y cultura en la Edad de Plata, 1915-1939*. Madrid: ICCMU, 2009.

18 MAINER, José-Carlos: *La Edad de Plata (1902-1939). Ensayo de interpretación de un proceso cultural*. Madrid: Cátedra, 1987, p. 12.

Palabras que definen muy bien lo que ocurre durante esos años en el campo musical, en el cual la decisiva influencia de la figura de Manuel de Falla propició la continuación de la renovación del lenguaje musical ya iniciada por él. La fecha que José-Carlos Mainer aporta como final del periodo denominado Edad de Plata coincide significativamente con el final de la Guerra Civil, conflicto bélico que dio al traste con dicha renovación del lenguaje musical, así como con la pretendida incorporación de la música española en las corrientes musicales de la vanguardia europea. En opinión del musicólogo Jorge de Persia la bonanza económica del momento es un factor clave determinante en buena medida del desarrollo cultural del momento:

> «Las dos primeras décadas de la vida de esta generación fueron acompañadas de un lento pero eficaz desarrollo cultural, impulsados por sectores progresistas de la vida intelectual y cultural y por un buen momento económico generado por la guerra europea; lo musical, de ser un valor poco presente en la sociedad del cambio de siglo, fue ganando terreno e importancia. En la segunda década del siglo XX, en tiempos de la primera gran guerra, se ponen los fundamentos del posterior florecimiento cultural y musical. El año 1914 es fundamental en este sentido»[19].

En su monografía sobre el Grupo de los Ocho de Madrid, María Palacios fundamenta a su vez la necesidad de creación de este grupo «en los propios cambios sociales producidos durante los años veinte»[20]. Además sostiene que «la presentación del Grupo de los Ocho no es considerada como el inicio de un periodo, sino [...] como la culminación de una etapa fructífera

---
19 PERSIA: *Julián Bautista*, p. 14.
20 PALACIOS, María: *La renovación musical en Madrid...*, p. 7.

y de renovación del lenguaje musical, que sucedió en los años 20»[21]. En opinión de esta musicóloga los estudios tienden a mitificar el periodo republicano, dejando de lado la renovación que tuvo lugar durante el periodo de la dictadura de Primo de Rivera, añadiendo que «en los años 20, desde 1923, hasta la proclamación de la república en 1931, la Música Nueva y la cultura en Madrid alcanzaron unos niveles extraordinariamente altos, a pesar de sufrir un régimen dictatorial»[22].

Si bien José-Carlos Mainer al acuñar el término Edad de Plata hace un mayor énfasis en la aportación literaria de la época, aunque sin olvidar el resto de aportaciones culturales, el musicólogo Emilio Casares refiriéndose más en concreto a la música prefiere hablar de regeneracionismo musical para referirse a dicho periodo:

> «Los años que transcurren entre 1900 y 1939 conforman un periodo específico de nuestra historia musical determinado por circunstancias políticas que marcan de manera incuestionable un giro en nuestra música. [...] Si es cierto que el año 1900, a pesar de su valor mítico de comienzo de siglo, desde la perspectiva de la música no marca una división tan clara, también lo es que con él se inicia lo que denominamos regeneracionismo musical. [...] Durante esos primeros quince años del siglo se traban las ideas que revolucionan la música española y que están dentro del regeneracionismo musical iniciado por Francisco Asenjo Barbieri y continuado por Pedrell, Mitjana, Falla, etc»[23].

---

21 *Ibid.*, p. 11.
22 *Ibid.*, p. 12.
23 CASARES, Emilio: «La Revista Musical de Bilbao», *Revista Musical*, vol. 6, 2002, pp. 185-186.

Destaca en este comentario la aparición de dos nombres clave para el periodo estudiado: Felipe Pedrell[24] y Manuel de Falla. La extraordinaria importancia de la figura de Manuel de Falla resulta decisiva en el grupo objeto de este estudio, tratándose de un compositor a su vez influenciado por las teorías de Felipe Pedrell. Por otro lado la figura de Felipe Pedrell, teórico del nacionalismo musical español, significa el punto de partida de la música española del siglo XX, y su influencia en las generaciones posteriores es decisiva, marcando el camino que habrá de seguir la música española. Sus teorías parten de la necesidad de que cada pueblo construya su sistema musical reelaborando el substrato basado en el canto nacional, para que bajo estructuras y formas de la música contemporánea se pudiera abrir el camino para integrar la creación musical española en las corrientes europeas e internacionales.

En fechas muy aproximadas al año 1902 en el que queda establecido el inicio de la llamada Edad de Plata nacerían una serie de compositores que, en palabras de Tomás Marco:

> «[...] iniciaron su carrera en los años veinte y estaban llamados a recoger y ampliar la herencia de sus inmediatos mayores. [...] Lo más granado de la generación se aglutina en Madrid en 1930 con el nombre de Grupo de los Ocho a la vez que, con el mismo nombre aparece otro grupo en el área catalana. Posteriormente se ha solido conocer a esta promoción con el nombre de Generación de la República. Tampoco parece muy acertado, puesto que su importancia en la música española es anterior a la República, que tampoco fue muy definitoria para ellos, aunque

---

24 Aunque no debería olvidarse además la importancia de la figura de Francisco Asenjo Barbieri.

algunos la apoyaran durante la Guerra Civil. Por eso pienso que es más útil el título de Generación del 27, con la ventaja de ser el mismo que el de una generación literaria con la que estos autores guardan una asombrosa similitud, y con la que colaboraron en numerosas ocasiones. Por otro lado, el Centenario de Góngora de 1927, tan importante para los poetas de esta generación, fue también decisivo para el lanzamiento de estos compositores que, en puridad, ya habían aparecido antes»[25].

Nos encontramos en este comentario con algunas de las ideas claves que definen al grupo objeto de este estudio. En primer lugar, su situación generacional dentro de la Generación del 27 o Generación de la República, y, en segundo lugar, algo especialmente relevante en el campo concreto de la canción de concierto, que es la colaboración e interrelación entre los músicos y los poetas de la Generación del 27, tema que a lo largo de este trabajo será estudiado conforme a su importancia.

El estudio de la Generación del 27 experimentó un importante giro en 1986 a raíz de la exposición comisariada por el musicólogo Emilio Casares Rodicio titulada *La Música en la Generación del 27. Homenaje a Lorca*, cuyo catálogo[26] dotaba a dicha generación musical de contenidos concretos, más allá de la mera agrupación de una serie de compositores nacidos entre 1894 y 1908, constituyéndose dicho catálogo en el documento de referencia y punto de partida de posteriores

---

25 MARCO: *Historia de la música española*, pp. 129-130.
26 CASARES, Emilio (ed.): *La música en la Generación del 27. Homenaje a Lorca, 1915-1939*. Madrid: Ministerio de Cultura, 1986.

estudios sobre esta generación[27]. Sobre el entorno sociocultural de la Generación del 27, el propio Emilio Casares Rodicio en un estudio bastante posterior al citado en el párrafo anterior, apunta lo siguiente:

> «Si algo sostiene a la Generación del 27 es la buena respuesta de la sociedad burguesa, e incluso de la clase política, a sus acciones musicales. También aquí hay que señalar que la gran afirmación burguesa que se da en el periodo y que incide de manera clara en la vivencia concreta de ciertos tipos de música es un fenómeno de comienzos de siglo; sin ello, por ejemplo, no se entiende la eclosión de las sociedades Filarmónicas. El cambio va a estar marcado por el crecimiento de las ciudades y sus ensanches, auge de las comunicaciones, incremento de vehículos, electrificación, turismo inicial, cinematógrafos y cafés, incorporación de la España rural al colectivo social y, por supuesto, la conflictividad política, todo lo cual da a la España de entonces una agitación y un dinamismo sin precedentes»[28].

Respecto a los objetivos de esta generación musical volvemos nuevamente a las palabras de Tomás Marco:

> «La labor de estos músicos se planteaba bastante ardua. Por un lado, estaba el magisterio de Manuel

---
27 Entre las referencias bibliográficas más recientes sobre la Generación musical del 27 cabe citar: GARCÍA GALLARDO, Cristóbal L., MARTÍNEZ GONZÁLEZ, Francisco y RUIZ HILILLO, María (eds.): *Los músicos del 27*. Granada: Universidad de Granada, 2010.

28 CASARES, Emilio: «La Generación del 27 revisitada», en: SUÁREZ-PAJARES (ed.): *Música española entre dos guerras, 1914-1945*. Granada: Archivo Manuel de Falla, 2002, p. 25.

de Falla, expresamente admitido como modelo; por otro, la necesidad de trascenderlo, puesto que, si querían adquirir una personalidad propia, no tenían otro remedio que continuarlo en otra forma, adaptando el ejemplo de Falla a los nuevos tiempos y a la evolución de las corrientes europeas [...]»[29].

Nuevamente nos encontramos con dos conceptos claves de este grupo generacional: por un lado la decisiva influencia de la figura de Manuel de Falla y por otro el propósito de continuidad de la labor iniciada con él, buscando renovar el lenguaje musical español e integrar la música española en las corrientes de la vanguardia europea. Esta mirada a Europa se integra, según Jorge de Persia, en «la reflexión en torno al casticismo de Miguel de Unamuno con sus llamadas a la necesidad de mirar a Europa»[30]. A propósito del resultado más o menos exitoso de dicho propósito, existen opiniones encontradas. El musicólogo Emilio Casares opina que:

«[...] los quince primeros años del siglo conforman un periodo sustancial de nuestra historia musical, porque en ellos se da el despegue definitivo del siglo XIX y España se prepara para afrontar su primera vanguardia musical que ejecuta la citada Generación del 27»[31].

Sin embargo el compositor y estudioso Agustín Charles muestra una perspectiva pesimista de los logros renovadores de los compositores de la Generación del 27 al decir que:

---

29 MARCO: *Historia de la música española*, p. 130.
30 PERSIA: *Julián Bautista*, p. 13.
31 CASARES: «La Revista Musical de Bilbao», p. 186.

«[...] el lenguaje adoptado era meramente nacionalista con injertos franceses y germanos, aunque desarrollados desde una perspectiva de mayor autenticidad estilística. [...] Entre los compositores mencionados también hubo avances notorios, aunque habría que esperar hasta después de la Guerra Civil y la Segunda Guerra Mundial para poder considerar tales avances como reales. [...] Se puede afirmar que la música española no evoluciona hacia otros derroteros que no sean los nacionalistas hasta el final de la Segunda Guerra Mundial, tomando el lenguaje musical nacionalista como única posibilidad de realización, parapetado en un reconocimiento parisino que, de uno u otro modo, condiciona su evolución. Por otra parte, la Guerra Civil daría al traste con toda posibilidad de cambio al exiliarse la mayoría de sus protagonistas. [...] La mayoría regresarían a España esporádicamente, por lo que la ruptura generacional es notoria»[32].

A lo largo de este estudio se podrá ver que, efectivamente, el lenguaje nacionalista con injertos franceses y germanos, fue predominantemente adoptado por los compositores del Grupo de los Ocho de Madrid hasta la época del final de la Guerra Civil, aunque posteriormente algunos de estos compositores también realizarían incursiones en otros estilos[33]. Pero no hay que olvidar que junto al aspecto nacionalista, existe otro importante componente presente en los compositores de este grupo, que es el neoclasicismo:

---

[32] CHARLES, Agustín: *Dodecafonismo y serialismo en España*. Valencia: Rivera Editores, 2005, pp. 45-46.
[33] Rodolfo Halffter, por ejemplo, experimentó con el modelo serial a partir de 1953.

«Paradójicamente, se trata de una generación musical a la vez progresista y a la que toca cubrir el periodo neoclásico del que casi ninguna música logra escapar. [...] no hay ninguna corriente de la música mundial que escapara en un tiempo a su influencia. [...] Por eso en esta generación pueden convivir neoclasicismo, intentos atonales, dodecafonismo y casticismo en una amalgama que, después de todo, no es tan incoherente y refleja a las mil maravillas las convivencias folklóricas, neoclásicas, vanguardistas y surrealistas en los poetas del 27»[34].

Si bien en su comentario Agustín Charles se ceñía al periodo que finaliza con la Segunda Guerra Mundial para mostrarnos una perspectiva monocroma de los compositores del 27, situándolos en una adscripción casi única a la corriente musical nacionalista, Tomás Marco se refiere también a la posterior evolución de los compositores de la Generación del 27 para ofrecernos un balance más completo de las diferentes corrientes musicales de las que éstos participaron en su labor compositiva. Por su parte, Ruth Piquer Sanclemente acota las características del neoclasicismo en su versión hispana explicando que «la idea de 'retorno' se basó en el uso de la tradición culta y el siglo XVII, a través de Scarlatti y el Padre Soler, como materialización estética del clasicismo verdadero, hispano»[35]. Pero Emilio Casares aún va algo más lejos que Tomás Marco al hablar de las corrientes musicales de la época, presentando una perspectiva aún más amplia:

---

34 MARCO: *Historia de la música española 6*, p. 131.
35 PIQUER SANCLEMENTE, Ruth: «Los *Tres Epitafios* para coro (1947-1953). Rodolfo Halffter y la trascendencia del Neoclasicismo musical», en: SUÁREZ-PAJARES (ed.): *Joaquín Rodrigo y la creación musical en los años cincuenta*. Valladolid: Universidad de Valladolid, 2008, p. 211.

«En los años a los que nos referimos van a coexistir en España, eso sí, sin la misma importancia, un nacionalismo decimonónico y trasnochado y otro vanguardista, el neoromanticismo, el impresionismo e incluso los primeros atisbos del expresionismo, por no hablar de otras subespecies estéticas como puede ser el regionalismo»[36].

Respecto a la irrupción de la Guerra Civil en la vida musical española, ésta afectó de una manera especialmente negativa a la labor iniciada por los compositores del Grupo de los Ocho de Madrid, que se ve forzosamente obligado a dispersarse. El musicólogo Jorge de Persia explica que «muchos de ellos murieron alejados de su tierra natal, distantes de un fantástico proyecto cultural que se había generado en la España de las primeras décadas del siglo XX, víctimas de un compromiso social y estético que les llevó muy jóvenes al exilio»[37]. Ernesto Halffter, nacido en Madrid, fija su residencia en Portugal; su hermano Rodolfo emigra a México; los también madrileños Bacarisse y Bautista lo hacen a París y Argentina, respectivamente; el tudelano Remacha emprende un exilio interior y tras la guerra se refugia en su Tudela natal, al frente de un negocio familiar; el madrileño Pittaluga, destinado en la embajada de Washington, permanece allí tras la contienda. Pero no es ésta la única consecuencia de la Guerra Civil:

«El año 1939 supone el cierre de las fronteras culturales, políticas y económicas y la música hiberna durante unos años en los que la nación no estaba para reafirmaciones musicales. La guerra congela el espíritu de la

---

36 CASARES: «La Revista Musical de Bilbao», p. 188.
37 PERSIA: *Julián Bautista*, p. 14.

Generación de la república o del 27 sumiéndolo en una especie de letargo, lo que produce un profundo contraste ya que, si por algo había destacado el período anterior, era por su activismo musical, realidad que va mucho más allá incluso de la pura producción musical»[38].

2.2. Presentación oficial del Grupo de los Ocho de Madrid

Es importante subrayar «la novedad que representa que un grupo de compositores decidiera unirse bajo un credo común», lo cual, en palabras de la musicóloga María Palacios, «supone un cambio en la recepción y concepción del mundo musical»[39] frente a la hasta entonces habitual aparición de figuras aisladas en nuestra música, herencia de la individualidad típica del periodo romántico. El Grupo de los Ocho de Madrid está integrado por los siguientes compositores: Julián Bautista (1901-1961), Ernesto Halffter (1905-1989), Rodolfo Halffter (1900-1987), Gustavo Pittaluga (1906-1975), Fernando Remacha (1898-1984), Salvador Bacarisse (1898-1963), Juan José Mantecón (1895-1964) y Rosa García Ascot (1906-2002). Algunos de ellos mantenían entre sí una relación cercana desde la década de los veinte, siendo amigos desde los años de estudiantes en el conservatorio; Remacha, Bacarisse y Bautista coincidieron en la clase de Armonía y Composición de Conrado del Campo. Acostumbraban a reunirse en casa de un tío de Remacha que disponía de un piano alrededor del cual se juntaban para comentar las obras de compositores como Debussy, Ravel, Satie o Stravinski, que traía el padre de Bacarisse de sus viajes al extranjero.

---

38 CASARES: «La Revista Musical de Bilbao», p. 185.
39 PALACIOS: *La renovación musical en Madrid...*, p. 7.

El hecho de que Bacarisse fuera director artístico de Unión Radio propiciaba la difusión de las obras compuestas de sus futuros compañeros de grupo, cuyo germen es una pequeña conferencia-concierto organizada por Juan José Mantecón en junio de 1930 en el Liceum Club de Madrid, que también fue retransmitida por Unión Radio. En aquel caso el pianista Enrique Aroca y la soprano Micaela Alonso interpretaron obras de seis de los compositores del posterior Grupo de los Ocho de Madrid: Bautista, Pittaluga, Rodolfo Halffter, Remacha, Mantecón y Bacarisse. El mismo año 1930 la música orquestal de los compositores de esta joven generación se puede escuchar en diferentes escenarios, presentándose obras tan importantes como el *Concertino* para orquesta de Bacarisse, el ballet *La romería de los cornudos* de Pittaluga o la *Sinfonietta* de Ernesto Halffter.

La presentación oficial del Grupo tuvo lugar el 29 de noviembre de 1930 en la Residencia de Estudiantes de Madrid, en una Conferencia-Concierto donde pudieron escucharse obras de los ocho compositores y se leyó el *Manifiesto de la Generación*, que expresa la intención de renovar el lenguaje musical español y, siguiendo el modelo de Falla, unirse a las corrientes de pensamiento europeo. La Residencia de Estudiantes era en la época aludida un lugar de referencia para el encuentro de artistas e intelectuales, y muy especialmente un punto de referencia para la Generación del 27, tanto la poética como la musical. El crítico y compositor Adolfo Salazar, mentor del Grupo de los Ocho de Madrid, actuaba a menudo como introductor y posteriormente como cronista de encuentros y reuniones de la más variada índole que tenían lugar en la Residencia de Estudiantes de Madrid, por la que pasaron tanto compositores extranjeros a su paso por Madrid, como Stravinsky, Poulenc,

Ravel o Milhaud, como poetas como Federico García Lorca, que acostumbraba a improvisar al piano en sesiones musicales, o intérpretes como el pianista José Cubiles o el Cuarteto Rafael, que presentaban nuevas obras de jóvenes compositores españoles.

La citada presentación del grupo en la Residencia de Estudiantes de Madrid se desarrolló en forma de conferencia-concierto con una audición de las obras de los ocho compositores presentadas por Gustavo Pittaluga e interpretadas casi en su totalidad por Rosa García Ascot, pianista y compositora perteneciente al Grupo de los Ocho de Madrid. La conferencia de Gustavo Pittaluga, compositor también perteneciente al grupo, conocida como *Manifiesto de la Generación*, fue recogida por la revista *Ritmo*[40], mientras que las obras ejecutadas fueron reseñadas por Adolfo Salazar en el diario *El Sol* correspondiente al 2 de diciembre de 1930.

2.3. Estética del Grupo de los Ocho de Madrid

La primera característica del Grupo de los Ocho de Madrid señalada por Pittaluga en su manifiesto es el eclecticismo:

> «Si nuestro grupo no tuviera otras, tiene, al menos, la virtud del eclecticismo [...]. Que nadie nos clasifique como creyentes en una misma Estética, única sola y verdadera [...]. Cada cual marcha por su lado en el mundo y cada cual cree en su propia verdad [...].

---

[40] PITTALUGA, Gustavo: «Música moderna y jóvenes músicos españoles», *Ritmo*, nº 27, 1930, pp. 5-7 y nº 28, 1931, pp. 2-3. Una iniciativa del Ministerio de Educación, Cultura y Deporte de España permite acceder al archivo histórico completo de la revista *Ritmo* digitalizada en el siguiente enlace: http://prensahistorica.mcu.es/arce/es/publicaciones/numeros_por_mes.cmd?idPublicacion=1000644

Si a mí me parece muy bien la politonía del Salvador Bacarisse, a él le gusta también mucho mi concreción tonal [...]. Claro que, en el fondo, hay un punto de partida común, idéntico en los ocho. Haber nacido —unos con otros— dentro del siglo XX. Partiendo de ahí, uno se expresará de un modo y otro de otro»[41].

Toda una declaración de intenciones en la que encontramos algunas de las claves estéticas del Grupo de los Ocho de Madrid. En primer lugar, la idea de grupo generacional como suma de unidades de independencia creativa y con estilos diversos de cada uno de sus componentes.

«Pero en toda la música que vais a oír no encontraréis sino eso, música joven, hecha, al parecer, sin esfuerzo, con alegría de aire libre, sin literatura, sin torturas estéticas, sin torturas pragmáticas [...]. La llamada 'música moderna' no se coloca frente a nadie: se coloca ante la música con el anhelo de respirar más anchamente, de abrir los pulmones a lo que, por el momento, cree que es la Belleza. El músico de hoy se encuentra frente a su arte como jamás se encontró. Desde la música misma hasta el último detalle de realización instrumental, todo puede inventarlo; y para inventarlo tiene, como plataforma de la que servirse, toda la historia de la Música. De ahí encontrarse como se encuentra hoy Europa, probablemente en el momento más rico en diversidad de tendencias que jamás se dió: todas ellas, como todas las evoluciones,

---

41 PITTALUGA: «Música moderna y jóvenes músicos españoles», *Ritmo*, nº 27, 1930, pp. 5-6.

proceden del pasado, y todas ellas, aun las más aparentemente dispares, coinciden en un punto común: 1930»[42].

Sin una definición clara de lo que entiende por ello, Pittaluga nos habla aquí de la idea de modernidad, al igual que anteriormente había hecho referencia a la ambigua adscripción del grupo a la estética del siglo XX. Parece algo más revelador el hecho de citar la Europa de 1930 como punto de convergencia de una diversidad de tendencias estéticas que proceden del pasado, ya que esto implica, por un lado la idea de actualizar la creación musical española para incorporarla a las nuevas corrientes europeas, lo cual es una característica importante y definitoria del Grupo de los Ocho de Madrid, y por otro, e igualmente relevante, conlleva la visión de esas nuevas corrientes europeas como procedentes del pasado, lo que indica un propósito de modernidad y avance no rupturista, sino apoyado en la tradición para innovar y dar pasos adelante. Sobre la técnica de composición Pittaluga aporta las siguientes ideas:

> «El compositor de hoy [...] inventará todo y se creará su propia técnica. Pero una técnica al propio tiempo férrea y flexible. [...] Y tan libre al propio tiempo que jamás cese de ser inventada. [...] Sin ella no hay lenguaje posible para el músico. Y sin renovar ésta constantemente no hay lenguaje posible para el músico nuevo. [...] Nada puede hacer tanto daño al auténtico arte nuevo como el contrabando de arte nuevo. ¡Desconfiad de la imitaciones!»[43].

---

42 *Ibid.*, p. 6.
43 *Ibid.*, pp. 6-7.

Una vez más nos encontramos con la idea de libertad técnica como base de renovación compositiva, concepto clave en la creación de los compositores del Grupo de los Ocho de Madrid. Prosigue el largo manifiesto de Gustavo Pittaluga con la presentación, uno a uno, de los compositores y las obras a interpretar en la conferencia-concierto, cuyo programa fue interpretado casi en su totalidad por Rosa García Ascot al piano, a su vez compositora del grupo presentado.

Pese al evidente interés del manifiesto oficial del Grupo de los Ocho de Madrid para comprender alguna de las claves que pueden definir a este grupo, aporta sin duda bastante menos de lo que cabría esperar de un documento que lleve tal nombre. Se puede extraer la impresión de que más que un grupo cohesionado de compositores con una estética común, se trata de un grupo de amigos y excompañeros de estudios que por diversas razones un tanto artificiales convergen en aquel momento de presentación del grupo, opinión citada por Christiane Heine, quien comenta que los compositores de este grupo están «unidos por los lazos de la amistad más que por criterios estéticos y estilísticos comunes»[44]. Lo artificial de la denominación del Grupo de los Ocho de Madrid para designar a este grupo de compositores viene también de las muy desiguales trayectorias seguidas posteriormente por los ocho compositores, entre los que existen figuras de indudable relevancia como los hermanos Ernesto y Rodolfo Halffter, o Julián Bautista, que conviven junto a otras de mucho menor peso específico en el campo de la composición como la pianista Rosa García Ascot o Juan José Mantecón, más conocido como crítico musical en el periódico madrileño *La Voz* bajo el pseudónimo Juan del Brezo.

---

44 HEINE, Christiane: «Generación del 27. Un paso necesario», *Scherzo*, nº 215, 2007, p. 136.

Existe sin embargo un documento bastante más significativo, en mi opinión, que el manifiesto del grupo en cuanto a los datos que proporciona para comprender las claves estéticas del Grupo de los Ocho de Madrid. Se trata de la conferencia inaugural del VII Curso Manuel de Falla ofrecida en 1976 en el Paraninfo de la Universidad de Granada por el compositor Rodolfo Halffter, a la sazón profesor de composición de dicho curso, bajo el título *Manuel de Falla y los compositores del Grupo de Madrid de la Generación del 27*[45]. Rodolfo Halffter comienza su Lección Magistral inaugural del VII Curso Manuel de Falla exponiendo el tema elegido para la misma, que no es otro que «[...] la egregia figura de Manuel de Falla, vista por el grupo de entonces jóvenes compositores españoles que, agrupados, se hicieron presentes en la vida musical madrileña durante el decenio 1926-1936»[46]. Continúa Rodolfo Halffter más adelante diciendo:

> «Me referiré a la influencia que Falla ejerció, directa o indirectamente, sobre los compositores del aludido Grupo de Madrid, perteneciente a la llamada Generación musical del 27, así denominada por coincidir su programa de acción y su aparición, en la vida cultural española, con el programa y la aparición de la brillante generación poética de igual nombre»[47].

De esta forma Rodolfo Halffter enuncia con rotundidad la vigencia del concepto de Grupo de Madrid enmarcado en

---

45 HALFFTER, Rodolfo: «Manuel de Falla y los compositores del Grupo de Madrid de la Generación del 27», en: IGLESIAS: *Rodolfo Halffter (Tema, Nueve décadas y Final)*. Madrid: Fundación Banco Exterior, 1992, pp. 409-422.
46 *Ibid.*, p. 409.
47 *Ibid.*, p. 410.

la Generación del 27, así como la influencia de la figura de Manuel de Falla como una característica unificadora en los compositores de dicho grupo al cual él mismo perteneció. Insiste Rodolfo Halffter sobre este particular expresando el siguiente enunciado al referirse a los compositores del Grupo de los Ocho de Madrid:

> «La lección sustancial que ofrecen las últimas obras de Falla fue el norte de los caminos que emprendimos. Cada cual siguió por el suyo propio. Pero lo cierto es que las distintas rutas condujeron a un único punto final de convergencia admirativa: *El Retablo de Maese Pedro* y el *Concerto* para clave, los dos pilares que señalan el elevadísimo grado de perfección estilística y espiritual en el que culmina la experiencia falliana»[48].

Una vez más nos encontramos con la idea unificadora de la influencia de Falla, pero referida esta vez más en concreto a sus dos obras que mejor reflejan el logro del compositor de haber conseguido integrar su música en las corrientes de vanguardia de su tiempo. Por otro lado, coincide Rodolfo Halffter con lo aportado por Pittaluga en su manifiesto, al incidir en la idea de la diversidad de caminos compositivos elegidos por los ocho compositores del grupo, al decir en el anterior párrafo que «cada cual siguió por el suyo propio». Lo cual matiza y puntualiza Rodolfo Halffter con las siguientes palabras:

> «Nuestras diferencias de temperamento y de formación técnica deben ocupar un plano secundario ante la consideración de la tarea común que nos

---
48 *Ibid.*, p. 411.

habíamos señalado, con plena conciencia de nuestra responsabilidad y animados por un entusiasmo desbordante: conferir una continuidad al empeño renovador y universalista realizado por Falla»[49].

Es un hecho muy relevante que por primera vez en la vida musical española surge un grupo que comparte una identidad de objetivo por encima de las individualidades de sus miembros. Además la idea de la influencia de la figura de Manuel de Falla es, no sólo asumida de forma consciente por el grupo de compositores, sino que éstos van más allá en su propósito de proponerse continuar la labor iniciada por el genial gaditano. Añade Rodolfo Halffter de forma bastante explícita que «nuestro objetivo principal, harto ambicioso, consistía en hallar una solución adecuada a la necesidad de renovar el lenguaje musical español y unirnos a las corrientes de pensamiento europeo»[50]. Y la forma de llevar a cabo dicha renovación del lenguaje musical español pasaba precisamente por continuar el ejemplo de Manuel de Falla que para su particular renovación del lenguaje procedió a «extraer e incorporar a su arte las esencias de nuestra música popular [...] y de la antigua música culta hispánica»[51]. Más adelante cita Rodolfo Halffter el «admirable Cancionero de Pedrell» que para los compositores del Grupo de los Ocho de Madrid «constituía una especie de libro de horas»[52].

Otra característica de la música de los compositores del Grupo de los Ocho de Madrid es el antiromanticismo, citado asimismo por Rodolfo Halffter al hablar de la «nueva objetividad, antirromántica, nacida en el París de la anteguerra de

---

49 *Id.*
50 *Id.*
51 *Id.*
52 *Id.*

1914»⁵³, objetividad antirromántica aceptada por Falla en su consecución de la incorporación al pensamiento europeo, lo que a su vez propició el nacimiento del neoclasicismo, mientras que «la música fue liberada de la obligación de servir de vehículo para la expresión subjetiva del compositor»⁵⁴. Conceptos clave en la estética del grupo estudiado —neoclasicismo, antirromanticismo, objetividad expresiva— vienen ligados al objetivo renovador de estos compositores que siguen el ejemplo de Falla.

Otra de las ideas importantes, muy relacionada con la estética de este grupo, es «el acercamiento de la música a las demás disciplinas intelectuales y su inmersión en un terreno de ideas no sólo musicales»⁵⁵. «Para nosotros» —dice Rodolfo Halffter— «el compositor era también un intelectual que debía, como tal, interesarse [...] por ocupar un primer plano en la vida cultural española»⁵⁶. Es lo que Emilio Casares, al hablar de la época de la música española que abarca de 1900 a 1939, denomina «cambio intelectual en el compositor español [...], uno de los temas propios del espíritu reformista y restaurador»⁵⁷ que anuncia un cambio en cuatro direcciones: «en el gran número de compositores que tienen también carrera universitaria o formación humanística destacada; en la abundante producción ensayística y literaria de muchos de ellos; en el ejercicio de la crítica periodística como segundo oficio; y, por fin, en su relación específica y fuerte con los medios intelectuales»⁵⁸.

Continúa Rodolfo Halffter con su repaso por las características estéticas de la obra de los compositores del Grupo

---

53 *Id.*
54 *Id.*
55 *Id.*
56 *Id.*
57 CASARES: «La Revista Musical de Bilbao», p. 198.
58 *Id.*

de los Ocho de Madrid citando que «en los compositores de nuestro Grupo se despertó un amor, un vivo interés, por las pequeñas formas cerradas [...] y también una especie de desconfianza hacia la posibilidad de utilizar [...] las formas más extendidas»[59]. Esta inclinación por la formas musicales de reducido formato viene, según Rodolfo Halffter, de continuar el ejemplo de Antonio Soler, Domenico Scarlatti y Manuel de Falla, con lo cual la idea de neoclasicismo aparece ligada a la utilización de la pequeña forma.

Las dos últimas ideas expresadas por Rodolfo Halffter, que son el acercamiento de la música a las demás disciplinas intelectuales y la preferencia por la pequeña forma, explican la importancia de la producción de canciones de concierto por parte de los compositores del Grupo de los Ocho de Madrid, ya que la canción de concierto es un género que participa por igual de ambos conceptos. La pequeña forma es algo intrínseco a la canción de concierto, mientras que el acercamiento de la música a otras disciplinas intelectuales se materializa aquí como una fusión de música y poesía culta, excepto en los casos en las que el compositor parte del folclore popular para componer sus canciones. Pero el folclore popular aparece citado en esta Lección Magistral por Rodolfo Halffter al hablar de la importancia que para los compositores del Grupo de los Ocho de Madrid supuso el hallazgo del canto popular y su importancia como factor cultural, hecho derivado del estudio de la producción falliana. Pasa Rodolfo Halffter a citar el camino señalado por Pedrell en su manifiesto *Por nuestra música*, en el que expone que «cada nación debe erigir su sistema artístico-musical sobre el canto popular propio»[60], señalando también

---

[59] HALFFTER, Rodolfo: «Manuel de Falla y los compositores del Grupo de Madrid...», p. 415.
[60] *Ibid.*, p. 417.

la devoción que los compositores del Grupo de los Ocho de Madrid sentían por el *Cancionero* de Pedrell. En resumen, nos encontramos con tres ideas, la pequeña forma, el acercamiento de la música a otras disciplinas intelectuales y la importancia del folclore, que son claves en la creación de los compositores de este grupo en general, pero los son de manera muy particular en su producción de canciones de concierto.

Incidiendo en las ideas ya expuestas continúa Rodolfo Halffter su aproximación a la estética del Grupo de los Ocho de Madrid citando propósitos estéticos del grupo como la «claridad y condensación de ideas» o «rehuir la grandilocuencia», pero llegamos a otro de los puntos importantes de este esclarecedor documento cuando se refiere el compositor madrileño a la fructífera y decisiva estancia de siete años de Manuel de Falla en París, que permitió al genial gaditano descubrir en la obra de Debussy giros modales y encadenamientos de acordes que aquel utilizó en su obra. Expresa Rodolfo Halffter la idea de que en estas obras «la música de Falla, de mi hermano y de Bautista, necesariamente se afrancesaron»[61]. Sin embargo, deja claro Rodolfo Halffter más adelante, que pese a esta influencia de Debussy, los compositores del Grupo de los Ocho de Madrid nunca consideraron a Manuel de Falla como un compositor impresionista.

Finaliza la disertación de Rodolfo Halffter afirmando que los compositores madrileños de la Generación del 27 se consideraban alumnos de Manuel de Falla y se sentían agrupados en torno a su figura en una especie de escuela, y que la influencia ejercida sobre ellos por Falla fue una influencia indirecta que se materializó a través del análisis de sus obras, de la lectura de sus escritos sobre música y, en fin, del respeto humano que ema-

---

61 *Ibid.*, p. 418.

naba de su figura. Resulta preciso señalar que entre los ocho compositores aquí estudiados, tan sólo Rosita García Ascot y Ernesto Halffter recibieron las enseñanzas directas de Manuel de Falla[62], siendo las relaciones de los demás compositores con el maestro esporádicas. El propio Rodolfo Halffter recibió solamente consejos de Manuel de Falla tras el examen del gaditano de los primeros trabajos del compositor madrileño. Respeto al magisterio técnico efectivo de Manuel de Falla sobre los compositores del Grupo de los Ocho de Madrid resulta de sumo interés un artículo de Yvan Nommick[63] que estudia la forma de enseñar composición del gaditano y que trata de demostrar que sus procedimientos pedagógicos y su extrema exigencia estuvieron muy ligados a su propio concepto de la actividad creativa, llegando a la conclusión de la primacía otorgada por Falla al análisis musical, disciplina que consideraba la mejor lección de composición posible.

Como colofón a su Lección Magistral, expone Rodolfo Halffter algunos interrogantes que deja sin respuesta. Se pregunta el compositor si tras la dispersión del grupo a causa de la guerra civil española su grupo constituye una generación frustrada, preguntándose asimismo por el valor real de la aportación del Grupo de los Ocho de Madrid a la música de España. Trataré de desvelar en parte estos interrogantes con el estudio en este trabajo de la producción de canciones de los miembros del Grupo de los Ocho de Madrid.

---

62 Un estudio sobre los primeros encuentros entre Falla y Ernesto Halffter en Granada, así como las críticas y consejos del gaditano a su discípulo puede verse en: CARREDANO, Consuelo: «Devociones ejemplares: algunas pautas en la relación de Manuel de Falla y Ernesto Halffter», *Cuadernos de Música Iberoamericana*, vol. 11, 2006, pp. 17-50.

63 NOMMICK, Yvan: «Manuel de Falla y la pedagogía de la composición: El influjo de su enseñanza sobre le Grupo de los Ocho de Madrid», en: SUÁREZ-PAJARES (ed.): *Música española entre dos guerras, 1914-1945*. Granada: Archivo Manuel de Falla, 2002, pp. 39-70.

3. Ernesto Halffter

3.1. Las canciones de Ernesto Halffter

En su larga vida Ernesto Halffter Escriche (Madrid, 1905-1989)[64], tuvo ocasión de escribir obras pertenecientes a prácticamente todos los géneros, entre los cuales la canción de concierto ocupó un lugar destacado. En una entrevista llevada a cabo por Ángel Sagardía, afirmaba el compositor: «No me fatiga la composición y menos cuando escribo canciones, que me son un descanso, un deleite; la voz humana, el canto...

---

[64] Referencias bibliográficas más significativas sobre la vida y obra de Ernesto Halffter: ACKER y SUÁREZ-PAJARES: *Ernesto Halffter (1905-1989), músico en dos tiempos;* VVAA: *Cuadernos de Música Iberoamericana*, vol. 11, 2006, Monográfico dedicado a Ernesto Halffter (1905-1989) en su centenario; HEINE, Christiane: «Ernesto (Alberto) Halffter Escriche», en: FINSCHER, Ludwig (ed.): *Die Musik in Geschichte und Gegenwart. Zweite, neubearbeitete Ausgabe.* Kassel / Stuttgart: Bärenreiter, 2002, Personenteil, vol. 8, pp. 437-439; FRANCO, Enrique: «Ernesto Halffter (Escriche)», en: SADIE Stanley (ed.): *The New Grove Dictionary of Music and Musicians, second edition.* London: Macmillan Publishers Limited, 2001, vol. 10, pp. 692-694; CASARES RODICIO, Emilio: «Halffter Escriche, Ernesto», en: CASARES RODICIO, Emilio (ed.): *Diccionario de la Música española e hispanoamericana.* Madrid: Sociedad General de Autores y Editores, 2000, vol. 6, pp. 192-198; ACKER, Yolanda: «Ernesto Halffter: a study of the years 1905-1946», *Revista de Musicología*, vol. 17, nº 1-2, 1994, pp. 97-176.

soy incluso partidario del *bel canto*, por ello admiro el teatro lírico»[65]. Respecto a las canciones de Ernesto Halffter, afirma Tomás Marco:

> «La canción es un vehículo ideal para sus características creativas pues tenía un gran talento para la invención de melodías fluidas, originales y de diseño elegante que además contenían grandes bellezas. Si a ello unimos su innato sentido del color armónico y el hecho de que prefería en general las estructuras breves y la canción las necesita obligatoriamente, tendremos que concluir que aquí hay un campo amplio para la creación de auténticas joyas musicales. Y sus canciones lo son»[66].

La idea citada por Tomás Marco, referida a la preferencia de Ernesto Halffter por la estructura breve, no sólo es patrimonio de Ernesto Halffter sino de todo el grupo generacional objeto de este trabajo, y constituye una de las características estéticas del Grupo de los Ocho de Madrid que indudablemente han favorecido la creación de canciones de concierto entre los compositores pertenecientes al mismo.

El catálogo completo de canciones de concierto para voz y piano de Ernesto Halffter lo integran las siguientes obras:

---

[65] RUIZ TARAZONA, Andrés: «La corza blanca. Integral de canto». Notas introductorias al CD *Integral de canto de Ernesto Halffter*. Barcelona: Columna Música, 2001, p. 3. Pese a su título, este CD no es realmente una integral al no incluir canciones inéditas como los *Heine Lieder*, pero sí se trata de una integral de la obra editada para voz y piano en el momento de su publicación, interpretada por la mezzosoprano Elena Grajera y el pianista Antón Cardó.

[66] MARCO, Tomás: «Canciones de Ernesto Halffter». Notas al programa del *Ciclo Ernesto Halffter en su Centenario*. Madrid: Fundación Juan March, 2005, p. 21.

—*Heine Lieder* (1921) (Heinrich Heine)
—*Dos canciones* (1925-27) (Rafael Alberti)
—*L'hiver de l'enfance* (1928-34) (Denise Cools)
—*Canciones del niño de cristal* (1931-34) (Carlos Rodríguez Pintos)
—*Cançao do Berço* (¿1938?) (Branca de Gonta Colaço)
—*Señora* (1938) (Jean Marietti)
—*Seis canciones portuguesas* (1940-1941) (popular)
—*Canto Inca* (1944) (Magdalena Nile del Rio)
—*Seguidilla calesera* (1945) (popular)
—*Canción de Dorotea* (1947) (Miguel de Cervantes)
—*Pregón* (1974) (Salvador Dalí)

Algunos catálogos incluyen además *Tres canciones alemanas* sobre textos de Lenau, compuestas supuestamente a raíz de un viaje realizado por Ernesto Halffter acompañado de su padre a Alemania, dos de ellas en agosto de 1924, «mientras que la tercera iba a ser compuesta algo más tarde, sobre versos de una antología poética alemana titulada *Lenaus Werke*»[67]. Ernesto Halffter menciona dos de estas canciones en una carta a Falla fechada el 3-8-1924, carta respecto a la que Tomás Marco aclara lo siguiente: «aunque nuestro compositor siempre fue muy desahogado para anunciar obras terminadas que ni siquiera había empezado, no creemos que en época tan temprana osara mentir a su maestro»[68]. En todo caso estas canciones se dan por perdidas al no existir rastro de ellas[69]. Cita Tomás Marco en el mismo artículo dos canciones más: *Balada amarilla*, supues-

---

67 ACKER y SUÁREZ-PAJARES: *Ernesto Halffter*, p. 35.
68 MARCO: «Canciones de Ernesto Halffter», p. 22.
69 Sobre ellas, Manuel Halffter, hijo del compositor, indica en un correo electrónico dirigido al autor de este libro: «no tengo ningún conocimiento de ellas y a mi poder no han llegado».

tamente escrita en 1954 sobre un poema de Gerardo Diego[70], y *Alhambra y tú*, compuesta en 1954 para la película *Todo es posible en Granada*[71].

Para una versión del *Otello* shakespeareano a cargo de Saturnino Rubio Puente y Ángel Fernández de Santos Blázquez, dirigida por González Vergel en el Teatro Español de Madrid en octubre de 1971, compone Ernesto Halffter seis *Canciones de Jago*. Su texto está basado en una traducción del original de Shakespeare, posteriormente refundido por los responsables de la adaptación. Manuel Halffter, hijo de Ernesto Halffter y depositario de su archivo, conserva una copia de los bocetos de estas canciones que pertenecen al género de la música incidental, pero que es de justicia reseñar aquí[72]. Al igual que se incluyen en el género de la música incidental las canciones compuestas para la banda sonora de la película *La mujer de otro* (1967), sobre texto de T. Luca de Tena, tituladas *Este Madrid*, *Ya se acerca la noche, amor*, y el bolero *El recuerdo perdido*. Cabe citar asimismo los fragmentos cantados titulados *Canción y danza* y *Maruxiña*, pertenecientes al ballet *Fantasía galaica*.

Aunque la formación instrumental requerida la excluye del ámbito de este estudio, por su cercanía estilística con la canción de concierto hay que citar también *Automne Malade*, para canto y pequeña orquesta, compuesta en 1926 sobre un poema de Guillaume Apollinaire, en cuya melancólica melodía francesa aprecia Andrés Ruiz Tarazona «la influencia del

---

[70] De esta canción sólo «se conserva algún apunte, pero nada completo», indica Manuel Halffter en un correo electrónico dirigido al autor de este libro.

[71] «Editada en Madrid, por Hersant (ya no existe) para piano y orquestina y grabada por María Dolores Pradera e Imperio Argentina en discos de vinilo, descatalogados desde hace mucho tiempo», según información aportada por Manuel Halffter, hijo del compositor, en un correo electrónico dirigido al autor de este libro.

[72] Dichos bocetos forman parte del archivo personal de Manuel Halffter.

Falla granadino, creador de atmósferas llenas de indolencia y de misterio. Ravel e incluso Poulenc se puede atisbar en esta pequeña pieza»[73].

3.2. Heine Lieder

Las *Cinco canciones sobre Heine* o *Heine Lieder*, datan de 1921 y se cuentan por tanto entre las primeras compuestas por el joven Ernesto Halffter[74]. Muy posiblemente no hayan visto su estreno hasta el 19 de enero de 2005, día en el que dentro del ciclo de conciertos «Ernesto Halffter en su centenario», organizado por la Fundación Juan March de Madrid, la mezzosoprano Elena Gragera y el pianista Antón Cardó ofrecen cuatro de ellas: *Es war ein alter König, Aus meinen grossen Schmerzen, Dämmernd liegt der Sommerabend* y *Du schönes Fischermädchen*[75]. En las notas al programa del citado ciclo de conciertos donde presumiblemente tuvo lugar el estreno de estas canciones, aclara Tomás Marco lo siguiente:

«Los catálogos musicales suelen abrir la cuenta de sus composiciones vocales con las *Cinco cancio-*

---

[73] RUIZ TARAZONA, Andrés: «I Centenario de Ernesto Halffter», en: VILLA ROJO, Jesús (ed.): *Música actuales. Ideas básicas para una teoría*. Bilbao: Ikeder, 2008, p. 413.

[74] Un estudio sobre la figura de Ernesto Halffter en su etapa de formación y sus primeros años como compositor puede verse en: SÁNCHEZ DE ANDRÉS, Leticia: «Ernesto Halffter en su etapa de formación. Amistad y creación compartida con Lorca, Alberti y Dalí», *Cuadernos de Música Iberoamericana*, vol. 11, 2006, pp. 83-109.

[75] Las *Cuatro Canciones de Heine* de Ernesto Halffter permanecen inéditas en el momento de redactar este libro y forman parte del archivo personal de Manuel Halffter, hijo del compositor, gracias a quien he obtenido una copia de la obra —tal y como fue presentada en el citado supuesto estreno de 2005—, que es la utilizada como base para este estudio. Su edición está prevista próximamente —con fecha sin determinar— en la Editorial Max Eschig de París.

nes de Heine, compuestas en la época de *Crepúsculos* sobre versos del poeta romántico alemán (no olvidemos el origen alemán de su familia paterna). Sin embargo, la obra no sabemos si fue estrenada y no existía en la actualidad sin que se pudiera saber si se había extraviado, no se terminó o fue destruida por el autor. Pero, en el momento de confeccionar este programa, los intérpretes obtuvieron de Manuel, el hijo del compositor, una serie de apuntes en los que aparecían fragmentariamente estas canciones. Una estaba compuesta totalmente y tres más han podido ser reconstruidas de manera que, aunque no se puedan ofrecer las cinco planteadas inicialmente, hoy se presentan estas *Cuatro Canciones de Heine* en lo que seguramente es su estreno absoluto. Música a veces muy simple pero sin duda tocada por ese don creativo que el autor poseyó desde muy joven»[76].

La primera canción de este grupo se titula *Es war ein alter König* (Era un viejo rey) y está compuesta sobre una poesía de Heinrich Heine (1797-1856), perteneciente al libro *Neue Gedichte*, publicado en 1844 por Hoffmann und Campe. Se trata del poema nº 29 del subgrupo titulado *Neuer Frühling*. Su texto —original en primer lugar y seguidamente traducido al español[77]— es el siguiente:

---

76 MARCO: «Canciones de Ernesto Halffter», pp. 19-20.
77 Traducción de Aurelio Viribay.

Es war ein alter König, Sein Herz war schwer, sein Haupt war grau; Der arme alte König, Er nahm eine junge Frau.	Era un viejo rey, su corazón estaba triste, sus cabellos eran grises. El pobre viejo Rey tomó por esposa a una joven.
Es war ein schöner Page, Blond war sein Haupt, leicht war sein Sinn; Er trug die seid'ne Schleppe Der jungen Königin.	Era un bello paje, rubio era su cabello, alegre era su ánimo; él llevó la cola de seda de la joven reina.
Kennst du das alte Liedchen? Es klingt so süß, es klingt so trüb! Sie mußten beide sterben, Sie hatten sich viel zu lieb.	¿Conoces la vieja cancioncilla? ¡Suena tan dulce, suena tan triste! Ambos tuvieron que morir, se habían amado demasiado.

Este texto ha sido utilizado por numerosos compositores para la composición de diversas obras vocales, entre cuyos ejemplo podemos citar como más relevantes a: Hugo Wolf (1860-1903), para su lied homónimo de 1878, publicado en 1903; Carl Orff (1895-1982), para el segundo de sus *Drei Lieder*, op. 13, que datan de 1911; Alexander Zemlinsky (1871-1942) para el primero de sus *Vier Lieder*, de 1903-05.

El compositor, siguiendo la división estrófica de Heine, reparte los doce versos en tres grupos de cuatro, dando lugar a una estructura A-B-A, incluyendo una breve introducción instrumental de dos compases y un postludio, repetición de la introducción. En compás de 2/4, la primera sección ocupa los diez primeros compases, la segunda va del compás 11 al 18, y la tercera del 19 al 27. Entre las dos secciones extremas encontramos tan sólo dos levísimas diferencias en la parte vocal, siendo el resto idénticas, salvo en el texto. Estas dos secciones arropan una parte central que sigue la misma estructura melódica, con algunas variantes, pero transportada una cuarta inferior, con lo cual se puede decir que la canción está compuesta siguiendo la forma estrófica.

El acompañamiento instrumental repite en cada compás un diseño rítmico formado por cuatro semicorcheas y dos corcheas en la mano derecha, acompañadas por un diseño de corcheas en la mano izquierda. El estilo de la parte del piano es muy repetitivo, pues el diseño del primer compás aparece de forma idéntica durante los diez primeros compases y los nueve últimos, es decir, en las dos secciones extremas.

La tonalidad principal de Fa Mayor, oscila en la sección intermedia a Do Mayor, para retornar en la tercera sección a Fa Mayor, en una canción integrada por tres frases de ocho compases cada una, estructuradas a su vez de forma muy tradicional en periodos de cuatro compases y subperiodos de dos. Medios muy simples, acordes con la sencillez del texto, propios del talento de un joven compositor de dieciséis años buscando aún su propio lenguaje y cometiendo alguna torpeza de estilo como los amplios saltos ascendentes y descendentes asignados a la voz en los compases 15-16 de incómoda ejecución y discutible resultado sonoro.

Además puede parecer contradictoria la indicación «Mit fröhlichem Ausdruck» (con expresión alegre) para un texto que cuenta una historia de engaño con final trágico; una aparente contradicción que podría explicarse por la ironía característica de la poesía de Heine. En cualquier caso el resultado sonoro es plácido e ingenuo y cabe preguntarse si pese al origen alemán de su familia paterna, Ernesto Halffter conocía el significado y carácter del poema al que dotaba de música.

La segunda canción lleva por título *Aus meinen großen Schmerzen* (De mis grandes penas). El poema original pertenece a *Buch der Lieder* (Libro de canciones) de Heinrich Heine; en concreto se trata del poema nº 36 de una de sus partes, titulada *Lyrisches Intermezzo* (Intermedio lírico). Este grupo de poemas es muy relevante en la historia del lied pues de aquí salieron los dieciséis textos elegidos por Robert Schumann (1810-1856) para una de las obra cumbres del género, *Dichterliebe* (Amor de poeta) op. 48, compuesto en 1840. El segundo poema elegido por Ernesto Halffter para su grupo de canciones sin embargo no fue uno de los escogidos por Robert Schumann, aunque sí contamos con una canción sobre este texto compuesta por uno de los más grandes compositores de lied de la historia de la música, Hugo Wolf (1860-1903), cuya puesta en música de *Aus meinen großen Schmerzen* data de 1878. Muchos otros compositores de menor relevancia han compuesto canciones sobre este texto, destacando entre ellos el Lied homónimo de Robert Franz (1815-1892), primero de sus *Zwölf Gesänge* (Doce cantos), op. 5. El texto —original y traducido[78]— es el siguiente:

Aus meinen großen Schmerzen Mach' ich die kleinen Lieder; Die heben ihr klingend Gefieder Und flattern nach ihrem Herzen.	De mis grandes penas hago las pequeñas canciones, que levantan su plumaje sonoro y revolotean hacia el corazón.
Sie fanden den Weg zur Trauten, Doch kommen sie wieder und klagen, Und klagen, und wollen nicht sagen, Was sie im Herzen schauten.	Encontraron el camino a la amada, pero vuelven otra vez y se lamentan, y se lamentan y no quieren decir lo que en el corazón vieron.

Aquí la creación del joven Ernesto Halffter sí parece adecuarse más que en el ejemplo anterior al carácter doliente del texto, traducido musicalmente en los primeros compases de la canción en un cromatismo que se mueve por movimiento contrario entre las partes vocal y pianística (Ejemplo 1).

---

[78] Traducción de Aurelio Viribay.

Ejemplo 1: **Primeros compases de** *Aus meinen großen Schmerzen*, **de Ernesto Halffter**

Sin embargo los acordes de séptima y novena que constituyen el acompañamiento de los siguientes compases crean más bien un clima de misterio, que podría interpretarse como anticipación del carácter presente en la segunda estrofa del poema.

Cada una de las dos estrofas del texto ocupa catorce compases de música. La primera sección (comp. 1-14) está dividida en tres periodos de cuatro, cuatro y seis compases, respectivamente, mientras que la segunda sección se divide en dos periodos de seis y ocho compases. La estructura de la canción es, por tanto, irregular y la forma compositiva se mueve a medio camino entre la estrófica y la «durchkomponiert» o desarrollada[79], dado que tan sólo los

---

[79] El término alemán «durchkomponiert» se refiere a la estructura compositiva opuesta a la estrófica. Ésta asigna la misma música, o con variantes, a diferentes estrofas del poema. Por el contrario, en la forma de estructura «durchkomponiert», el compositor desarrolla la composición sin tener en cuenta las diferentes estrofas del poema, con lo que no se produce la relación entre las distintas estrofas y una música similar. En la lengua española no existe un término propio que se corresponda con «durchkomponiert» («through-composed» en inglés). El musicólogo Luis Gago en el *Diccionario Harvard de Música* (Madrid, Alianza, 2009) opta para su traducción por el término «transcompuesto», que constituye una opción razonable, frente a la tradicionalmente utilizada de «desarrollado».

tres primeros compases de cada una de las dos secciones musicales y estrofas del texto coinciden en armonía y línea melódica. La canción finaliza de forma muy poco conclusiva sobre un acorde de séptima menor que deja la música completamente en suspenso.

*D*ämmernd liegt der Sommerabend (En el crepúsculo la tarde de verano se extiende) es el título de la tercera canción de este grupo, compuesta sobre el poema nº 85 de *Die Heimkehr* (La vuelta a la patria), una de las partes de *Buch der Lieder* (Libro de canciones) de Heine. Se trata de una poesía que ya había sido utilizada previamente —entre muchos otros compositores— por Johannes Brahms (1833-1897) para *Sommerabend* (Tarde de verano), el primero de sus *Sechs Lieder* (Seis canciones) op. 85, publicados en 1882. Pocos años después de la composición de Ernesto Halffter, es el italiano Mario Castelnuovo-Tedesco (1895-1968) quien encuentra estímulo compositivo en este texto, que dará lugar a *Sommerabend*, segundo de sus *Drei Heine-Lieder* (Tres canciones de Heine) op. 40, publicados en 1929. Se ofrece a continuación el poema original y su traducción española[80]:

Dämmernd liegt der Sommerabend	En el crepúsculo la tarde de verano se extiende
Über Wald und grünen Wiesen;	sobre el bosque y las verdes praderas;
Goldner Mond, im blauen Himmel,	la luna dorada en el cielo azul
Strahlt herunter, duftig labend.	deja caer su brillo, de un vapor refrescante.
An dem Bache zirpt die Grille,	Junto al arroyo el grillo canta,
Und es regt sich in dem Wasser,	y se mueve en el agua,
Und der Wandrer hört ein Plätschern	y el caminante escucha un chapoteo
Und ein Atmen in der Stille.	y una respiración en el silencio.
Dorten, an dem Bach alleine,	Allí, sola en el arroyo,
Badet sich die schöne Elfe;	se baña la bella ninfa;
Arm und Nacken, weiss und lieblich,	brazos y cuello, blancos y encantadores,
Schimern in dem Mondenscheine.	brillan en el claro de luna.

---

80 Traducción de Aurelio Viribay.

La estructura formal de canción desarrollada —A-B-B'-A'-C-B'— introduce elementos cercanos al Lied estrófico, como la repetición con leves variantes de la misma música para los versos 1-2 (Ejemplo 2) y 13-14 (Ejemplo 3), si bien el pasaje de los compases 13-16 —escrito en compás de 3/4— amplía al doble los valores de la frase musical de los compases 1-4 —en compás de 3/8.

Ejemplo 2: *Dämmernd liegt der Sommerabend* de Ernesto Halffter, comp. 1-3

Ejemplo 3: *Dämmernd liegt der Sommerabend* de Ernesto Halffter, comp. 13-15

También se repite, esta vez exactamente, la música de los versos 3-4 (comp. 5-8) para los dos inmediatamente siguientes (comp. 9-12), reapareciendo transportada a una sexta superior en los versos 11-12 (comp. 19). El compositor abandona aquí la uniformidad métrica de las dos canciones anteriores para introducir nueve cambios de compás en los veintitrés de que consta la partitura.

La quietud y placidez de la estampa estival reflejada en el texto se traducen en una música ingenua y de gran simplicidad, que avanza por bloques sonoros, algunos repetidos, derivados de las distintas secciones. Las partes B, B' y B", por su sonoridad repetitiva y sencilla, y por su aroma armónico y melódico, bien podrían haber sido compuestas por Satie o Poulenc. El elemento de modernidad, un tanto forzado, lo introduce una inesperada disonancia final. La melodía asignada a la voz resulta, por su interválica, más interesante y mejor adaptada para el canto que la de las dos anteriores canciones.

Finalmente, *Du schönes Fischermädchen* (Tú, bella pescadora), cierra este grupo de cuatro canciones compuestas por un jovencísimo Ernesto Halffter sobre poemas de Heine. En concreto utiliza aquí el compositor la octava poesía de *Die Heimkehr*, una de las partes que componen *Buch der Lieder*. Entre las numerosas adaptaciones musicales de este poema, destaca por su relevancia la realizada por Franz Schubert (1797-1828), perteneciente a su ciclo *Schwanengesang* (El canto del cisne), D 957, con el título *Das Fischermädchen* (La muchacha pescadora). El texto del poema y su traducción española[81] son los siguientes:

---

81 Traducción de Aurelio Viribay.

Du schönes Fischermädchen,	Tú, bella pescadora,
Treibe den Kahn ans Land;	lleva la barca a tierra;
Komm zu mir und setze dich nieder,	acércate y siéntate junto a mí,
Wir kosen Hand in Hand.	acariciémonos, mano a mano.
Leg' an mein Herz dein Köpchen,	Apoya tu cabecita en mi corazón,
Und fürchte dich nicht zu sehr,	y no temas demasiado;
Vertrau'st du dich doch sorglos	pues te confías despreocupada
Täglich dem wilden Meer.	a diario al mar salvaje.
Mein Herz gleicht ganz dem Meere,	Mi corazón se asemeja bastante al mar,
Hat Sturm und Ebb' und Flut,	tiene tormentas, mareas y reflujo,
Und manche schöne Perle	pero también algunas bellas perlas
In seiner Tiefe ruht.	descansan en su profundidad.

Treinta y ocho compases integran la canción más larga y lograda de este grupo de cuatro. El poema de amor, en el que el protagonista establece un paralelismo entre los contrastes del mar y los de su corazón, para conquistar a la bella pescadora, se mece en la voz a ritmo de barcarola en compás de 6/8. El piano, alternado ambas manos, crea una base ondulante de semicorcheas arpegiadas ascendentes y descendentes que parecen flotar, evocando el movimiento del agua. Se trata de un tipo de escritura pianística que pese a presentarse muy habitualmente, resulta muy eficaz como figura de acompañamiento para una línea melódica. La novedad de esta canción viene de la utilización de la politonalidad en el acompañamiento por parte de un compositor de tan sólo diecisiete años de edad. Tras catorce compases iniciales en la tonalidad de Re Mayor, a partir del compás quince la mano derecha del pianista despliega acordes de Fa Mayor sobre las teclas blancas, superpuestos a acordes en la tonalidad de Fa # mayor que se extienden sobre las teclas negras del piano (Ejemplo 4).

Ejemplo 4: *Du schönes Fischermädchen*, de Ernesto Halffter, comp. 15-18

La utilización de la politonalidad es un recurso que encontramos también en otras canciones de compositores pertenecientes al Grupo de los Ocho de Madrid, como por ejemplo en *Desterro*[82] de Rodolfo Halffter —hermano de Ernesto— o en *Al alba venid, buen amigo*, perteneciente a *Cuatro cantarcillos* op. 68a[83], de Salvador Bacarisse.

La estructura de esta canción responde a la forma A-B-A', cuya sección central (comp. 15-23) corresponde íntegramente al citado pasaje bitonal. La tonalidad principal de Re mayor retorna en el compás 24 —comienzo de la sección A'—, que viene a ser una variación con ligeras modificaciones de los nueve primeros compases de la sección A. Tras una ascensión

---

[82] Apartado 4.5.
[83] Apartado 6.18.

de problemática ejecución debida a los difíciles intervalos del compás 32, la voz finaliza brillantemente su intervención en el compás siguiente con agudo mantenido sobre la nota La, cediendo el protagonismo de la conclusión al piano, que resuelve la canción en la tonalidad de Fa mayor tras una breve coda de cinco compases.

Se trata de una canción que cuenta con una inspirada melodía y un acompañamiento bastante tradicional, que el compositor rompe con la utilización de la politonalidad. El carácter de la música es despreocupado y el logro del compositor no procede tanto de la adecuación entre música y texto, en estado aún embrionario, sino de la fina y prometedora intuición con la que hace uso de sus todavía exiguos recursos compositivos.

3.3. Dos canciones *de Rafael Alberti*

3.3.1. Origen de las *Dos canciones* de Rafael Alberti

La poesía de Rafael Alberti (1902-1999) es, junto a la de Federico García Lorca, la más utilizada por los compositores españoles del siglo XX a la hora de buscar inspiración para la composición de canciones de concierto. La cercanía entre poetas y músicos en la Generación del 27 favoreció el intercambio de estímulos y la colaboración interdisciplinar, lo que dio lugar a un auténtico florecimiento en el campo de la canción, ejemplificado a la perfección en la obra de los compositores pertenecientes al Grupo de los Ocho de Madrid. Por otro lado, las características musicales inherentes, tanto a la poesía de García Lorca como a la de Alberti, han contribuido a que sus poemas hayan servido como fuente de inspiración a compositores españoles e internacionales durante todo el siglo XX, e incluso aún hoy en día continúen haciéndolo[84].

Cuando Rafael Alberti ganó el Premio Nacional de Literatura (1923/24) con *Marinero en tierra*, Rodolfo Halffter pensó en ilustrar musicalmente estos textos. A partir de ese deseo, su hermano Ernesto escribió sus *Dos canciones*: *La corza blanca* y *La niña que se va al mar*, que comenzó a componer en 1923 aunque la partitura está fechada finalmente en «Madrid, 16 de septiembre de 1925; París, 17 de octubre de 1927»[85]. Su hermano Rodolfo compuso entonces *Del cinema al aire libre*, titulada posteriormente *Verano*, y más tarde escribió otras cuatro canciones que junto a la primera conforman su ciclo *Marinero en tierra*, mientras que Gustavo Durán (1906-1969) compuso *El salinero*. En la edición de *Marinero en tierra* de Alberti que se publicó con una carta de Juan Ramón y un dibujo de Vázquez Díaz, serían incluidas *La corza blanca*, de Ernesto Halffter, *Del cinema al aire libre* de Rodolfo Halffter y *El salinero* de Gustavo Durán. En su libro de memorias *La arboleda perdida* Rafael Alberti también relata este hecho:

---

[84] Para un estudio exhaustivo sobre la relación entre la música y la obra poética de Rafael Alberti y Federico García Lorca, véase: TINELL, Roger D.: *Federico García Lorca y la Música, catálogo y discografía anotados*. Madrid: Fundación Juan March, 1993; GARCÍA DEL BUSTO: *Rafael Alberti y la música*. Madrid: Eleuve, 2007; HEINE: «Las relaciones entre poetas y músicos de la Generación del 27: Rafael Alberti», *Cuadernos de arte de la Universidad de Granada* nº 26, 1995, pp. 265-296; TORRES CLEMENTE, Elena: «Vocaciones cruzadas: músicos y poetas de la generación del 27», en: GARCÍA GALLARDO, Cristóbal L., MARTÍNEZ GONZÁLEZ, Francisco y RUIZ HILILLO, María (eds.): *Los músicos del 27*. Granada: Universidad de Granada, 2010; PERSIA, Jorge de: «Lorca: Letra y música», *Scherzo*, nº 122, año 1998, pp. 116-120; MARTÍN MORENO, Antonio: «La generación literaria del 27 y la música: Jorge Guillén y Federico Garcia Lorca», en: GARCÍA GALLARDO, Cristóbal L., MARTÍNEZ GONZÁLEZ, Francisco y RUIZ HILILLO, María (eds.): *Los músicos del 27*. Granada: Universidad de Granada, 2010.

[85] ACKER y SUÁREZ-PAJARES: *Ernesto Halffter (1905-1989), músico en dos tiempos*, p. 33.

«[...] tres jóvenes compositores —Gustavo Durán, Rodolfo y Ernesto Halffter—, entusiasmados con el corte rítmico, melódico de mis canciones, pusieron música a tres de ellas. De ese trío, la de Ernesto, maravillosa —*La corza blanca*— consiguió, a poco de publicada, una resonancia mundial. Las otras dos —*Cinema* y *Salinero*— eran bellas también y se han cantado mucho. Pero es que Ernesto Halffter, entonces verdadero muchacho prodigio, había logrado algo maestro, sencillo, melancólico, muy en consonancia con el estilo antiguo y nuevo de mi letra, cuyo lema había tomado yo del *Cancionero* de Barbieri. Asimismo se hizo famosa *La niña que se va al mar*, del propio Ernesto, que no fue incluida en la edición por razones de espacio»[86].

Del estreno de estas canciones el 28 de abril de 1926 en Madrid el crítico y compositor Adolfo Salazar nos dejó la siguiente crónica:

«En una exposición de pintura y dibujos del pintor belga Pierre Floquet, se celebran sesiones de música muy escogidas, en consonancia con el público invitado a ver esas agradables combinaciones de líneas y colores. La primera de ellas, celebrada el domingo último y quizá, por gracioso contraste, se quiso que sus rombos, cubos, círculos y demás figuras geométricas, finamente coloreadas, fuesen acompañadas por la música más sencilla y cordial que existe en el viejo y nuevo repertorio. Tres canciones del siglo XV, de Narváez, Escobar y Fuenllana, deliciosas las tres en su emoción discreta y

---

[86] ALBERTI, Rafael: *La arboleda perdida, 1. Primero y Segundo libros (1902-1931)*. Madrid: Alianza Editorial, 2002, pp. 233-234.

reservada. A continuación otras tres canciones, que tres chicos de hoy han enviado, a modo de agasajo o tributo de camarada, a otro chico poeta, Rafael Alberti, para ilustrar su libro *Marinero en Tierra*. De estas tres canciones, la primera, *La corza blanca*, de Ernesto Halffter [...]. La segunda canción, *Verano*, de Rodolfo Halffter [...]. La tercera melodía, *Salinero*, de Gustavo Durán, [...] Durey, Ravel y Debussy, terminaban el programa. Todas ellas fueron cantadas con simpática voz y estilo por Alberto Anabitarte y acompañadas con gran sentido y conocimiento de causa por Durán»[87].

La corza blanca y *La niña que se va al mar*, sobre textos de *Marinero en tierra* de Alberti, fueron publicadas por Ernesto Halffter en 1927 bajo el título *Dos canciones*; *La corza blanca* (Ed. Max Eschig, ME 2062, 1928*)*, canción íntima y delicada, contrasta con la energía y brillantez de la extrovertida *La niña que se va al mar* (Ed. Max Eschig, ME 2063, 1928). Andrés Ruiz Tarazona en sus notas a la grabación de la integral de canciones de Ernesto Halffter efectuada por el sello Columna Música, ofrece el siguiente comentario de este díptico:

«Tanto una como otra de las canciones sobre Rafael Alberti, desprenden una gran frescura y acercamiento en lo vocal al mundo trovadoresco, mientras el piano nos lleva a la corriente neoclásica y neoscarlattiana, presente por ejemplo en la *Sonata per pianoforte* (1926-32) y mucho más tarde en la *Sonata Homenaje a Domenico Scarlatti* (1985), que nos recuerda en cierto modo al Falla del *Retablo* y del *Concierto*»[88].

[87] IGLESIAS: *Rodolfo Halffter (Tema, Nueve décadas y Final)*, pp. 48-49.
[88] RUIZ TARAZONA: «La corza blanca. Integral de canto», p. 6.

Este breve comentario resulta especialmente acertado por el vínculo establecido entre el acompañamiento pianístico de las *Dos Canciones* de Rafael Alberti y las dos obras para piano de Ernesto Halffter citadas —*Sonata per pianoforte* y *Sonate pour piano. Hommage a Domenico Scarlatti*—, en un evidente paralelismo de escritura que aúna dichas creaciones en la corriente neoscarlattiana, versión española del neoclasicismo musical iniciado por Manuel de Falla con dos de su obras maestras, que son precisamente las que tomaron como modelo los compositores del Grupo de los Ocho de Madrid: el *Retablo de Maese Pedro* y el *Concierto para clave y cinco instrumentos*[89]. El citado paralelismo de escritura entre las diversas obras de Ernesto Halffter adscritas a la corriente neoscarlattiana, se aprecia en diversas características comunes a todas ellas: seguimiento de la tradición clásica en los planos tonal, temático y formal, cadencias y desarrollo igualmente clásicos, escritura basada en dos líneas musicales dialogantes —una para cada mano del pianista—, escasos acordes, textura musical adelgazada, predominio del contrapunto, y proliferación de mordentes y notas de adorno. Las tres citadas obras de Ernesto Halffter constituyen ejemplos muy ilustrativos de la corriente neoscarlattiana, recuperación de la música del siglo XVIII llevada a cabo a través de la figura de Scarlatti. Dicho retorno a épo-

---

[89] Un estudio sobre el origen del neoclasicismo español, que contiene detallados análisis de *El Retablo de Maese Pedro* de Falla y de la *Sinfonietta* de Ernesto Halffter, puede verse en: ÁLVAREZ, Alberto J: *El origen del neoclasicismo musical español. Manuel de Falla y su entorno*. Málaga: Ediciones Maestro, 2008. Otros interesantes análisis de la *Sinfonietta* de Ernesto Halffter se encuentran en: PALACIOS, María: «Nueva música sinfónica: acogida crítica y análisis de *Sinfonietta*», *Cuadernos de Música Iberoamericana*, vol. 11, 2006, pp. 123-140; TORRES, Elena: «Manuel de Falla y la *Sinfonietta* de Ernesto Halffter: la historia de un magisterio plenamente asumido», *Cuadernos de Música Iberoamericana*, vol. 11, 2006, pp. 141-169; GARCÍA GALLARDO, Cristóbal L.: «Ernesto Halffter: *Sinfonietta*», en: GARCÍA GALLARDO, Cristóbal L., MARTÍNEZ GONZÁLEZ, Francisco y RUIZ HILILLO, María (eds.): *Los músicos del 27*. Granada: Universidad de Granada, 2010.

cas pretéritas presenta además para la musicóloga Ruth Piquer «connotaciones de despojar a la obra de toda significación extramusical, dentro del antirromanticismo, y llevarla al primitivismo musical, como recuperación de la tradición popular, del folclore, y como búsqueda de la esencia de éste a través de un sentido sonoro y tonal que Falla ya señaló anteriormente»[90].

3.3.2. *La corza blanca*

Como se ha comentado anteriormente, la canción *La corza blanca* fue editada por primera vez en el libro de poemas de Rafael Alberti *Marinero en tierra*, apareciendo también en el suplemento al núm. 9 de la revista *Musicalia* de La Habana. Inspirado por el Cancionero musical de los siglos XV y XVI de Francisco Asenjo Barbieri, escribió Rafael Alberti en 1921 su poema *Mi corza*, que lleva el epígrafe *En Ávila, mis ojos...Siglo XV*, en referencia al primer verso de una célebre canción anónima del siglo XV: «En Ávila mis ojos / dentro en Ávila. / En Ávila del río / mataron a mi amigo»[91]. El breve poema de Rafael Alberti titulado *Mi corza*, sobre el que está compuesta la canción de Ernesto Halffter *La corza blanca*, consta de ocho versos:

Mi corza, buen amigo,
mi corza blanca.

Los lobos la mataron
al pie del agua.

---

90 PIQUER SANCLEMENTE, Ruth: «Aspectos estéticos del Neoclasicismo musical en la obra de Ernesto Halffter», *Cuadernos de Música Iberoamericana*, vol. 11, 2006, p. 65.
91 ALBERTI, Rafael: *Marinero en tierra. La amante. El alba del alhelí*. Madrid: Editorial Castalia, 1972, pp. 95-96.

Los lobos, buen amigo,
que huyeron por el río.

Los lobos la mataron
dentro del agua[92].

Se trata de un poema inmerso dentro del estilo poético denominado neopopularismo, paralelo al neoclasicismo musical, fruto de «la reflexión retrospectiva hacia la herencia de la tradicional poesía popular»[93], que tuvo como consecuencia un cambio estilístico que se denomina «neopopularismo a distinción de la imitativa lírica popularista»[94]. A propósito, tanto del neopopularismo en la obra de Alberti como de la canción *La corza blanca* de Ernesto Halffter, resulta de gran interés el citado estudio de Christiane Heine, *Las relaciones entre poetas y músicos de la Generación del 27: Rafael Alberti*[95], que incluye un exhaustivo análisis del texto y de la música de tres poemas neopopularistas puestos en música por tres compositores de la Generación del 27, Ernesto Halffter —*La corza blanca*—, Gustavo Durán y Salvador Bacarisse. Entre las conclusiones a las que llega Christiane Heine, destaca el hecho de que el acercamiento compositivo de Ernesto Halffter a este poema neopopularista de Alberti se basó en el corte musical preexistente en *Mi corza*, ya que el compositor «adaptó la estructura del poema para la canción a cuyo texto daba curso libre utilizando la técnica del recitativo seco»[96]. Añade Christiane Heine que esta canción da «testimonio del desarrollo de la

---
92 *Id.*
93 HEINE: «Las relaciones entre poetas y músicos de la Generación del 27: Rafael Alberti», p. 274.
94 *Id.*
95 *Ibid.*, pp. 265-296.
96 *Ibid.*, p. 286.

música española desde mediados de los años veinte el cual, simultáneamente al neopopularismo literario, desembocó en el neoclasicismo musical entre cuyos ejemplos más tempranos de la Generación del 27 cuenta la canción *Mi corza* de E. Halffter»[97]. Considera la musicóloga que esta canción supone un acierto por «respetar, en la mayor medida posible, tanto el contenido como la estructura»[98] de la poesía, que recibe del compositor madrileño un comentario musical de tipo descriptivo a través de una partitura que constituye «un complemento ideal para estas obras neopopularistas de Alberti»[99]. Una canción que, según Antonio Fernández Cid, influyó incluso en la vocación musical del compositor Cristóbal Halffter:

> «Dentro de la música vocal de España es *La corza blanca* una perla de valor incalculable, una de las páginas que piden, exigen puesto en las más limitadas, rigurosas antologías. Esa corza blanca de los versos de Alberti, a la que mataron los lobos al pie del agua, constituye un modelo de bien hacer, de calidad melódica y sobriedad pianística; de una limpia emoción que trasciende por caminos de una pureza suma. No en balde confiesa Cristóbal cómo es el conocimiento de esa pequeña joya decisivo en su vocación de artista»[100].

Los ocho versos del poema de Alberti hallan su correspondencia en las dos secciones musicales de la canción, ambas precedidas por una introducción pianística de cuatro compases. Se trata de una melodía ejecutada por la mano derecha

---
[97] *Id.*
[98] *Ibid.*, p. 287.
[99] *Id.*
[100] FERNÁNDEZ-CID: *Lieder y canciones de España*, pp. 170-171.

del pianista, ornamentada con mordentes y acompañada por la mano izquierda por sencillos acordes desplegados. Ernesto Halffter indica «con dolce maniera[101]» en la introducción pianística de esta breve miniatura de tan sólo 21 compases, introducción que se repite antes de la segunda estrofa, con la única variante de añadir un floreo sobre el acorde final.

La línea melódica asignada a la voz en los compases 5-7 (versos 1 y 2) coincide con la última frase musical cantada, entre los compases 19 y 21 (versos 7 y 8), pero en el acompañamiento de estos tres compases encontramos alguna variación respecto a la primera exposición de dicha frase. El compositor asigna la misma música a las dos parejas de versos que inician y cierran el poema, respectivamente, dotando así de mayor unidad a su creación.

La composición se mueve entre la tonalidad principal de Re b Mayor y su relativo menor, Si b menor, en la cual finaliza, contando con una armonización muy sencilla. Debido a los continuos cambios de compás —3/8, 7/8, 5/8, 10/8, 4/8— el compositor consigue intensificar la tensión musical de acuerdo al sentido preexistente en el poema. Respecto al tratamiento del texto y al estilo neoclásico del acompañamiento pianístico de esta canción, resulta muy acertado el siguiente comentario de Christiane Heine:

> «El tratamiento del texto en la composición tiene como modelo el recitativo seco acompañado por bajo continuo que subraya el carácter narrativo del poema. [...] La composición de E. Halffter es moderna debido a la combinación tanto del estilo pianístico de Domenico Scarlatti (sobre todo en la sección «a») en el cual se inspiraron algunos músicos del *Grupo de los*

---

101 La indicación es «con dolce maniera e legato» en la versión revisada de 1948.

ocho en sus comienzos neoclasicistas, siguiendo con ello el ejemplo de Falla, como de algunos medios de expresión del folklore andaluz (arpegios, tresillos, melismas) con técnicas de composición del siglo veinte entre las que cuentan la extrema inestabilidad métrica así como el organum de quintas, revivificando éste merced a los compositores impresionistas»[102].

La interpretación de esta canción demanda de los intérpretes la misma sencillez que muestra el compositor en su creación. El cantante ha de abordarla con un estilo de canto íntimo y recogido, situado al otro extremo de la efusividad operística propia de la música teatral. Se trata de un estilo casi declamado, acorde con la indicación «quasi recitativo, ma in tempo» que aparece al inicio de la parte vocal. La indicación «ma in tempo» indica al cantante que debe plegarse al estilo neoclásico de la composición. Por su parte el pianista ha de interpretar los dos preludios pianísticos de cuatro compases con cristalina claridad, especialmente en los mordentes superiores que adornan la melodía de la mano derecha. Dicha claridad de ejecución es la principal dificultad pianística a la hora de recrear esta canción que por otro lado no reviste mayores retos, dada la parquedad de su escueto acompañamiento.

Debido muy posiblemente a la extrema dificultad de ejecución de la parte pianística de la segunda canción de este díptico, *La niña que se va al mar*, con sus trinos y mordentes de difícil ejecución al tempo indicado por el compositor, Ernesto Halffter publica en 1948 una versión revisada de sus *Dos canciones* de Rafael Alberti. Dicha revisión (Ejemplo 6) apenas afecta al acompañamiento pianístico de la versión original de 1927 de *La corza blanca* (Ejemplo 5), canción en la que el compositor tan

---

[102] HEINE: «Las relaciones entre poetas y músicos de la Generación del 27: Rafael Alberti», pp. 278-279.

sólo añade una línea melódica de tres notas en el pentagrama superior del compás 8, además de completar algunas armonías ausentes en la versión primitiva de los compases 9 y 10, siendo éstas las únicas diferencias entre ambas versiones de la canción.

Ejemplo 5: *La corza blanca*, de E. Haffter, comp. 8-10 de la versión original de 1927

Ejemplo 6: *La corza blanca*, de E. Halffter, comp. 8-10 de la versión revisada de 1958

Debido al atractivo de su inspirada música, muy comunicativa y directa, *La corza blanca* es una de las canciones de Ernesto Halffter que más aceptación ha obtenido entre intérpretes y público, éxito que comparte con *Ai que linda moça,* primera de sus *Seis canciones portuguesas*[103]. La primera de las *Dos canciones* de Rafael Alberti

---

103 Apartado 3.8.

es además una de las canciones más interpretadas del repertorio, logro no compartido por la segunda, no por reunir menos méritos sino muy posiblemente —como se verá a continuación— por la gran dificultad de ejecución de su parte pianística.

3.3.3. *La niña que se va al mar*

El poema completo original en que se basa esta canción, perteneciente al libro de poemas de Rafael Alberti titulado *Marinero en tierra*, consta de veinticinco versos. Ernesto Halffter utiliza para su canción tan sólo los primeros doce versos, que se reproducen a continuación en la columna de la izquierda, mientras que los trece versos restantes de poema completo, no puestos en música por el compositor, se reproducen en la columna de la derecha en cursiva[104]:

¡Qué blanca lleva la falda la niña que se va al mar!	*Recuérdame en alta mar,* *amiga, cuando te vayas* *y no vuelvas.*
¡Ay niña, no te la manche la tinta del calamar!	*Cuando la tormenta, amiga,* *clave un rejón en la vela.*
¡Qué blancas tus manos, niña que te vas sin suspirar!	*Cuando, alerta, el capitán,* *ni se mueva.*
¡Ay niña, no te las manche la tinta del calamar!	*Cuando la telegrafía* *sin hilos ya no se entienda.*
¡Qué blanco tu corazón y qué blanco tu mirar!	*Cuando ya al palo-trinquete* *se lo trague la marea.*
¡Ay niña, no te los manche la tinta del calamar!	*Cuando en el fondo del mar* *seas sirena.*

---

104 ALBERTI: *Marinero en tierra. La amante. El alba del alhelí*, p. 133-134.

Ernesto Halffter reparte los primeros doce versos del poema en tres estrofas musicales de cuatro versos cada una. Once compases de introducción pianística dan pie a la primera estrofa musical, de las tres de que consta esta composición. Dicha introducción se puede dividir en dos secciones. La primera de ellas, del compás 1 al 6, constituye la verdadera introducción de la canción, pues no vuelve a aparecer a lo largo de la misma. La sección segunda, del compás 7 al 11, basada en el mismo tema que la primera sección, actúa como introducción de cada una de las tres estrofas musicales y también como postludio, por lo que reaparece sin variantes en tres ocasiones más (comp. 29-33, 51-55 y 73-77).

Las dos estrofas restantes son idénticas a la primera en lo musical, pero sin la primera sección de la introducción, por lo que nos encontramos ante una estructura de composición claramente estrófica. Cada una de las tres estrofas musicales recoge cuatro versos del poema de Alberti, al que Ernesto Halffter en su puesta en música añade la repetición de los versos 2, 6 y 10[105]. La tonalidad de la canción fluctúa entra las tonalidades de La mayor y La menor.

El piano afirma con rotundidad la tonalidad de La mayor con tres acordes introductorios que preceden a su vez a cada una de las entradas de la voz en las tres estrofas de la canción. Estas tres estrofas musicales constan cada una de ellas de dos partes bien diferenciadas, reservando el compositor para la segunda parte de cada estrofa la tonalidad de La menor. De ahí fluctúa a Mi mayor, dominante de La mayor, tonalidad con la que comienza la nueva estrofa, con lo que el ciclo vuelve a comenzar un esquema armónico que aparece en cada una de las tres estrofas.

---

105 (...) la niña que se va al mar / que te vas sin suspirar / y qué blanco tu mirar.

La línea vocal presenta un dibujo melódico desenfadado que se ha de cantar con garbo y gracia. En el primer compás de cada una de las tres estrofas, destaca un intervalo ascendente de sexta que alcanza la nota La del registro agudo de la voz. Sobre la última palabra de los versos 2, 4 y 6 del poema, siempre sobre la vocal «A», el compositor escribe un melisma de semicorcheas.

La segunda sección de cada estrofa musical contrasta con la primera, no sólo por la modalidad menor, sino por la aparición de dibujos de tresillos y quintillos en la parte vocal, que chocan con un piano en estilo de «toccata» que no deja de moverse en valores de semicorchea, y que aportan un carácter andalucista, produciendo un gracioso contraste con el estilo dieciochesco de la canción. A propósito de *La niña que se va al mar* y su escritura pianística más cercana al mundo clavecinístico escribe Antonio Fernández-Cid lo siguiente:

> «De la misma época (que *La corza blanca*) y con versos del mismo autor, *La niña que se va al mar* tiene muy distinta significación. El relato más amplio de la niña que tiene tan blanca la falda que ha de avisársela para que no se la manche con la tinta del calamar, se apoya en un pianismo con raigambre clavecinística de tanta eficacia y brillantez, de tanta belleza como dificultad. El giro de la voz es muy garboso. El todo, perfecto de equilibrio. No serían necesarias más canciones para exaltar el nombre de Ernesto Halffter hasta un puesto de verdadero privilegio entre los compositores de lieder»[106].

---

106 FERNÁNDEZ-CID: *Lieder y canciones de España*, p. 171.

La niña que se va al mar es un perfecto ejemplo de lo que se ha dado en llamar neoscarlattismo o versión española del neoclasicismo stravinskiano y europeo. Es especialmente la escritura pianística de esta canción la que nos acerca a la corriente neoclásica y neoscarlattiana, también presente en otras obras de Ernesto Halffter como en su célebre *Sinfonietta* de 1925, o en otras obras pianísticas como las anteriormente citadas *Sonata per pianoforte* y *Sonata Homenaje a Domenico Scarlatti*. Jorge de Persia ofrece el siguiente comentario de Rodolfo Halffter sobre esta tendencia neoclásica presente en diversas obras de los compositores del Grupo de los Ocho de Madrid:

> «Trabajar siguiendo las indicaciones de Falla, con 'pequeñas formas cerradas', sin divagación ni grandilocuencia, y atendiendo al P. Soler, a Scarlatti; así define años más tarde Rodolfo Halffter su trabajo en las *Sonatas de El Escorial* de 1929-1930, y el de su hermano Ernesto en la *Sinfonietta*, o el de Remacha en el *Cuarteto*, y el de Bautista en la *Sonatina-Trío*»[107].

La escritura pianística de *La niña que se va al mar* es plenamente clavecinística, constituyendo un ejemplo muy original y atípico dentro del repertorio de canción de concierto, pero de gran interés. Dicho interés reside precisamente en la aportación de Ernesto Halffter, con su ejemplo de acompañamiento neoscarlattiano, al desarrollo del piano dentro del género de la canción de concierto española del siglo XX. Podemos encontrar un ejemplo similar en el contexto del Lied europeo en la canción de Maurice Ravel *D'Anne jouant de l'espinette* (Ana tocando la espineta), perteneciente a sus Épigrammes de Clément Marot.

---

107 PERSIA: *Julián Bautista*, p. 33.

En esta obra de 1896, estrenada en 1900, y por tanto anterior a la canción de Ernesto Halffter, Ravel (1875-1937) indica en la partitura «Clavecin ou Piano en soudine» (Clavecín o piano con sordina) para un piano en estilo clavecinístico, con dos importantes solos como introducción y postludio, respectivamente.

La escritura de *La niña que se va al mar* es plenamente tonal y rítmicamente muy cercana al estilo de la toccata. La dificultad de ejecución es máxima al tempo indicado «Allegro; negra: 104». El pianista ha de ejecutar un movimiento continuo de rápidas semicorcheas, muchas veces en notas dobles, plagadas de mordentes y otros adornos que complican la ejecución. Podría ser esta enorme dificultad de ejecución la razón por la que Ernesto Halffter revisara esta canción en 1948, despojando al acompañamiento de su complejidad de escritura y simplificándola tanto que, si bien la ejecución se facilita considerablemente, el interés de la misma queda también reducido. La difícil y brillante introducción pianística de diez compases de la versión primitiva (Ejemplo 7), que prepara el carácter de la canción antes de la entrada de la voz, desaparece por completo en la versión revisada (Ejemplo 8).

Ejemplo 7: *La niña que se va al mar,* comp. 1-6 de la versión original de 1927

Ejemplo 8: *La niña que se va al mar*, comp. 1-2 de la versión revisada de 1948

Curiosamente no retornará Ernesto Halffter a este estilo neoscarlattiano en el resto de su producción de canciones, entre las que destacan estas *Dos canciones* de Rafael Alberti, uno de los ejemplos más logrados y originales del compositor en este campo y que, al igual que su *Sinfonieta*, constituyen un buen reflejo de su enorme y temprano talento.

3.4. L'Hiver de l'Enfance

Sobre textos de Denise Cools, hija de Eugène Cools, editor y buen amigo de Ernesto Halffter, compone éste una suite formada por cuatro canciones. En ellas «un Halffter cautivado por el estilo de Ravel recrea con enorme encanto el mundo de la infancia, y el terrible vacío de su pérdida»[108]. Efectivamente, la influencia francesa es perceptible no sólo en el idioma cantado, sino también en su plasmación sonora. Falla en primer

---

[108] RUIZ TARAZONA: «La corza blanca. Integral de canto», p. 5.

lugar, pero también Ravel —quien se ocupó del tema infantil en varias de sus composiciones como *L'Enfant et les sortilèges, Ma Mère l'Oye* o *Nöel des jouets*—, constituyen las influencias musicales recibidas por Ernesto Halffter.

En 1928 «su relación con el director de Eschig, Eugène Cools, era cordial y Halffter acababa de completar la primera de las cuatro canciones de la suite *L'hiver de l'enfance* (El invierno de la infancia) con texto de Denise Cools, la hija del editor»[109], canción que lleva la dedicatoria «à Eugène Cools mon trés cher ami et Editeur» (a Eugène Cools, mi muy querido amigo y editor). Ese mismo año, «hacia mediados de septiembre, Falla, de vuelta de su viaje por Italia, visitó a Halffter en Niza y revisó con él *Sonatina, Automne Malade* y la canción *Le lit laqué blanc*. Halffter recordará este tiempo como el más feliz de su vida»[110]. *Le lit laqué blanc* está por tanto fechada en 1928 en Niza, año que coincide con el del matrimonio del compositor con la pianista portuguesa Alicia Camara Santos. En esta canción, y en general en la suite completa *L'hiver de l'enfance*, Ernesto Halffter da un giro radical respecto al estilo neoclásico de sus *Dos canciones de Rafael Alberti* finalizadas tan sólo un año antes, para adoptar un estilo cercano a la música francesa de la época.

El texto de *Le lit laqué blanc* (La cama lacada en blanco) —primera canción de *L'hiver de l'enfance* (El invierno de la infancia)—, trata sobre el paso del tiempo y la nostalgia de la niñez, evocando desde el recuerdo la habitación de la niñez con su cama y sus juguetes, y la sensación perdida de ilusión, despreocupación y seguridad propias de la infancia; se ofrece a continuación con su traducción al castellano[111]:

---

109 ACKER y SUÁREZ-PAJARES: *Ernesto Halffter (1905-1989), músico en dos tiempos*, p. 53.
110 *Ibid.*, p. 51.
111 Traducción de Carmen Torreblanca y José Armenta.

Mon lit d'enfant je le revois!	¡Vuelvo a ver mi cama de niño!
à ses rideaux comme une mousse,	a sus cortinas, como musgo,
se cramponnaient mes petits doigts,	se agarraban mis deditos.
dans ma chambre l'aube était douce.	En mi cuarto el alba era apacible.
Les ailes blanches de la joie	Las alas blancas de la alegría
effleuraient mon sommeil profond.	acariciaban mi profundo sueño.
La coiffe de mon âme en soie	La envoltura de seda de mi alma
semblait voler dans la maison.	parecía volar por la casa.
La vie m'apportait ses jouets!	¡La vida me traía sus juguetes!
Autour de mon lit plein de monde,	En torno a mi cama repleta de gente
villages, bateaux et tramways	venían pueblos, barcos y tranvías
venaient la nuit faire des rondes.	por la noche a hacer su ronda.
Des corsaires puissants, des rois,	Poderosos corsarios, reyes
suivis de riches personnages,	seguidos de ricos personajes,
comme de bonshommes de bois,	como hombrecillos del bosque,
défilaient raides et très sages.	desfilaban rígidos y sumisos.
Mais foulant les rideaux légers	Pero, ajando las leves cortinas,
le temps a passé sur les choses,	el tiempo ha pasado sobre las cosas,
et mon berceau dans le grenier	y en el granero, mi cuna
n'est plus qu'un cercueil où repose	es sólo un ataúd donde reposa
l'âme des vieux jouets brisés.	el alma de los viejos juguetes rotos.

En general la escritura musical de *Le lit laqué blanc* es de una gran libertad, con frecuentes cambios de tempo y de compás, que proporcionan una sensación de inestabilidad rítmica, al igual que en el aspecto tonal no se encuentra una tonalidad definida, lo que proporciona un abrupto contraste con la claridad neoclásica de las *Dos canciones de Rafael Alberti*. En los compases 30 y 31 por ejemplo, encontramos superpuestas las tonalidades de Mi b mayor y Do mayor en las manos izquierda y derecha del piano, respectivamente, mientras que la voz canta un brillante y muy acentuado diseño en Do mayor sobre las palabras «Des corsaires puisants» (poderosos corsarios). En esta canción Ernesto Halffter abandona por completo la forma del lied estrófico para moverse con total libertad en la del lied desarrollado, en el que no existen secciones claramente definidas ni hay una posible división en estrofas, sino que responde en todo caso a las posibilidades expresivas del texto cantado.

Acentuando el mundo de la niñez que reflejan estas canciones, *Le lit laqué blanc* esconde una cita de la canción infantil francesa *Frère Jacques* que el compositor conocía en la versión alemana de *Bruder Martin*[112]. Esta cita aparece dos veces en la parte de piano, la primera vez en los compases 12-14 en la melodía formada por la línea superior de corcheas de la mano derecha, en contrapunto a la línea vocal (Ejemplo 9).

Ejemplo 9: Cita de *Frère Jacques* en *Le lit laqué blanc*, de Ernesto Halffter, comp. 12-13

La segunda vez, la cita de la canción francesa *Frère Jacques* hace su aparición en los compases 18-19 (Ejemplo 10), también en una melodía formada por la línea superior de corcheas de la mano derecha, en este caso subrayadas con acentos y estableciendo un breve juego contrapuntístico de carácter imitativo con la línea de la mano izquierda, que, separada por la

---

112 El recurso de la cita musical de canciones infantiles había sido ya utilizado por Claude Debussy (1862-1918) en su *Estampas* para piano de 1903, en concreto cuando en la tercera de ellas, la titulada *Jardins sous la pluie* (Jardines bajo la lluvia), el compositor francés utiliza, además de una canción popular francesa, una paráfrasis casi sin deformar de la nana *Do, do, l'enfant do*.

duración de una corchea, responde al mismo tema a distancia de octava inferior.

Ejemplo 10: Cita de *Frère Jacques* en *Le lit laqué blanc,* de Ernesto Halffter, comp. 18-19

Tras la cita de *Frère Jacques* Ernesto Haffter intensifica el énfasis en el carácter infantil de la canción presentando una música de carácter mecánico para subrayar la frase del texto —»La vie m'apportait ses jouets!» (¡La vida me traía sus juguetes!)— que habla sobre los juguetes. Otro detalles de interés en la parte pianística de esta canción es la repetición de los cuatro acordes en semicorcheas del compás 3 (Ejemplo 11), que aparecen de nuevo casi al final de la canción, en el compás 49 en orden inverso a su aparición primitiva (Ejemplo 12).

Ejemplo 11: *Le lit laqué blanc,* de Ernesto Halffter, comp. 3

Ejemplo 12: *Le lit laqué blanc,* de Ernesto Halffter, comp. 49-50

Esta inversión es la respuesta musical a la doble aparición de la cuna, al principio como feliz recuerdo de la infancia y al final del poema —tema invertido, realidad invertida—, como presente doloroso de un pasado añorado.

La línea vocal de *Le lit laqué blanc* se mueve en intervalos quebrados con continuos saltos, aunque el compositor, como ocurre también en otras canciones de esta suite, en ocasiones alterna esta línea vocal quebrada con un estilo mucho más declamado próximo al recitado. Por ejemplo en los compases 43-46 el compositor deja a la voz declamar sin acompañamiento pianístico alguno la frase «Mais foulant les rideaux légers le temps a passé sur les choses» (pero retorciendo las leves cortinas el tiempo ha pasado sobre las cosas). El vacío que crea la ausencia de acompañamiento pianístico supone aquí un efectivo recurso musical para representar el abrupto cambio temporal operado en el poema entre el ayer feliz y el desolador presente.

Resulta también interesante el canon entre voz y piano que Ernesto Halffter idea para la frase «A ses rideaux comme une mousse se cramponnaient mes petits doigts» (a sus cortinas, como musgo, se agarraban mis deditos), que la voz canta en los compases 4-6 con la indicación «senza rigore del tempo» (Ejemplo 13).

Ejemplo 13: Canon a la quinta entre voz y piano en *Le lit laqué blanc*, de Ernesto Halffter, comp. 4-6

La línea vocal es aquí respondida por la mano derecha del piano que en «legato» y dinámica «piano» ejecuta un canon a la quinta con la voz a distancia de dos semicorcheas, en lo que constituye un ejemplo muy poco frecuente de estilo imitativo en la relación entre voz y piano en la canción de concierto.

La chanteuse (La cantante), segunda canción de la suite *L'hiver de l'enfance* —dedicada a Hannah Solomon, una amiga del matrimonio Halffter en Bruselas—, está fechada en Lisboa en 1930. Posee un «aire triste y suavemente melancólico»[113] y en ella «nos hallamos ante una depurada línea de declamación sobre un piano a lo Bach»[114]. El texto de esta canción comienza evocando una noche en la que la protagonista escucha a una cantante cuya voz contribuye a la paz de su reposo, para a continuación rememorar con nostalgia las noches tranquilas y seguras de la infancia; se ofrece a continuación junto con su traducción española[115]:

Très loin du petit lit	Muy lejos de la camita
où je vais m'endormir,	en la que me acuesto
les vaisseaux se promènent.	los barcos se pasean.
Une chanteuse aide mon rêve	Una cantante ayuda a mi sueño
à gravir leurs antennes.	a escalar sus antenas,
La berceuse lente, gémit	la lenta canción de cuna gime
dans un brouillard d'automne	en una niebla otoñal
qui m'arrive...	que me llega...,
Et c'est presque la nuit.	y es casi de noche,
Le soir mélodieux sanglote	la tarde melodiosa solloza
à la dérive vers la nuit.	vagando hacia la noche.

---

113 MARCO: «Canciones de Ernesto Halffter», p. 20.
114 RUIZ-TARAZONA: «La corza blanca. Integral de canto», p. 5.
115 Traducción de Carmen Torreblanca y José Armenta.

Ô nuit d‹enfance!	¡Oh, noche de infancia!
Nuit des profonds sommeils	¡Noche de profundos sueños
étoilés de chansons!	cuajados de canciones!
Nuit à l'abri	¡Noche a resguardo
dans la pauvre maison	en la humilde morada
de mon inconscience,	de mi inconsciencia
que j'attendais tranquillement!	que yo aguardaba serenamente!
Vous aurais-je perdues	Os habría perdido
si ne s'était gravé	si no se hubiera grabado
dans mon repos l'accord	en mi sueño el acorde
soutenant les plaintes	que sostiene las quejas
qu'Alceste n'a pas tues:	pronunciadas por Alcestis:
«Divinités du Styx,	«Divinidades de Estigia,
Ministres de la Mort.»	ministros de la Muerte».

Durante los siete primeros compases de esta canción, sobre el movimiento de semicorcheas del piano en «Andante cantabile» —del que emana una polifonía que crea un clima de delicada melancolía— la voz declama su texto, «mormorando», en monótonas corcheas y negras, y en el compás 6 en semicorcheas, sobre la nota La b repetida 34 veces sin la más mínima variedad melódica. Esta monótona repetición de notas murmuradas nos introduce en el ambiente somnoliento y nostálgico del poema.

Tras un cambio de compás de 4/4 a compás de 6/8, a partir del compás 17 prosigue el pulso de semicorcheas en el piano y la polifonía en el pentagrama superior, para dejar a la voz sola en los compases 24 a 29 cantar sin acompañamiento instrumental alguno el texto «O nuit d'enfance! Nuit des profonds sommeils étoilés de chansons!» (¡Oh, noche de infancia! ¡Noche de profundos sueños cuajados de canciones!), que gana en fuerza expresiva gracias a la ausencia del acompañamiento instrumental.

Los cuatro bemoles de la armadura desaparecen en el compás 37 y el movimiento de semicorcheas del piano se detiene para pasar a ejecutar unos solemnes acordes arpegiados, «sostenuto», que preparan la aparición de la cita de la voz en los compases 40 y 41 de la última frase del poema, «Divinités du Styx, ministres de la Mort» (Divinidades de Estigia, ministros de la Muerte), texto perteneciente a la ópera *Alceste* de Christoph Willibald Gluck (1714-1787) con libreto de Ranieri de' Calzabigi (1714-1795). Se trata en concreto de una frase del aria titulada *Divinités du Styx* cantada por el personaje de Alceste, pero la cita que encontramos en *La chanteuse* es tan sólo referente al texto, pues la música de Ernesto Halffter no se corresponde en absoluto con la música de Gluck para estas palabras, aunque imita el estilo solemne propio de la ópera seria.

La tercera canción de la suite *L'hiver de l'enfance*, titulada *Le chat en étoffe* (El gato de trapo), está fechada en Lisboa en 1930 y dedicada al Dr. Augusto da Cunha Lamas, un médico portugués amigo de Ernesto Halffter durante su época de residencia en Lisboa. Para Andrés Ruiz Tarazona esta canción es «alegre y stravinskiana»[116], mientras que para Tomás Marco «en ella podemos ver la influencia del Ravel mecánico y exacto, algo que a veces se ha tomado por influencia de Stravinsky»[117]. La similitud de esta canción con algunas obras de Ravel (1875-1937) viene del protagonismo de un gato de trapo, algo próximo al mundo de los animales y de los juguetes que cobran vida en algunas obras del compositor francés[118]. En la canción *Nöel des jouets* (Navidad

---
116 *Ibid.*, p. 5.
117 MARCO: «Canciones de Ernesto Halffter», p. 20.
118 Joseph Ravel, padre de Maurice Ravel, era ingeniero y un inventor muy aficionado a las máquinas, que en 1868 llegó a diseñar y construir un prototipo de vehículo con propulsión a petróleo que no funcionó como se esperaba. Probablemente de esta inclinación paterna provenga la fascinación del Ravel músico por todo lo mecánico, como los juguetes

de los juguetes) de 1905, con texto y música de Maurice Ravel, los juguetes mecánicos encuentran su correspondencia en una música de carácter mecánico que también se puede apreciar en *Le chat en étoffe* de Ernesto Halffter; a continuación su texto y su traducción al castellano[119]:

C'était un chat en laine blanche,	Érase un gato de lana blanca,
chaussé de sabots vermillons.	calzado con zuecos rojos.
Il ne grimpait pas sur les branches	No trepaba por las ramas
Mais pouvait rester au salon.	sino que podía quedarse en el salón.
Je l'aimais plus que mes poupées,	Lo quería más que a mis muñecas
avec ses yeux intelligents	con sus ojos sabios
et cette queue émancipée	y esa cola independiente
qui semblait attendre le vent.	que parecía esperar al viento.
Il était si propre et si drôle	Era tan particular y tan cómico
que mon père en société	que mi padre en público
le caressait sur son épaule	lo acariciaba sobre su hombro
et soudain, le faisait sauter.	y de repente lo hacía saltar.
Il a dû mourir de tristesse	Él debió morirse de tristeza
dans quelque placard poussiéreux	en algún armario polvoriento
et je l'ai retrouvé en pièces,	y lo encontré hecho trizas
sans les deux pièces de ses yeux.	sin las dos piezas de sus ojos.
C'était un peu de ma jeunesse	Era un poco de mi juventud
Qui s'en allait avec sa queue.	la que se fue con su rabo.

Para la protagonista, el gato de trapo que recuerda de sus tiempos de infancia tiene tanta vida como un gato de verdad, por lo que volverlo a encontrar años después, roto y sin ojos,

---

infantiles y los relojes. Esta atracción casi obsesiva se refleja en varias de sus obras: en el comienzo de su ópera *L'heure espagnole* (La hora española) la música se entremezcla con distintos sonidos de relojes en ritmos superpuestos; en la canción *Noël des jouets*, con texto del propio compositor, las figuras de un Belén navideño cobran vida y se comportan como juguetes mecánicos, al igual que cobran vida toda clase de objetos domésticos —sofás, relojes, tazas, teteras— que amenazan al niño protagonista de su ópera *L'enfant et les sortilèges* (El niño y los hechizos).
119 Traducción de Carmen Torreblanca y José Armenta.

supone una clara metáfora de la pérdida de su juventud y el paso del tiempo. La música con la que Ernesto Halffter corresponde a este texto es de carácter muy dinámico, lo que queda afirmado desde el primer compás sincopado del piano, que comienza en compás de 2/4 y sin alteraciones en la armadura, con tres compases instrumentales que llevan la indicación del compositor «ben marcato ma non forte». Numerosos acentos continúan afianzando el carácter dinámico y mecánico de la canción —reflejo musical del objeto inanimado— cuya simetría rítmica se ve rota en dos ocasiones, en los compases 11 y 13, con la inclusión de sendos compases de 5/8. Sobre ese carácter rítmico contrasta, entre los compases 7 y 8, la indicación de un «portamento» en el intervalo de cuarta descendente de la voz sobre la palabra «chaussé» (calzado).

El movimiento rítmico y mecánico de semicorcheas prácticamente no se interrumpe hasta la pausa del compás 37 en el que vuelven a aparecer las síncopas del primer compás. Este momento es la culminación de un crescendo comenzado con la indicación «pp» en el compás 25, crescendo que desemboca en un brillante agudo de la voz —sobre la palabra «sauter» (saltar)— mantenido todo el compás, que da paso a un brillante interludio pianístico de siete compases plagado de acentos, notas repetidas y una brillante escala ascendente, que comenzando en «ff» debe alcanzar la indicación dinámica «fff» ejecutada en la zona aguda del teclado. Dicho interludio (Ejemplo 14), con escalas y grandes saltos, pretende reflejar musicalmente los movimientos de los saltos del gato cantados en el último verso, «Et soudain, le fasait sauter» (y de repente lo hacía saltar).

Ejemplo 14: *Le chat en étoffe*, de Ernesto Halffter, comp. 31-37

El compás 37 presenta un diseño rítmico-melódico idéntico al que encontrábamos en el primer compás de esta canción. A partir de este momento se produce una pausa musical —nuevamente eficaz traducción musical de la frontera entre pasado y presente— que da lugar a un brusco cambio de carácter que resulta de gran efecto, mientras la voz introduce el texto «Il a dù mourir de tristese» (Él debió morirse de tristeza) para cuya música el compositor indica «Malinconico, con simplicità». En el acompañamiento encontramos acordes desplegados en ritmos punteados a contratiempo que deben ser ejecutados sin pedal por indicación expresa del compositor durante ocho compases. Esto da paso a la melancólica frase «C'etait un peu de ma jeunesse qui s'en allait avec sa queue» (Era un poco de mi juventud lo que se fue con su rabo), clave de la canción por recoger la metáfora entre el recuerdo del gato de trapo y la juventud perdida de la protagonista. El compositor, consciente de la relevancia de esta frase, hace cantarla en estilo declamado durante tres compases sin acompañamiento alguno de piano, con la indicación «Liberamente», rematando esta canción sin más aparición instrumental, lo que, al igual que ocurría en la canción anterior, acentúa la expresividad del texto.

Ronde (Ronda), fechada en París en 1934, cuarta y última canción de la suite *L'hiver de l'enfance*, trata nuevamente sobre la nostalgia por la infancia perdida que no volverá más, con el siguiente texto (y su traducción española)[120]:

Nous n'irons plus au bois,	Ya no iremos al bosque,
Les cheveux sont coupés.	nos hemos cortado el pelo.
Adieu vieilles chansons!	¡Adiós viejas canciones
Adieu joyeuses rondes!	adiós rondas felices!
À la place des lits	En vez de las camas
vivent les canapés	sobreviven los sofás
et qu'un immense ennui	¡y que un inmenso tedio
engourdisse le monde!	adormezca al mundo!
La Belle au bois dormant	La Bella durmiente del bosque
a les cheveux coupés,	tiene el pelo cortado,
et ce n'est plus le temps	se acabó el tiempo
où les seigneurs éveillent	en el que los señores despiertan
les enfants endormis	a los niños dormidos
sur de beaux canapés.	en los hermosos sofás.
La laideur et le bruit	La fealdad y el ruido
remplacent les merveilles.	sustituyen a la belleza.

---

120 Traducción de Carmen Torreblanca y José Armenta.

Nous ne danserons plus,	Ya no iremos al bosque,
nos cheveux sont coupés.	nos hemos cortado el pelo.
Au bal on cherche en vain	En el baile buscamos en vano;
les couples marchent las	las parejas se dirigen cansadas
vers les chers canapés,	hacia los queridos sofás
et blâment, étendus,	y censuran, recostadas,
les innocents quadrilles.	a los inocentes grupos de baile.
Nous ne chanterons plus,	Ya no cantaremos,
les cheveux sont coupés.	nos hemos cortado el pelo.
La jeunesse a perdu	La juventud ha perdido
ses couleurs et ses nattes	sus colores y sus trenzas
et muette, elle écoute	y, muda, escucha
au creux des canapés	en el hueco de los sofás
le murmure énervant	el murmullo agotador
des dernières sonates.	de las últimas sonatas.

Dedicada a Margarita Halffter, hermana del compositor, *Ronde* presenta un carácter y ritmo más típicamente español que el resto de canciones de este grupo, lo que se puede apreciar especialmente en el carácter aflamencado del pasaje pianístico de los compases 49-52. Ernesto Halffter finaliza así su grupo de canciones francesas alejándose levemente de un estilo musical que recuerda a la música francesa para retornar a cierto aire español. En movimiento de 2/4, con la indicación «Allegramente», el piano, tras el impulso enérgico del brillante arpegio ascendente del primer compás, prepara la entrada de la voz ejecutando en «staccato» figuras rítmicas que combinan corcheas y semicorcheas durante cuatro compases.

Esta es asimismo la canción más claramente tonal del grupo y su breve introducción instrumental de cinco compases define la tonalidad de Re b mayor para modular libremente a otras tonalidades en el transcurso del desarrollo musical. El factor rítmico está presente a lo largo de toda la canción, lo que recuerda el compositor con la indicación «sempre marc.» de la voz en el compás 39 o el «non ritardare» de los compases 60 y 61 para ambos intérpretes. Nuevamente Ernesto Halffter recurre a romper la simetría rítmica en dos ocasiones con la inclusión de un compás de 7/8 en el compás 67 y otro de 5/8 en el compás 89. La voz alterna su protagonismo con breves interludios pianísticos intercalados entre las frases cantadas. El ritmo decae tan sólo hacia el final de la canción, en el compás 92 que lleva la indicación «poco libero», justo antes de los ocho compases finales del piano en los que la dinámica «pianissimo» debe disminuir, desvaneciéndose la música sin retardar el movimiento, lo cual indica expresamente el compositor en el último compás.

Completa libertad de escritura y del tratamiento armónico, superposiciones de tonalidades, estructura rapsódica, asimetrías rítmicas, inclusión de citas musicales, utilización de la declamación vocal y ocasionalmente de la inusual imitación entre voz y piano, son algunos de los recursos empleados por Ernesto Halffter para corresponder musicalmente a unos textos muy libres que evocan el mundo perdido de la infancia en la suite *L'hiver de l'enfance*. Este grupo de canciones —quizás el más conseguido de Ernesto Halffter en cuanto a la variedad y originalidad de recursos musicales empleados para lograr la adecuada simbiosis entre texto y música— demanda además al cantante que sepa moverse adecuadamente entre el estilo cantado y el declamado, requerido de forma alterna por el compositor. Sorprende también la elección de un tema relacionado con la nostalgia por la pérdida de la niñez, el paso del tiempo y la obsesión con el pasado, teniendo en cuenta que el compositor aún no había cumplido la treintena cuando completó este grupo de canciones, cuya presencia en conciertos y grabaciones es hoy en día, lamentablemente, mínima.

3.5. Canciones del niño de cristal

Paralelamente a la composición de la suite *L'hiver de l'enfance*, Ernesto Halffter aborda la composición de las tres *Canciones del niño de cristal*. En la edición de la versión definitiva de estas canciones llevada a cabo por Real Musical en 1981 se indica que «Las *Canciones del Niño de Cristal* fueron compuestas en París en 1931, y revisadas en Lisboa en 1936». Sin embargo tanto Andrés Ruiz-Tarazona[121] como Tomás Marco[122] dan como fecha de composición el periodo que se extiende entre 1931 y 1934[123].

Las tres canciones ponen música a tres poemas del poeta uruguayo Carlos Rodríguez Pintos (1895-1985)[124], escritos en homenaje a la poetisa uruguaya Juana de Ibarbourou[125]. Las *Canciones del niño de cristal* fueron ilustradas e impresas a mano por el propio autor de los textos, Carlos Rodríguez Pintos, y traducidas al francés por el poeta uruguayo de familia francesa, Jules Supervielle.

La característica más llamativa de las *Canciones del niño de cristal* es que el acompañamiento pianístico prescinde de la utilización de la mano izquierda del pianista, estando com-

---

121 RUIZ-TARAZONA: «La corza blanca. Integral de canto», p. 7.
122 MARCO: «Canciones de Ernesto Halffter», p. 20.
123 Sin embargo, Manuel Halffter, hijo del compositor, en un correo electrónico dirigido al autor de este libro aclara que la fecha de composición se situaría «entre 1931 (la tercera canción) y posteriormente la primera y segunda, sin que pueda precisar en qué fecha. Hasta 1980 no se declaran las tres canciones».
124 Los tres poemas originales se reproducen en la edición de Real Musical, p.5.
125 El nombre de Juana de Ibarbourou también es significativo en la historia de la canción de concierto española, además de por este homenaje de Carlos Rodríguez Pintos, debido a que uno de los más importantes grupos de canciones compuesto por uno de los compositores de la Generación de los Maestros está basado en poemas de esta poetisa latinoamericana; se trata de los *Seis poemas líricos de Juana de Ibarbourou* compuestos en 1934 por Julio Gómez (1886-1973).

puestas sólo para la mano derecha, por lo que el compositor utiliza tan sólo un pentagrama para el acompañamiento y otro para la voz[126]. Tras el piano complejo y la línea vocal quebrada de la suite *L'hiver de l'enfance,* el compositor da un giro utilizando tan sólo los medios más esenciales para estilizar al máximo una escritura de la máxima desnudez en este tríptico de canciones.

La primera canción de este tríptico, *Fino cristal, mi niño*, lleva el siguiente poema de Carlos Rodríguez Pintos:

Fino cristal, mi niño,
fino cristal.

Palomitas del aire
vienen y van.

Redondo el sol, redondo
bajo el pinar.

Ligero, el viento negro
corre detrás.

¡Ay! que ¡Ay! de mi niño
sobre la mar.

Entre las nubes blancas
fino cristal.

---

[126] El recurso de la utilización de la mano derecha del piano como acompañamiento de canciones vuelve a ser utilizado en 1961 por Joaquín Rodrigo (1901-1999) para sus *Dos canciones* —*Verde, verderol* y *Pájaro del agua*— sobre poemas de Juan Ramón Jiménez, que compone para voz y flauta o mano derecha del piano.

En 1935, es decir, en fechas muy cercanas a la composición de Ernesto Halffter de su canción sobre este poema, compuso Joaquín Rodrigo una inspiradísima canción sobre este mismo texto —titulada *Fino cristal*—, que se cuenta entre lo mejor de su producción en este género. Para su canción, Ernesto Halffter sigue un modelo de canción desarrollada, en la que tan sólo encontramos repetidos los tres primeros compases de música, que aparecen de nuevo al final de la canción con otro texto.

En su puesta en música del poema Ernesto Halffter recurre a la repetición de frases como «Palomitas del aire» (comp. 4-9) o «de mi niño sobre la mar» (comp. 45-49), y a la repetición de palabras como «vienen», sobre la que incide tres veces (comp. 10-12) y especialmente «corre», repetida siete veces (comp. 33-39) en un «animando e crescendo gradatamente» que finaliza con brillantez sobre un Sol # agudo de la voz sobre la palabra «detrás», mantenido en «forte» durante cuatro compases mientras el pianista ejecuta una progresión ascendente en semicorcheas también «forte» y «crescendo», en lo que constituye el clímax de la canción.

De acuerdo al sentido del texto, el compositor alterna en esta canción dos secciones de carácter dinámico y animado para los versos 3, 4, 7 y 8 —»Palomitas del aire / vienen y van. [...] / Ligero, el viento negro / corre detrás»—, con tres secciones «In tempo Moderato» de carácter más estático para el resto de versos. Sobre la palabra «van» del cuarto verso el compositor escribe un intervalo de segunda mayor repetido cinco veces, mientras que la frase «¡Ay! que ¡Ay!» del noveno verso del poema está tratada como una cadencia libre sin acompañamiento de piano, recurriendo a la repetición del texto. Las dos veces que aparece la palabra «Palomitas» del tercer verso (comp.

4-5 y 7-8) queda entrecortada con silencios que rompen la continuidad de las sílabas. En definitiva, nos encontramos ante un tratamiento muy libre del poema original por parte de Ernesto Halffter, lo que unido a la indefinición tonal produce una impresión de modernidad en esta canción y en las otras dos que conforman este grupo.

En cuanto al acompañamiento pianístico, éste explota las posibilidades del uso de la mano derecha del piano con una variedad de figuraciones rítmicas y acordes simultáneos o desplegados que utilizan el teclado en una extensión muy amplia, lo que obliga al pianista a ejecutar ocasionalmente amplios saltos que producen una sonoridad rica que mitiga la carencia de la mano izquierda.

La segunda canción, *A jugar, juega, jugando*, cuenta con el siguiente poema de Carlos Rodríguez Pintos:

A jugar, juega, jugando,
mi niño sobre la mar.
En la playa azul del aire
juega juegos de cristal.

Demonios de terciopelo
y angelitos de papel,
en el tambor de la luna
pintan un oso al revés.

A jugar, juegan, jugando,
mi niño y su cascabel.

Estrellas de azúcar verde,
caracolitos de Dios.

Sobre una cuerda de cielo
se durmió el trompo del sol.

A jugar, juegan, jugando,
mi niño y su corazón.

Se trata de una canción que responde a la estructura de Rondó —A-B-A'-C-A"—, en la que se utiliza la misma música para las parejas de versos 1-2, 9-10 y 15-16. En este caso la única variación introducida por Ernesto Halffter respecto al poema original es la repetición tres veces de la palabra «juega» (comp. 13) y dos veces de la palabra «juegos» (comp. 14-15), la primera de ellas sobre un «portamento» ascendente de la voz que lleva hasta la nota La en el registro agudo.

El piano abre esta canción afirmando el pulso del compás de 6/8 con un pedal en corcheas de la nota Mi alternada con acordes o notas acentuadas, que se extiende durante los diez primeros compases. Esta nota pedal reaparece en los compases 25-34 y, ya hacia el final de la canción, en los compases 47-56. La dinámica del pulso de corcheas del piano se refuerza y acentúa en el compás 21 para plasmar sonoramente la palabra «tambor» del compás 22 (Ejemplo 15).

Ejemplo 15: *A jugar, juega, jugando*, de Ernesto Halffter, comp. 20-23

También resulta muy gráfico el recurso utilizado por el compositor en el compás 15 sobre la palabra «juegos», con un diseño rítmico «scherzando» con mordentes y notas picadas, o el utilizado en el compás 24, en el que bajo el texto «pintan un oso al revés», el compositor utiliza el piano de forma imitativa con gran libertad. Son recursos musicales propios de un compositor que sabe cómo subrayar musicalmente un texto poético. Las tres veces que aparece la palabra «niño» (comp. 8, 33 y 55), se produce en voz y piano una hemiola que hace pensar en un compás figurado de 3/4 en lugar del 6/8 indicado. Una ruptura rítmica similar utiliza el compositor para la palabra «Caracolitos» (comp. 39), que se extiende a lo largo del único compás de 12/8 de la canción. Los ejemplos citados muestran un sutil y acabado tratamiento del texto por parte del compositor.

El poema de Carlos Rodríguez Pintos que sirve de base a *Corazón de mi niño*, la tercera canción de este tríptico, es el más corto de los tres:

Corazón de mi niño
carocito de luz.

La luna gorda duerme
dentro de un aro azul.

Agua-mala del viento.
Humo-triste del mar.

(Agua y humo me rompen
mi niño de cristal...).

La estructura de la canción se basa en una sencilla estructura A-B-A'. La sección A' (comp. 19-27) presenta alguna variante con respecto a la sección A (comp. 1-6), como por ejemplo los valores de corcheas en el compás 22 para el tema melódico en la voz que en su primera exposición en el compás 3 presenta valores de semicorcheas. La sección B (comp. 7-18) está elaborada con mucha libertad e incluye a lo largo de escasos compases varios cambios de compás.

En esta canción de veintisiete compases el compositor reproduce al pie de la letra el poema original sin repeticiones de texto. Comienza en el infrecuente compás de 10/16 para cambiar posteriormente a otros compases no menos infrecuentes como 9/16 o 5/16. El texto ha de cantarse «in modo popolare», según indicación del compositor, que utiliza una sencilla escritura, asignando una nota a cada sílaba, salvo para la palabra «viento», que de forma muy gráfica se extiende sobre un diseño descendente de tres compases, o la palabra «mar», dilatada sobre cuatro notas.

La característica más destacada del acompañamiento pianístico es su escritura polifónica a dos voces, con un diseño rítmico que, repetido durante la mayoría de los compases que integran la obra, se constituye en la base formal sobre la que el compositor construye esta canción. Dicho diseño comienza con dos semicorcheas para dar paso a una escritura en dos voces, la superior en «legato» y la inferior, acentuada y a contratiempo, consistente en un diseño de tres notas por grados conjuntos, ascendente durante los nueve primeros compases y descendente el resto. Esta figuración del piano crea un efecto de balanceo sobre el que la voz canta en un espíritu muy cercano al de las tradicionales nanas.

Tanto en *Corazón de mi niño* como en las otras dos canciones que conforman este tríptico, la fragilidad infantil presente en los tres poemas, encuentra una adecuada traducción en la música íntima y de gran delicadeza que compone Ernesto Halffter. Las *Canciones del niño de cristal* poseen además un ambiente expresivo inquietante y misterioso, alejado de la inocencia infantil propia de la temática de los poemas utilizados. Sin embargo, pese a su indudable interés y singularidad, estas canciones se han visto orilladas del repertorio habitual de conciertos y grabaciones, siendo muy rara vez interpretadas.

3.6. Canção do berço

De los primeros años portugueses de Ernesto Halffter data su *Canção do berço* (Canción de cuna), una delicada, dulce y emotiva canción de cuna sobre un texto en portugués de la poetisa Branca (Eva) de Gonta (Syder Ribeiro) Colaço (1880-1945), que se ofrece a continuación junto con su traducción al castellano [127]:

A estrelinha d'alva
mudou de lugar
p'ra ver a menina
logo ao acordar.

La pequeña estrella del alba
cambió de lugar
para ver a la pequeña niña
cuando despierte.

E a estrela da tarde,
tremula, a sorrir,
fez-se lamparina
para a ver dormir.

Y la estrella de la tarde
trémula y sonriente
se convirtió en una lámpara de noche
para verla dormir.

Según Tomás Marco «se ha supuesto que es una nana para su hijo Manuel por lo que estaría escrita en 1938»[128]. Sin embargo, Manuel Halffter, hijo de Ernesto Halffter afirma en un correo electrónico dirigido al autor de este trabajo que

---
127 Traducción de la soprano portuguesa Manuela Costa.
128 MARCO: «Canciones de Ernesto Halffter», p. 21.

«esta obra no la compuso para mí, a modo de nana, aunque tal vez la conociera por haberla escuchado en algún lugar y cantármela». Aunque en un principio fue pensada para formar parte del grupo de *Canciones portuguesas*[129], causas ajenas a la voluntad del compositor hicieron que esta canción permaneciera sin editar, razón por la que aún hoy en día circula en copia manuscrita[130].

Canção do berço posee la sencillez y delicadeza propia de la canción de cuna, género de canción muy frecuentado por los compositores españoles del siglo XX y del que existen numerosos ejemplos en nuestra canción de concierto. Para esta canción Ernesto Halffter se basó muy directamente en material popular recogido por Alexandre Rey Colaço (1854-1928) en su colección de *Cantigas de Portugal*[131], concretamente la primera pieza de este cuaderno, titulada también *Canção do berço* (Ejemplo 16)[132].

---

129 Manuel Halffter, hijo del compositor, en un correo electrónico dirigido al autor de este trabajo aclara lo siguiente: «Esta canción según consta en el programa de presentación de la primera temporada de los ballets *Verde Gaio*, en el teatro São Carlos de Lisboa, en 1940, fue instrumentada expresamente para esa ocasión por mi padre. Lo mismo ocurrió y también para esa misma ocasión con las siguientes canciones: *Ai que linda moça*, *Don Solidon* y *Minha mãe me deu um lenço*. En la segunda temporada de estos ballets, en 1941, se presentaron además de *Ai que linda moça* y *Minha mãe me deu um lenço*, dos canciones más: *Escolher noivo* y *Gerinaldo*, igualmente instrumentadas por mi padre. Por consiguiente no es probable que *Canção do berço* sea de 1938».

130 *Canção do berço* de Ernesto Halffter permanece inédita en el momento de redactar este libro y forma parte del archivo personal de Manuel Halffter, hijo del compositor, quien afirma en un correo electrónico dirigido al autor de este libro que «la canción lleva muchos años en Eschig que no se decidió todavía a publicarla porque no le ha resultado claro que la letra, al ser de autor conocido, haya pasado a dominio público».

131 REY COLAÇO, Alexandre: *Cantigas de Portugal*. Lisboa: Sassetti & Cª, 1922.

132 Manuel Halffter apunta que «en dicho compendio, todas las demás canciones llevan incorporada a la música una letra, también popular. En cambio, la de Branca figura solo la música y, en un aparte, la letra de esta poetisa».

Ejemplo 16: Primeros compases de *Canção do berço*, de Alexandre Rey Colaço

Frente a los veinticuatro compases de la pieza de Rey Colaço, escrita en la tonalidad de Re mayor, la canción de Ernesto Halffter, dividida en dos secciones —una para cada estrofa del poema—, queda conformada por cuarenta y nueve compases en la tonalidad de Fa mayor, tempo «Molto moderato» y una armonía plenamente tonal y tradicional, lejos de las audacias armónicas de los grupos de canciones estudiadas en los dos apartados anteriores. La estructura melódica de la línea vocal está dividida en cinco periodos de cuatro compases en la primera sección, y dos periodos más, también de cuatro compases, en la segunda sección. La primera sección viene precedida de una breve introducción pianística de cinco compases en la que se anticipa el tema principal cantado por la voz (Ejemplo 17), mientras que un interludio pianístico de nueve compases separa ambas secciones y canta largamente dicho tema. Voz y piano se suman en una coda de nueve compases en la que el canto emite dos veces un suave y delicado intervalo ascendente de tercera sobre la letra «o».

Ejemplo 17: Primeros compases de *Canção do berço*, de Ernesto Halffter

Todos los elementos musicales de esta canción —tonalidad, ritmo, melodía— responden a la sencillez propia del género de la canción de cuna, contando además a su favor con una línea melódica inspirada y llena de encanto que produce sensación de placidez, lo que convierte esta breve obra en una joya dentro del catálogo compositivo de Ernesto Halffter.

3.7. Señora

En 1938, durante el retiro del compositor en Lisboa a causa de la Guerra Civil, compone Ernesto Halffter la canción titulada *Señora*, que cuenta con un texto francés del director general de la editora del compositor, el poeta aficionado Jean Marietti, texto que se reproduce a continuación junto a su traducción española[133]:

O, belle andalouse qui m'avez captivé Bien que je sache que vous n'aimez Qu'enflammer... Je veux suivre mon destin, Et jusqu'au clair matin N' être en vos mains qu'un pantin!	¡Oh, bella andaluza que me habéis cautivado aunque yo sepa que sólo buscáis enardecer... quiero seguir mi destino, y hasta el amanecer no ser más que un pelele en vuestras manos!
Señora! Pour vivre dans vos bras Même un seul jour d'amour! Señora! Mon cœur acceptera D'etre un joujou Pour vous! Señora! Et puis il s'en ira Oui, car il sait... Qu' après... Señora! Un autre cœur sera Votre pantin demain!	¡Señora, para vivir en vuestros brazos incluso un solo día de amor, Señora, mi corazón aceptaría ser un juguete vuestro, Señora! Y luego se irá sabiendo que... después... ¡Otro corazón será, Señora, mañana vuestro pelele!

---

133 Traducción al castellano de Carmen Torreblanca y José Armenta.

C'est passionnément	¡Os amo
Que je vous aime!	apasionadamente!
Mais combien d'amants	Pero ¡cuántos amantes
Pensent de même! Señora!	piensan de igual modo, Señora!
Votre coeur s'offrira et souffrira	Vuestro corazón se ofrecerá y sufrirá
Un jour! Señora!	un día, Señora.
Le mien tant qu'il battra	¡El mío, mientras palpite,
Vous aimera toujours!	siempre os amará!
De la nuit qui me vit follement	¡Desde la noche en que me vi
Ton amant!	tu amante enloquecido
Tant de volupté demeure en moi	tanto deleite perdura en mí,
Tant d'émoi...	tanta emoción...
Que je ne veux plus partir!	que ya no quiero partir!
Vois quel est mon désir!	¡Mira cuál es mi deseo:
Vivre avec toi, ou mourir!	vivir contigo o morir!
Señora! Pour vivre dans tes bras	¡Señora, para vivir en tus brazos
Encore un jour	otro día más
D'amour! Señora!	de amor, Señora,
Mon coeur pour toi sera	mi corazón por ti será
Comme un joujou	como un juguete,
Très doux! Señora!	muy dulce, Señora,
Toujours il t'aimera,	siempre te amará,
Même s'il sait...	incluso sabiendo...
Qu'après... Señora!	que después... Señora,
Un autre connaîtra	otro conocerá
Tes passagers baisers!	tus efímeros besos!
Pour l'instant je tiens	Por el momento guardo
A tes caresses!	tus caricias
Mais défie-toi bien	pero desconfía
De ma tendresse Señora!	de mi ternura, Señora.
Je ne suis dans tes bras	Sólo soy en tus brazos
Ce soir qu'un fou	esta noche un loco
Joujou! Señora!	juguete, Señora.
Sait-on bien qui sera	¡A saber quién es mañana
Le vrai pantin demain!	el verdadero pelele!

Para Tomás Marco el texto de esta canción cuenta con unos versos mediocres y un «tono literario melodramático y de ciertos aires de españolada» que el compositor salva «con un gran talento desarrollando una especie de habanera con variaciones con un donaire merecedor de mejor trama literaria»[134]. Andrés Ruiz Tarazona ofrece datos más específicos sobre la música y, especialmente, sobre el texto de esta canción «con su estribillo, sus couplets y coda, al estilo de las españoladas románticas. Un hombre se dirige a una 'belle andalouse qui m'avez captivé'. Es el desdichado Mateo, el pelele de la célebre novela de Pierre Louys *La femme et le pantin* (1898) protagonizada por la sevillana Conchita Pérez, relato que ha dado materia al cine, al teatro, y a la ópera (recuérdese la *Conchita* de Zandonai)»[135].

Se trata de una canción compuesta «In tempo di Habanera», el mismo ritmo de danza en el que Ernesto Halffter compone una de sus más célebres obras pianísticas, la *Habanera*, perteneciente a las *Dos Piezas cubanas* de 1945. La canción alterna entre las tonalidades de La mayor y La menor, con algún pasaje intermedio en Do mayor, en un estilo intermedio entre la canción de concierto culta y la canción de café, que supone una buena muestra de la versatilidad del estilo compositivo de Ernesto Halffter y su interés por todos los géneros musicales, incluidos los más cercanos a la música de circunstancias. La voz es doblada en todo momento por la mano derecha del piano, una característica que encontramos de forma especialmente habitual en las canciones pertenecientes al género de música ligera, pensadas para cantantes con escasa formación musical que necesitan la ayuda y refuerzo del piano en su cometido melódico.

Esta canción requiere para su interpretación que el cantante tenga en cuenta su estilo alejado de la canción culta de concierto, dando prioridad a una buena articulación del texto para

---

134 MARCO: «Canciones de Ernesto Halffter», p. 30.
135 RUIZ-TARAZONA: «La corza blanca. Integral de canto», p. 5.

hacerlo inteligible a la audiencia. Media un auténtico abismo estilístico entre lo que en su día posiblemente sería la vanguardia musical de la suite *L'hiver de l'enfance* y la frivolidad de la canción titulada *Señora*.

3.8. Seis canciones portuguesas

Ernesto Halffter comienza en 1940 la composición de sus *Seis canciones portuguesas* que, junto a la canción *Canção do berço* y a la *Rapsodia portuguesa* para piano y orquesta constituyen el grupo de obras en las que Ernesto Halffter se basa en el folclore popular portugués. Ernesto Halffter había contraído matrimonio en 1928 con la pianista portuguesa Alicia Camara Santos, con lo que Portugal se convirtió en el país que diera cobijo al compositor en los años más difíciles de su vida, residiendo largas temporadas en Lisboa[136]. Entre los años 1942 y 1952 Ernesto Halffter impartió clases de música en el Instituto Español de Lisboa, lo cual permitió al compositor familiarizarse con el folclore lusitano. El propio compositor desvela lo siguiente sobre la estética nacionalista y sobre su admiración por el folclore portugués:

> «Como decía mi maestro Manuel de Falla, nacionalismo para mí es utilizar las sonoridades y el ritmo en su substancia a partir de las fuentes musicales naturales y vivas. Los elementos esenciales de la música, las fuen-

---

[136] En un correo electrónico dirigido al autor de este trabajo, aclara Manuel Halffter, hijo del compositor: «Entre 1928 y 1936, mi padre pasa algunas temporadas en Lisboa, pero realmente reside en París. A finales de 1935, se le concede una beca de la Fundación Conde de Cartagena, en cuyos Estatutos se establece que el becario deberá disfrutarla fuera de España, en un país a su elección. Deciden mis padres instalarse en Lisboa en Febrero de 1936. Por lo tanto, cuando estalla la Guerra Civil, ellos ya no están en España y permanece en la capital portuguesa hasta mediados de los 50, cuando se traslada a Milán para Atlántida».

tes de inspiración, son las naciones, los pueblos. [...] He sentido siempre un gran respeto hacia Portugal y admiro entrañablemente su arte, cuyas expresiones más logradas están, a mi juicio, en la pintura y en la literatura. En cuanto a la música, no comprendo por qué, en general, los compositores portugueses no se han acercado más a su folklore, tan rico y tan bello, y que, salvo algún caso aislado, no lo hayan recogido como hemos hecho los españoles con el nuestro. Soy gran admirador del fado por su profunda y bella esencia popular, inimitable y que expresa tan bien la marcada personalidad del pueblo portugués»[137].

Otro dato relevante acerca de las *Seis canciones portuguesas* de Ernesto Halffter es que su composición coincide en el tiempo con el proceso de orquestación de las *Siete canciones populares españolas* de Manuel de Falla que Halffter llevó a cabo desde el año 1939 en un lento y trabajoso proceso bajo la continua supervisión de Falla, con lo que es muy posible que Ernesto Halffter se viera inspirado para la composición de sus *Seis canciones portuguesas* por el personalísimo modelo de Falla a la hora de tratar el material folclórico en sus *Siete canciones populares españolas*. Para tres de sus *Seis canciones portuguesas*, fechadas en 1940-41, Ernesto Halffter utilizó material popular recogido por Alexandre Rey Colaço (1854-1928) en su colección *Cantigas de Portugal*[138].

---

[137] «Entrevista. Ernesto Halffter», *Ritmo*, año LVII, nº 569, 1986, p. 87. Una iniciativa del Ministerio de Educación, Cultura y Deporte de España permite acceder al archivo histórico completo de la revista *Ritmo* digitalizada en el siguiente enlace: http://prensahistorica.mcu.es/arce/es/publicaciones/numeros_por_mes.cmd?idPublicacion=1000644

[138] REY COLAÇO, Alexandre: *Cantigas de Portugal*. Lisboa: Sassetti & Cª, 1922.

Las *Seis canciones portuguesas* de Ernesto Halffter, sobre textos populares portugueses, se encuentran editadas en la francesa Max Eschig, existiendo una versión orquestal de las cuatro primeras[139]. Se trata de bellísimos ejemplos de lo que la inspiración folclorista, unida al exquisito gusto armónico del autor, pueden lograr, sin abandonar en ningún momento la sencillez propia de la música popular.

El grupo se abre con la canción *Ai que linda moça* (Ay qué linda moza) que, junto con *La corza blanca*, constituyen las dos canciones más inspiradas, populares y más frecuentemente interpretadas de Ernesto Halffter. Conocida también bajo el erróneo título de «Fado», *Ai que linda moça,* fechada en 1940, es una sencilla canción de 30 compases que presenta una muy inspirada línea vocal basada en un fado de carácter muy triste y con un texto popular portugués, que se reproduce a continuación junto a su traducción al castellano[140]:

---

[139] Manuel Halffter, hijo del compositor, aporta la siguiente información en un correo electrónico dirigido al autor de este libro: «Según consta en el programa de presentación de la primera temporada de los ballets *Verde Gaio*, en el teatro Sâo Carlos de Lisboa, en 1940, (*Cançao do berço*) fue instrumentada expresamente para esa ocasión por mi padre. Lo mismo ocurrió y también para esa misma ocasión con las siguientes canciones: *Ai que linda moça, Don Solidon* y *Minha mâe me deu um lenço*. En la segunda temporada de estos ballets, en 1941, se presentaron además de *Ai que linda moça* y *Minha mâe me deu um lenço*, dos canciones más: *Escolher noivo* y *Gerinaldo*, igualmente instrumentadas por mi padre. (...) De *Don Solidon* existe una orquestación pero falta la melodía por lo que no se puede editar».

[140] Traducción de la soprano portuguesa Manuela Costa.

Ai que linda moça	Ay qué linda moza
sai daquela choça	sal de aquella choza,
loira e engraçada.	rubia y graciosa.
Leva arregaçada	Lleva remangada
a saia encarnada	la falda roja
de chita grosseira.	de grueso algodón.
E cantarolando	Y canturreando
vai gentil guiando	va gentil guiando
seu ditoso gado.	su dichoso ganado.
Seu rebanho amado	Su rebaño amado
sempre enamorado	siempre enamorado
da canção fagueira.	de la canción zalamera.
Tudo são tristezas,	Todo son tristezas,
tristezas e dôr	tristezas y dolor,
para o meu amor.	para mi amor.

Para esta canción Ernesto Halffter se basó de forma muy literal en la canción homónima de Alexandre Rey Colaço (1854-1928) incluida en su recopilación de material popular citada anteriormente, publicada bajo el título *Cantigas de Portugal* (Ejemplo 18).

Ejemplo 18: Primeros compases de *Ai que linda moça*, de Alexandre Rey Colaço

El tratamiento que Ernesto Halffter otorga a esta canción, acorde con su carácter popular, es de gran sencillez, en la línea de la mera melodía acompañada. A modo de introducción el piano presenta la melodía principal en el pentagrama de la clave de Fa en cuarta línea, un pasaje en el que algunos pianistas pueden encontrar una mayor comodidad de ejecución recurriendo al cruce de manos. Tras la citada introducción aparece la voz con la melodía principal mientras el piano acompaña desplegando los acordes presentes en la versión de Rey Colaço. La sencillez es extrema pero muy efectiva, moviéndose en todo momento la canción en un tempo lento —»Lentamente» indica el compositor— y un carácter muy nostálgico.

A partir del compás veinte, un interludio del piano desarrolla a lo largo de cuatro compases el tema iniciado en la introducción, para dar paso nuevamente a la voz. Como conclusión, un diseño descendente en el piano remata esta delicada canción. Dicho diseño descendente está tomado de la versión de Rey Colaço (Ejemplo 19), presentando claras similitudes con la realización de Ernesto Halffter (Ejemplo 20).

Ejemplo 19: Compases finales de *Ai que linda moça*, de Alexandre Rey Colaço

Ejemplo 20: Compases finales de *Ai que linda moça*, de Ernesto Halffter

La interpretación de esta canción, al contrario que en el caso de las neoclásicas *Dos canciones de Rafael Alberti*, demanda una generosa utilización del «rubato» por parte de ambos intérpretes. Elementos muy sencillos, una inspirada y bella línea melódica en un contexto armónico tonal y apoyada por un sencillo acompañamiento de acordes desplegados, dan como resultado una atractiva canción de concierto que mantiene en todo momento intacto el estilo muy próximo a la música popular. Parece claro, a tenor del éxito conseguido por Ernesto Halffter con *Ai que linda moça* y *La corza blanca*, que el compositor obtenía excelentes resultados cuando su música se despojaba de toda complejidad y se acercaba más a un estilo sencillo y desnudo de medios.

En la segunda canción, *Gerinaldo*, fechada en Lisboa en 1941, Ernesto Halffter nos ofrece su particular y muy sugerente versión del conocido romance que relata la historia de la osadía amorosa de un paje con una de las infantas y el feliz final de su atrevimiento, al no ser castigado por el rey sino premiado con el matrimonio con la infanta, por ser dicho paje querido por el rey. A continuación el texto y su traducción española[141]:

---

[141] Traducción de la soprano portuguesa Manuela Costa. Entre paréntesis se indica la expresión en portugués más actual.

Gerinaldo, Gerinaldo	Gerinaldo, Gerinaldo
Pagem d'El Rey (do rei) tão querido	paje del rey tan querido
Bem puderas Gerinaldo	bien pudieras Gerinaldo
Dormir a noite comigo!	dormir la noche conmigo.
Ide abrir a minha porta	Id y abrid mi puerta,
Que el rey não seja sentido	que el rey no lo escuche,
Anda cá ó Gerinaldo	ven Gerinaldo
Podes-te deitar comigo!	te puedes recostar conmigo.
Acordai ó bela Infanta	Despierta oh bella infanta,
Acordai que estou perdido	despierta que estoy perdido,
O punhal d'oiro d'el Rey (de ouro de rei)	el puñal de oro del rey
entre nós está metido.	entre nosotros está metido.
O castigo que te dou	El castigo que te doy
Por seres meu pagem querido	por ser mi paje querido
É que a tomes por mulher	es que la tomes por mujer
E ela a ti por marido.	y ella a ti por marido.
E assim ficou bem feliz	Y así se quedó bien feliz
Gerinaldo o atrevido!	Gerinaldo el atrevido.

La canción, en compás de 3/4, tempo «Andante sostenuto» y tonalidad de Mi bemol menor, comienza con siete compases introductorios del piano que presentan un tema en sextas en la mano derecha adornado con mordentes, en un clima muy delicado y arcaizante. Dicho tema en sextas aparece en tres ocasiones más, como interludio entre las distintas estrofas vocales. La línea vocal, en estilo de un romance antiguo, se mueve plácidamente en negras y corcheas, lo que permite al cantante contar la historia en una cómoda tesitura central. El acompañamiento pianístico muestra una escritura horizontal, de voces independientes que se mueven en «legato» creando un tejido que envuelve a la melodía, que en ocasiones es doblada por alguna de las voces del piano. Los cuatro compases finales de la canción, bajo la indicación «Libero», son declamados por la voz sola, en un estilo cercano al recitativo, rematado por dos acordes del piano. En resumen, se trata de una canción popular en estilo antiguo y arcaizante, basada en una historia que el cantante ha de relatar al oyente, lo que da lugar a otra de las canciones de Ernesto Halffter que cuentan con más aceptación por parte de intérpretes y audiencias, debido a su indudable belleza.

Escolher noivo (Escoger novio), fechada en 1940, es el título de la tercera canción de esta serie y tanto su texto como la sencilla línea vocal proceden del acervo popular. Se reproduce a continuación su texto y la traducción al castellano[142]:

Eu cá pretendo escolher noivo	Yo pretendo escoger novio
porque quero já casar	porque me quiero ya casar,
e hei de escolher nesta roda	debo escoger en esta ronda
o que melhor m'agradar.	al que más me guste.
Desanda roda, desanda roda	Desanda el corro, desanda el corro
porque quero entre todos escolher,	porque quiero entre todos escoger
e num (não) te quero, num (não) me serves,	y no te quiero, no me sirves,
só a ti hei de querer.	sólo a ti he de querer.

Esta típica canción de ronda, de carácter animado y desenfadado, comienza con una introducción pianística de quince compases de carácter festivo, que no se aparta —al igual que el resto de la canción— de la tonalidad principal de Si b mayor. La ejecución de este pasaje es peligrosa debido a los grandes saltos que debe ejecutar la mano izquierda del pianista entre el Si b grave y el resto de acordes. Tampoco la incómoda escritura en terceras con mordentes de la mano derecha ayuda a la ejecución distendida de este pasaje. Trémolos, terceras en la mano derecha y grandes saltos en la izquierda parecen apuntar más a un esbozo de orquestación que a una escritura pianística propiamente dicha. De hecho *Escolher noivo* forma parte de las cuatro canciones de este grupo —junto con *Ai que linda moça, Gerinaldo* y *Minha mãe me deu um lenço*— cuya orquestación

---

[142] Traducción de la soprano portuguesa Manuela Costa. Entre paréntesis se indica la expresión en portugués más actual.

de Ernesto Halffter ha sido editada por Max Eschig.

Las dos estrofas musicales de que consta *Escolher noivo* presentan tan sólo leves diferencias en la melodía vocal y en la parte pianística, siendo su forma por tanto A-A'. Ambas estrofas están separadas por un interludio pianístico de ocho compases, que corresponden exactamente a los compases 8-15 de la introducción. Tras la segunda estrofa musical, un breve coda de cuatro compases rematada brillantemente por la voz con un Si b agudo, viene precedida por un breve interludio pianístico de cuatro compases que reproduce de forma precisa los compases 1-4 de la introducción. Es decir, la introducción de quince compases es reutilizada de nuevo, dividida en secciones, como breves interludios pianísticos. En definitiva, un carácter animado propio de las canciones de ronda, estructura simétrica, unidad tonal y temática, son las características de esta canción sencilla y popular.

Minha mãe me deu um lenço (Mi madre me dio un pañuelo) presenta la originalidad de estar compuesta para dos voces y piano. A continuación su texto y su correspondiente traducción española[143]:

Minha mãe me deu um lenço	Mi madre me dio un pañuelo
e o meu pai uma belusa	y mi padre me dio una blusa
e eu quero andar em cabelo	y yo quiero andar en cabello suelto
que é o que se agora usa.	que es lo que ahora se usa.
Eu perdi o meu lencinho	Yo perdí mi pañuelito
no terreiro a bailar,	en el corral bailando,
Minha mãe nao me de (deu) outro,	mi madre no me da otro
em cabelo hei de andar.	en cabello suelto he de andar.

La parte pianística, muy poco elaborada y de extremada economía de medios, se asemeja a un esbozo para una posterior orquestación. Ernesto Halffter comienza la canción con cua-

---

[143] Traducción de la soprano portuguesa Manuela Costa. Entre paréntesis se indica la expresión en portugués más actual.

tro compases de silencio, previos a la introducción pianística de ocho compases (Ejemplo 21). En su versión orquestal de esta canción sin embargo, estos cuatro compases de silencio incluyen la música que Alexandre Rey Colaço utiliza como introducción pianística —una melodía cantada en terceras, en sencillo movimiento de negras y corcheas— en su versión de esta canción (Ejemplo 22) incluida en su recopilación de material popular titulada *Cantigas de Portugal*. Volviendo a la versión pianística, Ernesto Halffter transcribe casi literalmente la versión de Rey Colaço —tanto la parte de las dos voces como la del piano— con algunas modificaciones, como la citada sustitución de los cuatro compases instrumentales introductorios por cuatro compases de silencio o la extensión de la introducción instrumental con el añadido de ocho compases que derivan de la introducción de Rey Colaço (los compases 5-8 de Ernesto Halffter no son sino la transcripción exacta de los compases 1-4 de Rey Colaço). Ernesto Halffter prescinde del compás con calderón incluido por Rey Colaço (comp. 20), que sustituye por dos compases (comp. 28-29) con el ritmo característico de negra y dos corcheas que conforma la base rítmica de esta obra y que puede ser escuchado a lo largo de toda la canción en su versión orquestal. Los compases 20 y 37, ocupados en la partitura para voz y piano por silencio para ambos intérpretes, también han sido dotados de música en la versión orquestal.

Ejemplo 21: Introducción pianística de *Minha mãe me deu um lenço*, de Ernesto Halffter

Ejemplo 22: Primeros compases de *Minha mãe me deu um lenço*, de Rey Colaço

El postludio pianístico de siete compases toma los compases 5-9 de la introducción, que repite exactamente, y añade dos compases más a modo de conclusión. Dicho postludio está precedido por cuatro compases de silencio, al igual que ocurría con la introducción instrumental, e igualmente estos compases de silencio en la versión orquestal se llenan con la música de los primeros cuatro compases instrumentales de la versión de Rey Colaço.

Respecto a la doble parte vocal —recordemos que esta canción está compuesta para dos voces—, la primera voz presenta la melodía principal, siendo el papel de la segunda muy secundario y de mero relleno, sin llevar en ningún momento el peso melódico. De hecho la canción se interpreta a menudo a una sola voz, prescindiendo de la segunda. El carácter alegre y juguetón, acorde con el texto cantado, viene dado por el citado ritmo de negra seguida de dos corcheas, así como por los ornamentos de tresillo de semicorcheas que en ocasiones adornan la línea vocal y que son repetidos en la parte instrumental. Nuevamente el compositor utiliza una música tonal para resaltar el carácter popular de la obra.

Para la quinta canción, *Don solidon* (Don Solindón), Ernesto Halffter recurre nuevamente a la utilización de texto y música de origen popular. A continuación el texto de esta canción y su traducción al castellano[144]:

Ai! A menina, Don Solidon,	¡Ay! La niña don Solindón
como vai airosa!	¡cómo va airosa!
Ponha a mão na trança Don Solidon.	Ponga la mano en la trenza don Solindón
Não lhe caia a rosa!	¡No le caiga la rosa!
Ai! A menina, Don Solidon,	¡Ay! La niña, don Solindón
como vai contente!	¡Cómo va contenta!
Ponha a mão na trança Don Solidon.	Ponga la mano en la trenza don Solindón,
Não lhe caia o pente.	no le caiga el peine.
Ai! A menina, Don Solidon,	¡Ay! La niña don Solindón
como vai catita!	¡cómo va tan cuca!
Ponha a mão na trança, Don Solidon,	Ponga la mano en la trenza don Solindón,
não lhe caia a fita.	no le caiga la cinta.

El compositor se basa en la canción homónima (Ejemplo 23) incluida por Alexandre Rey Colaço en su recopilación de material popular titulada *Cantigas de Portugal*, reproduciendo la música de ésta de forma literal en la tercera estrofa de su versión de la canción (Ejemplo 24).

Ejemplo 23: Primeros compases de *Don Solidon*, de Alexandre Rey Colaço

---

144 Traducción de la soprano portuguesa Manuela Costa.

Ejemplo 24: Tercera estrofa de *Don Solidon*, de Ernesto Halffter

La introducción pianística de nueve compases presenta una línea melódica de carácter rítmico en la mano derecha apoyada por simples notas aisladas de tónica y dominante en la mano izquierda, y por un breve diseño imitativo en el compás cuarto. La parte vocal da comienzo en la tonalidad de Mi menor iniciada por el piano, y consta de tres estrofas musicalmente semejante aunque variadas y con diferente texto, es decir, nos encontramos ante una canción de estructura estrófica. Cada una de las tres estrofas se compone a su vez de cuatro periodos de cuatro compases, que responden a la estructura AA'BB.

Antes de la segunda estrofa vocal reaparecen los nueve compases de la introducción, repetidos a modo de interludio con levísimas modificaciones. Para el segundo interludio, situado entre las estrofas segunda y tercera, el compositor añade a los nueve compases de la introducción y del primer interludio, otros nueve compases en los que el piano canta en octavas y en modo mayor un diseño derivado del tema principal. Un breve postludio pianístico que comienza con carácter imitativo pone fin a esta sencilla canción —de la cual no contamos con versión orquestal— cuyo acompañamiento varía notablemente en las tres estrofas vocales, lo que otorga cierta variedad a una composición de sencilla línea melódica y ritmo juguetón cuya escritura resulta acorde con el estilo de la música popular.

El texto de la última canción del grupo, *Agua do rio que la vai* (Agua del río que ahí va), y su traducción española[145] se muestran a continuación:

Agua do rio que la vai	Agua del río que ahí va
Ai! Quem m'a dera recolher.	¡Ay! Quién me diera recogerla.
Ai! lai, ai, lai, lo.	¡Ay! Lay, ay, lay, lo
Manuel, meu Manuelinho	Manuel, mi Manuelito
Meu Manuel feito de cera.	Mi Manuelito hecho de cera.
Ai, lai, lo, ai, lai, lo	Ay, lay, lo, ay, lay, lo
Quem me dera ser o lume	Quién me diera ser el fuego
Que o meu Manuel derretera.	que a mi Manuel derritiera.
Ai, lai, ai, lai, lo, ai, lai	Ay, lay, ay, lay, lo, ay, lay
Agua do rio que la vai	Agua del río que ahí va
Ai! Quem m'a dera recolher.	¡Ay! Quién me diera recogerla.
Ai! Lai, ai, lai, lo.	¡Ay! Lay, ay, lay, lo.

Esta canción presenta un movimiento muy dinámico, «Allegretto vivace», cuyo acusado carácter rítmico —que incide sobre la acentuación de la primera parte del compás de 3/8— es destacado de principio a fin por una escritura pianística más elaborada que la que encontramos en el resto de canciones portuguesas de Ernesto Halffter.

Una introducción pianística de trece compases comienza en «forte» en la zona aguda del teclado para seguir en «piano» en el registro medio y desembocar en cinco compases en los que sobre la nota pedal Re de la mano izquierda, la mano derecha ejecuta un rápido trino de seisillos de fusas, preparando la entrada de la voz. La canción se estructura en cuatro estrofas —ABB'A'— que corresponden cada una a tres versos del texto, separadas entre sí por interludios pianísticos. Las variantes entre las estrofas A y A', y B y B' se producen principalmente

145 Traducción de la soprano portuguesa Manuela Costa.

en el acompañamiento pianístico, que representa musicalmente el movimiento del «agua do rio» (agua del río) al que hace referencia el texto cantado con rápidos movimientos de fusas en diferentes diseños, tanto en trinos, como en acordes desplegados, arpegios, escalas o trémolos (Ejemplo 25). Un brillante postludio de 15 compases de carácter muy rítmico cierra esta canción que se remata con un arpegio ascendente de semicorcheas.

Ejemplo 25: *Agua do rio que la vai*, de Ernesto Halffter, comp. 22-25

3.9. Canto Inca

Otro ejemplo de canción basada en la música popular es el *Canto inca*, de 1944, proveniente de música popular peruana. El texto —de carácter ligero e intrascendente— es una traducción del quechua, obra de Imperio Argentina[146], que fue quien estrenó la versión orquestal de esta canción bajo la dirección del propio Ernesto Halffter al frente de la Orquesta Nacional de Madrid en un concierto que tuvo lugar el 18 de abril de 1944 en el teatro Sâo Carlos de Lisboa.

---

146 La célebre Imperio Argentina, cuyo verdadero nombre era Magdalena Nile del Río (1910-2003), era una cantante, bailarina y actriz de origen bonaerense, que disfrutaba de una enorme popularidad en España.

Ah, la cinta morada
Jamás pierde el color.
Igual que la cinta
tampoco yo pierdo
contigo el amor.

Ah, si alguna vez viene
Borrachito mi amor,
yo le quito el zanco
le quito el sombrero
después el chaleco
después lo zapatos
después la camisa
pero no el pantalón.

Esta sencilla canción, escrita en compás de 2/4, oscila entre las tonalidades de La menor y Do mayor, con armonías sencillas de tónica y dominante. En una introducción instrumental de doce compases, la mano izquierda del piano afirma un insistente diseño rítmico consistente en cuatro semicorcheas seguidas de dos corcheas que está presente en la práctica totalidad de la obra. La nota grave de la mano izquierda con que se inicia cada compás define con rotundidad el apoyo rítmico preciso.

La voz hace su entrada en el compás 13 con una vocalización de dieciséis compases sobre la interjección «Ah». Seguidamente comienza el texto cantado en una tesitura muy central con un acusado descenso a la zona grave, propio de la tesitura de mezzosoprano o contralto. La estructura es estrófica, dividida en dos secciones repetidas con diferente texto e idéntica música. La canción se cierra con tres compases cantados nuevamente sobre la interjección «Ah», mantenida sobre la nota Do del pentagrama.

Al igual que ocurría en la canción de Ernesto Halffter titulada *Señora*, la mano derecha del piano dobla en todo momento la línea vocal, un recurso propio de la música ligera. Y también *Canto inca*, canción sin especial ambición artística más allá del mero divertimento, puede considerarse como perteneciente a un género a medio camino entre las música culta y la música ligera o de consumo.

3.10. Seguidilla calesera

Esta canción «fue compuesta a petición de la cantante Fuensanta Sola que facilitó al compositor el tema popular, seguramente murciano, en el que se basa la canción que, no obstante su clara filiación española y popular, es muy estilizada y llena de gracejo»[147]. Ernesto Halffter proyectó componer *Cuatro canciones españolas*: *Seguidilla calesera*, *Malagueña*, *Canción de la montaña y Bolero*, que figuran en varios catálogos del compositor fechadas en 1945. Sin embargo no parece probable que finalmente fueran compuestas las cuatro y en todo caso la única certeza a día de hoy es que tan sólo la *Seguidilla calesera* fue editada. Su texto es el siguiente:

A tomar la mañana
van mis zagales,
mientras que yo reniego
sobre el pescante,
¡Válgame el cielo
que lo que quiero alcanzo
y a ti no puedo!

---
[147] MARCO: «Canciones de Ernesto Halffter», p. 22.

Esta noche ha llovido
mañana hay barro,
pobre tiro de mulas,
pobres zagales,
y más si se emborrachan
los mayorales

¡Ay desdichado
del que llorar no puede
y está penando!

Ocho compases de incómoda ejecución pianística definen en compás de 3/4 y tonalidad de Mi b mayor el característico ritmo de seguidilla. Tras dos compases de carácter meramente armónico-rítmico, a partir del tercer compás el pianista asume además el papel melódico, lo que obliga a ejecutar incómodos saltos para abarcar los tres diferentes planos sonoros que se han de poner de relieve: el bajo, la melodía y el relleno rítmico-armónico. En las dos estrofas de que consta esta canción, idénticas en lo musical pero repetidas con diferente texto, la voz se mueve generalmente en intervalos cortos, en una línea melódica de carácter simple y muy cercana al carácter popular de esta canción eminentemente tonal. Tonalidad, estructura estrófica, ritmo y texto de carácter popular, y melodía sencilla pero eficaz, son las características a través de las que el compositor logra el acercamiento idóneo a la inspiración folclórica de esta canción, una de las más conseguidas de su producción pese a ser actualmente muy poco interpretada.

3.11. Canción de Dorotea

La *Canción de Dorotea*, proviene de la abundante música para el cine compuesta por Ernesto Halffter en los años cuarenta y cincuenta, formando parte de la partitura de la película dirigida por Rafael Gil, titulada *Don Quijote de la Mancha* (1947). Es parte integrante del proyecto de un ciclo titulado *Cinco canciones de amor*, que iban a integrar *Efectos de amor*, con texto de Lope de Vega, *Tres redondillas*, con texto de *Luís Vaz de Camões* (1524-1580), y la única canción que finalmente se completó, la *Canción de Dorotea* sobre texto de Cervantes.

En opinión de Andrés Ruiz Tarazona, se trata de una obra «un tanto arcaizante»[148], y para Tomás Marco «traiciona un poco su origen pues si en la banda sonora funciona perfectamente, como canción de concierto, aunque posee calidad, es menos elaborada y estéticamente menos moderna que la mayor parte del resto de la producción vocal del autor»[149].

La canción se basa en un poema tomado del capítulo XXVII de la Primera Parte de *El ingenioso hidalgo Don Quijote de la Mancha* de Miguel de Cervantes Saavedra (1547- 1616)[150]. El poema original contiene tres estrofas de diez versos cada una, sin embargo Ernesto Halffter pone en música tan sólo las estrofas primera y tercera, prescindiendo de la segunda: «¿Quién me causa este dolor?...». El texto se presenta completo a continuación, en la columna de la izquierda las estrofas 1ª y 3ª del poema, puestas en música por el compositor, y en la columna de la derecha, en cursiva, la 2ª estrofa, que no aparece en esta canción[151]:

---

148 RUIZ-TARAZONA: «La corza blanca. Integral de canto», p. 6.
149 MARCO: «Canciones de Ernesto Halffter», p. 21.
150 Volvemos a encontrar un texto de Cervantes en *Soneto a Dulcinea del Toboso, op. 45a*, de Salvador Bacarisse (apartado 6.13).
151 El contexto de la novela en el que se produce este poema es el siguiente: Esperando el regreso de Sancho —quien ha de conducir al cura y al barbero hasta

¿Quién menoscaba mis bienes?
Desdenes.
Y ¿quién aumenta mis duelos?
Los celos.
¿Y quién prueba mi paciencia?
Ausencia.
De ese modo, en mi dolencia
ningún remedio se alcanza,
pues me matan la esperanza
desdenes, celos y ausencia.

¿Quién mejorará mi suerte?
La muerte.
Y el bien de amor, ¿quién le alcana?
Mudanza.
Y sus males, ¿quién los cura?
Locura.
De ese modo, no es cordura
querer curar la pasión
cuando los remedios son
muerte, mudanza y locura.

¿Quién me causa este dolor?
Amor.
Y ¿quién mi gloria repugna?
Fortuna.
Y ¿quién consiente en mi duelo?
El cielo.
De este modo, yo recelo
morir de este mal extraño,
pues se aúnan, en mi daño,
amor, fortuna y el cielo.

La composición responde a una estructura estrófica —AA'—, presentando una introducción instrumental de dos compases que sirve a su vez como interludio entre ambas estrofas y también como postludio. Para traducir musicalmente la versificación irregular del poema cervantino, el compositor recurre a una melodía que se mueve en valores largos —figuras de blanca y negra—, dentro de un contexto de compases cambiantes entre 6/4, 12/4 y 15/4. La rítmica musical no siempre coincide con la prosodia del texto, lo que puede ser un efecto buscado por el compositor para reforzar el carácter arcaico de su canción. Por ejemplo, en el tercer compás —el primero de la voz— encontramos que la palabra «menoscaba», cuyo acento

el lugar donde se encuentra Don Quijote—, aquellos escuchan bajo una fresca sombra estos versos que les parecen "no de rústicos ganaderos, sino de discretos cortesanos". Se trata del canto dolido de Cardenio, quien víctima del desengaño está perdidamente enamorado de Luscinda.

debe caer sobre la tercera sílaba, al ser musicalizada se acentúa sin embargo sobre las sílabas segunda y cuarta. La tonalidad principal es Re menor, pero el devenir armónico de la canción es rico en modulaciones a tonalidades vecinas y posee un aire modal. El discurso melódico contiene pausas acordes con un texto que plantea interrogaciones y respuestas, y que Ernesto Halffter resuelve con maestría sin forzar el conjunto, dando como resultado una canción que fluye con naturalidad pese a la irregularidad del poema y a la abundancia de texto cantado.

3.12. Hommage a Salvador Dali. Pregón

Sobre un texto de Salvador Dalí compone Ernesto Halffter en 1974 su *Hommage a Salvador Dali. Pregón* para tenor y piano:

> Aquí en Figueras se van a ver por primera vez los hologramas cilíndricos.
> Aquí en Figueras, la meca espiritual de Europa con sus misterios y Apeninos metafísicos
> Entren al Teatro museo Dalí
> Se abren sus puertas cibernéticas
> Miren y se sobrecojan con los famosísimos relojes blandos,
> Los elefantes con patas d'araña.
> Los Dioses microcósmicos estereocópicos.
> Miren y contemplen el Apocalipsis pintado en la vidriera cinética de Emilio Pérez Piñero. Miren, contemplen la cúpula coronada por los veinticuatro cuerpos gloriosos del Ampurdán.

Esta obra fue concebida como segunda parte de la titulada *Fanfare, Pregón e Himno,* para tenor, coro y piano, estrenada el 28 de septiembre de 1974 en el Teatro-Museo Dalí de Figueras con motivo de su apertura. En la edición de Max Eschig del *Pregón* se nos dice que la diferente naturaleza de las tres partes de esta obra responde a tres momentos distintos: primero la *Fanfare* como anuncio pomposo, luego al *Pregon* o exhortación y para finalizar el texto propiamente dicho del *Himno*. Ernesto Halffter admiraba a Salvador Dalí, a quien había conocido y con quien entablado amistad en su años jóvenes en la Residencia de Estudiantes de Madrid, y *Pregón* no es la primera colaboración entre ambos artistas, pues Dalí había pintado un autorretrato en la partitura de la *Marche Joyeuse* (1922) para piano del compositor madrileño. El texto de Dalí es una invitación al museo en la que hace precisamente alusión a la apertura y al contenido del mismo. Dicho texto es cantado por el tenor «a plena voce», según indica el compositor, en el estilo libre del pregón. Resulta inevitable asociar el estilo de esta canción al canto de Trujamán en *El retablo de Maese Pedro* de Manuel de Falla.

La libertad de la parte del canto viene favorecida por un acompañamiento pianístico de extrema simplicidad consistente tan sólo en acordes que mantienen una armonía muy sencilla y despojada. Una breve introducción de siete compases y un interludio de cuatro, que toma elementos de dicha introducción, son las única intervenciones de relieve del piano, exceptuando las cuales, éste se limita a un papel de mero acompañamiento de la voz, en un plano secundario de apoyo armónico.

El compositor escribe la frase «con los famosísimos relojes blandos, Los elefantes con patas d'araña, los Dioses microcósmicos estereocópicos» sin acompañamiento instrumental alguno, recurso que, al igual que ocurre en varios pasajes de la suite *L'hiver de l'enfance,* es utilizado por el compositor para dar mayor fuerza expresiva a determinados momentos del texto cantado. Esta canción de gran originalidad —que en muchos momentos se ha de cantar con un estilo cercano a la declamación—, posee una estructura muy libre, acorde al texto cantado, que se encuentra más cercano a la prosa que a la poesía. La obra finaliza con brillantez, con la nota «La» de la tesitura aguda de la voz sostenida en «fortissimo» durante tres compases, con el apoyo de un acorde La mayor en ambas manos del pianista, con el que Ernesto Halffter pone el broche a su producción de canciones para voz y piano.

4. Rodolfo Halffter

4.1. Las canciones de Rodolfo Halffter

La obra de Rodolfo Halffter (Madrid, 1900-México, 1987)[152] es amplia e importante, no en vano se trata de uno de los mayores compositores de la Generación del 27 y de la música española del siglo XX. Su producción de canciones —en contraste con su abundante obra pianística— es escasa, propia de un compositor que necesitaba un lento proceso de maduración

---

[152] Rferencias bibliográficas más relevantes sobre la vida y obra de Rodolfo Halffter: IGLESIAS: *Rodolfo Halffter (Tema, Nueve décadas y Final)*; IGLESIAS, Antonio: *Rodolfo Halffter: Su obra para piano*. Madrid: Editorial Alpuerto, 1979; HEINE, Christiane: «Rodolfo Halffter Escriche», en: FINSCHER, Ludwig (ed.): *Die Musik in Geschichte und Gegenwart. Zweite, neubearbeitete Ausgabe*. Kassel / Stuttgart: Bärenreiter, 2002, Personenteil, vol. 8, pp. 435-437; IGLESIAS, Antonio y ORREGO-SALAS, Juan A.: «Rodolfo Halffter (Escriche)», en: SADIE Stanley (ed.): *The New Grove Dictionary of Music and Musicians, second edition*. London: Macmillan Publishers Limited, 2001, vol. 10, p. 692; CASARES RODICIO, Emilio: «Halffter Escriche, Rodolfo», en: CASARES RODICIO, Emilio (ed.): *Diccionario de la Música española e hispanoamericana*. Madrid: Sociedad General de Autores y Editores, 2000, vol. 6, pp. 183-192; OLIVER GARCÍA, José Antonio: «Rodolfo Halffter: *Don Lindo de Almería*. Suite del ballet», en: GARCÍA GALLARDO, Cristóbal L., MARTÍNEZ GONZÁLEZ, Francisco y RUIZ HILLO, María (eds.): *Los músicos del 27*. Granada: Universidad de Granada, 2010.

de su obra. Entre ellas destaca el breve pero muy relevante ciclo *Marinero en tierra*, que ha conseguido con plena justicia hacerse un importante lugar en el repertorio de la canción de concierto del siglo XX, siendo una de las obras más frecuentemente interpretada y grabada de la producción liederística de los compositores del Grupo de los Ocho de Madrid. Además de este importante ciclo, dos canciones sobre poemas de Sor Juana Inés de la Cruz y otras dos canciones independientes forman el cuarto de hora de música que dura la producción íntegra de Rodolfo Halffter en este campo:

–*El loro y el niño* (Juan Almela)
–*Marinero en tierra*, op. 27 (1926-60) (Rafael Alberti)
–*Dos Sonetos*, op. 15 (1940-46) (Sor Juana Inés de la Cruz)
–*Desterro*, op. 31 (1967) (Xose María Álvarez Blázquez)

El cuidado por la melodía, cualidad presente en buena parte de la obra compositiva de Rodolfo Halffter, así como su interés por el piano, son dos características que propiciarán la elevada calidad de este ramillete de canciones coronado por el ciclo *Marinero en tierra*. En 1937 Rodolfo Halffter participa además en la composición de *Chants de la guerre d'Espagne* (Canciones de la Guerra Civil de España)[153], de las que el propio compositor relata que fueron realizadas «en unión de Gustavo Pittaluga», añadiendo que en París «haríamos unos discos para las canciones del frente, las que cantaba el ejército republicano, canciones populares que nosotros armonizábamos»[154].

---

[153] La música en la Guerra Civil española ha sido estudiada con detalle en: OSSA MARTÍNEZ, Marco Antonio de la: *La música en la Guerra Civil Española*. Cuenca: Ediciones de la Universidad de Castilla-La Mancha; (Madrid): Sociedad Española de Musicología, 2011.
[154] IGLESIAS: *Rodolfo Halffter*, p. 62.

Continúa Rodolfo Halffter comentando estas canciones cuya armonización orquestación, explica, «respetan el espíritu popular que los caracteriza, confiriéndoles una forma musical menos revestida»[155]. Si bien el musicólogo Antonio Iglesias opina sobre estas canciones que «se trata de auténticas partituras con un especial y particular valor», el propio compositor expresó que dichas obras no eran sino «unas pequeñas páginas circunstanciales que nada aportan al conjunto de mi obra»[156]. Cabe citar que Rodolfo Haffter compuso también algunas canciones incluidas en las bandas sonoras que escribió para diversas películas.

4.2. El loro y el niño

La canción no catalogada *El loro y el niño*, compuesta por Rodolfo Halffter sobre un texto de Juan Almela, es en opinión de Arturo Reverter «una pieza de sencillo trazado y encanto infantil»[157]. Su partitura se encuentra en un cuaderno editado por el Ministerio de Instrucción Pública y Bellas Artes, fechado en 1937. La publicación, editada a partir del autógrafo, incluye dibujos coloreados y lleva por título *Siete canciones infantiles*. Recoge canciones de Salvador Bacarisse (las tituladas *Cortejo* y *Locomotora*), José Moreno Gans, Carlos Palacio, José Castro Escudero y ésta de Rodolfo Halffter. El breve texto de Juan Almela que le sirve de base es el siguiente:

Tengo verde, verde crudillo
verde prado es mi batín.

---

155 *Ibid.*, p. 87.
156 *Ibid.*, p. 65.
157 REVERTER, Arturo: «Rodolfo Halffter en su centenario». Programa de concierto del Centro para la difusión de la música contemporánea. Madrid, 20-3-2000, sin paginación.

Yo soy niño: tú loro pillo
tienes pico con trompetín:
Tú que sabes; tú chiquillo
eres un calabacín.
¡Tú, parlanchín!
¡Calabacín! ¡Calabacín!

El carácter intrascendente y juguetón del poema se ve reflejado en una escritura tonal que, como corresponde al estilo de la canción infantil, se encuentra despojada de cualquier complejidad. Esta canción, que ocupa tan sólo una página de partitura, consta de 24 compases en la tonalidad de La mayor y compás de 2/4. La tesitura vocal es central, tanto es así que ninguna de las notas de la voz queda fuera del pentagrama. El cantante ha de representar los dos personajes que se alternan en esta canción: el niño primero —hasta el compás 13— y el loro después —a partir del compás 13—, cuya parte está escrita en una tesitura más grave que la del niño, lo cual supone una ayuda para diferenciar ambas voces. Este juego entre los dos personajes es la baza interpretativa con que cuenta el cantante a la hora de sacar partido a una obra muy breve y de gran sencillez, que finaliza con rotundas afirmaciones tonales de cadencia perfecta en dinámica «forte», subrayando humorísticamente las sílabas finales de la palabra «calabacín» repetidas por el loro.

4.3. Marinero en tierra

De la génesis de este ciclo, que se cuenta entre lo mejor del repertorio de la música española de este género, ya se ha hablado a propósito de las *Dos canciones de Rafael Alberti* de Ernesto

Halffter[158]. Rafael Alberti mantuvo una estrecha amistad con los dos hermanos Halffter durante los años madrileños de la Residencia de Estudiantes. En la primavera de 1917, la familia de Rafael Alberti, nacido en Cádiz en 1902, decide trasladarse a Madrid y fruto de esta traumática separación de su tierra, nacerán años más tarde las poesías de *Marinero en tierra*, con las que obtiene el Premio Nacional de Literatura en 1923/24. Rodolfo Halffter selecciona cinco de estos poemas y compone en 1960 su pequeño ciclo *Marinero en tierra*, op. 27. La cuarta canción, *Verano* había sido compuesta en 1926, y editada junto a *La corza blanca* de su hermano Ernesto y *El salinero* de Gustavo Durán, en la primera edición de *Marinero en tierra* de Alberti[159], junto con una carta de Juan Ramón Jiménez y un retrato del poeta por Daniel Vázquez Díaz. La obra completa fue estrenada en un recital para «Arte y Cultura» celebrado el 26 de junio de 1961 en el Palacio de Bellas Artes de México D.F. por la soprano Irma González y el pianista Salvador Ochoa. Sin indicación del medio en que el siguiente comentario fue publicado, podemos leer la siguiente reseña del estreno de este ciclo: «Las canciones del maestro Rodolfo Halffter, con letra de Rafael Alberti, y que en conjunto se titulan *Marinero en tierra* son obras con un claro substratum español, trabajando a base de giros modernos pero sin exageración, y que nos parecieron preciosas (este fue el estreno mundial)...»[160].

Este ciclo fue editado en 1963 por Ricordi Americana de Buenos Aires, existiendo asimismo una versión para voz media, transportada un tono más grave, realizada por el pia-

---

158 Apartado 3.3.1.
159 Uno de los poemas de *Marinero en tierra* de Alberti, el que comienza con el verso «Si mi voz muriera en tierra», lleva un dedicatoria del poeta a Rodolfo Halffter.
160 IGLESIAS: *Rodolfo Halffter (Tema, Nueve décadas y Final)*, p. 201.

nista Miguel Zanetti, editada por Real Musical de Madrid en 1985. Obra fundamental del repertorio de la canción española de concierto, *Marinero en tierra* cuenta con una escritura pianística de excelente factura que abarca un amplio registro del teclado, para servir de soporte a un lirismo vocal muy adecuado a los versos de Alberti. Respecto al texto, Rodolfo Halffter toma para su ciclo cinco diferentes poemas de *Marinero en tierra* pero sin seguir el orden de publicación de éstos en el libro.

La primera canción de este grupo de cinco, titulada *Qué altos los balcones* cuenta con el siguiente poema de Rafael Alberti:

¡Qué altos
los balcones de mi casa!
Pero no se ve la mar;
¡qué bajos!

Sube, sube, balcón mío,
trepa al aire, sin parar:
sé terraza de la mar,
sé torreón de navío.

—¿De quién será la bandera
de esa torre de vigía?

—Marineros, es la mía![161]

La composición responde a una estructura desarrollada, con diferente música para cada una de las tres estrofas del poema. El compositor recurre a una puesta en música muy gráfica de los versos de Alberti: un salto de octava ascendente y brillantes notas

---

161 ALBERTI: *Marinero en tierra. La amante. El alba del alhelí*, p. 122.

agudas mantenidas en «forte» describen la altura de los balcones en el primer y segundo verso: «¡Qué altos los balcones de mi casa!» (Ejemplo 26). Desde el punto de vista interpretativo se trata de un espinoso inicio del ciclo, debido a la indudable dificultad que supone para el cantante hacer inteligible el texto con la reiteración de notas en una incómoda tesitura aguda.

Ejemplo 26: Primeros compases de *Qué altos los balcones*, de Rodolfo Halffter

En el tercer verso del poema —»Pero no se ve la mar»—, la decepción causada por la ausencia del mar en Madrid, se ve reflejada en un diseño musical descendente, repetido dos veces en contrastada disminución dinámica, la primera vez en «mezzoforte» en los compases 5 y 6, y la segunda vez repitiendo exactamente la misma línea melódica pero en dinámica «piano», en los compases 7 y 8. El diseño melódico, primero ascendente y luego descendente, y la disminución por planos dinámicos, suponen un fiel reflejo musical del contraste expresivo presente en los tres primeros versos de este poema de Alberti. Con la misma idea de musicalización gráfica del sentido del texto continúa Rodolfo Halffter repitiendo tres veces el cuarto verso, «¡qué bajos!», en una tesitura grave de la voz, en tempo «poco piú lento» y dinámica decreciente, «mezzopiano» la primera vez, «piano» la segunda y «pianissimo» la tercera y última, que además se ha de ejecutar con un «ritardando» del tempo.

Muy descriptiva es asimismo la musicalización de los versos 5 y 6, «Sube, sube, balcón mío, trepa al aire, sin parar», para los que Rodolfo Halffter, tras un breve interludio pianístico de tres compases, recurre a un diseño melódico ascendente en dinámica creciente y movimiento «Poco animato». El último verso del poema, «¡Marineros, es la mía!», es repetido dos veces por el compositor, la primera vez en «forte» y la segunda en «piano». Con el sencillo recurso de las repeticiones de versos y a través de simples medios descriptivos en forma de líneas melódicas ascendentes o descendentes según el sentido del texto, Rodolfo Halffter consigue una gran expresividad que engrandece los sencillos versos de Alberti.

Respecto al acompañamiento instrumental, el piano dobla a la voz mientras la enriquece con armonías durante los compases 1 al 11, utilizando en toda la canción una escritura pianística que utiliza la máxima extensión del teclado, pero que a la vez es sencilla y de relativamente cómoda ejecución. El compositor a menudo recurre a una escritura dispuesta en cuatro pentagramas para abarcar un amplísimo rango sonoro, que a su vez exige al pianista extraer diferentes planos sonoros para lograr el efecto de relieve que justifique y realce esta escritura. La parte pianística es rica en voces interiores que se oponen o se suman a la melodía. Ejemplos de ello los encontramos en los compases 19-22, en los que el compositor utiliza el movimiento contrario en las líneas melódicas de la voz y del piano, mientras que en los compases 24-27 la mano izquierda dobla a la línea vocal a intervalo de sexta inferior, pero esta vez en movimiento directo, mientras la mano derecha ejecuta armonías sostenidas.

Un diseño rítmico de tresillo de semicorcheas seguido de corchea o de negra, que aparece en la mano izquierda en los compases 6 y 8, y en la derecha en los compases 9, 10, 11, 18, 20, 22 y 23, es recurrente a lo largo de esta breve composición, lo que contribuye a la unidad de la canción, además de aportar un giro de carácter popular fácilmente reconocible por el oyente. Dos compases del piano con expeditivos acordes en «forte» ejecutados con la indicación «secco» cierran con brillantez los 33 compases de que consta la primera canción de este ciclo, realmente lograda.

Casadita es el título de la segunda canción de *Marinero en tierra*, basada en el siguiente poema de Rafael Alberti:

Ya se la lleva de España,
que era lo que más quería,
su marido, un marinero
genovés.

—¡Adiós, murallas natales,
coronas de Andalucía.

Ya lejos:

¡Ay, cómo tiemblan
los campanarios de Cádiz
los que tanto me querían![162].

Nuevamente recurre el compositor a una estructura desarrollada, con música distinta para cada una de las tres estrofas del poema. En su adaptación del poema a la música, Rodolfo

---

162 *Ibid.*, p. 124.

Halffter modifica el orden de las primeras palabras, cambiando el orden original «Ya se la lleva de España» por «Se la lleva ya de España», cuya prosodia concuerda con el ritmo musical elegido por el compositor. Éste recurre además a la repetición musical de los cuatro primeros versos, correspondientes a siete compases que se encuentran entre barras de repetición. Al abordar la repetición de estos compases se puede sustituir la indicación «forte» del comienzo por un «piano», para crear un contraste que dé sentido y variedad a dicha repetición.

Las palabras «Ya lejos», sobre tres notas graves, se cantan sin acompañamiento instrumental, para dar paso en el compás 19 a un ritmo irregular y asimétrico de habanera (Ejemplo 27) —que continúa presente de forma intermitente hasta el final de la canción— con frecuentes cambios de compás, pasaje para el que Rodolfo Halffter recurre a una escritura pianística dispuesta en tres pentagramas, que se convierten en cuatro a partir del compás 28 Se trata de un nuevo ejemplo de escritura pianística muy plástica que, recurriendo a la utilización de una amplia extensión del teclado, se estructura en diferentes planos sonoros a los que el pianista ha de otorgar el preciso relieve. En los compases 26 al 28, «piú lento» y dinámica «piano», el compositor repite el último verso del poema —»¡Los que tanto me querían!»— una tercera inferior de la melodía con las mismas palabras tal y como aparece en los compases 24 a 26, en dinámica «forte», lo que crea un contraste poético antes de dejar que sea el piano el que retorne al «Tempo I» para rematar la canción en un largo postludio de diecinueve compases que se inicia en el compás 30. Nuevamente encontramos aquí la disposición de la parte pianística en cuatro pentagramas para abarcar diferentes planos sonoros extendidos a lo largo de gran parte del teclado, pese a lo cual la ejecución de este pasaje, y de la canción en general, no resulta en absoluto comprometida para el pianista.

Ejemplo 27: *Casadita*, de Rodolfo Halffter, comp. 19-23

La parte vocal presenta una amplia tesitura que incide tanto en el registro agudo de la voz, como en el grave, por lo que el cantante ha de poseer un registro vocal en consonancia que le permita articular y decir el texto con la adecuada expresión.

Tras la estilización de la habanera presente en *Casadita*, hace su aparición el característico y tan hispano ritmo de petenera, alternando los compases de 6/8 y 3/4, en la tercera canción de este grupo, *Siempre que sueño las playas*, ritmo que es presentado en la introducción de cuatro compases por el piano (Ejemplo 28).

Ejemplo 28: Introducción pianística de *Siempre que sueño las playas*, de Rodolfo Halffter

El poema original de esta canción consta de una única estrofa de cinco versos:

Siempre que sueño las playas,
las sueño solas, mi vida.
...Acaso algún marinero...
quizás alguna velita
de algún remoto velero...[163]

La adaptación del poema de Rafael Alberti por parte del compositor es bastante libre, recurriendo a repeticiones como las de los dos primeros versos, repetidas en dos frases de cuatro compases cada una con idéntica música tanto en la parte vocal como en la pianística. Rodolfo Halffter repite también dos veces, la segunda de ellas en matiz «pianissimo», el último verso del poema, en los compases 19 y 20. La tesitura vocal es bastante central, cómoda para realzar las posibilidades expresivas del texto, que el compositor ha buscado musicalizar en base a su prosodia. Sin duda es un hallazgo y un acierto derivar de la misma el ritmo de petenera presente a lo largo de esta breve canción de 32 compases.

Rodolfo Halffter indica una repetición de la sección que va del compás 5 al 28, lo que da como resultante dos estrofas musicales idénticas, separadas por un brillante interludio pianístico de ocho compases. Éste presenta una escritura de octavas en la mano izquierda oponiéndose a rápidos arpegios ascendentes en la mano derecha, siempre acentuando el ritmo de petenera que caracteriza esta canción. En los últimos cuatro compases, la voz vuelve a abordar los dos primeros versos del poema en un diseño melódico ascendente y con una dinámi-

---

[163] *Ibid.*, p. 121.

ca también creciente que rematan dos acordes del piano en «forte», cerrando la obra con rotundidad.

Como ya se ha indicado anteriormente, *Verano* constituye el germen del ciclo *Marinero en tierra*, permaneciendo sin número de opus hasta que en 1960 fue catalogado como op. 27 al pasar a formar parte de este grupo de cinco canciones. Disponemos del siguiente comentario de Adolfo Salazar del estreno de *Verano*, que tuvo lugar en Madrid el 28 de abril de 1926:

> «La segunda canción, *Verano*, de Rodolfo Halffter, tiene, en su música como en su letra, el agridulce del anacronismo: vocablos contemporáneos en una forma arcaica; así esa música tan finamente sentida y realizada en que una atmósfera sonora curiosamente disonantada da ambiente a la línea melódica, cándida y retrospectiva»[164].

El musicógrafo Arturo Reverter, por su parte, opina que «este sabor arcaico, de cosa antigua tratada con procedimientos modernos» del que habla Adolfo Salazar, «es algo predicable de las demás piezas de la serie —y de otras firmadas por autores españoles de la época—»[165]. La canción, compuesta algunos meses antes del citado estreno, y también conocida bajo el título *Del cinema al aire libre*, está basada en el siguiente poema de Rafael Alberti, que lleva por título *Verano:*

—Del cinema al aire libre
vengo, madre, de mirar

---

[164] IGLESIAS: *Rodolfo Halffter (Tema, Nueve décadas y Final)*, p. 49.
[165] REVERTER: «Rodolfo Halffter en su centenario», sin paginación.

una mar mentida y cierta,
que no es la mar y es la mar.

—Al cinema al aire libre,
hijo, nunca has de volver,
que la mar en el cinema
no es la mar y la mar es[166].

La estructura del poema en dos partes bien diferenciadas, de cuatro versos cada una, alternándose las voces del hijo, primero, y de la madre, después, en un diálogo muy sencillo, da pie al compositor para tratar la primera estrofa musical, que recoge los cuatro versos del niño en los compases 1 al 20 con «unos pentagramas más distendidos, que la segunda, que posee un aire más grave»[167]. La estructura de la canción responde por tanto a un sencillo esquema de composición estrófica AA'. La intervención del niño abarca del compás 1 al 20, y la de la madre ocupa los compases 21 al 39, siendo las líneas melódicas de ambas estrofas muy similares pero la segunda está escrita a intervalo de cuarta inferior respecto a la primera. La estrofa cantada por el personaje del niño presenta la luminosa tonalidad de La mayor mientras que la segunda recurre a la tonalidad de Mi menor para otorgar el aludido carácter de gravedad en la respuesta de la madre a su hijo. Para esta diferenciación expresiva el compositor recurre asimismo a una diferencia en la dinámica, siendo la primera estrofa «piano» y la segunda «mezzoforte». El cantante puede recurrir a utilizar un registro que imite de alguna manera una voz infantil en la primera estrofa y una voz grave y severa de adulto en la segunda, pero siempre dentro de unos límites interpretativos comedidos que eviten caer en la caricatura. El acompañamiento pianístico consigue un efecto de balanceo

---

166 ALBERTI: *Marinero en tierra. La amante. El alba del alhelí*, p. 128.
167 REVERTER: «Rodolfo Halffter en su centenario», sin paginación.

irregular muy conseguido en su alternancia de compases de 3/8 y 2/8. La mano derecha del piano dobla casi en todo momento a la voz añadiendo terceras inferiores (Ejemplos 84 y 85).

Encontramos en la parte pianística de esta canción un diseño rítmico de dos semicorcheas seguidas de corchea (comp. 19-20 y 38-39) que aparece también en la segunda canción (comp. 7-8, 10-12, 13-15), lo que le otorga relevancia como elemento unificador del ciclo. La canción finaliza con un postludio pianístico de diez compases en el que la mano derecha del piano canta en terceras una melodía que toma la de los dos primeros compases de la voz, seguidos de la línea melódica cantada en los seis últimos compases de la primera estrofa. Un arpegio ascendente sobre La mayor en tiempo lento remata esta breve composición.

Respecto a la última canción del ciclo, *Gimiendo por ver el mar*, apunta Arturo Reverter que «es todavía más racialmente andaluza, con raíces flamencas advertibles en su exposición melismática. El interludio y el postludio vienen dados por un motivo de rasgos agitanados»[168]. Reaparece el ritmo de petenera ya visto en la tercera canción, *Siempre que sueño las playas*, que retorna aquí enérgicamente (Ejemplo 29) enunciado en quince compases del piano que actúan a modo de introducción instrumental, reapareciendo repetidos dos veces más como interludios.

Ejemplo 29: Comienzo de *Gimiendo por ver el mar*, de Rodolfo Halffter

---

168 *Ibid.*, sin paginación.

El poema original de Alberti consta de seis versos repartidos en dos estrofas:

Gimiendo por ver el mar,
un marinerito en tierra
iza al aire este lamento:

¡Ay mi blusa marinera;
siempre me la inflaba el viento
al divisar la escollera![169]

Este poema permite que Rodolfo Halffter, al igual que ocurría en la canción anterior de este grupo, recurra a una sencilla estructura estrófica, AA', que presenta levísimas variantes musicales para las dos secciones. Tras la larga e importante introducción pianística que afirma la tonalidad de La mayor en ritmo de petenera utilizando una amplísima extensión del teclado, la voz enuncia en el compás 16 el primer verso del poema, con una línea ascendente que en su primer compás no lleva acompañamiento instrumental y que se ha de interpretar en un tiempo libre, al igual que ocurre con la segunda entrada de la voz en los compases 38 y 39, igualmente con la indicación «liberamente» en la voz y «colla voce» en el piano.

La escritura pianística es de gran brillantez y adquiere auténtico protagonismo en esta canción, en la que tras siete compases vocales, el piano vuelve a asumir un nuevo pasaje solista de catorce compases, idéntico al de la introducción, y a su vez repetido posteriormente tras la citada segunda intervención de la voz en el compás 38. El compositor introduce

---
169 ALBERTI: *Marinero en tierra. La amante. El alba del alhelí*, p. 118.

en el compás 61 una repetición del cuarto verso, variando el poema original, que nuevamente es entonado por la voz, en línea melódica ascendente —que imita claramente el primer compás de la intervención vocal de cada una de las dos estrofas de la canción— y con plena libertad agógica, para rematar brillantemente la canción y el ciclo con el apoyo de unos acordes repetidos del piano sobre la tonalidad de La mayor.

4.4. Dos Sonetos

Rodolfo Halffter, que a causa del estallido de la Guerra Civil emigra a México en 1939, compone sus *Dos Sonetos* op. 15 sobre textos de la poetisa mexicana Sor Juana Inés de la Cruz (1651-1695), nombre adoptado por Juana Ramírez en 1669 cuando ingresa en el convento de San Jerónimo. Se trata de un díptico de excelente factura, muy logrado tanto en cuanto a la originalidad del planteamiento y escritura como a lo acertado de la fusión entre texto y música. El primero de ellos, *Miró Celia una rosa*, apareció fechado el 7 de junio de 1940 como suplemento número 3 de la revista *España Peregrina*, una publicación mensual de la Junta de Cultura. La composición sería completada seis años después, en 1946, con el segundo, titulado *Feliciano me adora*. Rodolfo Halffter publicó sus *Dos Sonetos* en 1949 en Ediciones Mexicanas de Música, A. C., viendo su estreno el 24 de junio de 1946, por la mezzosoprano Oralia Domínguez, a quien están dedicados, acompañada al piano por Carlos Chávez. Existe una versión, transportada un tono más grave, publicada por Unión Musical Española en 1962.

El primero de los sonetos elegidos por Rodolfo Halffter lleva el encabezamiento «Escoge antes el morir que exponerse a los ultrajes de la vejez», siendo su texto el siguiente:

Miró Celia una rosa que en el prado
ostentaba feliz la pompa vana
y con afeites de carmín y grana
bañaba alegre el rostro delicado;

y dijo: —Goza, sin temor del Hado,
el curso breve de tu edad lozana,
pues no podrá la muerte de mañana
quitarte lo que hubieres hoy gozado;

y aunque llega la muerte presurosa
y tu fragante vida se te aleja,
no sientas el morir tan bella y moza:

mira que la experiencia te aconseja
que es fortuna morirte siendo hermosa
y no ver el ultraje de ser vieja[170].

El compositor respeta el poema en su integridad sin recurrir a cambio ni repetición alguna, y dispone las cuatro estrofas del soneto en dos grandes secciones, que contienen las estrofas 1-2 y 3-4, respectivamente, dando lugar a una estructura semiestrófica. Las secciones A (comp. 1-27) y A' (comp. 28-56) presentan considerables variantes en sus respectivos primeros periodos —comp. 1-12 y 28-42, correspondientes a los versos 1-3 y 5-7—, mientras sus respectivas segundas secciones — comp. 19-27 y 48-57, correspondientes a los versos 4 y 8 — repiten idéntica música, variando tan sólo el texto. Por su parte, las secciones B (comp. 57-78) y B' (83-105) resultan muy similares en lo musical, siendo

[170] CRUZ, Sor Juana Inés de la: *El Universo de Sor Juana. Antología*. México: Editorial Diana, 1995, p. 102.

las variantes entre ambas muy poco significativas. También los dos pasajes instrumentales —interludio (comp. 79-82) y postludio (comp. 106-113)— resultan coincidentes en sus tres primeros compases.

Rodolfo Halffter compone sobre el poema de Sor Juana Inés de la Cruz una canción de un lirismo delicado mezclado con ácidas disonancias pianísticas, lo que produce un singular contraste y produce apariencia de modernidad. Los primeros compases de la canción de desenvuelven sobre la dominante de la tonalidad principal, mantenida como nota pedal en la mano izquierda del piano durante catorce compases. Sobre esta base, la melodía vocal se mueve en intervalos cortos con el apoyo de un movimiento de quintas sucesivas en la mano derecha del piano. Un recurso que encontramos en numerosos pasajes de esta canción, es la utilización de quintas paralelas en la mano derecha del piano que envuelven la línea melódica compuesta por las terceras ausentes de esos acordes.

Existen también otros diseños en el acompañamiento, como son los rasgos de escalas ascendentes de semicorcheas en la mano izquierda del piano, sobre la tonalidad principal —comp. 21-22 y 50-51— o un arpegio ascendente en «forte» sobre la dominante —comp. 40-42. El aspecto rítmico de la canción se produce sin embargo, salvo alguna breve excepción, sobre un plácido pulso constante de negras que otorga sensación de monotonía, rota por algunos recursos que veremos a continuación.

Contrastando abruptamente con el movimiento por grados conjuntos e intervalos cortos de la línea vocal, de carácter muy lírico, encontramos un llamativo salto ascendente de octava, empleado en cuatro ocasiones diferentes por el compositor para marcar el final de cada una de las cuatro estrofas que componen el soneto. Lo encontramos en los compases 23-24 sobre la palabra «delicado», en los compases 52-53 sobre «gozado», en los compases 75-76 sobre «y moza», y finalmente en los compases 101-102 sobre la palabra «vieja». En los dos últimos casos la nota sostenida tras el intervalo de octava ascendente se ve acompañada por tres acordes y disonantes en la mano izquierda del piano, atacados seguidos en dinámica «forte». Se trata de un recurso expresivo que viene a romper el lirismo de la música para introducir un componente grotesco y satírico.

También resulta llamativo el empleo recurrente de una melodía consistente en la mera repetición de notas. Una nota repetida diez veces produce la melodía entre los compases 57 y 62, mientras que la melodía entre los compases 65 y 69 incluye nueve veces repetida la misma nota. Estos dos pasajes cantados, o más bien semideclamados, sobre una nota repetida, se producen además en una tesitura grave para la voz y en un cambio de tempo a «Poco meno mosso» —que se mantiene hasta el final de la canción—, coincidiendo con el verso del poema que hace alusión a la muerte. La repetición monótona y semideclamada de notas graves en tempo lento, con el añadido de disonancias en el piano tras un abrupto salto ascendente de octava en la voz, son algunos de los recursos empleados por Rodolfo Halffter para poner en música la idea amarga del advenimiento de la muerte que marchita toda belleza, presente en el poema de Sor Juana Inés de la Cruz. Además, la aparición de la muerte en el texto cantado, queda subrayada en el acompañamiento pianístico, de forma muy eficaz desde el punto de vista expresivo, con el empleo de la politonalidad, que aparece en los compases 59 y 66, repitiéndose más tarde en los compases 84 y 92. Rodolfo Halffter vuelve a utilizar la politonalidad como recurso expresivo en su canción *Desterro*. La canción *Miró Celia una rosa* finaliza con ocho compases de postudio (comp. 106-113), en el cual el piano deja escuchar unos disonantes acordes repetidos en la zona grave.

El poema en que se basa el segundo de los *Sonetos* de Rodolfo Halffter, titulado *Feliciano me adora*, lleva el encabezamiento «Continúa el mismo asunto y aún le expresa con más viva elegancia», que no se entiende sin conocer el encabezamiento del anterior poema del libro, que dice «Resuelve la cuestión de cuál sea pesar más molesto en encontradas correspondencias, amar o aborrecer». Los catorce versos de este soneto son los siguientes:

Feliciano me adora y le aborrezco;
Lisardo me aborrece y yo le adoro;
por quien no me apetece ingrato, lloro,
y al que me llora tierno, no apetezco.
A quien más me desdora, el alma ofrezco;
a quien me ofrece víctimas, desdoro;
desprecio al que enriquece mi decoro,
y al que hace desprecios, enriquezco.

Si con mi ofensa al uno reconvengo,
me reconviene el otro a mí, ofendido;
y a padecer de todos modos vengo,

pues ambos atormentan mi sentido:
aquéste, con pedir lo que no tengo;
y aquél, con no tener lo que le pido[171].

---

171 *Ibid.*, p. 95.

Al igual que en el anterior soneto, el compositor recurre a una estructura semiestrófica —AA'BB'— muy similar a la de la canción anterior, dividiendo el poema y la canción en dos grandes secciones, la primera conteniendo las estrofas 1ª y 2ª, y la segunda las dos restantes. Sin embargo en esta canción existe una mayor similitud entre las líneas melódicas de las secciones A y A', mientras que la mayor parte de las variantes se encuentran en el acompañamiento pianístico.

El carácter frívolo y caprichoso del poema está acertadamente reflejado por Rodolfo Halffter en una canción que se podría calificar de «seguidilla cubista». El ritmo de seguidilla está tratado por el compositor de forma muy libre, y las disonancias pianísticas, los bruscos contrastes dinámicos, las inesperadas modulaciones y la ruptura de la simetría rítmica, son recursos que se asemejan a la descomposición de la forma en el estilo pictórico cubista. Un ejemplo de la ruptura de la simetría rítmica lo encontramos en el compás 18, con la inclusión de un compás de 5/8 insertado entre la alternancia de compases de 2/4 y 3/4.

Nuevamente el compositor introduce un 5/8 en el compás 39, dentro de un breve y brillante interludio (comp. 37-41) en el que en dinámica «fortissimo» se transita de la zona aguda del teclado a la más grave, con acordes disonantes que resuelven en un arpegio descendente en ambas manos. Este pasaje por sí solo ejemplifica el tratamiento muy desenfadado otorgado por Rodolfo Halffter a esta canción.

La ligereza de la escritura del piano, con sus mordentes y grupetos, y sus figuraciones ascendentes y descendentes, recuerda a la escritura clavecinística que el compositor rememora en sus *Dos Sonatas de El Escorial* op. 2 y en su *Danza de Ávila* op. 9, ambas para piano, constituyendo un nuevo ejemplo de neoclasicismo, en la variante española de un neoscarlattismo que no deja de mirar al Padre Antonio Soler, al igual que ocurría en la canción *La niña que se va al mar* de Ernesto Halffter[172]. Conviene recordar en este punto que Rodolfo Halffter, durante una estancia en Granada en 1929, analizó junto a Manuel de Falla entre otras piezas, varias *Sonatas* de Domenico Scarlatti, en un encuentro del que nos dejó el siguiente testimonio:

> «La admiración de Falla por Scarlatti no tenía límites. Admiraba la frescura de su inspiración y, sobre todo, la asimetría rítmica de sus frases y periodos. Falla, además, me hizo escuchar el lejano rumor de guitarras y de cantares populares hispánicos que emanaba, como perfume exquisito, de esas *Sonatas*. Afirmaba don Manuel que Scarlatti, cuya estancia en España se prolongó alrededor de treinta años hasta su muerte, por lo que dio y por lo que recibió, en realidad, pertenece a la historia de la música española del siglo XVIII»[173].

Es muy posible que Rodolfo Halffter en su segundo *Soneto* quisiera imitar el estilo de Scarlatti y la aludida «asimetría rítmica de sus frases y periodos», mediante la ruptura rítmica que implica la inclusión de los compases de 5/8 en un contexto de alternancia de compases de 2/4 y 3/4. En cualquier caso se aprecia aquí, al igual que ocurría con el primero de los *Dos Sonetos*, una perfecta adecuación de la música a un texto de carácter muy desenfadado, que expresa, no si cierto toque humorístico, las contradicciones inherentes a la elección

---

172 Apartado 3.3.3.
173 IGLESIAS: *Rodolfo Halffter: Su obra para piano*, pp. 67-68.

amorosa. El compositor acierta a dotar al texto de una música muy dinámica, de carácter igualmente ligero y juguetón, con abruptos contrastes rítmicos y armónicos.

La tesitura vocal, lejos de cualquier alarde técnico, es central, buscando una comodidad de ejecución que permita cantar de forma lo más inteligible posible el texto, clave del éxito de la interpretación de este *Soneto*. Es necesario un canto ligero para articular el movimiento de semicorcheas demandado por el compositor, y para poner en relieve los continuos cambios dinámicos, así como la gracia y los matices sutiles del poema cantado, para cuya ejecución es necesario además el preciso desparpajo. La escritura pianística es difícil pero de ejecución agradecida por su brillantez: mordentes, rasgos ascendentes y descendentes, bruscos contrastes dinámicos, alternancia entre «legato» y «staccato». Se trata de un piano en continuo movimiento, lleno de dinamismo y contrastes, con los que Rodolfo Halffter parece haber buscado reflejar la oposición entre los dos candidatos amorosos a los que se refiere la voluble protagonista de la canción.

4.5. Desterro

El crítico musical orensano Antonio Fernández-Cid (1916-1995) fue el instigador de la composición de un grupo de canciones sobre textos gallegos, publicadas en dos series. La primera de ellas[174] reunió doce canciones gallegas a cargo de Jesús Guridi, Manuel Blancafort, Rafael Rodríguez Albert, Manuel Palau, José Muñoz Molleda, Xavier Montsalvatge, Miguel Asins Arbó, Federico

---

174 *Doce canciones gallegas*. Orense: Diputación Provincial de Orense, 1952. Esta colección se estrenó en Orense el 15 de junio de 1951 por la soprano Carmen Pérez Durías y la pianista Carmen Díez Martín.

Mompou, Jesús García Leoz, Ataúlfo Argenta, Eduardo Toldrá y Joaquín Rodrigo. La segunda[175] incluía veintidós canciones sobre textos de poetas orensanos compuestas por Óscar Esplá, Antón García Abril, Jesús Arámbarri, Alberto Blancafort, Fernando Remacha[176], Vicente Asencio, Matilde Salvador, Francisco Calés, José Moreno Bascuñana, Manuel Parada, Manuel Castillo, Antonio Iglesias, Manuel Moreno Buendía, Gerardo Gombau, Narciso Bonet, Roberto Plá, Rafael Ferrer, Victorino Echevarría, Francisco Escudero, José Moreno Gans, Javier Alfonso y Cristóbal Halffter. *Desterro* (Destierro) op. 31 estaba destinada a un proyectado apéndice a ambas colecciones que finalmente no se llegó a completar. Fue compuesta por Rodolfo Halffter en 1967 sobre versos gallegos de Xose María Álvarez Blázquez (1915-1985) pertenecientes a *Poemas de ti e de min*. En ellos el poeta expresa los sentimientos de nostalgia producidos por su traslado forzoso de Tui (Pontevedra) a Coreses (Zamora), en agosto de 1939, por motivos políticos. En Castilla, Xose María Álvarez Blázquez añora su tierra gallega, a la que no retornará hasta enero de 1942. Se ofrece a continuación el poema original y su traducción al castellano[177]:

---

175 *Veintidós canciones sobre textos de poetas orensanos*. Orense: Conservatorio de Orense, 1961. La soprano Isabel Garcisanz junto a la pianista Carmen Díez Martín ofrecieron el estreno de esta segunda serie de canciones en la inauguración del Conservatorio de Orense, los días 26 y 27 de septiembre de 1958.
176 *Nouturnio*, ver apartado 8.6.
177 Traducción de Borja Mariño.

Qué lonxe vivo, ai, madre! qué lonxe estou. Unha anduriña, madre, que non tornou.	¡Qué lejos vivo, ay, madre! qué lejos estoy. Una golondrina, madre, que no volvió.
¿Virán os tempos, madre? ¿Virá San Xohán? Eu xa cavilo, ai, madre!, que non virán.	¿Vendrán los tiempos, madre? ¿Vendrá San Juan? Yo ya cavilo, ay, madre, que no vendrán.
Mais si viñeren, madre, iréi d-aquela matar a sede, ai, madre! da nosa arela.	Pero si vinieran, madre, iré entonces a matar la sed, ay madre, de nuestro afán.
Iréi d-aquela, madre, como anduriña que en vello niño, ai madre! tardeiro aniña. Ai, madriña!	Iré entonces, madre, como la golondrina que en el viejo nido, ay madre, tardío anida. ¡Ay, madrina!

La estructura de esta canción es muy similar a la de los *Dos Sonetos de Sor Juana Inés de la Cruz*, es decir, nos encontramos ante una estructura semiestrófica que divide el poema en dos grandes secciones: la primera, que integra las dos primeras estrofas, y la segunda sección, conteniendo las estrofas tercera y cuarta. Cada una de estas dos grandes secciones está tratada atendiendo a una forma de composición estrófica y las variantes entre los dos periodos de cada una de las dos grandes secciones no resultan demasiado relevantes.

Encontramos en *Desterro* un interesante ejemplo de acompañamiento pianístico politonal. Ya en los primeros tres compases instrumentales que hacen las veces de introducción —idénticos al primer interludio (comp. 14-16) y al segundo (comp. 47-49)— el compositor opone en diferentes registros del teclado los acordes perfectos mayores sobre tónica de tres tonalidades a distancia de segunda menor, Si mayor, Do mayor y Re b mayor, creando tres diferentes planos sonoros que chocan entre sí (Ejemplo 30). La escritura politonal contribuye a crear el carácter, «dolce e misterioso», que indica Halffter en la partitura de esta canción de melancólica expresividad y de ambiente nostálgico y desolado. Si en *Miró Celia una rosa*[178] Rodolfo Halffter utilizaba la politonalidad para subrayar la aparición de la muerte, aquí la utiliza para subrayar la idea de destierro, de lo cual se puede deducir un empleo expresivo del recurso politonal por parte del compositor para acentuar sentimientos dolorosos de ruptura.

Ejemplo 30: *Desterro*, de Rodolfo Halffter, comp. 1-4

Al igual que en *Marinero en tierra*, recurre aquí Rodolfo Halffter a la utilización del teclado en toda la amplitud de su registro, con escritura en cuatro pentagramas a partir del

178 Apartado 4.4.

sexto compás, para poder dar cabida a tesituras extremas del teclado. La parte vocal, escrita en un registro central, se mueve principalmente en intervalos cortos y en ocasiones es doblada por acordes de la mano derecha del piano o bien envuelta por quintas paralelas (comp. 11) que recuerdan a las que aparecían en *Miró Celia una rosa*, segundo de los *Dos Sonetos de Sor Juana Inés de la Cruz*. La voz sola entona como coda el último «Ai, madriña!» en tempo lento, sin acompañamiento alguno, para a continuación finalizar el piano con dos acordes superpuestos politonalmente.

Al igual que ocurría en *Miró Celia una rosa*, encontramos en *Desterro* una buscada asimetría rítmica con la inclusión de un compás de 3/8 entre los diferentes compases 1/4, 2/4, 3/4, 4/4 y 5/4 que se van alternando en esta canción. El tempo principal es «Andantino», pero el compositor indica dos veces «Poco mosso», en los compases 27-29 y 37-39, lo que sumado a los aludidos cambios de compás otorga la necesaria agitación expresiva a esta canción que se mueve principalmente con un calmado pulso de negras.

Se trata de una obra de árida escucha cuyo rasgo compositivo más interesante es la utilización del politonalismo, un recurso que reviste a esta música de un estilo más moderno que el resto de canciones de Rodolfo Halffter. El resultado final resulta tan efectivo y logrado desde el punto de vista expresivo como poco complaciente con el oyente, pues la expresividad conseguida a través de los medios descritos y al servicio del texto cantado, prima sobre cualquier concesión auditiva.

5. Julián Bautista

5.1. Las canciones de Julián Bautista

El catálogo de canciones del madrileño Julián Bautista (1901-1961)[179], cuantitativamente reducido, aunque cualitativamente muy importante —bastaría su tríptico *Tres ciudades* para ocupar un notorio lugar en la historia del género—, está integrado por las siguientes obras:

—*Dos canciones* (1921) (Gregorio Martínez Sierra / María Lejárraga)

---

[179] Referencias bibliográficas más significativas sobre el compositor: PERSIA: *Julián Bautista*. Madrid: Biblioteca Nacional, 2004; HALFFTER, Rodolfo: «Julián Bautista», *Música*, nº 1, 1938, pp. 9-23; CASARES RODICIO, Emilio: «Bautista (Cachaza) Julián», en: FINSCHER, Ludwig (ed.): *Die Musik in Geschichte und Gegenwart. Zweite, neubearbeitete Ausgabe*. Kassel / Stuttgart: Bärenreiter, 1999, Personenteil, vol. 2, pp. 541-543; SALGADO, Susana: «Bautista, Julián», en: SADIE Stanley (ed.): *The New Grove Dictionary of Music and Musicians, second edition*. London: Macmillan Publishers Limited, 2001, vol. 2, p. 933; CASARES RODICIO, Emilio: «Bautista Cachaza, Julián», en: CASARES RODICIO, Emilio (ed.): *Diccionario de la Música española e hispanoamericana*. Madrid: Sociedad General de Autores y Editores, 2000, vol. 2, pp. 301-309; CAPDEPÓN, Paulino: «Bautista, Julián», en: *Diccionario Biográfico Español*. Madrid: Real Academia de la Historia, 2011; GARCÍA MANZANO, Julia Esther: «Julián Bautista: *Suite all'antica*», en: GARCÍA GALLARDO, Cristóbal L., MARTÍNEZ GONZÁLEZ, Francisco y RUIZ HILILLO, María (eds.): *Los músicos del 27*. Granada: Universidad de Granada, 2010.

—*La flûte de jade* (1921) (poemas chinos traducidos al francés por Franz Toussaint)
—*¡Ay, palomita!* (1925) (Carlos Martínez Baena)
—*Tres ciudades* (1937) (Federico García Lorca)

A esta relación hay que añadir unas *Canciones sobre poesías de Bécquer*[180], que figuran entre los primeros ensayos serios de composición que Julián Bautista destruyó más tarde por considerarlos simples trabajos de clase. Además, dentro de la música para el cine, género al que Julián Bautista tuvo que dedicarse en su exilio argentino para sobrevivir económicamente, se encuentran canciones con acompañamiento de diversas formaciones instrumentales, de las que destacamos a continuación dos para voz y piano.

La primera colaboración cinematográfica de Julián Bautista en Argentina fue la película titulada *Canción de cuna*, adaptación de la pieza teatral homónima de Gregorio Martínez Sierra (1881-1947), que supone la presentación del esposo de María Lejárraga —autora a su vez de la letra de *Dos canciones* de Bautista— como director de cine y fue estrenada en el Cine Monumental el 3 de septiembre de 1941. «Entre los músicos participantes se cuenta la voz de la cantante Conchita Badía en la *Nana*, canción central del film. El manuscrito original de una *Nana* para piano y canto forma parte de la colección 'C. Badía' de la Biblioteca de Cataluña (M.4593/29)»[181]. La citada *Nana*, una breve canción de armonía dulce y delicada, consta de veintisiete compases en compás de 3/4 y tonalidad de La b mayor. Siete compases introductorios del piano, «Moderato ed espressivo» y «legato», con una nota pedal de dominante

---

180 HALFFTER, Rodolfo: «Julián Bautista», p. 15.
181 PERSIA: *Julián Bautista*, p. 74.

moviéndose de forma sincopada en la línea bajo en pulso de negras, crean el clima plácido que prepara la entrada de la voz, «con expresión (teneramente)» en el octavo compás. La melodía cantada repite en sus primeros compases un diseño de dos corcheas y blanca formado por un intervalo ascendente de tercera seguido de uno descendente de segunda. El brevísimo texto cantado es el siguiente: «Nana, éa. Duérmete, Paloma, duérmete pequeña, el cielo te mira, te mira la estrella». La voz se desarrolla en una suave melodía, no carente de encanto, de intervalos cortos y tesitura central, sin salir en ningún momento de los límites del pentagrama de la clave de Sol en segunda línea. Los primeros cinco compases cantados la voz repite el texto «nana, éa» y finaliza su intervención con cinco compases de «Boca chiusa» a los que sigue un breve postludio pianístico de dos compases que afirman la tonalidad principal. En medio, la parte central, comp. 13-18, es la que lleva asignada la frase principal del texto, que canta sobre un tempo ligeramente más animado, «appena un pochetino più mosso», para retomar el «tempo primo» en el compás 21 después de un «rallentando» de transición a lo largo de dos compases. El ritmo sincopado del acompañamiento tan sólo cesa en los últimos cuatro compases, finalizando esta *Nana* de forma muy plácida.

«*Tú eres la paz*, película con texto de Gregorio Martínez Sierra, que adaptó para el cine su novela homónima, y música de Julián Bautista [...] incluye una 'Habanera' con letra de Gregorio. Se conserva en la Biblioteca Nacional dentro del Legado de Julián Bautista»[182]. Esta película, quinta en el catálogo del compositor, fue estrenada el 14 de agosto de 1942. La citada *Habanera* pone música al siguiente texto de

---

182 GONZÁLEZ PEÑA, Mª Luz: *Música y músicos en la vida de María Lejárraga*. Logroño: Instituto de Estudios Riojanos, 2009, p. 332.

Gregorio Martínez Sierra: «Cuando en la playa la bella Lola su larga cola luciendo va, los marineros se vuelven locos (¡ay de mí!) y hasta el piloto pierde el compás. Luego después se acercó a mi, me dio un abrazo y en aquel lazo creí morir». Se trata de una canción en «Movimiento de Habanera» y compás de 2/4, introducida por cuatro compases del piano en los que los acordes de la mano derecha, en octavas y quintas, ejecutan un diseño cromático descendente. Las dos frases del texto se corresponden con sendas secciones musicales diferenciadas, separadas por un interludio pianístico de cuatro compases. La tesitura vocal es central, no excediendo en ningún momento de los límites del pentagrama, y el característico ritmo de habanera se produce de forma ininterrumpida de principio a fin de la canción, rematada por tres compases pianísticos. El carácter sensual de esta atractiva canción se refleja en una armonía luminosa, buena muestra del dominio armónico de Bautista.

Dentro del apartado de «Piezas musicales varias para cine y teatro» del catálogo de Julián Bautista encontramos *Sevillanas*, canción para voz y piano o guitarra. Se trata de una breve composición en la que un sencillo acompañamiento instrumental en «Tempo de sevillanas» y tonalidad de Mi mayor constituye el apoyo de una línea vocal que canta dos estrofas —ambas con idéntica música— pertenecientes a sendas comedias de Lope de Vega. La primera pertenece al acto IX de la comedia *Lo cierto por lo dudoso*: «Ay, río de Sevilla / qué bien pareces / con tus galeras blancas / y ramos verdes», y la segunda a *Amar, servir y esperar*: «Ay, río de Sevilla / quién te pasase / sin que la mi servilla / se me mojase».

Existe también una importante obra vocal, al margen del género cinematográfico y teatral, en el catálogo de Julián Bautista, se trata de sus *Catro poemas galegos*:

«Obra de pequeño conjunto compuesto por flauta, oboe, clarinete, viola, violonchelo, arpa y canto a partir de cuatro poemas escritos por Lorenzo Varela —*Catro poemas para catro grabados*— que formaban parte del libro *María Pita e tres retratos medievales*, editado en 1944 en Buenos Aires y centrado en cuatro grabados en madera del artista y escritor gallego Luis Seoane, 'retratos imaginados' de personajes medievales de su tierra que inspiraron al poeta Varela, también de origen gallego.

A partir de esta obra, y sobre los textos de Varela, un delicado poeta amigo de Seoane, Bautista escribió poco después la partitura cuyo original fecha en Buenos Aires en febrero de 1946. Una evocación, esta vez de ambiente gallego, sin recurrir a temas populares, que se decanta más bien en lo arcaico, lo antiguo, en consonancia temática con los poemas. Utiliza instrumentos que precisamente se acercan en términos tímbricos al clima requerido, como es la viola, el oboe y la flauta, mientras que el arpa recuerda también episodios de la música antigua española, ello sumado a la utilización de cadencias modales. Nuevamente los aspectos rítmicos son significativos, con tiempos irregulares que deben adaptarse a la métrica del poema en las primera, y última canciones o síncopas en la segunda que le ayudaban a marcar el tono interrogativo de la frase poética. La armonía propone recursos interválicos que evocan la guitarra española, sugiriendo por otra parte rudeza y arcaísmo a través de resoluciones bruscas. Hay en esta obra una presencia evidente, consciente, de la música del *Retablo de Maese Pedro* de Manuel de Falla, como si fuese un homenaje al compositor que meses después, el 14 de noviembre de 1946, moriría en Alta Gracia. La obra fue estrenada en Ámsterdam en junio de 1948 durante el 22º Festival de la Sociedad Internacional de Música Contemporánea, presentándose en primera audición en Buenos Aires al año siguiente, el 4 de octubre, en el Teatro Odeón y nuevamente en 1954, también bajo la dirección del autor. En 1951 la Editorial Argentina de Música hizo una edición de la versión para canto y piano de la obra, libro de arte en el que se incluyen los grabados originales de Seoane. En relación a la interpretación de la música allí incluida el autor 'ruega y agradece' no sea presentada en público si no es en su versión original para conjunto instrumental. La obra está dedicada a Juan José Castro»[183].

La citada primera audición de la obra en Buenos Aires tuvo lugar en el marco del ciclo de conciertos de la Editorial Argentina de Música, mientras que la interpretación de 1954, exactamente el 27 de agosto, ocurrió en el Teatro Ateneo, Audición XL de la Sociedad de Conciertos de Cámara. Respecto al estreno español de los *Catro poemas galegos,* Jorge de Persia ofrece la siguiente información:

«Su estreno en España se realizó en Madrid el 20 de octubre de 1967 bajo la dirección de José María Franco Gil, y a raíz de esa circunstancia se conserva —y fue posible recuperar recientemente— en la Biblioteca

---

[183] PERSIA: *Julián Bautista*, pp. 83-84.

de la Agencia española de Cooperación Internacional la única copia existente de la partitura original, la que posiblemente fue destruida al ser desmontada la Editorial Argentina de Música»[184].

5.2. Dos Canciones

Julián Bautista compuso sus *Dos canciones* en 1921, siendo editadas por la madrileña Editorial de Música Española en 1923. Aunque como autor de los textos consta el nombre de Gregorio Martínez Sierra, los poemas están en realidad escritos por su esposa María Lejárraga (1874-1974), quien acostumbraba a firmar con el nombre de su marido:

> «La figura de María Martínez Sierra, nombre con el que quiso ser conocida públicamente la riojana María de la O Lejárraga (San Millán de la Cogolla, 1874-Buenos Aires, 1974), se nos revela cada día más esencial a la hora de revisar y entender los entresijos de la historia cultural, literaria y política de la España del siglo XX. Tras un largo olvido, sepultada en el anonimato de la firma 'Gregorio Martínez Sierra' con la que apareció la inmensa mayoría de su producción literaria (...), en los últimos años hemos podido asistir a un paulatino rescate de su polifacética actividad, especialmente tras la reedición de sus libros memoriales (*Una mujer por los caminos de España*, 1989[185]; *Gregorio y yo. Medio siglo de colaboración*, 2000[186]) y

[184] PERSIA: *Julián Bautista*, p. 84.
[185] MARTÍNEZ SIERRA, María: *Una mujer por los caminos de España*. Madrid: Castalia, 1989.
[186] MARTÍNEZ SIERRA, María: *Gregorio y yo. Medio siglo de colaboración*. Valencia: Pre-Textos, 2000

la aparición de estudios biográficos que han desvelado no sólo parte del enigma de su autoría, sino otras múltiples actividades que ocuparon su larga e intensa peripecia vital»[187].

Peripecia vital cuyos últimos años tiene importantes puntos en común con la de Julián Bautista, pues ambos «en su camino al exilio recorrieron Francia y Bélgica antes de afincarse en Argentina»[188]. Además, en 1960 vuelven a encontrarse en Puerto Rico, donde Bautista llega contratado como profesor del conservatorio que dirige su amigo el también compositor Juan José Castro (1895-1968), poco antes de fallecer en Buenos Aires el 8 de julio de 1961, cuando disfrutaba de unas vacaciones de la citada labor docente.

En 1938 Rodolfo Halffter emite el siguiente comentario sobre las *Dos canciones* de Julián Bautista, asociándolas en lo estético al ballet *Juerga*:

> «Entre *La Flûte de Jade* y *Colores*, Bautista compone en el año 1921 dos obras que muestran un aspecto distinto de su talento: *Dos Canciones*, sobre poesías de G. Martínez Sierra, para voz de soprano y piano, y *Juerga*, ballet en un acto, estrenado en el verano de 1929 en la Opera Cómica, de París, por la compañía de Antonia Mercé, la 'Argentina'. En las dos obras, Bautista se sitúa dentro de la tradición española. Sin aprovechar ningún canto popular concreto —que es, en rigor, volver a trabajar lo ya creado por el pueblo—, Bautista prefiere actuar a la manera de los autores anónimos de aquellos

---
187 GONZÁLEZ PEÑA, Mª Luz: *Música y músicos en la vida de María Lejárraga*. Logroño: Instituto de Estudios Riojanos, 2009, p. 9.
188 *Ibid.*, p. 333.

cantos; e inventa sus propios temas. La tradición musical popular le suministra, claro, una atmósfera musical de firme arraigo español, purgada de lo *pintoresco*, el *acarreo fácil* y el *tópico localista*»[189].

Resulta muy acertado el anterior comentario de Rodolfo Halffter en lo referente a «la tradición musical popular purgada de lo pintoresco», un concepto defendido por el propio Julián Bautista, quien afirmaba reivindicar «para los músicos españoles el derecho a producir música española, sí; pero no exclusivamente 'españolista', pintoresca, típica»[190], algo que como músico español veía como una «limitación condenatoria» frente al resto de compositores europeos de su tiempo.

La primera de las *Dos canciones* lleva por título *Villancico de las madres que tienen a sus hijos en brazos*. Manuel de Falla ya había compuesto en diciembre de 1914 una canción titulada *Oración de las madres que tienen a sus hijos en brazos* sobre el mismo poema, que María Lejárraga escribió durante la guerra de 1914[191]. «La Primera Guerra Mundial, que había inspirado a María el poema, ya había finalizado, pero tristemente el tema volvía a estar de actualidad por el desastre del ejército español en Annual, que había causado miles de muertos»[192]. Su texto es el siguiente:

---

189 HALFFTER: «Julián Bautista», p. 17.
190 BAUTISTA, Julián: «Lo típico y la producción sinfónica», *Música*, vol. 3, 1983, p. 29.
191 Un estudio sobre la colaboración entre María Lejárraga y Manuel de Falla se encuentra en: JUÁREZ BRIONES: «María Lejárraga y Manuel de Falla (1913-1921). Apuntes sobre su relación personal y artística», en: AGUILERA SASTRE (ed.): *María Martínez Sierra: Feminismo y música*, pp. 189-222.
192 GONZÁLEZ PEÑA: *op. cit.*, p. 329.

¡Dulce Jesús que estás dormido!
¡Por el santo pecho que te ha amamantado,
te pido que este hijo mío no sea soldado!

Se lo llevarán. ¡Y era carne mía!
Me lo matarán. ¡Y era mi alegría!
Cuando esté muriendo dirá: ¡Madre mía!
Y yo no sabré ni la hora ni el día.

En julio de 1930 la soprano Micaela Alonso y el pianista Enrique Aroca interpretaron en el Liceum Club obras de seis de los ocho compositores pertenecientes al Grupo de los Ocho de Madrid, concretamente de Julián Bautista, Salvador Bacarisse, Gustavo Pittaluga, Rodolfo Halffter, Fernando Remacha y Juan José Mantecón, en una conferencia-concierto organizada por este último y difundida por Unión Radio, en la que fue interpretada la canción *Villancico de las madres que tienen a sus hijos en brazos*.

En opinión de Jorge de Persia, «Bautista trabaja aquí también con claras reminiscencias de la música popular que se reflejan también en la otra canción, *El alma tenía los ojos verdes*, ambas de gran inventiva melódica e importante acompañamiento pianístico»[193]. Para Rodolfo Halffter «en la primera de las *Dos Canciones*, menos española que la segunda, se advierte una influencia modal muy acusada. Excepto la parte central, de matiz más dramático, el resto se desarrolla en el modo dórico»[194]. Esta influencia modal en modo dórico, se encuentra para Emilio Casares «seguramente presente en homenaje a otro de sus maestros en el Conservatorio de

---

[193] PERSIA, Jorge de: «Música entre dos mundos. Julián Bautista, 1901-1091». Programa de concierto del Auditorio Conde Duque. Madrid, 17-12-2001.
[194] HALFFTER, Rodolfo: «Julián Bautista», p. 17.

Madrid, García de la Parra, defensor de esos procedimientos armónicos»[195].

La canción, de estructura A-B-A' (A, A': versos 1-3; B: versos 4-7) y tonalidad de La menor, comienza con un interludio pianístico de quince compases en escritura a cuatro voces, de carácter muy melódico, que se ha de interpretar atendiendo al «legato» de las diferentes voces. Esta introducción da paso a una línea vocal que en las dos secciones extremas (comp. 1-25 y 41-69) se mueve en gran parte por grados conjuntos. Dicho movimiento melódico, de carácter dulce, contrasta con la parte central (comp. 26-40), sobre una nota pedal de dominante, cuya parte cantada presenta abruptos intervalos ascendentes de séptima seguidos de un cromatismo descendente, en dinámica «forte» y tempo «bastante movido», según indicación del compositor, que contrasta con la indicación «Andante» del principio. Son elementos que, junto a un acompañamiento con acordes muy acentuados, refuerzan el carácter dramático de la sección central en contraste con las dos partes extremas, de carácter «legato», con intervalos sin apenas saltos, un tempo más calmado y un acompañamiento con suaves acordes ligados.

Esta contrastada atmósfera musical se encuentran en plena consonancia con el carácter del texto, de plegaria en las secciones A y A' ,y de fuerte dramatismo en la sección B, cimentada ésta sobre los versos «Se lo llevarán. ¡Y era carne mía! Me lo matarán. ¡Y era mi alegría! Cuando esté muriendo dirá: ¡Madre mía! Y yo no sabré ni la hora ni el día», que justifican plenamente el contraste expresivo logrado por el compositor con tanta eficacia como sencillez.

---

195 REVERTER, Arturo: «Las dos orillas: La música en el exilio». Programa de concierto de la Residencia de Estudiantes. Madrid, 23-01-2007, p. 17.

Prácticamente toda la canción está armonizada sobre las notas pedales de tónica —secciones A y A'— y de dominante —sección B— que se alternan en largos periodos. A partir del compás 52 una larga coda de 18 compases devuelve el protagonismo al piano, que retoma elementos de la introducción, como la escritura a cuatro voces, sobre la que la voz canta manteniendo notas sostenidas en el registro grave, como las dos ocasiones en las que el compositor añade al texto original la interjección «¡Ah!».

Resulta inevitable comparar las canciones que Manuel de Falla y Bautista crearon a partir de idéntico texto. Ambas, en sus tonalidades originales, resultan idóneas para una voz de mezzosoprano, por lo central de la tesitura. El contraste entre secciones es menos acusado en el caso de Falla, para cuya parte central recurre a un «rubato» escrito a base de la alternancia de las indicaciones «poco rit.» y «a tempo», pero evitando un cambio general de tempo como hace Bautista. En definitiva, Manuel de Falla, tiende a la unidad allí donde Julián Bautista realza el contraste, resultando por comparación más dramática la versión que hace el segundo de la poesía de María Lejárraga.

La segunda de las *Dos canciones* de Julián Bautista lleva por título *El alma tenía los ojos verdes* y pone música al siguiente poema de María Lejárraga:

Tenía los ojos verdes,
¡qué tormento!
Buscar verdad en el agua
y el agua la riza el viento.

Verdes, como el verde mar
¡que agonía!

Eché mi pregunta al agua
y el agua no respondía.

Tenía los ojos verdes;
por mi fe,
que de todas sus palabras
si hay una verdad no sé.

Verdes como el verde mar,
¡alma mía!
tiré el corazón al agua
y el agua no le cubría.

Se trata de un poema con un trasfondo de sufrimiento por la pasión amorosa en cuyo texto Julián Bautista intercala diversos pasajes de vocalización sobre la interjección «¡Ah!», cantada en varios fragmentos de su canción con expresión doliente. *El alma tenía los ojos verdes* es una canción menos inspirada que su compañera, que sin duda posee mayor interés musical. A pesar de ello, ambas canciones forman un díptico eficaz, de carácter contrastado, correspondiendo a la segunda asumir la parte de mayor dinamismo.

La parte pianística de la introducción de ocho compases resulta de ejecución incómoda dado que la disposición de los acordes hace que ambas manos se estorben mutuamente y el pianista ha de esforzarse en que las notas repetidas en ambas manos suenen con nitidez. La voz comienza su intervención en el noveno compás entonando tres veces una quejumbrosa vocalización sobre la interjección «¡Ah!» en dinámica «pianissimo». La entrada del texto cantado se produce en el compás 15, en una tesitura grave que convierte a esta canción —y su compañera— en apta para una voz de mezzosoprano, contralto o barítono. A partir del compás 28 la mano derecha del piano reparte sus funciones entre la ejecución de la línea melódica —independiente, unísono o contrapunto de la línea vocal—, y la ejecución los acordes picados que se alternan con los de la mano izquierda en ritmo de corcheas.

La primera estrofa de cuatro versos se extiende hasta el compás 35, al que siguen seis compases de piano solo para dar paso a cuatro compases de vocalización sobre «¡Ah!» que preparan la entrada de la segunda estrofa —con la indicación «muy expresivo»—, que se extiende hasta el compás 66. A partir del siguiente compás es nuevamente el piano solo el encargado de asumir el protagonismo con un nuevo interludio que enlaza con una versión reducida de la introducción instrumental.

En el pasaje que comprende los compases 79 al 84 encontramos una repetición de la primera intervención de la voz en los compases 9-14. Tras una breve pausa con calderón en el compás 84 y el citado cambio de tempo en el compás 85 —»un poco menos»— comienza la tercera estrofa, que llega hasta el compás 96. Nuevamente un breve interludio pianístico de cuatro compases separa esta estrofa de la siguiente, que retoma las vocalizaciones sobre «¡Ah!» en el registro vocal grave antes de acometer la cuarta estrofa, con indicación de tempo «bastante menos movido». Cinco compases del piano con densos acordes ascendentes tocados «muy lentamente» cierran esta canción cuya estructura es desarrollada pese a contener reminiscencias de la forma estrófica, como las repeticiones ya citadas.

Cabe destacar por su efectividad el pasaje en el que el compositor subraya las palabras «agua» y «viento» del poema con figuraciones arpegiadas en fusas en la zona aguda del teclado (Ejemplo 31).

Ejemplo 31: *El alma tenía los ojos verdes*, de Julián Bautista, comp. 19-26

A pesar de mostrar cierta debilidad en su discurso sonoro, el dinamismo y las reminiscencias de la música popular comentadas anteriormente juegan a favor de esta canción —cuyo atractivo resulta algo superficial— si es interpretada con la expresión adecuada.

5.3. La flûte de jade

En 1921, a los veinte años de edad compone Bautista *La flûte de jade* (La flauta de jade), sobre poemas chinos traducidos al francés por Franz Toussaint. La obra revela una clara influencia de Debussy, no en vano Bautista acababa de descubrir la ópera *Pelléas et Mélisande* del compositor francés, y de escribir su ópera *Interior*, que al igual que la única ópera de Debussy, tiene un texto del simbolista Maurice Maeterlinck. Se unen en este tríptico de canciones orientalismo y atmósfera impresionista. Al igual que ocurre en *L'hiver de l'enfance* de Ernesto Halffter[196], el texto en francés condiciona también en buena medida la actitud compositiva de Julián Bautista al componer *La flûte de jade*, hecho señalado por su compañero de grupo Rodolfo Halffter:

> «Así como Falla en 1924 puso música un poema —*Psyché*— escrito en lengua francesa por Jean Aubry, así también algunos de los compositores de nuestro grupo ilustraron musicalmente poesías francesas. En 1926, mi hermano Ernesto compuso su *Automne malade*, con texto de Apollinaire y, en 1930, Julián Bautista, su *Flûte de jade*, sobre poemas chinos vertidos al francés por Franz Toussaint. La calidad y la sonoridad del idioma francés exigieron, del acompañamiento musical, una adecuación tanto de la línea melódica como de la atmósfera armónica. En cierta medida, por consiguiente, la música de Falla, de mi hermano Ernesto y de Bautista, necesariamente 'se afrancesó' «[197].

En otro lugar nos deja el compositor un nuevo juicio de valor sobre este tríptico de su compañero generacional:

> «Es fácil advertir ya en esta obra, compuesta a los veinte años, las principales características distintivas de la peculiar manera de hacer de Bautista: exigencia

---
196 Apartado 3.4.
197 IGLESIAS: *Rodolfo Halffter (Tema, Nueve décadas y Final)*, pp. 417-418.

consigo mismo, depuración de los medios puestos en juego y capacidad de asimilación. A estos rasgos debe atribuirse el sello fuertemente personal y espontáneo —de razón de ser, de cosa digerida— que presenta toda su producción. En *La Flûte de jade* —páginas deliciosas y de rica inflexión melódica— se acusa, todavía en estado embrionario, un uso reiterado de superposiciones armónicas, politonías; uso que luego adquiere en *Colores* su pleno desarrollo.

Tanto *Colores*, serie de seis piezas para piano realizadas brillantemente para el instrumento, como el *Preludio para un Tibor japonés*, escrito en su primera versión para orquesta de cámara, deben considerarse como productos del impresionismo, tendencia que da forma substancial a *Interior* y *La Flûte de Jade*»[198].

El musicólogo Jorge de Persia incide sobre el concepto de impresionismo al comentar la estética de estas tres canciones, en un texto que por su interés se transcribe íntegro a continuación:

«Así pasamos de un joven Julián Bautista aún en la esfera de su maestro Conrado del Campo, a un compositor que muestra a partir de *Juerga* una sólida consistencia técnica e ideas propias. Y es precisamente en estos mismos tiempos en que compone el ballet, a menos de tres años de la muerte de Claude Debussy, que trabaja con claros reflejos impresionistas en dos importantes piezas: *La flûte de jade* y *Colores*[199]. El

---

[198] HALFFTER, Rodolfo: «Julián Bautista», p. 16.
[199] La parte pianística de *La flûte de jade* y *Colores* presentan además claras similitudes de escritura en varios pasajes.

universo 'debussysta' anima sin duda estas experiencias en las que se manifiesta el interés por el tema popular español, por la poesía francesa y por el orientalismo actualizado por Igor Stravinsky en sus *Trois poésies de la lyrique japonaise* de 1912-1913.

Esa tendencia tuvo otros ecos entre los músicos y artistas jóvenes. Adolfo Salazar, Federico García Lorca y Roberto Gerhard, especialmente, se hacen eco de los hai-kai de la tradición japonesa. Así, en la línea de estas experiencias e inquietudes, aunque alejado de la idea de esa pequeña forma poética, Julián Bautista compone en 1921 *La flûte de jade*, tres canciones amorosas sobre poesías chinas para voz de soprano y piano: *Je me promenais...; Depuis qu'elle est partie...; Mon amie*, editadas en París por Union Musicale Franco-Espagnole en 1930. Las poesías chinas pertenecen a una antigua colección titulada 'Chi-Kin' (s. XIII al VIII a.C.) y fueron traducidas al francés por Franz Toussaint. El sentido simbólico del texto, contemplativo y expresivo, va acompañado con un piano muy 'debussysta' con impresiones de excelente construcción y un tratamiento de la voz silábico que transcurre por tonos próximos. Unidad conceptual en cada una y un tratamiento armónico marcado por el uso de alteraciones, acordes paralelos y articulaciones pentatónicas, junto a un atractivo uso de la melodía. Juego sutil en el acompañamiento de la primera canción, con delicada y transparente sonoridad, y madurez en la introducción y breves intermedios del piano en las segunda y tercera de la serie. Bautista volverá a esta temática orientalista en su *Tres preludios japoneses*»[200].

---

200 PERSIA: *Julián Bautista*, pp. 26-27.

La primera canción de este tríptico, *Je me promenais* (Yo paseaba), tiene un texto nostálgico en el que aparece la flauta de jade que da título al grupo, y en el que el sentimiento de un amor oculto se enmarca en un cuadro descriptivo de la naturaleza. El texto de este poema —que se reproduce junto a su traducción española[201]— es el siguiente:

En files noirs, des oies sauvages traversent le ciel. On voit, dans les arbres, des nids abandonnés. Les montagnes semblent plus lourdes. J'ai trouvé près de ma fontaine, la flûte de jade que tu avais perdue, cet été. L'herbe haute l'avait soustraite à nos recherches. Mais l'herbe est morte, et la flûte brillait au soleil, ce soir. J'ai pensé à notre amour, qui est resté si longtemps enseveli sous nos scrupules.	En filas negras, los gansos salvajes surcan el cielo. Se ven, en los árboles, los nidos abandonados. Las montañas parecen más pesadas. He hallado, cerca de mi fuente, la flauta de jade que habías perdido este verano. La alta hierba la había ocultado a nuestra búsqueda. Pero la hierba se ha secado y la flauta brillaba esta tarde al sol. He pensado en nuestro amor, tanto tiempo sepultado bajo nuestros recelos.

El compositor demanda al pianista la utilización de «Los dos Pedales» en la misteriosa introducción de tres compases, en los que sobre un pedal formado por la quinta Mi-Si en la zona grave del teclado, se superpone armónicamente un movimiento de negras con insinuaciones politonales y otro movimiento de semicorcheas en el registro agudo (Ejemplo 32).

---

201 Traducción de Carmen Torreblanca y José Armenta.

Ejemplo 32: Compases iniciales de *Je me promenais*, de Julián Bautista

Sobre el clima armónico de indefinición y misterio creado por el piano, la voz hace su aparición en el cuarto compás en un estilo de canto cercano a la declamación. Bautista otorga prioridad a la inteligibilidad del texto optando por una escritura vocal silábica, desviándose en poquísimas ocasiones de la asignación de una nota musical a cada sílaba del texto. Sobre las palabras «J'ai trouvé» (He hallado), el tempo pasa a ser el doble de rápido del anterior, pero esto no es percibido por el oyente dado que las semicorcheas del piano se convierten en corcheas, que al doble de velocidad suenan con el mismo pulso que las semicorcheas del anterior pasaje. Sí se modifica sin embargo la escritura pianística al incluirse ahora unos acordes sincopados, que otorgan una agitación interna al pasaje, en contraposición con la calma emanada de la placidez del movimiento de semicorcheas de los compases 1 al 9.

Tras cinco compases de este diseño de corcheas acompañado de síncopas, la música gana en intensidad y agitación al convertirse las corcheas de la mano derecha en semicorcheas en el compás 16, en el que además la dinámica pasa al «Poco f» indicado por el compositor. La voz por su parte va ascendiendo de tesitura y de intensidad sonora sobre las palabras «et la flûte brillait au soleil, ce soir» (y la flauta brillaba esta tarde al sol), culminando con un Sol # agudo mantenido durante el compás 20, en lo que constituye el clímax de esta canción.

Un «ritardando» en los compases 21 y 22 devuelve la calma y el misterio del inicio, retornando la voz en el compás 25 al estilo declamado y nostálgico de la primera sección, acorde con el sentido meditativo del texto cantado «J'ai pensé à notre amour» (He pensado en nuestro amor). El acompañamiento pianístico vuelve en el compás 23 a las plácidas semicorcheas del inicio retomando el «Tempo 1º». Tras desaparecer la voz en el compás 27, cuatro compases del piano a solo, «Molto espressivo», crean la impresión de progresiva lejanía, convirtiéndose la semicorcheas de la mano derecha primero en corcheas y luego en negras, lo que produce un efecto de disminución del movimiento con la indicación «Morendo» en el último compás.

La estructura musical de la canción responde al esquema ABA', con tres secciones claramente diferenciadas. La primera (comp. 1-9) y la última (comp. 23-31) caracterizadas por el movimiento de semicorcheas, crea un clima misterioso y meditativo gracias a la indefinición tonal, mientras que la sección central (comp. 10-22), de armonías más claramente definidas y con un incremento de tensión expresiva producido por el aumento de la dinámica y por el ascenso de tesitura vocal hasta el agudo antes citado, actúa como elemento contrastante.

La segunda canción de este tríptico lleva por título *Depuis qu'elle est partie* (Desde que ella se fue), y pone música al siguiente texto, que se reproduce junto con su traducción al castellano[202]:

Ne m'apportez plus de fleurs,	No me traigas más flores,
mais de branches de cyprès	sino ramas de ciprés
où je plongerais mon visage!	donde hunda mi rostro.
Quand le soleil a disparu	Cuando se oculta el sol
derrière les montagnes,	tras las montañas
je mets ma robe bleue	me pongo mi saya azul
aux manches légères,	de mangas livianas
et je vais dormir,	y me voy a dormir
parmi les bambous qu'elle aimait.	entre los bambús que ella amaba.

El sentimiento de nostalgia amorosa es la idea central de este poema, en el que están además presentes la idea del sueño como olvido y el ciprés como símbolo de la muerte, que aparece en el segundo verso para sugerir el amor perdido. Todo ello se ve perfectamente reflejado en la música —que se mueve entre la tristeza, la nostalgia y el misterio— con la que Julián Bautista envuelve dicho texto. El piano juega un papel protagonista en esta canción de 44 compases, de los cuales más de la mitad, exactamente 24, están encomendados al pianista en solitario, con largos pasajes a solo, como la amplia introducción de once compase, el postludio de siete compases (comp. 38-44) o un interludio de ocho compases (comp. 17-24) tan sólo interrumpido por la entrada de la voz en el compás 22 con las frase cantada «Quand le soleil» (Cuando el sol). Estas son además las únicas palabras del texto que el compositor se toma la licencia de repetir, pues vuelven a aparecer en el compás 25.

202 Traducción de Carmen Torreblanca y José Armenta.

El tempo general de *Depuis qu'elle est partie* es «Lento», la dinámica «pianissimo», y la indicación de expresión del compositor en la introducción es «triste», todo ello acorde con el sentido nostálgico del poema. En el primer compás de esta canción la mano izquierda del pianista establece un plácido pulso sincopado, sobre el que la mano derecha canta una melodía presente en la voz superior de una serie de acordes. La uniformidad del puso de corcheas sincopadas en la mano izquierda a lo largo de la canción, sólo se ve interrumpida por dos rasgos ascendentes de semicorcheas en los compases 20-21. Respecto a los citados acordes de la mano derecha del piano, éstos se extienden a lo largo de una introducción que consta de dos frases de cinco compases: la primera frase gravita sobre la nota pedal Re #, mientras que la segunda lo hace sobre la nota pedal Do #, y comienza en el compás 7, una octava más aguda que la primera y con la armonía más llena, sobre la indicación «Molto espressivo».

La voz hace su aparición en el compás 12 y al igual que en la primera canción de este tríptico, el estilo es más declamado que cantado. Sin embargo en esta canción el punto culminante no está encomendado a la voz sino al piano, un clímax de intensidad comedida en el compás 20, en el contexto de un interludio pianístico de ocho compases en tempo «Animado». La voz hace una breve intervención declamada en el compás 22 con el texto «Quand le soleil» (Cuando el sol) —única frase del poema repetida por Bautista—, sobre un «ritardando» de tres compases que sirve de transición para retornar al movimiento principal al comienzo de la segunda sección.

El canto reaparece en el compás 25, comienzo de la segunda sección, continuando el estilo declamado de la primera parte. Los últimos nueve compases de esta canción se desarrollan sobre la nota pedal Re #, e incluyen un postludio de siete compases, «Molto espressivo», en figuras cada vez más largas sobre un plácido movimiento siempre sincopado de la mano izquierda, que ofrece la sensación de calma progresiva, con la indicación «Morendo poco a poco» en los últimos cuatro compases y una dinámica en continua disminución que conduce hasta la indicación «ppp». La música de este postludio refleja a la perfección y con pleno sentido poético el proceso de caída en el sueño del protagonista de la canción.

La tercera canción de este grupo, titulada *Mon amie* (Mi amiga), está compuesta sobre el siguiente poema, reproducido junto a su traducción española[203]:

À la porte Occidentale de la ville,	En la puerta Occidental de la ciudad
rient des jaunes filles	ríen las jóvenes
onduleuses et légères	leves y ondulantes
comme de nuages de printemps.	como nubes de primavera,
Mais je dédaigne leur charme.	pero yo desprecio su encanto.
Puisque, dans sa robe blanche,	Pues con su vestido blanco
et sous son voile épais	y bajo su tupido velo
mon amie est plus gracieuse.	mi amiga es más hermosa.
À la porte Orientale de la vile,	En la puerta Oriental de la ciudad
rêvent des jeunes filles	sueñan las jóvenes
éclatantes et jolies	radiantes y bellas
comme des fleurs de printemps.	como flores de primavera.
Mais je dédaigne leurs parfums,	Pero yo desdeño sus perfumes,
puisque, dans sa robe blanche	pues con su vestido blanco
et sous son voile épais,	y bajo su tupido velo
mon amie est plus odorante!	mi amiga huele mejor.

El texto poético está reflejado en esta dinámica canción de Julián Bautista con una música radiante y brillante, y el colorido oriental se consigue con una profusa utilización de las notas negras del piano. A diferencia de las dos canciones anteriores,

---
203 Traducción de Carmen Torreblanca y José Armenta.

de un canto silábico, declamado y más introvertido, en esta el compositor opta por una línea vocal alejada de la declamación y de carácter muy extrovertido, siendo su tesitura más aguda que la de sus compañeras de tríptico. La brillante escritura pianística presenta diseños saltarines, trinos, trémolos y rápidas cascadas de arpegios descendentes en quintillos de fusas, todo ello en un contexto general de gran dinamismo.

La estructura de esta canción está dividida en dos grandes secciones (comp. 1-33 y 34-61), correspondientes a las dos estrofas del poema, las que se inician con los versos «A la porte Occidentale de la villa» (En la puerta Occidental de la ciudad) y «A la porte Orientale de la villa» (En la puerta Oriental de la ciudad), respectivamente. Cada una de estas dos estrofas consta de ocho versos, divididos a su vez en dos subestrofas de cuatro versos cada una, la segunda de las cuales comienza en ambas estrofas con las palabras «Mais je dédaigne» (pero yo desdeño). Esta estructura simétrica del poema y su contenido poético hallan su preciso reflejo musical en la canción de Julián Bautista.

Previamente a la entrada de la voz en el compás 11, diez compases del piano hacen las veces de introducción que prepara el clima y enuncia en los compases 2 y 3 un tema en terceras que posteriormente será cantado por la voz en el segundo periodo (comp. 21-33 y comp. 46-61) de cada una de las dos secciones (comp. 1-33 y comp. 34-61) de que se compone esta canción, con un apoyo pianístico de terceras en la mano derecha y un dinámico movimiento ondulante de fusas en la mano izquierda. Tras estos diez compases exclusivamente instrumentales, la voz hace su aparición en el compás once, cantando su línea melódica sobre un piano muy presente en forma de cascadas de acordes desplegados en rápidas figuraciones de arpegios descendentes tocados sobre las teclas negras, lo que proporciona una sonoridad oriental acorde con la procedencia del poema cantado. La canción se cierra con un brillante Fa # de la voz en el límite de la parte superior del pentagrama de la clave de Sol, apoyado por trémolos pianísticos en creciente dinámica «forte», que afirman la tonalidad principal de Fa # mayor.

5.4. ¡Ay, palomita!

Esta canción lleva como subtítulo «Tango», y cuenta con letra —dos estrofas de doce versos cada una— de Carlos Martínez Baena. Para dotar de idéntica música a ambas estrofas el compositor recurre a indicar la repetición por medio de una doble barra entre los compases 29 y 30. Los versos 21-23 son repetición de los versos 9-11:

Tengo en mi rancho una china,
linda como dulce flor,
que lleva dentro del pecho
escondido un corazón;
en el corazón, cariño,
guardao con besos de amor
y en ese amor ¡ay, mi vida!
prisionero vivo yo.
¡Ay, palomita no alces el vuelo,
no subas tanto buscando el cielo!
¡Ay, palomita, del pecho herido,
paloma blanca, guarda tu nido!

Tengo mi rancho desierto,
sin cariño y sin amor;
que se ha marchado la ingrata
a quien di mi corazón;
y estoy tan triste, tan triste,
y es tan grande mi dolor,
que cuando suspiro ¡ay, vida!
me ahogo con mi propia voz.
¡Ay, palomita no alces el vuelo,
no subas tanto buscando el cielo!
¡Ay, palomita, del pecho herido,
cuando te fuiste, murió mi nido!

Editada en Madrid en 1925 por la Editorial Música Española, su estilo se encuentra más cercano a la música de consumo que a la canción culta de concierto. «Para ingresar algún dinero extra del que su familia dependía a veces, Bautista acompañó al piano durante una temporada a un conocido cantante de tangos llamado Spaventa, que actuaba como fin de fiesta en el Teatro Eslava y para quien compuso *Ay palomita*», escribe Jorge de Persia[204]. Este sencillo tango en la tonalidad de La menor y con ritmo de habanera, lleva en la partitura la dedicatoria a F. Spaventa.

Las características estilísticas apuntadas a propósito de la canción de Ernesto Halffter titulada *Señora*[205], pueden aplicarse también al tango ¡Ay, palomita! de Julián Bautista. Al igual que ocurría con *Señora*, nos encontramos aquí ante un ejemplo que no se puede encuadrar con propiedad en el género de la canción culta de concierto, pero que constituye un buen ejemplo de la versatilidad estilística de Bautista.

---

204 PERSIA: *Julián Bautista*, p. 34.
205 Apartado 3.7.

En la introducción de cuatro compases el piano enuncia un tema cantado en octavas en ritmo de habanera en la mano derecha, mientras la mano izquierda se encarga de afirmar con cadencias perfectas la tonalidad de La menor, oscilando entre sencillas armonías de tónica y de séptima de dominante. La voz hace su aparición en el compás 5 y en todo momento es doblada por la mano derecha del piano, que añade terceras inferiores en la mayor parte de la canción, y en alguna ocasión sextas. Respecto a la voz doblada ininterrumpidamente por el piano se puede apuntar aquí la misma observación que se hacía a propósito de *Señora*: se trata de una característica que encontramos en las canciones pertenecientes al género de la música ligera, abordadas por cantantes con poca formación musical que requieren apoyo del piano para encontrar un apoyo en su cometido melódico. La sencilla línea de canto recurre a asignar a cada sílaba una nota de la melodía, excepto algunas apoyaturas en finales de frases que incluyen dos notas para una misma sílaba cantada.

Música de expresión lánguida y cierto atractivo melódico gracias al fácil recurso de la alternancia entre las tonalidades de La menor y La mayor, nos encontramos ante una canción pegadiza y fácil de escuchar, características todas ellas propias del estilo de la música de consumo.

5.5. Tres ciudades

Con el soberbio grupo *Tres ciudades*, en el que la perfecta adecuación entre música y texto produce un resultado de excepcional fuerza expresiva, llegamos no sólo a la obra más personal de Julián Bautista en el campo de la canción de concierto, sino a uno de los más imponentes ejemplos de este género en todo el siglo XX.

Tres ciudades pone música al tríptico de poemas del mismo nombre, perteneciente al *Poema del cante jondo* de Federico García Lorca. Bautista compuso esta obra en torno a mayo de 1937, en homenaje al poeta y amigo Federico García Lorca, recientemente asesinado. *Tres ciudades* fue editada en mayo de 1937 por Ediciones del Consejo Central de la Música, dependiente de la Dirección General de Bellas Artes, Madrid-Valencia. La revista *Música*, publicada en Barcelona por el Ministerio de Instrucción Pública, editó en enero de 1938, como suplemento musical de su primer número, la partitura de *Barrio de Córdoba*, segunda de *Tres ciudades*. La obra completa fue estrenada en su versión orquestal, tras su selección por un jurado de la S.I.M.C. (Sociedad Internacional de Música Contemporánea), en el Festival de Londres en Junio de 1938, bajo la dirección de Hermann Scherchen y con la voz de la cantante Mercedes Plantada. En España se estrenó el 14 de Mayo de 1938, en el Palau de la Música Catalana de Barcelona, también por la cantante Mercedes Plantada, acompañada por la Orquesta Nacional de Conciertos bajo la dirección de Joan Lamote de Grignon.

En 1941, poco después de la llegada de Bautista a Buenos Aires, tuvo lugar en mayo de 1941 en el Teatro Cervantes de dicha ciudad un concierto de música española organizado por la Sociedad Wagneriana en el que el compositor dirigió a la Orquesta de la Radio El Mundo una interpretación de sus *Tres ciudades* cantadas por Conchita Badía, también residente en aquella época en Argentina, al igual que tantos otros músicos, artistas e intelectuales españoles exiliados. Manuel de Falla era uno de los músicos españoles residentes en Argentina, y a principios de 1943 escribe a Bautista acerca de *Tres ciudades* diciendo que éstas son «doblemente queridas por mí, siendo suya la música y de Federico los versos que las inspiraron»[206]. El propio Julián Bautista en una conferencia-concierto[207] en la que sus *Tres ciudades* cerraban el programa, explicó lo siguiente sobre estas canciones:

> «Pertenecen a una serie titulada *Tres ciudades* y están compuestas sobre poesías de Federico García Lorca y dedicadas a su memoria. Datan de 1937 y están hechas en homenaje al poeta y al amigo desaparecido.
> *Barrio de Córdoba* lleva un subtítulo puesto por el poeta: *Tópico nocturno*. También en la música que ilustra esta hermosa poesía, encontrarán ustedes ciertos 'tópicos' nocturnos musicales. El entronque popular de la música en la parte vocal se deriva de la 'soleá', aunque de manera más bien evocativa que concreta.
> *Baile*, es Sevilla: 'La Carmen está bailando por las calles de Sevilla', dice la poesía. Un ritmo obsesivo de baile, entre 'alegrías y bulerías', con un frecuente cambio de distribución de los valores rítmicos, clásico en la danza andaluza, (6/8 en 3/4), corre a lo largo de esta canción. Una Carmen, enloquecida, y vieja, de blancos cabellos y pupilas brillantes, soñando con galanes de otros días, baila por las calles desiertas, en cuyos fondos se adivinan 'corazones andaluces buscando viejas espinas'. Un espectáculo terrorífico que no deben ver las niñas (las solteras). De ahí el grito: '¡Niñas, corred las cortinas!' Esto es la canción. La música, conservando

---

206 PERSIA: *Julián Bautista*, p. 67.
207 BAUTISTA, Julián: «La influencia del elemento popular en la canción española de cámara». Texto de la conferencia-concierto leída en la Biblioteca Musical Verdi del Círculo de Periodistas de la Ciudad de La Plata, República Argentina (4-9-1951). Archivo Julián Bautista, Biblioteca Nacional de Madrid. Signatura M. Bautista 57/2(4).

siempre el ritmo de danza, va realizando variaciones del tema inicial de la introducción».

Tres ciudades es un inspiradísimo tríptico de canciones de emoción muy comunicativa, con un tono fuertemente dramático y un gran colorido, todo ello acorde con los poemas de García Lorca en que se basa. El lenguaje de esta obra es propio de un compositor deseoso de ensanchar los límites de su campo sonoro, sin por ello renegar de la tradición. El musicólogo Jorge de Persia opina que en *Tres ciudades*, «Bautista, fiel a la propuesta de Manuel de Falla —la cercanía de las *Siete canciones populares españolas* es clara— recurre al tema musical popular»[208]. Otro interesante juicio sobre este tríptico de canciones proviene del compositor y compañero generacional de Bautista, Rodolfo Halffter:

> «Como consecuencia de un proceso evolutivo, el compositor descubre aquí su propia ley. Su propio acento nacional. Los elementos estilísticos, puestos anteriormente en juego, reaparecen ahora más perfilados, más simplificados. Reducidos a sus núcleos vitales. La evocación de la música andaluza es mera insinuación; sus rasgos más típicos, sometidos a una cuidadosa destilación, son presentados de una manera sumaria, quintaesenciada. Impregnadas de un levísimo e inequívoco perfume popular, *Tres Ciudades* revelan la atrayente y recia personalidad de su autor. Dentro del género *españolista*, esta obra, por su belleza, su transparencia y su equilibrio formal, puede parangonarse con las mejores de Falla»[209].

---

[208] PERSIA: *Julián Bautista*, pp. 54-55.
[209] HALFFTER, Rodolfo: «Julián Bautista», p. 19.

Respecto a los tiempos indicados por Julián Bautista en la edición de este tríptico de canciones, conviene recordar aquí ciertas discrepancias del propio compositor con lo publicado en la partitura. Así, escribe en 1943 una carta a Manuel de Falla indicándole que «cuando Vd. se moleste en mirarlas, le ruego haga caso omiso de los metrónomos que están indicados. Como sucede tantas veces, son erróneos en casi su totalidad. Y nadie más que yo tiene la culpa»[210]. Estas discrepancias se estudiarán con más detalle al estudiar cada canción de forma individual. Sigue el compositor en la misma carta expresando a Manuel de Falla su esperanza de que su obra «no le haga una mala impresión, lo cual sería para mí muy alentador, y que al lado de los defectos que en ella encuentre existan algunas cualidades que pudieran servirme de indicación para la ruta que deba seguir en el futuro»[211]. Julián Bautista busca en esta obra el entronque con Manuel de Falla, de quien se considera discípulo espiritual, y así se lo hizo saber al gaditano, que responde desde su exilio argentino, en carta fechada en Alta Gracia el 31 de marzo de 1943, refiriéndose a *Tres ciudades*:

> «Mucho me honra ese parentesco espiritual que usted me señala, así como cuanto, con tanta bondad, me dice usted al hablarme de ello. Si vienen ustedes (Conchita Badía y Julián Bautista) por estas sierras —lo que tanto nos alegraría— no deje usted de traer las canciones para que las veamos detenidamente y yo pueda detallarle mis impresiones por si pudieran serle de alguna utilidad»[212].

---

210 PERSIA: *Julián Bautista*, p. 55.
211 *Id.*
212 PERSIA: *Los últimos años de Manuel de Falla*, p. 30.

La primera canción del tríptico *Tres ciudades*, titulada *Malagueña*, de atmósfera trágica, transmite un hondo dramatismo acorde con el texto de Federico García Lorca que le sirve de base e inspiración:

La muerte
entra y sale
de la taberna.

Pasan caballos negros
y gente siniestra
por los hondos caminos
de la guitarra.

Y hay un olor a sal
y a sangre de hembra,
en los nardos febriles
de la marina.

La muerte
entra y sale,
y sale y entra
la muerte
de la taberna[213].

La escritura pianística, no sólo en esta primera canción, sino en todo el tríptico, es importante y exigente, anticipando la orquestación que de esta obra realizaría el compositor. Prueba de ello es la larga introducción pianística que a lo largo de 28

---

213 GARCÍA LORCA, Federico: *Poema del Cante Jondo. Romancero gitano.* Madrid: Cátedra, 1996, p. 196.

compases prepara el clima de dramatismo en el que hará su aparición la voz. Esta introducción presenta dos secciones bien diferenciadas: la primera, del compás 1 al 12, hace las veces de preludio, mientras que la segunda, del compás 13 al 28, supone la preparación del ambiente sonoro de la sección A, que llega hasta el compás 46 dando cabida a los tres primeros versos del poema.

La primera sección de la introducción presenta un «Tempo libero» que a partir del compás 6 va acelerando progresivamente y acumulando tensión sonora para desembocar en el compás 13, en el que comienza el diseño rítmico que caracteriza la sección A: ocho semicorcheas en compás de 8/16 agrupadas según la secuencia 3 + 3 + 2, asimetría que crea la tensión rítmica que prepara el ambiente dramático del texto. A partir del compás 13 encontramos además una escritura que demanda del pianista la creación simultánea de tres planos sonoros bien diferenciados. Respecto al tempo de esta canción, indica el propio Julián Bautista que «cuando empieza el compás de 8/16, es francamente moderato. Al llegar al 3/4 no es exactamente corchea igual a corchea, sino un poco más movido: (corchea: 75, circa)»[214].

Julián Bautista anticipa la entrada del texto de García Lorca con una expresiva vocalización sobre la letra «a», siempre en una tesitura grave y central, lo que convierte esta canción en adecuada para la voz de mezzosoprano o contralto, o bien para una soprano con un registro central de anchura suficiente como para hacerse escuchar en dicha tesitura sobre una escritura pianística muy orquestal. Además, el fatalismo y dramatismo presentes en el poema sugieren la elección de una voz igualmente dramática y de tintes oscuros, para obtener

---

214 PERSIA: *Julián Bautista*, pp. 54-55.

el óptimo resultado expresivo. El compositor también reserva a la línea vocal una escritura rítmicamente irregular, con tresillos de negras, cuatrillos de semicorcheas o quintillos de corcheas, que en la escucha dan la sensación de espontaneidad, casi de improvisación, acercando esta canción, por otro lado elaborada con mucho detalle, al ámbito de la música popular.

La sección B comienza en el compás 47, coincidiendo con un cambio de compás a 3/4 y con la aparición de un pulso de semicorcheas en la parte del piano más regular y estable que el de la sección anterior. Sin embargo la anterior sensación de inestabilidad rítmica que desaparece en este pasaje, se convierte ahora en inestabilidad melódica y armónica debido a la absoluta independencia entre la línea vocal y la del acompañamiento. Encontramos la indicación «marcato il basso, quasi guitarra» en la mano izquierda del piano, aludiendo al texto cantado «por los hondos caminos de la guitarra», mientras en la mano derecha emerge un reiterado diseño melódico ascendente de tres —y en ocasiones cuatro— corcheas ligadas, con la indicación «espress» (Ejemplo 33). Encontramos nuevamente en este pasaje tres planos sonoros en la parte del piano que se oponen a una línea vocal que se mueve con plena independencia respecto al fondo sonoro creado por el piano. La imitación de la guitarra en la mano izquierda del piano se extiende entre los compases 53 y 62, reapareciendo en el compás 70 —indicación «marcato, quasi guitarra»— para continuar hasta el compás 80.

Ejemplo 33: *Malagueña*, de Julián Bautista, comp. 53-58

Respecto a la imitación del sonido de la guitarra por parte del piano —para la cual Bautista recurre a notas picadas y acentuadas— conviene recordar que Rodolfo Halffter expresó que el origen de *Tres ciudades* se encuentra en otra obra guitarrística de Julián Bautista:

> «*Preludio y danza*, para guitarra, escrito en 1928, constituyen un paso más hacia delante en la senda emprendida por el terreno de lo nacional. También aquí las armonías brotan directamente, como en

Juerga, de los sonidos que producen las cuerdas al aire de la guitarra. En esta breve obra maestra —brevedad en lo substancial—, maestra tanto por la manera diestra de explotar los ricos recursos del instrumento como por la seguridad de mano y fino trazado que acusan la escritura armónica y melódica, hay que buscar el origen de *Tres Ciudades*, canciones con acompañamiento de piano sobre poesías de Federico García Lorca»[215].

En el compás 81 comienza la tercera sección —nuevamente compás de 8/16 articulado en 3 + 3 + 2— de esta canción de estructura A-B-A', con tres compases pianísticos que dan paso a una nueva vocalización en dinámica «piano» y carácter dramático sobre una «a» durante cuatro compases. Las dos secciones A y A' se corresponden musicalmente con los versos «La muerte entra y sale de la taberna», con repeticiones de palabras la segunda vez, tanto en los versos originales de García Lorca, como en la repetición enfática de «la muerte» añadida por el propio Bautista en su canción. El verso «y sale y entra» se produce sobre una ascensión a un registro vocal más agudo, en dinámica «forte».

El piano es el encargado de finalizar esta canción, de carácter excepcionalmente dramático, con cuatro compases de movimiento de semicorcheas en compás de 8/16, que decrecen de dinámica. Este pasaje conduce a un misterioso acorde en la zona aguda del teclado, seguido de cuatro octavas sobre la nota Do # en el registro grave, todo ello en dinámica «pianissimo», que contrasta abruptamente con un seco acorde de octava en «forte» en la zona grave del teclado para cerrar de forma muy cortante esta obra caracterizada por su fuertes contrastes.

---

215 HALFFTER, Rodolfo: «Julián Bautista», pp. 18-19.

El ámbito armónico de las secciones A y A' resulta claramente establecido por el movimiento del bajo y los acordes de la mano derecha del piano, lo que contrasta con gran parte de la sección B, cuya estructura responde más bien a un estilo contrapuntístico con diversas voces independientes —tanto de la voz como del piano— superpuestas, creando una inquietante inestabilidad armónica de poderosa carga expresiva buscada por el compositor para realzar el misterioso y dramático texto lorquiano. Resulta todo un logro por parte de Julián Bautista cómo éste responde a un poema de tanta fuerza dramática con una música caracterizada por su originalidad, los violentos contrastes dinámicos, los abruptos cambios rítmicos, la inestabilidad armónica, la superposición acumulativa de líneas independientes que sugiere cierto caos sonoro, así como una vocalidad que se acerca a los colores más oscuros de la voz, todo lo cual no hace sino realzar el poder expresivo y la extraordinaria capacidad de sugerir imágenes presente en los inigualables versos de Federico García Lorca.

En la segunda canción de este tríptico, *Barrio de Córdoba (Tópico nocturno)*[216], la emoción aparece contenida, dentro de un lenguaje más sobrio y de un acento más oscuro. El misterio y poder de evocación de esta canción emanan de los versos de Lorca:

En la casa se defienden
de las estrellas.
La noche se derrumba.

---

216 Dos análisis de esta canción se encuentran en: HEINE, Christiane: «El pensamiento armónico de Julián Bautista en teoría y práctica: del 'Estudio comparativo de los principales Tratados de Armonía' (1934/35) a *Suite all'antica* y *Barrio de Córdoba*», *Recerca musicològica* nº 20 (= 2010), 17 pp. (en prensa), y SCHMITT, Thomas: «Con las guitarras abiertas. El neopopularismo como reacción y progreso en las canciones españolas de los años 30 del siglo XX». Anuario Musical, nº 66, 2011, pp. 263-282.

Dentro, hay una niña muerta
con una rosa encarnada
oculta en la cabellera.
Seis ruiseñores la lloran
en la reja.

Las gentes van suspirando
con las guitarras abiertas[217].

A partir de las dos estrofas de este siniestro poema, en el que los seis ruiseñores[218] citados aluden a las seis cuerdas de la guitarra, Julián Bautista compone una canción de estructura desarrollada que presenta un continuo musical sin secciones diferenciadas, y cuya unidad viene dada por diversos elementos y diseños musicales presentes a lo largo de la obra. El sombrío tono poético, de noche y muerte, se encuentra magistralmente reflejado en la música de Julián Bautista, quien nos proporciona información de primera mano sobre su canción:

«El movimiento inicial debe ser alrededor de negra: 48. En esta canción, cuyo subtítulo es *Tópico nocturno*, he utilizado, también, algunos 'tópicos' musicalmente relacionados con el nocturno (como en los compases 11 y 12; 18 y 19; 21 y 22, etc. así como la figuración en 5as con que se inicia la m. i.)»[219].

Alude el compositor en primer lugar a los compases 11 y 12, 18 y 19, 21 y 22, y cita «etc.» para referirse a los compases 35

---

[217] GARCÍA LORCA: *Poema del Cante Jondo*, p. 197.
[218] El ruiseñor es el pájaro que alude a la muerte, también presente en el poema.
[219] PERSIA: *Julián Bautista*, p. 55.

y 36, de similar estructura. En dichos compases, la voz permanece temporalmente ausente y se presenta un diseño pianístico conformado por un bajo sostenido por el pedal, sobre el que la mano izquierda ejecuta una armonía de acordes sincopados en valores de negras, mientras la mano derecha superpone a éstos otros acordes en la región superior del teclado —en tres ocasiones se trata de una serie de acordes descendentes por quintas—, creando así tres planos sonoros bien diferenciados. Los citados acordes descendentes aparecen por primera vez en los compases 11 y 12 con la indicación entre paréntesis «vibrato», que posiblemente se refiere a la utilización del pedal derecho para que los acordes continúen vibrando y se mantengan superponiéndose el sonido de unos a otros. En cualquier caso resulta evidente que en este pasaje el pianista ha de recurrir forzosamente al empleo del pedal derecho —indicado además de la forma habitual en la partitura— para crear los tres planos sonoros requeridos en una escritura de gran relieve, fuertemente plástica y muy orquestal. En los compases 21 y 22 se produce un énfasis de los acordes sincopados de la mano izquierda, que aquí aparecen también reforzados por la mano derecha del piano, que ha de saltar continuamente entre el registro superior y el central para crear los dos planos sonoros. El diseño de acordes sincopados, en ocasiones en la mano izquierda y en ocasiones en ambas manos, aparece en el compás 11 para extenderse ininterrumpidamente hasta el compás 29 de esta canción, reapareciendo brevemente en el pasaje que va del compás 35 al 40. A pesar del movimiento indicado por el compositor, «lentamente», dichas síncopas actúan como elemento expresivo creando una constante e inquieta sensación de agitación musical interna, acorde con el sentido poético del texto.

El otro elemento aludido por Bautista como tópico relacionado con el nocturno es la figuración de quintas con que se inicia la mano izquierda del piano. Forma parte de los doce compases introductorios en los que el pianista se encarga de crear el ambiente misterioso y siniestro de esta canción, por medio de una línea melódica de gran aliento lírico ejecutada por la mano derecha. El movimiento de quintas en corcheas en la mano izquierda se prolonga durante seis compases, en los que se incorporan nuevos planos armónicos sobre el diseño inicial, y reaparece al final de la canción, en los compases 41 a 45. La plasticidad, el relieve que consigue Bautista con la superposición de planos sonoros en la parte pianística de esta canción apunta sin duda a una pensamiento orquestal.

Dentro de un tempo muy lento y sostenido, la línea vocal —doblada por el piano en muchos pasajes— se desarrolla principalmente por grados conjuntos e intervalos muy cortos sin saltos abruptos que quiebren la melodía, sobre la que Julián Bautista indica «molto espressivo» al inicio y «con emoción» sobre el verso «dentro hay una niña muerta».

El compositor recurre a la inclusión de dos vocalizaciones expresivas sobre la interjección «Ah» en los compases 20 y 21, precedidas por dos compases de piano a solo con las indicaciones «rubato» y «appass.», que dan como resultado la alternancia entre voz y piano del protagonismo en el canto melódico, característica que encontramos a lo largo de toda la canción. El piano adquiere protagonismo en el compás 29, y en el interludio del compás 33 al 36, que prepara la última intervención vocal. Un misterioso «quasi pizz.» en la zona grave del piano y dinámica «pianissimo», cierra este *Tópico nocturno*, que por su poder de evocación y por la plasticidad de la parte pianística, constituye un ejemplo musical casi pictórico, aunque no en la línea impresionista apreciada en *La flûte de jade*, sino más bien por su capacidad de sugerir y pintar paisajes y ambientes sonoros.

La última canción, *Baile*, presenta una escena de pasión tumultuosa cuyo colorido e impulso dinámico están presentes no sólo en la música de Bautista sino en los versos previos de Federico García Lorca:

La Carmen está bailando
por las calles de Sevilla.
Tiene blancos los cabellos
y brillantes las pupilas.

¡Niñas,
corred las cortinas!

En su cabeza se enrosca
una serpiente amarilla,
y va soñando en el baile
con galanes de otros días.

¡Niñas,
corred las cortinas!

Las calles están desiertas
y en los fondos se adivinan,
corazones andaluces
buscando viejas espinas.

¡Niñas,
corred las cortinas![220]

---

[220] GARCÍA LORCA: *Poema del Cante Jondo*, p. 198.

Nos encontramos ante una estructura A-B-A', correspondiendo cada una de las tres secciones a seis versos del poema de Federico García Lorca. La sección A abarca los compases 1 al 29 y los seis primeros versos. La sección B, del compás 30 al 58, con la indicación «grazioso», pone música a los versos 7 al 12, mientras que la recapitulación variada o sección A' comienza en el compás 59, llegando hasta el final en el compás 97 y toma los seis últimos versos del poema. Las tres secciones se encuentran separadas por interludios a cargo del piano, el primero de ellos del compás 30 al 39 y el segundo del 53 al 68. La escritura pianística es de difícil ejecución y muy exigente para el pianista, que ha de cuidar con esmero no cubrir con su sonido el registro —eminentemente central y grave— del cantante, labor complicada teniendo en cuenta la gran densidad del acompañamiento pianístico. Si veíamos que la escritura de *La flûte de jade* muestra similitudes con la suite pianística *Colores*, el incesante movimiento de semicorcheas de *Baile* resulta muy similar al de la *Danza* de la versión pianística de *Preludio y Danza* de Bautista.

En su puesta en música, el compositor recurre a alguna repetición de palabras o frases respecto al poema original de Lorca. Así, en los compases 12 y 13, «La Carmen» se repite dos veces, al igual que la frase «tiene blancos los cabellos y brillantes las pupilas», repetida entre los compases 17 y 24. «Y va soñando en el baile» aparece repetida en los compases 44 al 47, mientras «Las calles» se repite en los compases 70 y 71. Asimismo, encontramos dos veces «Corazones andaluces buscando viejas espinas» en los compases 75 al 82, y finalmente «¡Niñas, corred las cortinas!» se repite en los compases 87 al 90. Son licencias adoptadas por el compositor para buscar una mayor lógica y libertad de la parte musical, sin encorsetarse con una puesta en música estricta del poema original. En la misma línea se puede situar el añadido de la interjección «¡Ah»!, repetida siete veces por la voz en los compases finales.

En *Baile*, el factor rítmico es preponderante, como lógica correspondencia con un poema que lleva implícito el dinamismo del baile de su protagonista. El mismo título de la poesía obligaba al compositor a elegir un ritmo muy acusado, pero Bautista va más allá y consigue que su canción no desfallezca rítmicamente ni un instante, desde el enérgico comienzo en el que indica «Ben ritmico», hasta un paroxístico final, «marcato e martellato», en el que encontramos violentos ritmos reforzados por síncopas alternadas con notas a tiempo, al unísono en voz y piano, de un efecto arrollador. La muerte está presente en el poema de Lorca, representada por la «serpiente amarilla» del verso 8º, animal cuya simbología se asocia con un destino funesto. El compositor traduce musicalmente este matiz dramático del poema a través de recursos de indudable fuerza expresiva.

En la introducción pianística de diez compases se afirma la tonalidad principal de La menor y escuchamos un pulso de semicorcheas en staccato, con la indicación «marcato», un pasaje cercano al espíritu de una toccata, sobre el que se destacan acordes muy acentuados, irregularmente dispuestos, estableciendo el carácter de danza, eminentemente rítmico, de esta dinámica canción. En esta introducción se presenta el vigoroso tema principal —cuyo impulso motor es muy acusado—, que es sometido a diversas transformaciones y variaciones a lo largo de la canción. El compás indicado es doble, 3/4 y 6/8, lo que permite al compositor jugar con una u otra acentuación, como en los compases 7 y 8, en los que se pasa de una división en tres negras propia del 3/4 a la división en seis corcheas agrupadas de tres en tres, propia del compás de 6/8. La entrada de la voz se produce sobre un incesante ritmo de semicorcheas en la mano derecha del piano, y un pulso corcheas en la mano izquierda, que definen la acentuación propia del compás de 6/8.

Los dos versos «¡Niñas, corred las cortinas!», que aparecen en el poema de Lorca después de cada una de las tres estrofas principales del poema, son cantados por primera vez en los compases 26 al 29, con dinámica «forte», carácter «marcato» y con cada una de sus notas acentuadas, en un intento de Julián Bautista por trasladar a la música el carácter imperioso de esta frase. Este diseño es enunciado primero por el piano, en la mano izquierda, para doblar luego a la voz cuando ésta entona la apremiante frase aludida.

El primer interludio pianístico (comp. 30-39) prepara el carácter de la sección B —indicación «grazioso»— y enlaza con la reaparición de la voz en el compás 40, «marcato», siempre doblada por la mano derecha del piano y con la acentuación propia del compás de 6/8. El compositor pide una dinámica «piano» a la voz en el pasaje entre el compás 44 y el 49, lo cual resulta la lógica consecuencia del texto de Lorca «y va soñando en el baile». Julián Bautista subraya de esta forma la irrealidad del sueño con una dinámica más etérea que contrasta con la potencia sonora exigida hasta ese momento. La segunda aparición de la frase «¡Niñas, corred las cortinas!» (comp. 51-53) presenta un carácter cercano al grito, esta vez en una tesitura más aguda que en la primera ocasión, y sustituyendo el «marcato» anterior por la indicación «con acento» en la voz y «martellato» en un piano que dobla el canto con densos acordes de séptima en la mano derecha. Se trata de un momento de gran impacto dramático que conduce a los primeros seis compases del segundo interludio pianístico, que a su vez enlaza con la recapitulación de la sección A en el compás 59.

La variación de la sección A' con respecto a A se produce a través de un refuerzo de intensidad sonora y expresiva. Así, en el compás 63, el piano ejecuta un rápido diseño ascendente de quince fusas en «crescendo», donde en su correspondiente compás 5 de la primera sección encontrábamos una más inofensiva escala de semicorcheas, mientras que el tema «grazioso» de los compases 6 al 9 reaparece en la recapitulación enunciado de forma mucho más contundente mediante vigorosos acordes de octava y tercera en dinámica «fortissimo» (comp. 64-67).

La sección comprendida entre los compases 68 y 81 es una repetición, con diferente texto y levísimas variaciones musicales, de la comprendida entre los compases 10 y 29. Pero en el compás 82 asistimos a una especie de «estrecho» sobre la palabras «La Carmen está bailando por las calles de Sevilla», que aparecen sin los dos compases instrumentales presentes en la primera sección (comp. 29 y 30). El compositor, al final de la canción y del poema, recurre a la recuperación de estos dos primeros versos en los compases 82 a 86, a los que acopla la música de los compases 26 y 27, periodo que repite dos veces con alguna modificación en la parte del piano, siempre tendente al refuerzo de intensidad sonora, como el acorde de la mano izquierda en la cuarta corchea del compás 83, de poderoso efecto.

Nuevamente sin pausa previa, lo que produce un efecto de acumulación de tensión en este final, encabalga la tercera y última aparición de los dos versos «¡Niñas, corred las cortinas!» (comp. 87-90). En esta ocasión, Julián Bautista, en un prodigioso y eficaz juego temático, recurre al tema enunciado en los compases 6-9 por el piano en su introducción y repetido con medios más poderosos en el interludio de los compases 64-67 para asignarlo ahora a la última intervención de la voz sobre texto del poema de Lorca en los compases 87-90. El acompañamiento pianístico de este pasaje repite exactamente los cuatro compases del interludio aludido (comp. 64-67).

Los siete últimos compases constituyen la peroración y culminación de la acumulación de intensidad sonora y expresiva de los pasajes anteriores. Los acordes fuertemente acentuados e irregularmente repartidos sobre el pulso de semicorcheas que encontramos en la introducción encomendados únicamente al pianista, aparecen nuevamente al final de la canción, a partir del compás 91, esta vez con la participación de la voz sobre la interjección «¡Ah!» no presente en el poema original de Federico García Lorca. Los dos últimos «¡Ah!» de la voz son sonidos mantenidos durante un compás completo. La última de ellas es la nota aguda La —con la opción facilitada brindada por el compositor de interpretar un Mi—, que cierra con gran brillantez esta canción en la que la tensión musical no decae ni un sólo instante, gracias al continuo pulso rítmico eficazmente mantenido e incrementado al final de la misma con la aceleración del tempo en el pasaje citado que comienza en el compás 91, sobre el que podemos leer la indicación «marcato e martellato».

El compositor dejó indicado que esta canción «debe llevarse con un movimiento inicial de casi 120 la negra, conservando una proporción entre este movimiento y los cambios que se suceden, con relación a los metrónomos indicados»[221].

---

221 PERSIA: *Julián Bautista*, p. 55.

6. Salvador Bacarisse

6.1. Las canciones de Salvador Bacarisse

Teniendo en cuenta que la melodía era un importante medio de expresión para Salvador Bacarisse Chinoria (1898-1963), resulta comprensible la gran amplitud de su producción de canciones, que ocupa la práctica totalidad de su vida como compositor [222]. Según

---

[222] Seleccionar la principal bibliografía sobre Salvador Bacarisse pasa necesariamente por citar diversos trabajos de la musicóloga Christiane Heine, que ha dedicado buena parte de su labor investigadora a estudiar la vida, obra y estética de este compositor: HEINE, Christiane: Salvador Bacarissse (1898-1963). Die Kriterien seines Stils während der Schaffenszeit in Spanien (bis 1939). Frankfurt am Mein: Peter Lang, 1993; HEINE, Christiane: *Catálogo de obras de Salvador Bacarisse*. Madrid: Fundación Juan March, 1990; HEINE, Christiane: "Salvador Bacarisse, su obra de 1926 a 1930: del impresionismo al neoclasicismo", Nassarre, Revista Aragonesa de Musicología, vol. XIV-1, 1998, pp.119-171; HEINE, Christiane: "Salvador Bacarisse (1898-1963) en el centenario de su nacimiento", Cuadernos de Música Iberoamericana, nº 5, 1998, pp. 43-75; HEINE, Christiane: "Bacarisse Chinoria, Salvador", en: FINSCHER, Ludwig (ed.): Die Musik in Geschichte und Gegenwart. Zweite, neubearbeitete Ausgabe. Kassel / Stuttgart: Bärenreiter, 1999, Personenteil, vol. 1, pp. 1254-1258; HEINE, Christiane: "Bacarisse (Chinoria), Salvador", en: SADIE Stanley (ed.): The New Grove Dictionary of Music and Musicians, second edition. London: Macmillan Publishers Limited, 2001, vol. 2, pp. 291-292; HEINE, Christiane: "Bacarisse Chinoria, Salvador", en: CASARES RODICIO, Emilio (ed.): Diccionario de la Música española e hispanoamericana. Madrid: Sociedad General de

la catalogación de Christiane Heine[223], el listado de canciones con acompañamiento de piano de Salvador Bacarisse cuya partitura se conserva es el siguiente:

– *Dos canciones infantiles*, Oso 1 (Luis Cernuda)
– *Tres canciones del Marqués de Santillana*, op. 6a (1928) (Marqués de Santillana)
– *Vocalise-Étude* op. 11 (1930)
– *Tres nanas de Rafael Alberti*, op. 20 (II)a (1935) (Rafael Alberti)
– *Cántica de Loores*, op. 32 (1941) (Arcipreste de Hita)
– *Soneto de Lope de Vega*, op. 35a (1941) (Lope de Vega)
– *Canciones populares españolas*, op. 31 (II) (1942) (texto popular)
– *Dos Cantares de Lope de Vega*, op. 39a (1944) (Lope de Vega)
– *Responso a Verlaine*, op. 40a (1945) (Rubén Darío)
– *Vuelta a empezar*, op. 42 (1946) (José María Quiroga Plá)
– *Déjame a solas con la muerte mía*, op. 44a (1947) (Jorge Semprún)
– *Soneto a Dulcinea del Toboso*, op. 45a (1947) (Miguel de Cervantes)
– *Canción leonesa*, Oso 14 (1948) (texto popular)
– *Villancicos populares españoles*, op. 48a (1948) (texto popular)

Autores y Editores, 2000, vol. 2, pp. 4-24; HEINE, Christiane: "El magisterio de Conrado del Campo en la Generación del 27: el caso de Salvador Bacarisse y Ángel Martínez Pompey", en SUÁREZ-PAJARES, Javier (ed.): Música española entre dos guerras, 1914-1945. Granada: Archivo Manuel de Falla, 2002, pp. 97-131. Cabe citar además: CASAL CHAPÍ, Enrique: "Salvador Bacarisse", Música, nº 2, 1938, pp. 27-53; LÓPEZ CHÁVARRI ANDÚJAR, Eduardo: "Salvador Bacarisse y sus 24 Preludios para piano", Ritmo, 248, 1952, pp.10-11; ISUSI FAGOAGA, Rosa: "Salvador Bacarisse: Fantasía andaluza para arpa y orquesta", en: GARCÍA GALLARDO, Cristóbal L., MARTÍNEZ GONZÁLEZ, Francisco y RUIZ HILILLO, María (eds.): Los músicos del 27. Granada: Universidad de Granada, 2010; BARCE, Ramón: "Luz y sombra de Salvador Bacarisse", Scherzo, nº 122, 1998, pp. 132-133.
223 HEINE: *Catálogo de obras de Salvador Bacarisse*, pp. 301-302.

– *Deux chansons classiques espagnoles*, op. 52a (1949) (Gutierre de Cetina y Lope de Vega)
– *Mira, gentil dama*, op. 67, nº 3 (1952) (García de Resende)
– *Cuatro cantarcillos*, op. 68a (1952) (poesías anónimas de los siglos XV y XVI)
– *Canción al estilo popular*, op. 75, nº 3 (1952) (Antonio Porras Márquez)
– *El delfín*, op. 78, nº 2 (1953) (Antonio Porras Márquez)
– *Por amor e loores de una señora*, op. 86 (1953) (Alfonso Álvarez de Villasandino)
– *El oasis*, op. 91, nº 2 (1954) (Juan Ramón Jiménez)
– *En los profundos valles de la tierra*, op.100 (II) (1955) (Aitana Alberti)
– *Complainte de Romulus*, op. 109 (1958) (André Camp)
– *Soneto de Antonio Machado*, op. 116 (1959) (Antonio Machado)
– *Dos poemas de Blas de Otero*, op. 118, nº 1 (1959) (Blas de Otero)
– *Nanas de la cebolla*, op. 129 (1962) (Miguel Hernández)
– *Deux mélodies*, op. 130 (1962) (Romain Selsis)
– *A vos ordres, mon général*, Oso 26 (1962) (Miguel de Cervantes)
– *Canción del hombre nuevo*, op. 133 (1963) (Rafael Alberti)

A esta lista de canciones completas y localizables, vienen a sumarse aquellas cuyas partituras se ha perdido o se encuentran incompletas[224]:

-*Ofrenda a Debussy* op. 4a. Dos poemas para canto y piano titulados *La rueca* y *El viaje definitivo*, sobre poemas de

---

224 Para esta relación de canciones perdidas, ilocalizables e incompletas sigue la catalogación llevada a cabo por Christiane Heine en su *Catálogo de obras de Salvador Bacarisse*.

Francisco Villaespesa y Juan Ramón Jiménez, respectivamente. Datan de 1926/7 y fueron editadas por la Unión Musical Franco Española en 1929, aunque actualmente la partitura se encuentra perdida. No se conoce lugar y fecha de su posible estreno. A través de Unión Radio se ofreció la orquestación de estas canciones, bajo el título *Dos poemas* para canto y orquesta op. 4b. Dicha audición tuvo lugar el 7 de febrero de 1928 a cargo de la soprano Sylvia Serolf acompañada por la Gran Orquesta de Unión Radio bajo la dirección de José María Franco. Aunque la partitura se encuentra hoy en día en paradero desconocido, se conservan copias de las particellas —aparentemente completas— de la primera canción, no así de la segunda, cuyo material está incompleto. Sobre el estilo compositivo del primero de estos *Dos poemas* para canto y orquesta op. 4b, la musicóloga Christiane Heine cita «la sencillez de su escritura», añadiendo que «llama la atención la extraordinaria monotonía de la canción, que tiene su raíz en la ausencia de cualquier movimiento contrapuntístico, que ha sido sustituido por la repetición insistente del escaso material sonoro y rítmico»[225].

-*Canto sin palabras* op. 11(I)b, para canto y piano. Se trata de una nueva versión realizada por Bacarisse de *Vocalise-Étude*[226] (*Vocalise* op. 11(I)a en el catálogo de Christiane Heine[227]). Existen dos versiones más de esta obra: *Canto sin palabras* op. 11(I)c, para canto con acompañamiento de pequeña orquesta y *Canto sin palabras*, op. 12, para violín y piano. Tanto las tres versiones citadas de *Canto sin palabras*, como *Vocalise*, op. 11(I)a o *Vocalise-Étude*, están fechadas en 1930. *Canto sin*

---

225 HEINE: «Salvador Bacarisse, su obra de 1926 a 1930: del impresionismo al neoclasicismo», p. 120.
226 Apartado 6.4.
227 HEINE: *Catálogo de obras de Salvador Bacarisse*, p. 68.

palabras op. 11(I)c, se estrenó en junio de 1933 en Madrid, por Conchita Badía con la Orquesta Filarmónica bajo la dirección de Gustavo Pittaluga. Bacarisse cita[228] que previamente había tenido lugar una interpretación de *Canto sin palabras* op. 11(I)b, para voz y piano, de cuyo manuscrito actualmente tan sólo se conserva la primera página.

-*Nocturno* Oso 12a. Sobre un poema en español del hijo del compositor, Salvador Bacarisse Cuadrado (1923), fue compuesta en 1942 y, según el catálogo de las obras del compositor realizado por Christiane Heine[229], la partitura autógrafa pertenece al archivo particular del hijo de Bacarisse. Sin embargo, tras haber solicitado una copia de la partitura a Salvador Bacarisse Cuadrado, éste manifestó desconocer su paradero[230].

-*Canciones populares españolas* op. 31 (II). Se trata de un proyecto de seis canciones procedentes de Asturias, Murcia, Santander, Aragón, Cataluña y Ávila, de las cuales sólo la tercera y cuarta se conservan actualmente completas[231]. Datan de 1942 y tres de ellas —1, 2 y 6— fueron ofrecidas en primera audición como *Trois chants populaires*, en un concierto que tuvo lugar el 1-9-1945 en París, a cargo de Amparito Péris (soprano) y Juan Péris-Pruliere (piano). Además, la nº 6, *En lo alto de aquella montaña*, procedente de Ávila, pasará a formar parte de una obra posterior de Bacarisse, *Paseando por España*, trece canciones populares españolas para canto y orquesta Oso 16.

---

228 *Ibid.*, p. 69.
229 *Ibid.*, p. 111.
230 En un correo electrónico fechado el 28-07-09, dirigido al autor de este libro, el hijo de Bacarisse, Salvador Bacarisse Cuadrado, expresó lo siguiente: «Creo que esa canción la escribió mi padre, por algún motivo familiar, mi cumpleaños probablemente, sirviéndose de una poesía que había escrito yo. No he conseguido encontrarla. Era muy corta, creo recordar que leyó la poesía, se sentó al piano, y al poco rato estaba hecha la canción. Siento mucho no haber podido dar con ella».
231 Apartado 6.8.

-*Flores de España* op. 41 (I)a. Obra para canto y piano compuesta en 1945 sobre texto de Victoria Kent, cuya partitura se encuentra actualmente perdida. Existe una versión para canto y orquesta, catalogada con el número de opus 41 (I)b, fechada igualmente en 1945, de la que se conserva la partitura, aunque se desconocen los datos sobre su estreno, en el caso de que éste llegara a tener lugar.

-*Villancicos populares españoles* op. 48a. Grupo de doce villancicos que data de diciembre de 1948, de los cuales sólo se conserva la partitura completa de cinco de ellos[232], faltando en los siete restantes —nº 1, *Alerta;* nº 3, *Nit de Vetlla*; nº 4, *Panxoliña de Nadal*; nº 5, *Los pastores que sufrieron*; nº 6, *Y en Belén tocan a gloria;* nº 7, *Pastores venid*; nº 9 (sin título)— el texto cantado o algún fragmento del acompañamiento.

-*Tres poemas de Antonio Machado* op. 49. Llevan por títulos *Campanario, Campo* y *Guitarra*, y están basadas en poemas pertenecientes al libro *Soledades, Galerías y otros poemas*, de Antonio Machado. Las tres canciones están fechadas en enero-febrero de 1949 y su primera audición pública corrió a cargo de Amparito Péris (soprano) y Hélène Boschi (piano), quienes interpretaron esta canción en el «Hommage a Antonio Machado» que tuvo lugar en la Maison de la pensée française el 27-11-1949. La partitura se encuentra en paradero desconocido.

-*Tres canciones clásicas españolas* op. 52a. Este grupo estuvo integrado inicialmente por tres canciones para dos voces con acompañamiento de piano, pero posteriormente el compositor eliminó la tercera canción —*Seguidillas*, compuesta los días 8 y 9 de enero de 1950 sobre un poema de Baltasar de Alcázar

---

[232] Apartado 6.15.

(1530-1606), cuya partitura se encuentra actualmente perdida—, para renombrar las dos restantes como *Deux chansons classiques espagnoles* op. 52a[233].

-*Canción de ama* op. 55. Compuesta en 1950, su partitura se ha perdido.

-*Meurent les ombres, vienne la colombe* op. 60a. Se trata de una canción compuesta en 1951 como homenaje a Pablo Picasso, sobre un texto sin publicar de Jorge Semprún. El mismo año fue orquestada, manteniendo el título, y catalogada como opus 60b. La partitura de ambas versiones se encuentra en paradero desconocido, y se desconocen asimismo datos sobre los estrenos, en caso de que llegaran a tener lugar.

-*Romance de la mano muerta* op. 63. Canción incompleta que data de 1951, de la cual tan sólo se conserva la parte de la voz y fragmentos del acompañamiento de piano.

-*Seguidillas de mayo 51* op. 64. Canción compuesta en 1951 sobre un texto de José Herrera *Petere* (1909-1977), cuya partitura se ha extraviado.

-*Saludo a Dolores* op. 69. Según uno de los catálogos efectuados por el propio compositor, esta canción —de la que no se conocen más datos— está fechada el 12 de febrero de 1952. Su partitura se encuentra en paradero desconocido.

-*Clamor por los 34 de Barcelona* op. 71. Se trata de una canción compuesta el 26 de marzo de 1952 sobre un texto de Juan Rejano (1903-1976), según datos que constan en uno de los catálogos efectuados por Salvador Bacarisse. La partitura se ha perdido y se desconocen detalles sobre su posible estreno.

-*Tres canciones al estilo popular* op. 75. Se trata de tres canciones para canto y piano compuestas por Bacarisse para el sainete radiofónico de Antonio Porras titulado *Desayuno en el campo*.

---

233 Apartado 6.16.

Fueron terminadas en octubre de 1952 y la partitura de las dos primeras se encuentra actualmente perdida, conservándose tan sólo la tercera, *Canción al estilo popular* op. 75 nº 3[234].

-*Nochebuenas. Tres canciones para la fantasía radiofónica de Roncero* op. 76, para canto y piano. Se cree que el estreno de esta obra, compuesta en 1952 sobre texto de Francisco Díaz Roncero (1906-1999), pudo tener lugar a través de la Radiodiffusion Télévision Française de París. Actualmente se desconoce el paradero de la partitura.

-*Los locos de la Rivera o Canción de la pájara pinta* op. 78a. Salvador Bacarisse continúa su colaboración con Antonio Porras Márquez con estas ilustraciones musicales para la comedia radiofónica del polifacético escritor con quien comparte exilio en París. Se trata de cinco números musicales compuestos entre el 13 y el 21 de enero de 1953, para dos voces con acompañamiento de piano, que fueron estrenados por Amparito Péris y Manolita Soler a través de una retransmisión de la Radiodiffusion Télévision Française de París que tuvo lugar el 28 de abril de 1953. En ellos, dos personajes, Luz y Graciosa, protagonizan esta comedia que no pertenece al género de la canción de cámara sino al género músico-teatral. Sin embargo Bacarisse registró en la parisina Societé des Auteurs el segundo movimiento, *El Delfín*, como obra independiente para dos voces con acompañamiento de piano, catalogado como op. 78a nº 2[235].

-*Tres cantares anónimos del siglo XVI* op. 85 para canto y guitarra. Se trata de tres canciones con acompañamiento de guitarra, cuya partitura completa no se conserva, compuestas en 1953 y dedicadas al guitarrista Narciso Yepes. La primera

---

234 Apartado 6.19.
235 Apartado 6.20.

de ellas lleva por título *Prado verde y florido*, la segunda *Por dó comenzaré mi triste llanto?*, y la tercera se titula *Corrido va el abad*.

-*Luna feliz* op. 91 nº 1. Los días 3 y 4 de enero de 1954 compone Salvador Bacarisse en París dos canciones sobre sendos poemas de Juan Ramón Jiménez (1881-1958), tituladas respectivamente, al igual que los poemas en los que se basan, *Luna feliz* y *El oasis*. No se conserva la partitura de la primera canción de este díptico, pero sí de la segunda[236].

-*Canción para «El 12 de octubre de Cervantes»*. Se trata de una página para dos voces, sin acompañamiento de piano, fechada el 2 de octubre de 1954. La Fundación Juan March de Madrid conserva dos versiones, una para soprano y mezzosoprano, y otra para soprano y contralto.

-*Trois chansons de Noel* op. 115. Los títulos de estas *Tres canciones de Navidad* son los siguientes: *Semilleiro*, *Cançoneta de la son* y *La mare de Deu canta i llara al riu*. Este tríptico para canto y piano fue compuesto en 1958 sobre textos de la poetisa Matilde Llòria (1912-2002), y su partitura se encuentra perdida. Existe constancia, aunque se desconoce fecha y lugar, del estreno de la primera de estas canciones por la mezzosoprano Ángela de Lastra y la pianista Matilde Urtiaga.

-*Pleniluni a la riera* Oso 25 (1961). Se trata de una breve canción compuesta sobre un poema homónimo —el primero de *Dues cançonetes a la meva filla* (1938-1939)— de Joan Llacuna i Carbonell (1905-1974), poeta nacido en Igualada y fallecido en Burzet (Francia). A pesar de que la partitura manuscrita está fechada el 20-09-1961, el compositor no terminó de poner el texto completo a la música, por lo que el autógrafo de esta canción conservado en la Biblioteca de

---

[236] Apartado 6.22.

la Fundación Juan March de Madrid sólo puede considerarse como un esbozo incompleto.

Respecto a la edición de la obra compositiva de Bacarisse, aclara Christiane Heine que «aproximadamente dos terceras partes del conjunto de composiciones se conserva en partituras autógrafas»[237]. En lo que concierne a las canciones tan sólo están editadas *Dos canciones infantiles* Oso 1 (Ministerio de Instrucción Pública), *Ofrenda a Debussy* op. 4a y *Tres canciones del Marqués de Santillana* op. 6a (Unión Musical Franco Española), *Vocalise-Étude* op. 11 (Alphonse Leduc, París), y, finalmente, *Tres nanas de Rafael Alberti* op. 20(II)a, *Cuatro Cantarcillos* op. 68a, y *Tres canciones medievales* op. 32, 67 y 86 (Unión Musical Española)[238].

6.2. Dos canciones infantiles

Este díptico fue publicado dentro de la colección titulada *7 canciones infantiles,* en la que también se encuentra la canción de Rodolfo Halffter *El loro y el niño*[239], junto a *Bazar (canción de muñecas)* de Carlos Palacio, *Blanco y negro,* de José Castro Escudero, *El escaparate* de Rafael Espinos —las cuatro sobre poemas de Juan Almela—, y *Amanecer del 6 de enero,* de Moreno Gans, sobre texto de Ortega.

Dos canciones infantiles fueron editadas a partir del autógrafo por el Ministerio de Instrucción Pública y Bellas Artes, presumiblemente en 1937, y llevan por título *Cortejo (Desfile)* y *Locomotora,* ambas sobre poemas de Luis Cernuda (1902-

---

237 HEINE: «Salvador Bacarisse (1898-1963) en el centenario de su nacimiento», p. 57.

238 Esta editorial recibió del pianista Leopoldo Querol un listado de obras de Bacarisse para su publicación, pero la siempre espinosa cuestión de los derechos de autor de los poetas provocó que las canciones fueran excluidas del proyecto.

239 Apartado 4.2.

1963). Enrique Casal Chapí fecha en 1937 este díptico[240], mientras que Christiane Heine considera que esta es "la obra más antigua de Bacarisse dada su escritura infantil, creada probablemente antes de 1919"[241]. Teniendo en cuenta que Luis Cernuda escribió sus primeros poemas hacia 1923 parece más probable que la fecha aportada por Enrique Casal Chapí se encuentre más cercana a la fecha de composición de estas dos canciones. Se desconocen datos sobre la primera audición de esta obra y si ésta llegó a tener lugar. Dado que carece de número de opus, ha sido catalogada por Christiane Heine como Oso 1. La primera de ellas pone música al siguiente poema:

Ya viene el cortejo
de estrellas y lunas,
nocturna ventura
para nuestros juegos.

Ya viene el cortejo
vertiendo regalos
sobre nuestras manos
que alzó la esperanza.

Cortejo tus filas
ya marcharon lejos
pero aún brilla el cielo
sobre nuestra risa.

Las tres estrofas del poema se ven reflejadas en una canción de estructura estrófica. La tonalidad principal, Si b menor, queda reforzada a lo largo de toda la canción por acordes —invaria-

240 CASAL CHAPÍ: "Salvador Bacarisse", *Música*, nº 2, p. 53.
241 HEINE: *Catálogo de obras de Salvador Bacarisse*, p. 35.

blemente sobre la nota pedal Si b— en la zona grave del teclado que la mano izquierda del pianista ejecuta en la segunda negra de cada compás de 2/4. El ritmo pausado y solemne del cortejo al que alude el poema de Cernuda, encuentra su traducción musical en una estructura rítmica presente a lo largo de la canción —»Andante lento»—, diseño conformado por el acorde de blanca tocado con las dos manos en los registros agudo y central del piano, respondido por la citada nota pedal Si b en los acordes graves de la mano izquierda. Las tres estrofas musicales se encuentran separadas por dos interludios instrumentales en los que el piano abandona el papel meramente armónico que desempeña en el resto de la canción para hacer escuchar una melodía derivada del comienzo de la melodía cantada por la voz en cada una de las tres secciones.

El estilo sencillo, propio de la colección de canciones infantiles en la que fue publicada esta canción, se da aquí la mano con un modelo sonoro casi minimalista cercano a Satie.

Locomotora, segunda de *Dos canciones infantiles*, está compuesta sobre el siguiente poema de Luis Cernuda:

Hierro, Hierro, Hierro,
loco todo el tren
Hierro, Hierro, Hierro,
galopa a través,
Hierro, Hierro, Hierro,
de tierras y cielos
Hierro, Hierro, Hierro,
Loco todo el tren.
Por tierras y cielos
huye sin cesar;
Su sino es gritar:

Hierro, hierro, hierro
Hierro, hierro, hierro,
Si quiero coger
nube o flor, yo, tren,
pararme no puedo
Hierro, Hierro, Hierro.

La composición, de sencilla estructura tripartita, no abandona la tonalidad de Re mayor, incidiendo profusamente, tanto la parte melódica como el acompañamiento, sobre la tónica y la dominante, lo que le brinda el carácter de canción infantil de corte popular. La melodía de los últimos ocho compases se encuentra anotada en la partitura, pero sin texto, por lo que no queda claro si el compositor pensaba para estos compases en la repetición del texto cantado en los compases 41-48 pero olvidó indicarlo o si bien pensaba en un final cantado con boca cerrada.

Destaca en esta canción el descriptivo efecto de puesta en marcha y progresiva aceleración del tren, conseguido por el compositor en los ocho compases iniciales del piano (Ejemplo 34) gracias al acortamiento progresivo de las figuras, comenzando por blancas, pasando a negras y de ahí a un dinámico movimiento de corcheas, en el que se mueve, tanto la voz desde su entrada en el compás 9, como la mano izquierda del piano acompañando al canto. Se trata de un buen ejemplo de cómo traducir un texto poético en música de forma efectiva.

Ejemplo 34: Primeros compases de *Locomotora*, de Salvador Bacarisse

6.3. *T*res canciones del Marqués de Santillana

Las *Tres canciones del Marqués de Santillana* op. 6a, para canto y piano, fueron compuestas en 1928 y editadas por la Union Musicale Franco-Espagnole en 1930. Paralelamente realiza Salvador Bacarisse dos versiones adicionales de este tríptico: una para voz y orquesta de cuerda, catalogada como opus 6b, y un arreglo para voz y sexteto de cuerda, numerada como 6c en el catálogo de obras del compositor. El op. 6b es una mera orquestación del op. 6a, y «formó en 1934 parte obligatoria del Concurso de Solistas convocado por Unión Radio, actuando en el jurado S. Bacarisse, del que salió como ganadora del Primer Premio en la clase de canto, la mezzo-soprano María Luisa Estremera, quien estrenó la obra»[242] el 2 de mayo de 1934 en el Monumental Cinema de Madrid, junto a la Orquesta Filarmónica bajo la dirección de B. Pérez Casas. Sin embargo, aunque esta cita constituyó el estreno de la obra en concierto, previamente, el 1 de febrero de 1929, ya se había producido una pri-

---

242 HEINE: *Catálogo de obras de Salvador Bacarisse*, p. 50.

mera audición de estas canciones a través de Unión Radio (Madrid), a cargo de José Angerri y la Orquesta de Unión Radio. La versión op. 6c de esta obra, para voz y sexteto de cuerda, «probablemente fue escrita exclusivamente para un conjunto existente en Unión Radio y disponible para conciertos radiofónicos»[243].

La primera canción de este tríptico de intenso tono lírico, pone música a un poema del Marqués de Santillana (1398-1458) que, bajo el simple título de *Canción*, al igual que los otros dos poemas escogidos por Bacarisse para su opus 6a, se encuadra dentro de la llamada *Lírica menor* del poeta, que comprende sus *Serranillas*, *Canciones* y *Decires*. El poema original es el siguiente:

> El triste que se despide
> de plazer e de folgura
> se despide;
> pues que su triste ventura
> lo despide
> de vos, linda creatura.
>
> Del que tal licencia pide
> havet, señora, amargura
> pues la pide
> con desesperación pura,
> e non pide
> vida, mas muerte segura[244].

---

243 *Ibid.*, p. 51.
244 SANTILLANA, Marqués de: *Poesías completas, I. Serranillas, cantares y decires. Sonetos fechos al itálico modo*. Madrid: Castalia, 1989, p. 85.

Las dos estrofas, de seis versos cada una, de las que se compone este poema, encuentran su traducción musical en dos secciones con «tempi» y compases diferentes: compás de compasillo y tempo «Lento» para la primera estrofa, y compás de 5/4 y un tempo algo más rápido, «Animando un poco», para la segunda estrofa. Para la escritura pianística recurre Bacarisse a tres pentagramas, en lugar de los dos habituales, optando así por una escritura que da relieve a diferentes planos sonoros enfrentados y complementarios entre si.

Inicia la canción el enunciado de una célula temática de tercera descendente en la mano derecha del piano, célula que varía melódicamente en los compases 2 y 3 convirtiéndose en un diseño descendente de tres notas por grados conjuntos. La mano izquierda acompaña con robustos acordes que se oponen y chocan con los diseños de la mano derecha, en un efecto bitonal «donde se oponen dos diferentes campos tonales que distan un tritono (do mayor y fa # mayor)»[245]. Al igual que Rodolfo Halffter en *Miró Celia una rosa*, op. 15-1, y en *Destierro*, op. 31, Salvador Bacarisse recurre a la politonalidad como recurso estilístico que refleja sentimientos dolorosos de ruptura o alejamiento.

La voz hace su aparición como anacrusa del cuarto compás, haciendo uso del registro grave y sin variedad melódica alguna, repitiendo seis veces la nota Do # hasta hacerse eco del diseño descendente de tres notas por grados conjuntos de la introducción pianística. La insistencia y monotonía de piano y voz sobre los mismos diseños, la utilización del canto declamado sobre notas repetidas en el registro grave y el movimiento de la voz casi exclusivamente por grados

---

[245] HEINE: «Salvador Bacarisse, su obra de 1926 a 1930: del impresionismo al neoclasicismo», p. 151.

conjuntos, son recursos que contribuyen a crear el ambiente lamentoso presente en el poema del Marqués de Santillana. Este clima expresivo se mantiene constante durante la primera sección de la canción, con idéntica monotonía motívica e incidiendo sobre las mismas células de la introducción para recrear el ambiente triste de la primera estrofa del poema.

En el compás 14 se inicia la segunda sección con un cambio a un tempo algo más animado, abandonando la simetría métrica para dar paso al compás de 5/4. Un breve interludio pianístico de dos compases retoma la célula de tercera descendente del primer compás, pero en esta ocasión le sigue un diseño ascendente. Una progresión de quintas paralelas en «legato» en la mano izquierda contrasta con la escritura del comienzo, en la que los acentos hacían que su carácter resultara mucho más pesante. La música gana no sólo en movimiento sino también en dinámica, que se va incrementando cada dos compases hasta el punto culminante en «forte» del compás 20, antes de dar paso al «tempo primo» que marca el inicio de los cinco compases de postludio pianístico, repitiendo los cuatro compases de la introducción. En la segunda estrofa del poema, la voz no incide tanto en las notas repetidas ni en un registro tan grave, pero no deja de moverse preponderantemente por grados conjuntos. Salvador Bacarisse utilizó esta canción como base temática para componer en 1935 sus *Siete variaciones sobre un tema de las canciones del Marqués de Santillana* op. 22 (II), para piano.

La segunda de las *Tres canciones del Marqués de Santillana* se basa en el siguiente poema:

De vos bien servir
en toda saçón
el mi coraçón
non se sá partir.

Linda en paresçer
que tanto obedesco,
queret guareçer
a mí, que padeçco:
que por yo deçir
mi buena razón,
segunt mi entençión,
non devo morir[246].

La estructura de esta canción responde a un modelo A-B-A, diferenciando Salvador Bacarisse las dos estrofas en dos partes musicalmente bien contrastadas. Los cuatro versos de la primera estrofa —sección A— ocupan once compases en tempo «Allegro grazioso», compás de 3/8 y tonalidad de Mi mayor. Los ocho versos de la segunda estrofa del poema —sección B— están escritos musicalmente en tempo «Meno mosso», compás de 2/8 y tonalidad de Mi menor. La oposición entre los modos mayor y menor en ambas secciones se suma a la oposición de carácter: la primera sección, de carácter scarlattiano, presenta diseños juguetones y saltarines, con notas picadas, imitaciones y dinámicos diseños de semicorcheas ascendentes y descendentes en voz y piano, mientras que la segunda sección demanda un carácter «molto espressivo» y recurre a líneas en «legato» de reminiscencia arcaica.

Este contraste expresivo es una de las mayores virtudes musicales de una canción en la que Salvador Bacarisse recurre

---
246 SANTILLANA: *op. cit*, p. 85.

a la licencia de una repetición de la primera estrofa del poema, a la que dota de idéntica música de la primera sección de la canción, que adquiere así la estructura A-B-A. La simetría estructural forzada por el compositor contribuye a equilibrar la extensión de ambas secciones de la canción. Otra repetición forzada por el compositor es la del primer verso del poema, que aparece dos veces seguidas al inicio de la canción y al comienzo de la repetición de la primera sección.

La sección A de esta canción presenta un juego neoscarlattiano basado en una línea ascendente de corcheas picadas sobre el arpegio de la tonalidad principal de Mi mayor, enunciada primero por la mano derecha del piano para entrar sucesivamente en estilo imitativo por la voz como anacrusa del compás 3 y por la mano izquierda del piano en el compás 3. La mano derecha del piano dobla a la voz desde su entrada a distancia de octava superior, convirtiéndose el diseño de corcheas en un ágil y desenvuelto diseño de semicorcheas ascendentes y descendentes, formando terceras entre ambas manos del piano en los compases 6 y 7, y en movimiento contrario de piano y voz en el compás 7. Un «ritardando» y «crescendo» desembocan en una conclusiva afirmación tonal en «forte» en los compases 10 y 11 que cierran esta breve sección, repetida de forma exacta al final de la canción.

La sección B se subdivide en dos periodos (comp. 12-25 y 26-37), que a su vez integran cada uno dos subperiodos, de siete compases el primero y de seis el segundo; cada uno de estos subperiodos o frases se corresponde con dos versos del poema. El compositor Enrique Casal Chapí, al referirse a la segunda sección de esta canción, observa que «tras un juego 'scarlattiano', se confía a la efusión lírica de este momento, no 'neoclasicista' sino de evocación arcaica de la mejor ley»[247]. Del compás 12 al 25, las líneas de la voz y de la mano derecha del piano se contraponen sobre la base de unos acordes arpegiados de la mano izquierda del piano que alternan tónica y dominante de la tonalidad de Mi menor. El tempo se acelera en el compás 26, «Poco piú mosso», pasando el piano a ejecutar un movimiento contrario de terceras en ambas manos, doblando la parte superior de la mano derecha a la voz hasta el compás 37 que cierra esta sección, antes de dar lugar a la repetición de esta primera sección de carácter neoscarlattiano.

El poema que sirve de base a la última canción de este tríptico sobre el Marqués de Santillana es el siguiente:

Ya del todo desfalleçe
con pesar mi triste vida:
desde la negra partida
mi mal no mengua, mas creçe.

Non sé qué diga ventura,
que mal me quiso apartar
de vos, gentil criatura,
a la qual yo he d'amar.

Todo mi plazer peresçe
sin mi raçón ser oída;
cruel muerte dolorida
veo que se me basteçe[248].

Nos encontramos ante un ejemplo de canción compuesta en estilo desarrollado y estructura tripartita, pues Bacarisse asig-

[247] CASAL CHAPÍ: «Salvador Bacarisse», p. 47.
[248] SANTILLANA: *op. cit*, p. 86.

na diferente música a cada una de las tres estrofas del poema, dando como resultado tres secciones musicales diferenciadas por cambios de tempo: «Lento» la primera, «Crescendo ed animando poco a poco» la segunda, y finalmente «Quasi allegro, rallentando poco a poco» la última. Los amargos versos del Marqués de Santillana se corresponden con una música igualmente desolada que, desde un comienzo lento y «pianissimo», va ganando progresivamente en intensidad y dramatismo hasta alcanzar su punto culminante en la tercera sección de la canción. Enrique Casal Chapí, compañero generacional de los compositores del Grupo de los Ocho de Madrid, se refiere aquí al «clímax violento, dramático, que alcanza la tercera *Canción de Santillana*, en el que la politonalidad adquiere una eficacia particularísima»[249].

Al igual que ocurría en la primera canción, Salvador Bacarisse, hace uso de una escritura del acompañamiento pianístico en tres pentagramas para conseguir una diferenciación de planos sonoros que se superponen envolviendo la línea vocal. Asimismo, el clima expresivo se asemeja mucho al de la primera canción de este tríptico, derivado igualmente del contenido amargo del poema del Marqués de Santillana. La línea vocal de la primera sección de esta canción se caracteriza por la profusa utilización de intervalos descendentes de cuarta, y en menor medida de quinta. La segunda sección presenta una melodía que, por el contrario, se inicia con intervalos ascendentes de quinta, para descender posteriormente hasta la nota La debajo del pentagrama de la clave de Sol, antes de iniciar la tercera sección incidiendo insistentemente sobre la nota Fa de la parte superior del pentagrama.

---

249 CASAL CHAPÍ: «Salvador Bacarisse», p. 47.

6.4. Vocalise-Étude

Vocalise-Étude para voz y piano de Salvador Bacarisse consta en el catálogo editado por Christiane Heine[250] como *Vocalise* op. 11 (I)a[251] para canto y piano. El compositor realiza además varias nuevas versiones de su *Vocalise*, que dan lugar a las siguientes obras: *Canto sin palabras* op. 11(I)b, para canto y piano[252]; *Canto sin palabras* op. 11(I)c, para canto con acompañamiento de pequeña orquesta; y finalmente *Canto sin palabras* op. 12, para violín y piano. Si bien en el citado catálogo de Christiane Heine el paradero de la partitura de *Vocalise* aparece indicado como «lugar desconocido», la comparación entre *Vocalise-Étude* y *Canto sin palabras* op. 11(I)c para canto con acompañamiento de pequeña orquesta no deja lugar a dudas de que dicha *Vocalise* no es otra que la *Vocalise-Étude* editada en 1930 por Alphonse Leduc (París).

Vocalise-Étude de Bacarisse integra el duodécimo álbum y lleva el nº 111 del *Répertoire Moderne de Vocalises-Études* editado por Alphonse Leduc, que incluye títulos tan célebres como *Vocalise-Étude en forme de habanera* de Ravel, junto a ejemplos menos conocidos de relevantes compositores, la mayoría franceses como Gabriel Fauré, Paul Dukas, Vicent D'Indy, Francis Poulenc, Darius Milhaud, Albert Roussel, Maurice Délage, pero también de otras nacionalidades, como es el caso de Carl Nielsen, Karol Szymnowski, Mario Castelnuovo-Tedesco, Joaquín Nin, Heitor Villa-Lobos, Bohuslav Martinů o Ildebrando Pizzetti. Otro compositor

---

250 HEINE: *Catálogo de obras de Salvador Bacarisse*, p. 68.

251 La numeración romana entre paréntesis después del número de opus sirve aquí para distinguir los casos de numeraciones asignadas por el propio autor a obras diferentes. En este caso diferencia la *Vocalise* op. 11(I)a para voz y piano, de Música sinfónica, para orquesta, op. 11(II).

252 Apartado 6.1.

perteneciente al Grupo de los Ocho de Madrid, Gustavo Pittaluga, fue autor de la *Vocalise-Étude n° 135*[253] incluida en esta amplia antología llevada a cabo por A. L. Hettich —profesor del Conservatorio Nacional de París—, para el editor Alphone Leduc, con el objeto de pasar a formar parte del programa del concurso del Conservatorio Nacional de Música de París.

Vocalise-Étude, sin texto, presenta una estructura tripartita A-B-A, precedida de una introducción-cadencia. Dicha introducción, se inicia, «Lentamente», con un arpegio ascendente del piano sobre Fa # menor, la tonalidad principal, que es continuado libremente por la voz hasta reposar en un acorde sobre el séptimo grado de la escala. Un largo pasaje de tresillos de corchea, «stringendo», lleva hasta dos trinos sostenidos por calderones y finalmente un «glissando» que desemboca en la nota dominante de la tonalidad principal. Este pasaje introductorio, de carácter cadencial, obvia la separación de barras de compás, que sí retorna en la sección A —comp. 2-10—, de carácter bachiano y tempo lento, en el que las líneas del piano se oponen a la de la voz en un interesante juego contrapuntístico que no evita algunas ásperas disonancias de semitono.

La sección B —comp. 11-26— no es sino un desarrollo de la sección A, en el que la dinámica y la agógica se dinamizan, las terceras del piano de convierten en sextas en las dos manos, y la tonalidad principal modula a Si b menor en el compás 23 punto culminante de la obra, que da paso a una cadencia pianística en el compás 26, que al igual que la introducción-cadencia, no presenta barras de separación de compás. La recapitulación —comp. 27-35— retoma la tonalidad principal para repetir la sección A tal y como aparecía en los compases 2-10.

---

[253] Apartado 9.3.

El carácter de virtuosismo vocal, propio de una vocalise-étude está presente especialmente en los tresillos de corchea de la introducción-cadencia, así como en el complejo desarrollo de la sección B, que exige a la voz desarrollar intervalos de gran extensión. Como contraste, la expresividad demandada al cantante en la doble sección A, pone a prueba su capacidad para el canto «legato». El piano sirve de soporte armónico y de oposición contrapuntística a la línea vocal, resultando el conjunto adecuado a la finalidad de la pieza y siendo a la vez artísticamente original, por el estilo de reminiscencia bachiana aderezada ocasionalmente con disonancias.

6.5. Tres nanas *de Rafael Alberti*

Las *Tres nanas de Rafael Alberti* datan de 1935 y están dedicadas a Conchita Badía de Agustí. Llevan el número de opus 20(II)a, correspondiendo el op. 20(II)b a una orquestación de estas canciones realizada posteriormente. Se trata de la primera ocasión en la que Salvador Bacarisse pone música a un poeta de su propia generación, la denominada Generación del 27. Las *Tres nanas de Rafael Alberti* fueron editadas en Barcelona en 1938 por Ediciones del Consejo Central de la Música, perteneciente a la Dirección General de Bellas Artes del Ministerio de Instrucción Pública. La primera de ellas, *Nana del niño muerto*, apareció también como suplemento de la revista *Música* nº 2, en enero de 1938.

Estas tres canciones sobre poemas de Rafael Alberti no sólo son las más difundidas de la producción liederística de Salvador Bacarisse, sino también su logro más redondo en este campo. El compositor Enrique Casal Chapí nos dejó el siguiente comentario sobre este tríptico:

«Las *Tres nanas* y las *Tres canciones del Marqués de Santillana* han hecho su experiencia ante públicos de diversas índoles, con mejor suerte para Rafael Alberti que para el Marqués de Santillana. En este grupo de obras demuestra Bacarisse un lirismo profundamente intenso. Lo que pudiéramos llamar un lirismo dramático o, mejor aún, un dramático lirismo, en el que la conducción melódica se va paulatinamente aclarando sin perder por ello nada de su intensidad. (...) Porque estas *Nanas* y aquellas *Canciones* son obras que denotan bien a las claras su hermandad espiritual e incluso su procedimiento»[254].

Por su parte, Christiane Heine habla del «matiz oscuro de sus nanas, las cuales, aunque evitan préstamos de elementos musicales del folklore, se adaptan a la tradición española de la canción de cuna caracterizada por un ambiente melancólico»[255]. Más allá del lirismo dramático señalado por Casal Chapí y de la melancolía apuntada por Christiane Heine, se podría incluso hablar de cierto lirismo siniestro y misterioso como característica expresiva de estas canciones. Destaca además Christiane Heine en *Tres nanas* la «complejidad tanto formal como armónica y melódica, entregando Bacarisse con ellas una contribución importante al género de la canción culta»[256].

La primera canción, titulada *El niño muerto*, pone música a la primera de las ocho *Nanas* incluidas por Rafael Alberti en su libro de poemas *Marinero en tierra*, nanas a las que han recurrido posteriormente compositores como el turolense

---

[254] CASAL CHAPÍ: «Salvador Bacarisse», pp. 46-47.
[255] HEINE: «Las relaciones entre poetas y músicos de la Generación del 27: Rafael Alberti», p. 286.
[256] *Ibid.*, p. 287.

Antón García Abril (1933) o el argentino Carlos Guastavino (1912-2000) como base para sus canciones. Los ocho versos del poema de *El niño muerto* son los siguientes:

Barquero yo de este barco
sí, barquero yo.

Aunque no tenga dinero,
sí, barquero yo.

Rema, niño, mi remero;
no te canses, no.

Mira ya el puerto lunero,
mira, míralo[257].

Salvador Bacarisse no se ciñe aquí de forma exacta al poema original sino que recurre a la repetición de frases cuando lo cree necesario según la lógica musical, e incluso opta por repetir los dos primeros versos del poema al final de su canción. En concreto repite las palabras «barquero yo» del segundo verso, en los compases 7 y 8. Las mismas palabras, «barquero yo», pertenecientes esta vez al verso cuarto, aparecen repetidas dos veces en los compases 11 y 12. El compositor intercala en el compás 16 una repetición de la palabra «mira» del último verso del poema, y desde el compás 17 hasta el final de la canción, encontramos repeticiones libres de los versos 7, 8, 1 y 2.

Un motivo rítmico, consistente en un doble diseño de negra con puntillo y corchea seguido de un diseño de corchea y negra

---

[257] ALBERTI: *Marinero en tierra. La amante. El alba del alhelí*, p. 102. En ediciones posteriores de *Marinero en tierra* este poema se publica bajo el título *Nana del niño muerto*.

con puntillo, recorre la obra dotando de unidad a esta canción. Dicho diseño, presente en la mano derecha del piano, es acompañado en la mano izquierda por un imperturbable pulso de negras. El motivo rítmico resultante, que ocupa el compás de 3/2 en movimiento «Muy lento», produce un efecto balanceante propio de una nana, acorde con el remar de la barca presente en el poema de Alberti.

Cuatro compases pianísticos introductorios enuncian la frase melódica principal completa, compuesta por dos periodos de dos compases cada uno. Armónicamente Bacarisse recurre al juego bitonal entre ambas manos del piano, que produce el efecto misterioso y siniestro antes aludido (Ejemplo 35). La combinación del plácido balanceo rítmico característico de la nana, con el efecto misterioso del juego armónico bitonal, da lugar a un interesante e inusual choque expresivo que otorga un carácter muy personal a esta original composición de Bacarisse.

Ejemplo 35: Introducción de *El niño muerto*, de Salvador Bacarisse

En el quinto compás la voz retoma la melodía enunciada por el piano en la introducción. Canto y piano se imbrican compartiendo las tareas melódicas, hasta el punto de que durante los silencios de la voz, la melodía es continuada por el piano, para reintegrarse de nuevo el canto a su cometido melódico, como sucede en los compases 5-6 y en otros puntos de la canción. Encontramos pasajes, como los cuatro primeros compases cantados, en los que se produce un unísono entre voz y mano derecha del piano, mientras que en otros el piano dobla a la voz a la octava superior. A menudo el unísono se rompe a favor de un juego contrapuntístico entre ambas líneas melódicas. El compositor logra así una completa unidad entre voz y piano, perfectamente fusionados entre sí.

A partir del compás 15, la mano izquierda del piano asume la función armónica ejecutando acordes que obligan al pianista a saltar entre los registros grave y agudo, mientras el entramado armónico se somete a un proceso de intensificación y la textura se vuelve más densa. Los cuatro últimos compases (comp. 19-22) se plantean como una repetición de la primera sección (comp. 5-8), modificando el compositor el compás 22 con respecto al compás 8, para rematar la canción con un acorde de Re mayor.

La línea vocal, algo monótona, de esta canción tiende al estatismo, gracias a abundantes repeticiones de notas cantadas y a la predominancia de intervalos cortos. La única dinámica indicada es «piano» en el primer compás, lo que sumado al tempo «Muy lento», a la figuración rítmica reiterativa y al escaso movimiento melódico, hacen que el compositor consiga un logrado efecto de monotonía, de calma, de balanceo del barco sobre el mar al que alude el texto de Alberti.

La segunda canción de este tríptico, *Nana del niño malo*, pone música al siguiente poema de diez versos de Rafael Alberti:

¡A la mar, si no duermes,
que viene el viento!

Ya en las grutas marinas
ladran sus perros.

¡Si no duermes, al monte:
vienen el búho
y el gavilán del bosque!

Cuando te duermas,
¡al almendro, mi niño,
y a la estrella de menta![258].

La estructura de esta composición adopta la forma de rondó libre o ritornello. Bacarisse, al igual que hace en la primera de sus *Tres nanas*, modifica la forma original del poema recurriendo a dos repeticiones de los dos primeros versos, que asumen aquí el papel de un ritornello que aparece tres veces a lo largo de la canción. Además el compositor se toma la licencia de repetir los versos segundo y cuarto en su puesta en música del poema de Alberti.

Cuatro compases pianísticos sirven de introducción a esta canción, presentando un diseño rítmico basado en la alternancia de densos acordes de negras y corcheas en compás de 6/8, lo que produce el efecto de balanceo propio de la nana. Dichos acordes afirman la tonalidad de Mi b menor sobre la que hace su entrada en el compás 5 la línea melódica cantada, cuyas tres primeras notas desarrollan el acorde perfecto mayor sobre la tónica de la tonalidad principal. En esta canción la melodía, de amplio vuelo, está más elaborada que en la anterior. Encontramos interesantes efectos de imitación entre el acompañamiento y la voz en los compases 8-9, 15-16 y 18, en los que la voz superior de la

---

[258] ALBERTI: *Marinero en tierra. La amante. El alba del alhelí*, p. 103. En ediciones posteriores, este poema aparece publicado bajo el título *Nana del niño malo*.

mano derecha del piano anticipa la línea vocal, repitiendo ésta a distancia de tres corcheas el diseño iniciado por el piano.

El acompañamiento pianístico presenta líneas melódicas en notas dobles, y una densa armonía en acordes muy recargados, cerrados y compactos, que proporcionan una atmósfera oscura y melancólica. La canción finaliza con un breve postludio pianístico de tres compases que, como explica Christiane Heine en su exhaustivo estudio de esta obra, «alude tanto melódica como armónicamente al motivo inicial compuesto de una tríada desplegada repetida varias veces hasta perderse en el decrescendo»[259].

La tercera nana, *Negra flor*, pone música a los doce versos que componen el siguiente poema, que cierra la serie de ocho nanas que incluye Rafael Alberti en su obra *Marinero en tierra*:

Ya la flor de la noche
duerme la nana,
con la frente caída
y las alas plegadas.

Negra-flor, no despiertes,
hasta que la mañana
te haga flor del corpiño
de la alborada.

Negra-flor no despiertes,
hasta que el aire
en su corpiño rosa
te haga de encaje[260].

---

[259] HEINE: «Las relaciones entre poetas y músicos de la Generación del 27: Rafael Alberti», p. 284.
[260] ALBERTI: *Marinero en tierra. La amante. El alba del alhelí*, p. 105. En ediciones posteriores este poema aparece publicado bajo el título *Nana de Negra-Flor*.

La composición presenta una forma de lied desarrollado, con diferente música para cada una de las tres estrofas del poema, que el compositor utiliza sin variación alguna, hasta el compás 25, en el que introduce la repetición del último verso, «te haga de encaje». Tras ello comienza en el compás 30 una recapitulación variada del material musical correspondiente a la primera estrofa del poema, cuyos cuatro versos se repiten desde el compás al 32 al final.

En compás de compasillo y movimiento «Andantino», ambas manos del pianista alternan la ejecución de valores de notas y acordes de blancas, que producen el efecto sonoro de un pulso de negras, que se mantiene constante de principio al final de la canción. Esta monotonía buscada por el compositor es un efecto recurrente en las *Tres nanas*, cuyos ritmos repetitivos y balanceantes tienen algo de hipnótico. La luminosa armonía envuelve el movimiento melódico de la voz, que se produce sin grandes saltos pero abarcando una amplia tesitura.

La tres estrofas del poema se suceden produciendo un incremento escalonado de tensión musical, gracias a la progresiva elevación de la tesitura de la voz, y a la ampliación de la textura armónica y de la extensión del registro pianístico, tanto hacia el agudo como hacia el grave. En la tercera estrofa asistimos al clímax de la canción, que se produce en los compases 26-27, sobre la repetición del último verso del poema, tras un incremento gradual pero leve de la dinámica y de la agógica que había comenzado en el compás 19 con la indicación «poco a poco cresc. ma pochissimo». En este punto culminante la voz alcanza un Sol # por encima del pentagrama de la clave de Sol. Finamente, la cuarta sección, recapitulación y variación de la primera, vuelve al clima más íntimo del inicio retomando la dinámica «pianissimo» del comienzo, así como el tempo «Andantino».

La canción tiene una textura etérea derivada de la ausencia de uso de la zona más grave del piano en los compases iniciales, hasta el compás 11, donde empieza a ser escuchado el bajo en el registro grave, en la cuarta negra de cada compás. En el compás 17 se hace oír la nota La grave, que se convierte en nota pedal hasta el final de la canción, pero en el compás 30, dos compases antes de la recapitulación, dicha nota pedal pasa del registro grave al central, restando de nuevo peso a la armonía, mientras los acordes pierden densidad y la textura recupera completamente el carácter etéreo del inicio de esta delicada nana. El carácter evanescente de esta canción —cuya música transmite a la perfección la ternura de los versos de Alberti, envueltos en un halo de misterio—, se logra a través de la fusión de la voz con el clima cristalino creado por los acordes del piano.

6.6. Cántica de loores

Un nuevo ejemplo de la inspiración del compositor en la antigüedad medieval como base para sus canciones de concierto lo encontramos en *Tres canciones medievales*, editadas por Unión Musical Española de Madrid en 1970. Sin embargo no existen testimonios de que la agrupación de estas tres canciones bajo este título para su edición fuera ideado por el compositor. Se trata de tres canciones independientes: la primera, compuesta en 1941, lleva el número de opus 32 y, bajo el título *Cántica de loores*, pone música a un poema contenido en el *Libro de buen amor* de Juan Ruiz, Arcipreste de Hita (1295-1354?); la segunda, *Mira gentil dama*, op. 67 nº 8[261], de 1952, se basa en un poema

---

261 Apartado 6.17.

de García de Resende (?-1536), mientras que la tercera y última, constituye el op. 86 del compositor, data de 1953, lleva por título *Por amor e loores de una señora*[262], y está compuesta sobre un poema contenido en el *Cancionero castellano del siglo XV* de Alfonso Álvarez de Villasandino (1350-1425).

La primera audición conocida de *Cántica de loores* op. 32 de Salvador Bacarisse tuvo lugar doce años después de su composición, el 23-11-1953, en el Teatro Principal de Palencia, a cargo de la mezzosoprano María Eva Zabalza acompañada al piano por María Jesús Ibáñez de Arbelón. Esta canción está compuesta sobre las estrofas 1678 a 1683 de *Cántica de loores de santa María*, perteneciente al *Libro de Buen Amor* de Juan Ruiz, Arcipreste de Hita. De las seis estrofas, Salvador Bacarisse prescinde de la tercera para su canción, razón por la que se reproduce en cursiva a continuación:

Quiero seguir a ti, flor de las flores,
siempre desir cantar de tus loores;
non me partir de te servir,
mejor de las mejores.

Grand fiança he yo en ti, Señora,
la mi esperança en ti es toda hora;
de tribulaçión sin tardança,
venme librar agora.

Virgen muy santa, yo paso atribulado,
pena atanta, con dolor atormentado,
en tu esperança coyta atanta
que veo, ¡mal pecado!

---
[262] Apartado 6.21.

Estrella de la mar, puerto de folgura,
de dolor complido et de tristura,
venme librar et conortar,
Señora del altura.

Nunca falleçe la tu meçed complida,
siempre guaresçes de coytas et das vida;
nunca peresçe nin entristeçe
quien a ti non olvida.

Sufro grand mal sin meresçer, a tuerto,
escribo tal, porque pienso ser muerto,
mas tú me val', que non veo ál,
que me saque a puerto.

    Existen leves variantes entre la versión original del poema y su transcripción en esta canción, que pueden ser debidas tanto a errores en la edición de la que hizo uso el compositor como a errores en el proceso de copia del poema a la partitura, ambos hechos muy frecuentes en el género de la canción culta. Nos encontramos ante una estructura desarrollada, con diferente música para cada una de las cinco estrofas del poemas a las que Bacarisse pone música. Sin embargo el compositor recurre a un diseño melódico de tres o más notas repetidas seguidas de un intervalo de segunda menor ascendente y descendente, que aparece en diferentes variantes en las distintas secciones, con lo que se dota de cierta unidad a un discurso musical planteado con gran libertad. El citado diseño es una derivación melódica de los cuatro compases instrumentales introductorios, en los que se escucha el juego del intervalo de segunda menor ascendente seguido de una segunda menor descendente en la voz superior de los acordes de la mano derecha, mientras que la mano izquierda lo hace escuchar dos veces, también formando quintas paralelas. Se trata de un buen ejemplo de cómo el material melódico cantado de una obra vocal puede derivar de la introducción instrumental. La profusa utilización de quintas y octavas paralelas en el acompañamiento pianístico de esta canción le otorga un sabor arcaico acorde con el texto elegido por el compositor.

Para la parte cantada Bacarisse utiliza intervalos amplios muy ocasionalmente, optando por una melodía sinuosa que se mueve en gran parte en intervalos de segunda y tercera, y que demanda una gran extensión por parte del cantante. El tejido pianístico es austero y poco recargado, salvo el punto culminante de la canción, que comienza en el compás 36 —»Sempre animando»—, en el que la voz asciende al agudo en dinámica creciente, sobre la frase «¡Vénme librar e conortar, señora del altura!», coincidiendo la palabra «altura» con un la nota aguda Sol # mantenida largamente por la voz (Ejemplo 36).

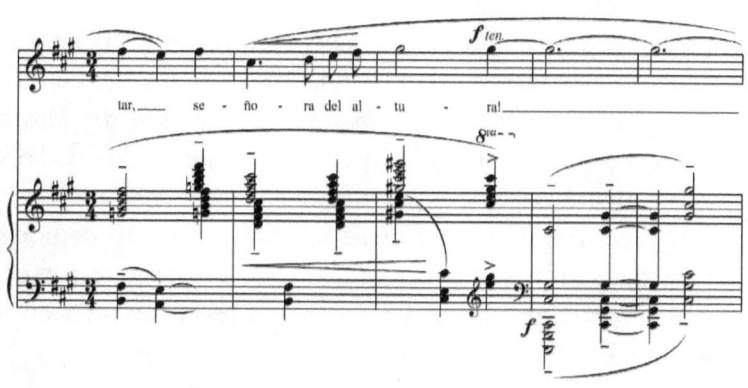

Ejemplo 36: *Cántica de loores*, de Salvador Bacarisse, comp. 74-78

En este pasaje los acorde pianísticos se extienden por los diferentes registros del teclado, desembocando en un interludio instrumental de diez compases —comp. 45-54, «Ancora piú mosso»— cantado «fortissimo» ampliamente en octavas. Este interludio da paso a la cuarta estrofa del texto (com. 55-70), «Tempo Iº», que retoma el carácter pausado del comienzo para mantenerlo en la sección correspondiente a la última estrofa (comp. 71-88), hasta un calmado final en el que el piano deja oír el diseño de segunda menor ascendente y descendente tocado, al igual que ocurría al inicio, en quintas con la mano izquierda.

6.7. Soneto *de Lope de Vega*

Salvador Bacarisse compone en 1941 *Soneto de Lope de Vega* op. 35a, para canto y piano, realizando en 1943 una versión para canto y pequeña orquesta, que lleva el nº de opus 35b. Se trata de una canción inédita, conservada como manuscrito en la Biblioteca de la Fundación Juan March de Madrid, de cuya primera audición se desconocen los datos.

Está compuesta sobre un soneto amoroso que figura en la comedia ¡Si no vieran las mujeres!, de Lope de Vega (1562-1635), publicada de forma póstuma en *La Vega del Parnaso* (1637), aunque data aproximadamente de 1631 o 1632. Posteriormente Lope de Vega publica en *Rimas humanas y divinas del licenciado Tomé de Burguillos,* con el número de poema 135 de dicho libro, una versión de este soneto que presenta variantes paródicas en los dos tercetos y leves variantes en los versos 1 y 7.

Quien no sabe de amor, vive entre fieras;
quien no ha querido bien, fieras espante;
o si es Narciso, de sí mismo amante,
retrátese en las aguas lisonjeras.

Quien en las flores de su edad primeras
se niega a Amor, no es hombre, que es diamante,
que no lo puede ser el que, ignorante,
no vio sus burlas ni temió sus veras.

¡Oh natural amor! Que bueno y malo
en bien y en mal te alabo y te condeno,
y con la vida y con la muerte igualo:

Eres un sujeto malo y bueno,
o bueno al que te quiere por regalo,
y malo al que te quiere por veneno.

    La canción sigue la forma de lied desarrollado, adjudicando Bacarisse música diferente para cada una de las cuatro estrofas del soneto de Lope de Vega. El movimiento es un plácido «Andantino» sobre el que la sinuosa melodía comienza su andadura con tres notas que afirman la tonalidad principal de Si b mayor y continúa moviéndose por intervalos cortos. El ritmo sincopado del acompañamiento pianístico, que aporta una inquieta agitación interna, y la profusa utilización del cuarto grado alterado, que añade un ácido elemento disonante, constituyen efectivos elementos musicales para traducir el sentido del texto cantando, que ofrece una tensa visión ambivalente del sentimiento amoroso como dicotomía entre burlas/

veras, bueno/malo, te alabo/condeno, vida/muerte, regalo/veneno.

La segunda estrofa (comp. 25-47) se caracteriza por la utilización de movimientos de terceras en ambas manos de la parte pianística, para subrayar una melodía vocal que alcanza un La b agudo sobre la palabra «ignorante». Las estrofas tercera (comp. 48-61) y cuarta (comp. 62-72) marcan un abrupto contraste musical con las dos primeras. A partir del compás 46 el movimiento del acompañamiento pianístico se detiene por completo para convertirse en una estático pasaje de largos acordes sostenidos como apoyo de una parte vocal que en movimiento «Piu lento» inicia un pasaje semi-declamado. Tras alcanzarse nuevamente la nota La aguda mantenida (comp. 60-61), la última sección inicia un pasaje recitado en el registro grave sobre el texto del segundo terceto del soneto.

6.8. Canciones populares españolas

Las incursiones de Bacarisse en el terreno del folclore como base de la creación para sus canciones de concierto están motivadas, según Christiane Heine, «además de por la añoranza de su país natal también por motivos económicos», lo que «se muestra en una serie de arreglos de canciones y villancicos populares que en gran parte fueron grabados»[263]. Las *Canciones populares españolas* op. 31 (II) constituyen un proyecto de seis canciones procedentes de Asturias, Murcia, Santander, Aragón, Cataluña y Ávila. Si bien inicialmente el compositor quiso que el grupo constara de nueve canciones, parece ser, sin tenerse certeza de ello, que sólo terminó cinco, de las cuales tan sólo se conservan partituras de tres de ellas.

---

263 HEINE: «Salvador Bacarisse (1898-1963) en el centenario de su nacimiento», p. 69.

El manuscrito de la primera canción que actualmente se conserva en la Biblioteca de la Fundación Juan March de Madrid es un boceto incompleto a lápiz, aunque esta obra reaparecerá como cuarta pieza de las *Douze chansons populaires espagnoles* Oso 22a, para voz y orquesta, que datan de 1959. Por lo tanto sólo la tercera y la cuarta canción de este grupo —las dos a las que nos referiremos en este apartado— se conservan actualmente completas.

Las *Canciones populares españolas* op. 31(II) datan de 1942 y tres de ellas —1, 2 y 6— fueron ofrecidas en primera audición como *Trois chants populaires*, en un concierto que tuvo lugar el 1-9-1945 en París, a cargo de Amparito Péris (soprano) y Juan Péris-Pruliere (piano). Los títulos de las seis canciones son los siguientes: 1. *Si la nieve resbala* (Asturias), 2. *Quita la mula rucia* (Murcia), 3. *Más hermosa eres que el sol* (Santander), 4. *Canto de segadores* (Aragón), 5. título desconocido (Cataluña), y 6. *En lo alto de aquella montaña* (Ávila).

La tercera canción de este grupo, *Más hermosa eres que el sol,* cuya partitura autógrafa está fechada el 7-6-1942, proviene de Santander y cuenta con el siguiente texto:

Más hermosa eres que el sol,
que la nieve en el desierto,
que la rosa en el rosal,
y la azucena en el huerto.

Más hermosa eres que el sol
y más blanca que la nieve,
eres rosa alejandrina,
que todo el año florece.

Salvador Bacarisse se aparta aquí de cualquier complejidad de escritura para adaptarse al estilo de canción popular construida sobre elementos musicales muy simples. La sencilla armonía utilizada por el compositor afirma la tonalidad de Do menor desde los compases introductorios a cargo del piano, que presentan un sencillo esquema armónico-rítmico, en animado movimiento «Allegretto vivace» y compás de 3/8, sobre el que la voz canta una melodía popular que se extiende en periodos de ocho compases. Las dos estrofas del texto cuentan con idéntica música, cuya repetición se indica mediante doble barra de compás. Además, el compositor juega libremente con la repetición de versos, como la que tiene lugar al final de la canción, que se remata con la frase «Más hermosa eres que el sol» cantada sobre acordes apoyados en un efectivo cromatismo descendente en la parte del piano.

Más simple y desnuda aún resulta la escritura de *Canto de segadores*, cuarta canción del grupo, en la que Bacarisse estiliza al máximo su escritura para acercarse a la esencia de una melodía basada en el folclore popular aragonés, cuyo texto es el siguiente:

Ya se va poniendo el sol,
ya se va por los rincones,
ya se entristecen los amos,
ya se alegran los peones,

Ya viene San Juan de junio,
con muchas rosas y flores,
ya viene Santa Isabel,
con muchas más y mejores.

El piano afirma la tonalidad principal de Sol mayor mediante fuertes acordes arpegiados en movimiento «Moderato» y compás de 3/4. La voz canta una sencilla línea que se desenvuelve en periodos de tres compases. Encontramos en esta canción repeticiones de texto y música acordes con el carácter popular de la composición, una mera melodía acompañada por sencillos acordes tonales alejados de cualquier complejidad rítmica y armónica.

6.9. Dos Cantares *de Lope de Vega*

Tres años después de componer *Soneto de Lope de Vega* op. 35a[264], Salvador Bacarisse vuelve de nuevo su mirada al gran poeta y dramaturgo del Siglo de Oro español en *Dos cantares de Lope de Vega* op. 39a, que datan del 25 y el 27 de agosto de 1944, respectivamente[265]. La primera audición conocida de este díptico, integrado por *Por el montecico* y *Que de noche le mataron*, tuvo lugar el 1 de septiembre de 1945 en la Salle Lancry de París, a cargo de la soprano Amparito Péris —amiga del compositor, dedicataria de la obra e intérprete habitual de las canciones de Bacarisse— acompañada al piano por Jean Péris-Prulière. *Dos cantares de Lope de Vega* conoce una versión posterior para canto y orquesta que lleva el número de opus 39b y data también de 1944.

El breve texto de *Por el montecico* es un cantarcillo perteneciente al acto segundo de *El Villano en su rincón*, de Lope de Vega, una obra teatral que trata sobre las virtudes de la vida campesina:

---

264 Apartado 6.7.
265 En el manuscrito de la primera canción se puede leer: «París, 25 de agosto de 1944, Día de la liberación nazi».

Por el montecico sola,
¿cómo iré?
¡Ay, Dios! ¿Si me perderé?
¿Cómo iré, triste, cuitada,
de aquél ingrato dejada?
Sola, triste, enamorada,
¿dónde iré?
¡Ay, Dios! ¿Si me perderé?

    Bacarisse compone sobre este texto una breve canción de veintidós compases con una estructura muy libre. En el noveno compás la línea vocal coincide en sus primeras cinco notas con la melodía del inicio, pero a partir de ese momento no se encuentran puntos de conexión que permitan estructurar la canción en secciones repetidas o variadas. La unidad musical viene dada por un diseño-pedal armónico-rítmico de semicorcheas sobre las notas Mi-Sol # batidas ininterrumpidamente en la mano derecha del piano desde compás 1 hasta el 19. El primer compás deja escuchar el citado diseño-pedal para, a continuación, añadir armonías en valores de blanca sobre un bajo que se mueve en negras. El segundo compás de la introducción se repetirá como acompañamiento, sin variante alguna, en once compases más. Este compás repetido presenta armonías disonantes, como el intervalo Do#-Re en la cuarta negra de la mano izquierda, lo que unido a la ausencia de reposo armónico, transmite al oyente la inquietud presente en el texto poético.

    Por su parte, *Que de noche le mataron*, segunda canción de este díptico, presenta una factura más elaborada y extensa que la primera. Se trata de una obra —cuya versión orquestal, op. 39b, está dedicada «a la memoria de Federico García Lorca»—

de intenso dramatismo, que el compositor subraya eligiendo una forma muy cercana a la passacaglia y a la chacona. Su texto es un estribillo popular de carácter dramático, extraído de una de las mejores tragedias de Lope de Vega, *El caballero de Olmedo*:

> Que de noche le mataron
> al caballero
> la gala de Medina,
> la flor de Olmedo.
> Sombras le avisaron
> que no saliese,
> y le aconsejaron
> que no se fuese
> el caballero
> la gala de Medina,
> la flor de Olmedo.

Bacarisse hace uso de numerosas repeticiones del texto con gran libertad, como recurso que le permite alargar las frases melódicas para acoplarlas al pausado pulso —»Sostenuto», compás de 3/4— de negras y blancas, marcado por los acordes largamente arpegiados del piano, en una canción caracterizada por su honda y dramática expresión.

Pasajes y fragmentos del piano y de la voz reaparecen repetidos libre e independientemente a lo largo de la canción, a modo de collage, sin coincidencia vertical de los pasajes repetidos de la voz con los del piano. La tonalidad principal de Fa menor queda afirmada con rotundidad desde los ocho compases instrumentales introductorios, que exponen la melodía descendente Fa-Mi-Re-Do en el bajo, que encontraremos repetida o variada a lo largo de toda la canción. La voz superior de los acordes arpegiados, que se ha de ejecutar cruzando la mano izquierda sobre la derecha, forma una línea melódica que se opone a la línea vocal, interaccionando a su vez ambas líneas con la voz del bajo del piano. Se unen así el carácter vertical-armónico de la canción con el recurso contrapuntístico de superponer las melodías de voz y piano, todo ello sobre el imperturbable y lento ritmo de passacaglia. Además, la melodía de la voz posee un carácter eminentemente armónico, al incidir en su mayor parte en las tres notas —Fa, La b, Do— que forman el acorde perfecto sobre el primer grado de la tonalidad principal. La estructuración dinámica forma un amplio arco que va de más a menos, desde el comienzo «fortissimo» del piano en el compás 1, siguiendo con el matiz «forte» de la entrada de la voz en el compás 9,» mezzoforte» en el compás 28, «piano» en el 53, «diminuendo» y desvaneciéndose hasta un final en «pianissimo» en los tres últimos compases.

Que de noche le mataron, una de las canciones más originales, efectivas e interesantes del catálogo de Bacarisse, ha dado lugar a dos adaptaciones, tituladas ambas *El Caballero de Olmedo*: en 1949 el compositor realiza una versión para coro mixto y barítono que lleva el número de opus 39c, mientras que en 1962 vuelve a esta canción para escribir un acompañamiento de arpa en lugar de piano, a la que cataloga con el número de opus 39d, nº 2.

6.10. Responso a Verlaine

En 1945 compone Salvador Bacarisse en París *Responso a Verlaine* op. 40a, sobre un poema de Rubén Darío (1867-1916) perteneciente a *Prosas profanas*, libro publicado en 1896 que supone el apogeo del estilo modernista del poeta. Bajo el epígrafe *Verlaine* aparecen dos poemas, *Responso* y *Canto de la sangre*, siendo el primero de ellos el utilizado por el compositor para esta canción, cuyas dimensiones resultan acordes a la longitud de un poema con siete estrofas de seis versos cada una:

Padre y maestro mágico, liróforo celeste
que al instrumento olímpico y a la siringa agreste
diste tu acento encantador;
¡Panida! ¡Pan tú mismo, que coros condujiste
hacia el propíleo sacro que amaba tu alma triste,
al son del sistro y del tambor!

Que tu sepulcro cubra de flores Primavera,
que se humedezca el áspero hocico de la fiera,
de amor si pasa por allí;
que el fúnebre recinto visite Pan bicorne;
que de sangrientas rosas el fresco Abril te adorne
y de claveles de rubí.

Que si posarse quiere sobre la tumba el cuervo,
ahuyenten la negrura del pájaro protervo,
el dulce canto de cristal
que Filomena vierta sobre tus tristes huesos,
o la harmonía dulce de risas y de besos,
de culto oculto y florestal.

¡Que púberes canéforas te ofrenden el acanto,
que sobre tu sepulcro no se derrame el llanto,
sino rocío, vino, miel:
que el pámpano allí brote, las flores de Citeres,

y que se escuchen vagos suspiros de mujeres
bajo un simbólico laurel!

Que si un pastor su pífano bajo el frescor del haya,
en amorosos días, como en Virgilio, ensaya,
tu nombre ponga en la canción;
y que la virgen náyade, cuando es nombre escuche,
con ansias y temores entre las linfas luche,
llena de miedo y de pasión.

De noche, en la montaña, en la negra montaña
de las Visiones, pase gigante sombra extraña,
sombra de un Sátiro espectral;
que ella al centauro adusto con su grandeza asuste;
de una extra-humana flauta de melodía ajuste
a la harmonía sideral.

¡Y huya el tropel equino por la montaña vasta;
tu rostro de ultratumba bañe la luna casta
de compasiva y blanca luz;
¡y el Sátiro contemple sobre un lejano monte,
una cruz que se eleve cubriendo el horizonte
y un resplandor sobre la cruz!

 La estructura compositiva —introducción pianística y cuatro grandes secciones separadas por tres interludios instrumentales— responde a la forma de canción desarrollada, con diferente música para cada estrofa del poema, si bien existe un importante tema unificador que aparece en distintas formas a lo largo de la composición. Dicho tema es presentado por el piano en los compases introductorios, y en su forma principal consiste en una serie de acordes perfectos repetidos que conducen a una doble apoyatura de segunda menor ascendente y descendente de bajo y tiple, respectivamente, que se resuelve en el acorde principal, nuevamente repetido (Ejemplo 37). El carácter es pomposo y solemne, acorde con el objetivo laudatorio del poema, dedicado al poeta de cuyo fallecimiento se cumplía en 1946 el cincuenta aniversario.

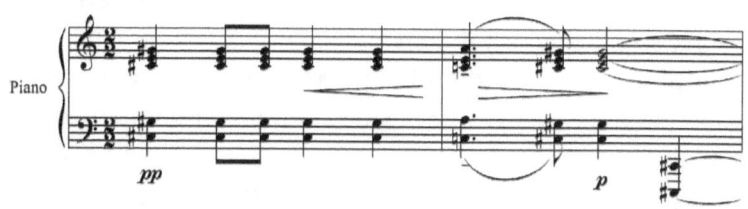

Ejemplo 37: Primeros compases de *Responso a Verlaine*, de Salvador Bacarisse

Tras la introducción pianística de ocho compases, «Gravemente», la voz hace su aparición en el compás 9 enunciando sin acompañamiento el tema principal, siendo respondida por el piano en los compases 10 y 11 con un fragmento de dicho tema. La última nota entonada por la voz en la sección A (comp. 9-29) coincide con un cambio de carácter y tempo, que pasa del «Gravemente» inicial a un «Allegro» en compás de 3/4 en el que el interludio instrumental (comp. 30-45) que sirve de transición a la sección B se extiende con diseños saltarines ascendentes y descendentes seguidos de trinos, a lo largo de dieciséis compases, nueve de los cuales se apoyan en un pedal grave sobre la nota Do.

La sección B (comp. 46-77) comprende las estrofas segunda y tercera del poema, y en su inicio Bacarisse se toma la licencia de repetir el primer verso del poema, «Padre y maestro mágico»

—que reaparecerá en dos ocasiones más— sobre el tema principal, esta vez revestido como acorde de tónica de Sol # menor. En los compases 56-57, el tema principal vuelve a su tono original de Do # menor, pudiendo escucharse tanto en la voz como en el piano, en dinámica «pianissimo» como comienzo de una progresión en dinámica creciente y tempo «animando un poco» para llegar a unos acordes en «fortissimo» en el compás 63 que enlazan con el comienzo de la tercera estrofa del poema en el compás 64. Ésta se extiende hasta un pasaje vocal en estilo semideclamado sobre un acorde de octava mantenido en la región grave del piano, que supone el final de la sección B de la canción.

El pasaje de transición (comp. 78-92) a la sección C es un nuevo interludio pianístico que retoma el tempo del inicio para ejecutar dinámicos diseños de corcheas y tresillos de corcheas en la zona aguda del teclado, tras los que se hace escuchar el tema principal en dos ocasiones, en Do mayor en los compases 84-85 y, tras un eco de éste en la zona grave del teclado en el compás 86, en Do menor en los compases 87-88.

La sección C (comp. 93-112) se abre con la repetición que hace Bacarisse del primer verso del poema, «Padre, maestro mágico», sobre una notas que no son sino una variante del tema principal. El punto culminante de esta sección se alcanza en los compases 107-108, con una elevación de la voz hasta el La agudo y dinámica «fortissimo» reforzada con vigorosos acordes del piano sobre la frase «las flores de Citeres». La sección C se extingue con la reaparición en la parte del piano del tema principal en la tonalidad de Si menor, en los compases 111-112.

El pasaje pianístico de transición (comp. 113-127) a la sección D —»Allegro»— retoma las escalas ascendente y descendentes seguidas de trinos que encontrábamos en el primer interludio, pero en este caso se mueven sobre la nota pedal Si repetida por el bajo, en lugar de sobre la nota pedal Do del pasaje anterior. La sección D (comp. 128-224) comprende las tres últimas estrofas del poema, cuya quinta estrofa comienza en el compás 128 para llegar hasta el 161. Se trata de un pasaje que responde al carácter pastoral de la estrofa con una música muy sencilla, que se desenvuelve sobre un plácido movimiento de negras y blancas tanto en la parte vocal como en el acompañamiento, sin incluir el tema principal de los acordes.

La sexta estrofa del poema se inicia con un pasaje en «pianissimo» en el compás 162, respondiendo así al carácter nocturno y misterioso del texto cantado «De noche, en la montaña». La música crece en intensidad, la voz alcanza en el compás 170 un Sol agudo en dinámica «forte» sobre la palabra «espectral», que conduce a una nueva aparición en dinámica «piano» del tema principal en los compases 170-172, en valores de negras y blancas, con la peculiaridad añadida de que la mano izquierda del piano desarrolla las armonías de Mi menor de los acordes en un movimiento de corcheas. El tema principal se escucha nuevamente a partir del compás 175, con la mano izquierda del piano desarrollando en corcheas las notas del acorde sobre tónica de La menor, y desde el compás 181 sobre la tónica de Mi menor, mientras la voz mantiene la nota Sol aguda sobre la palabra «sideral», última de la sexta estrofa del poema.

Esto enlaza con la séptima y última estrofa, que se inicia en el compás 184 sobre el tema principal, en su forma original de acordes de corcheas y negras, en este caso formando la armonía de tónica de Sol # menor primero y de Re # menor en los compases 186-187. Una variante acortada de dicho tema la encontramos en los compases 193-194 sobre el acorde de tónica de Do menor, y completa en los compases 198-199. En el compás 200 la voz asciende a la nota La b aguda de forma muy gráfica sobre la palabra «eleve», dentro de la frase «una cruz que se eleve». La dinámica «fortissimo» se mantiene hasta el final de la canción, que llega después de escucharse el tema principal en voz y piano, expandido en valores de blancas y redondas. La voz sostiene notas agudas sobre la última repetición del primer verso «Padre y maestro mágico». El piano repite un eco del tema principal en el registro agudo del instrumento, antes de ejecutar cinco fortísimos acordes en octava de Do # en la región grave del teclado que hacen las veces de enérgico y contundente colofón a esta interesante canción, de la que existe una versión para voz y orquesta con el número de opus 40b.

6.11. Vuelta a empezar

Salvador Bacarisse compone los días 5 y 6 de abril de 1946 la canción *Vuelta a empezar* op. 42, sobre el siguiente soneto de su amigo y compañero de exilio José María Quiroga Plá[266] (1902-1955), perteneciente a la tercera parte —*Refugiado en París*—, de su obra más significativa, el libro *Morir al día, Sonetos 1938-1945*:

> Voy a dormir... ¡así no despertara
> y al llegar de puntillas a mi lecho,
> el alba se encontrase cara a cara
> con el silencio helado de este pecho
>
> quebrado de sollozos a lo largo
> del día!... Es cada noche el desaliento

---
266 Yerno del escritor Miguel de Unamuno, poeta, ensayista y traductor de Marcel Proust.

con que resuena en un bostezo amargo
mi cotidiano giro de hoja al viento.

Y duermo, y cruzo a tientas el sombrío
laberinto del sueño y su alameda
con sus fantasmas y su niebla fría

y al despertar me aguarda ya el hastío
de la senda trillada y de la rueda
que en ella ha de uncirme el nuevo día.

En este soneto, José María Quiroga Plá expresa su abatimiento producido por el obligado exilio sufrido tras la Guerra Civil. En su puesta en música, Salvador Bacarisse otorga al piano el cometido de crear el clima desolado y melancólico presente en el poema, bien mediante armonías desgranadas lentamente a lo largo de amplias extensiones del teclado, o bien mediante pausados acordes de negra en compás de 3/4. La voz entona una línea que se desenvuelve a medio camino entre el canto y la semideclamación, pese a lo cual las exigencias técnicas para el cantante son considerables, alcanzando la voz un Si b agudo en el compás 14, que contrasta con numerosos pasajes en los que la voz ha de cantar abundante texto en tesituras graves.

Nos encontramos ante una forma de canción desarrollada, en la que Bacarisse ni siquiera busca la correspondencia entre estrofas y secciones musicales, pues dicha relación quedaría rota con la separación en dos frases del verso 6, entre las cuales —»del día» y «Es cada noche»— el compositor repite el inicio del primer verso, «Voy a dormir», en los compases 20-21. Dicho inicio del primer verso marca la separación entre las dos primeras secciones musicales, frontera que se produce de forma atípica en la mitad del verso 6, pero consecuentemente con la estructura del poema original.

En los siete compases introductorios el piano se encarga de crear el clima de un delicado y melancólico nocturno, desplegando armonías que se extienden desde la zona grave del teclado a la más aguda. La quebrada línea vocal se caracteriza por la continua presencia de intervalos de cuarta y quinta, y por grupos de notas repetidas, a cada una de las cuales es asignada una sílaba del texto. La unidad estructural de esta canción se consigue gracias a la repetición de frases o células melódicas, como es el caso de la frase vocal en los compases 10-13 de la voz, que reaparece variada y con otro texto en el pasaje formado por los compases 21-23, y mucho más transformada, pero siendo aún reconocibles la células melódicas que integran la frase, en los compases 30-32.

Se trata, en definitiva, de una original canción compuesta en estilo muy libre por un Bacarisse que vuelve a acercarse al impresionismo, sin olvidar incluir elementos en forma de células melódicas recurrentes, que aportan unidad estructural al discurso semideclamado de la voz. Ésta se desenvuelve con el apoyo de un piano que crea muy acertadamente el clima emocional del poema, dando lugar a una bella composición de subjetivo tono expresivo.

6.12. Déjame a solas con la muerte mía

Entre el 28 y el 31 de mayo de 1947 compone Salvador Bacarisse en París *Déjame a solas con la muerte mía* op. 44a, canción para voz y piano sobre un poema de Jorge Semprún (1923-2011), titulado *La muerte se vuelve vida*, publicado en la revista quincenal de cultura española *Independencia*[267]. En

---

[267] SEMPRÚN, Jorge: «La muerte se vuelve vida». *Independencia*, 6 (30 de abril de 1947), p. 8.

su estudio sobre la literatura del exilio republicano[268], Manuel Aznar Soler se refiere a éste y otros poemas de Semprún resaltando «el tono épico con el que se exalta el heroísmo de militantes comunistas que, por su lucha contra la dictadura franquista, están presos o han muerto». Este poema en concreto está dedicado a los asesinatos de Cristino García y Ramón Vía:

> Déjame a solas con la muerte mía
> vida mía
> la muerte de Cristino la de Vía
> la muerte cada noche y cada día
> deshojando claveles de alegría
> vida mía
>
> déjame a solas con la gente mía
> vida mía
> con los hombre del campo de la mina
> de las ciudades tristes mira mira
> cómo forjan la luz día tras día
> vida mía
>
> mira alegre la estrella vida mía
> el rayo azul en la alta serranía
> mira alegre la vida vida mía
> que se prepara entre la muerte fría
> la muerte de Cristino la de Vía
> razón de nuestra vida vida mía.

---

[268] AZNAR SOLER, Manuel: «El Partido Comunista de España y la literatura del exilio republicano (1939-1953)», en: AZNAR SOLER, Manuel (ed.): *El exilio literario español de 1939. Actas del Primer Congreso Internacional. (Bellaterra, 27 de noviembre-1 de diciembre de 1995)*. Volumen II, 1998, pp. 15-56.

Para su puesta en música de este poema, que Bacarisse transcribe fielmente sin tomarse licencia alguna, el compositor recurre a una forma desarrollada, es decir, sin repeticiones de secciones musicales en cada una de las tres estrofas, sino que la canción constituye más bien un continuo musical cuya escritura posee una textura similar a lo largo de toda la obra. Tampoco la línea cantada presenta diseños o células melódicas reconocibles, con mayor o menor grado de variación, sino que se desarrolla con total libertad sin tener en cuenta la inicial separación estrófica del poema.

El tono de la obra es elegíaco y tiende a la subjetividad y a la expresión de sentimientos, lejos de la objetividad antirromántica propia del estilo neoclásico presente en buena parte de la producción del compositor. Podemos extraer la conclusión de que los primeros años de exilio hacen mella en el ánimo de Bacarisse, que encuentra en la canción sobre textos poéticos relacionados con la situación política vivida, un vehículo de expresión artística y a la vez de desahogo personal.

La canción, compuesta con gran economía de medios, se inicia con un juego contrapuntístico entre la mano derecha del piano y la voz, que a la vez desarrolla el acorde perfecto de tónica sobre la tonalidad principal, Sol menor, en tempo «Quasi adagio» y compás de 3/4 (Ejemplo 38).

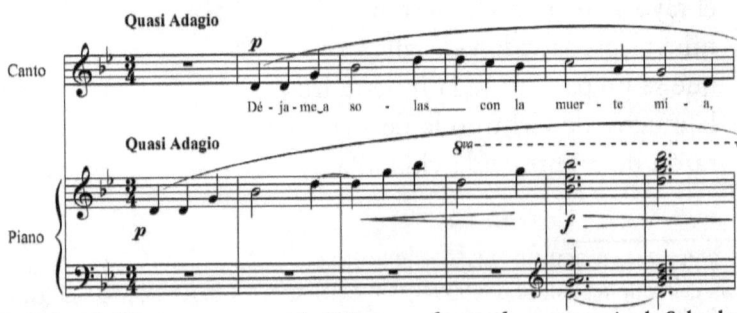

Ejemplo 38: Primeros compases de *Déjame a solas con la muerte mía*, de Salvador Bacarisse

La línea vocal, de carácter «legato», en pocas ocasiones se aparta del suave movimiento en figuras de blancas y negras. El apoyo pianístico es de gran sencillez, integrado por notas y acordes en figuraciones de blancas y negras, salvo el breve pasaje que supone el punto culminante de la obra, en el que la mano izquierda se dinamiza —movimiento «Animando»— con un movimiento de corchas, mientras la voz asciende a la nota La aguda sobre la frase, varias veces repetida en el poema, «Vida mía». En los compases 74-76, el piano desaparece para dejar sola a la voz cantar «a capella» el texto «La muerte de Cristiano», mientras que en los últimos seis compases, la voz mantiene la nota Sol aguda sobre un lento arpegio del piano sobre el acorde perfecto sobre la tónica de la tonalidad principal.

En resumen, nos encontramos ante una composición de estilo neorromántico, llevada a cabo con evidente parquedad de medios, pero tratados de forma efectiva por Bacarisse, que con una escritura muy austera acierta a expresar los sentimientos personales de soledad y tristeza presentes en el poema de Jorge Semprún. No se dispone de datos fidedignos sobre la primera audición de esta canción, que Bacarisse orquestaría en 1947 bajo el título *La muerte se vuelve vida*, obra catalogada con el número de opus 44b.

6.13. Soneto a Dulcinea del Toboso

Al igual que la *Canción de Dorotea* de Ernesto Halffter[269], *Soneto a Dulcinea del Toboso* op. 45a, de Bacarisse supone un nuevo ejemplo de canción de inspiración cervantina. Fechada en París el 7 de septiembre de 1947, fue creada a raíz de las conmemoraciones del cuarto centenario del nacimiento de

269 Apartado 3.11.

Miguel de Cervantes Saavedra (1547- 1616). En la portada del autógrafo de esta canción encontramos el siguiente texto del compositor: «En recuerdo de Manuel de Falla con ocasión del cuarto centenario del nacimiento de Cervantes». A continuación, entre paréntesis, el título *El retablo de Maese Pedro* —obra clave en el devenir estético de los compositores del Grupo de los Ocho de Madrid— y una reproducción de un fragmento de dos compases de dicha obra de Manuel de Falla, correspondiente al monólogo final cantado por el personaje de Don Quijote, sobre el texto «Oh Dulcinea». Bacarisse toma dicho motivo, que originalmente está en Mi b mayor, transportándolo a Fa Mayor para incluirlo en su canción como entrada de la voz.

El texto de esta canción, que forma parte de los versos preliminares incluidos —bajo el epígrafe «La señora Oriana a Dulcinea del Toboso»— en la edición de 1605 de *El ingenioso hidalgo Don Quijote de la Mancha*, es el siguiente soneto que dirige Oriana —hija del rey Lisuarte de Bretaña y de la reina Brisena, y señora de Amadís— a Dulcinea:

¡Oh quién tuviera, hermosa Dulcinea,
por más comodidad y más reposo,
a Miraflores[270] puesto en el Toboso,
y trocara sus Londres con tu aldea!

¡Oh quién de tus deseos y librea
alma y cuerpo adornara, y del famoso
caballero, que hiciste venturoso,
mirara alguna desigual pelea!

---

270 Miraflores era un castillo situado a dos leguas de Londres, residencia de la princesa Oriana. El nombre de Londres en plural era una forma que acostumbraba a aplicarse a los nombres de las ciudades en la época de Cervantes.

¡Oh quién tan castamente se escapara
del señor Amadís, como tú hiciste
del comedido hidalgo Don Quijote!

Que así envidiada fuera, y no envidiara,
y fuera alegre al tiempo que fue triste,
y gozara los gustos sin escote.

    Nos encontramos nuevamente ante un ejemplo formal de canción desarrollada, sin división en secciones musicales claramente diferenciadas. La parte pianística de esta canción presenta una gran sencillez y consiste en un pulso ininterrumpido de acordes de negra en compás de 4/4, tempo «Andante» e indicación de carácter «armonioso». La labor de piano es crear el envoltorio armónico sobre el que se mueve la melodía de la voz, siempre dentro de la tonalidad y con un aire arcaico, acorde con el poema elegido por el compositor.

    La línea vocal presenta un fraseo de corte «legato» y «cantabile» en una tesitura aguda, llegando hasta la nota Si b por encima de la clave de Sol, e incidiendo en la nota La en doce ocasiones a lo largo de la canción, por lo que sin duda esta canción resultará apta para una soprano ligera o lírico-ligera con facilidad para articular el texto de forma inteligible en zonas agudas de la voz. La factura compositiva utiliza recursos muy sencillos, propios de la melodía acompañada. Lo arcaico se mezcla aquí con un tono sentimental que convierten a esta canción en un buen ejemplo de la deriva neoclásica de Bacarisse hacia un neoclasicismo teñido de neorromanticismo, similar al que encontramos en el segundo movimiento de su célebre *Concertino* para guitarra y orquesta en La menor op. 72a.

No existen datos acerca de la primera audición pública de esta obra, si bien se cree que pudo tener lugar a través de la Radiodiffusion Télévision Française de París. Sin embargo existe una versión de *Soneto a Dulcinea del Toboso* para canto y arpa, con el número de opus 45b, estrenada el 7 de abril de 1962 en el Instituto Hispánico de París a cargo de la soprano Amparito Peris y la arpista Mireille Flour.

6.14. Canción leonesa

La partitura autógrafa de *Canción leonesa* Oso 14, para canto y piano, está fechada en París el 31 de enero de 1948. Se trata de una breve canción basada en el folclore popular sobre el siguiente texto anónimo:

Tengo de pasar el puerto,
el puerto de Guadarrama,
tengo de pisar más nieve
que pisa una serrana.

Después de haberlo pasado
y haber pisado la nieve
ya no me quiere mi novia,
mi novia ya no me quiere.

Por eso llevan a mi amor
preso a la cárcel.
Siendo yo el carcelero
no hay que apresurarse, mi niña.

Cuando me ve, me mira, la llamo,
se me viene a la mano,
la cojo, la tapo en el embozo, la digo:
cara de sol y de luna ven conmigo.

En esta canción, Bacarisse no se toma la licencia de recurrir a repeticiones del texto y se atiene a una puesta en música tonal llevada a cabo con medios sencillos, acorde con el carácter folclórico-popular de la misma, en una línea similar a la seguida en sus *Canciones populares españolas* op. 31 (II)[271]. En la tonalidad de Sol menor, movimiento «Andante» y compás de 2/4, el piano abre esta canción enunciando en la zona aguda del teclado el pegadizo tema principal, que recogerá la voz, una octava más grave, en su entrada en el compás 4, repitiéndolo en tres ocasiones más en los compases 7-9, 16-18 y 19-21.

La sección A, comprendida entre los compases 4 y 15, se repite entre los compases 16 y 27 con idéntica melodía pero con diferente texto y leves variantes en el acompañamiento pianístico, en una reminiscencia de la forma de canción estrófica, que sin embargo no es aplicable a toda la canción. La sección B (comp. 27-55) de esta obra utiliza un material temático diferente al presentado en la sección A, pero dicha segunda sección presenta una cerrada unidad temática, dado que está enteramente configurada siguiendo exclusivamente los patrones melódicos presentados en el pasaje comprendido entre los compases 27 y 35. La célula melódica de tres notas —Si b, Sol, La— que caracteriza esta sección, apareciendo en seis ocasiones, está derivada del tema principal de tres compases, presentado por el piano en la introducción y por la voz en su primera intervención, tema del cual toma las tres últimas notas para transportarlas una cuarta inferior.

---

[271] Apartado 6.8.

Las seis veces que este diseño hace su aparición —sobre la palabras «Por eso», «La cárcel», «Mi niña», «La llamo», «La cojo» y «La digo»—, se produce un choque entre la prosodia del texto y la acentuación musical, recayendo ésta en la tercera y última nota de la célula melódica, mientras que la acentuación del texto recae sobre la segunda de las tres sílabas del texto. Este tipo de desencuentro entre la acentuación musical y la del texto es característico de la música popular, y los compositores de música culta lo incluyen ocasionalmente en sus composiciones derivadas del folclore, en un intento de imitar y acercarse a los giros populares.

6.15. Villancicos populares españoles

La composición del grupo *Villancicos populares españoles* op. 48a de Salvador Bacarisse está fechada entre los días 7 y 14 de diciembre de 1948. Posteriormente, en noviembre de 1960, el compositor realiza una adaptación orquestal de esta obra incluyendo modificaciones en alguno números, lo que da lugar a *Chansons de Noël* (Villancicos populares españoles) op. 48b, pour chant et petit orchestre. Si bien la partitura autógrafa de la obra original para canto y piano no fue completada del todo y se conserva con anotaciones y correcciones a lápiz, el material de la versión para canto y pequeña orquesta sí se encuentra completo. En su versión orquestal la obra fue estrenada en una emisión radiofónica de la Radiodiffusion Télévision Française de París el 25 de diciembre de 1960, a cargo de la soprano Amparito Péris con una orquesta dirigida por el propio compositor, pero se desconocen los datos del estreno de la obra en su original versión pianística de 1948.

En los doce *Villancicos populares españoles* op. 48a, Bacarisse busca no alejarse demasiado de un estilo sencillo, acorde con el material popular original, por lo que el acompañamiento —en algunos casos se puede casi hablar de una mera armonización— resulta muy despojado y poco relevante desde el punto de vista pianístico.

En la partitura autógrafa conservada de esta obra, varias de las canciones de este grupo no incluyen el texto cantado. Se trata de la nº 1 —titulada *Alerta*—, nº 3 —*Nit de Vetlla*—, nº 4 —*Panxoliña de Nadal*—, nº 5 —*Los pastores que sufrieron*—, nº 7 —*Pastores venid*— y nº 9 —sin título. Además, la canción nº 6 —*Y en Belén tocan a gloria*— no se conserva completa, pues falta parte del texto cantado y del acompañamiento. Por lo tanto centraremos nuestro estudio en las cinco canciones de este grupo que nos han llegado íntegras.

Canto de Nochebuena, que ocupa el segundo lugar de *Villancicos populares españoles* op. 48a, cuenta con el siguiente texto:

Esta noche es Nochebuena
y no es noche de dormir,
que está la Virgen de parto
y a las doce ha de parir.

Por los campos del Oriente
sale dando envidia al sol,
la más bella criatura
que de mujeres nació.

Treinta y dos compases en la tonalidad de Fa # menor, «Allegretto», integran esta canción, de carácter triste y melancólico, compuesta siguiendo una sencilla forma estrófica bipartita. Tras una breve introducción armónica de dos compases que afirman la tonalidad principal, la voz entona una melodía popular que se mueve por intervalos de segunda, excepto un único intervalo de tercera entre los compases 10 y 11. La primera sección finaliza en el compás 15 sobre la armonía de dominante, para volver a la tónica en el compás siguiente, en el que da comienzo la repetición exacta —sin los dos compases introductorios— de dicha primera sección, que se extiende hasta el compás 27, nuevamente sobre la tonalidad de dominante. Para rematar la canción, entre los compases 28 y 32 se repite el último verso del texto con la repetición de la última frase musical, pero esta vez finalizando sobre la tónica de la tonalidad principal. La parte pianística, de extrema sencillez, centra su cometido en sostener armónicamente a la voz. Un flexible pulso de corcheas en la mano izquierda se mueve sin acentuaciones rítmicas mientras la mano derecha alterna su papel armónico con ocasionales subrayados de la melodía cantada.

La octava canción de este grupo lleva por título *En el portal de Belén* y su texto es el siguiente:

En el portal de Belén
hacen lumbre los pastores
para calentar al Niño
que ha nacido entre la flores.

Suben y bajan los peces del río
suben y bajan a adorar al Niño,
qué gran pastor es este
que hoy ha nacido.

Se trata de una breve pero hermosa canción, de carácter muy dulce, integrada por veintisiete compases en la tonalidad principal de La b mayor. La indicación original, «Andantino», se encuentra tachada por el autor, que posteriormente indicaría «Adagio», tempo que realza mejor el carácter —»dolcemente»— que demanda Bacarisse en el tercer compás de esta delicada miniatura. Una breve introducción instrumental de dos compases afirmando la dominante de la tonalidad principal, seguida de una frase melódica de cuatro compases, repetida con diferente apoyo armónico del piano, conforman la primera sección de esta canción. El compás inicial de 6/8 se convierte en 3/8 en el compás 11, coincidiendo con un cambio de tempo, «poco piu mosso» en un pasaje —una frase de cinco compases repetida bajo diferente ropaje armónico— que presenta modulaciones conducidas con exquisito gusto armónico. En el compás 20 se retoma el «Tempo primo» para concluir la canción con una frase de ocho compases que no es sino una variante de la melodía del inicio.

La zambomba está rota es el título de la décima canción del grupo, cuyo texto es el siguiente:

La zambomba está rota,
se la va el aire,
dame niño un pañuelo
para taparla.

Esta noche no hay coche
porque el cochero
ha cogido una mona
y la está durmiendo.

Esta noche la ronda
no va entera
el de la calza blanca
en casa queda.

Acordes de quintas desnudas en la mano izquierda del piano, batidos en pulso de negra, «fortissimo», en compás de 3/8, establecen el ritmo de esta dinámica canción escrita en la tonalidad de Sol mayor. La forma compositiva es estrófica, con una segunda estrofa del texto repetida musicalmente mediante doble barra, mientras la tercera estrofa, «Piu f», tiene asignada idéntica melodía vocal pero cuenta con una escritura pianística que introduce modificaciones respetando el esquema armónico de las dos primeras secciones. Dichas variantes refuerzan la intensidad sonora ampliando hacia la zona aguda los acordes de la mano derecha, a la vez que algunos acordes de corcheas de la mano izquierda se desdoblan en un trémolo medido de semicorcheas. La intensificación sonora introducida por el piano en la tercera estrofa lleva a esta canción, dominada por el impulso rítmico, a una brillante conclusión en «fortissimo», que supone un eficaz contraste musical a la forma estrófica.

El texto de la undécima canción de este grupo, *San José era carpintero*, es el siguiente:

San José era carpintero
de fina carpintería.
Le ha hecho una cuna al niño
que ella sola se movía.

Bolo, bolo, bolo,
mira como suena,

son los almireces
de la Nochegüena.

Un compás instrumental de carácter introductorio asienta la tonalidad principal de Re mayor mediante suaves acordes, «armonioso e dolce», en movimiento «Andantino» y compás de 2/4. Sobre este ritmo sincopado que se mantendrá hasta el compás 19 la voz entona una melodía de nueve compases sobre los dos primeros versos del texto. Dicha melodía se repite con los versos tercero y cuarto, mientras el piano continúa su diseño sincopado sobre idénticos acordes en la mano derecha, variando levemente la configuración de las notas de la mano izquierda, pero respetando la armonía de la primera exposición. En el compás 20 se produce una leve intensificación del movimiento, que pasa a «Appena più mosso», acorde con el carácter más dinámico de la segunda estrofa del texto. El ritmo sincopado del piano desaparece para dar lugar a un movimiento de corcheas. En los compases 27 y 28 el compositor indica una repetición de la canción completa, que se extingue, «pianissimo», mediante una larga nota cantada en el registro grave de la voz.

Este grupo de doce villancicos se cierra con *La Virgen iba a lavar*, compuesta sobre el siguiente texto:

La Virgen iba a lavar
y no llevaba jabón.
Volvió la vista patrás,
y se encontró un cuarterón.

Ande, ande, ande,
la marimorena,

ande, ande, ande
que es la Nochegüena.

Virgen de la Concepción,
mañana será tu día,
tú subirás a los cielos,
quién fuera en tu compañía.

Pese a que el compositor no escribió indicación de movimiento, se puede deducir, por el tipo de escritura —compás de 3/8, figuraciones descendentes de fusas arpegiadas en la mano derecha del piano—, que nos encontramos ante un tempo animado. La canción no abandona la tonalidad de Mi mayor, fuertemente afirmada mediante un diseño pedal de quinta, Mi-Si, repetido insistentemente en la mano izquierda de la segunda sección, que da comienzo en el compás 18 con una dinamización del movimiento, mediante la indicación «Più mosso», en compás de 2/4.

6.16. Deux chansons classiques espagnoles

La génesis de esta obra la constituyen las *Tres canciones clásicas españolas*, para dos voces y piano, op. 52a, que compone Bacarisse entre 1949 y 1950, cuyos títulos son *Coplas*, *Madrigal* y *Seguidillas*. Posteriormente el compositor tacha del título la tercera canción —*Seguidillas*, compuesta los días 8 y 9 de enero de 1950 sobre un poema de Baltasar de Alcázar (1530-1606), cuya partitura se encuentra actualmente perdida— y renombra las dos restantes canciones como *Deux chansons classiques espagnoles*, cambiando su orden de colocación respecto a la obra primitiva.

La primera de ellas, titulada *Madrigal*, está fechada los días 5 y 6 de enero de 1950. Cuenta con un poema[272] del sevillano Gutierre de Cetina (1520-c. 1557) [273]:

Ojos claros, serenos,
si de dulce mirar sois alabados
¿por qué si me miráis, miráis airados?
Si cuanto más piadosos
más bellos parecéis a quien os mira,
¿Por qué a mí sólo me miráis con ira?
Ya que así me miráis, miradme al menos.

La escritura a dos voces proporciona al compositor la posibilidad de utilizar un juego contrapuntístico de estilo arcaizante, acorde con la época del poema que sirve de base a este dúo, mientras que el papel del piano se reduce en su mayor parte al de mero sostén armónico, con sencillos acordes de blanca mantenidos en compás de 2/4 y movimiento «Andante lento». Bacarisse desarrolla con plena libertad la escritura a dos voces de esta canción, en la que ambas líneas melódicas no cantan el texto al unísono, sino produciendo un encabalgamiento de distintos fragmentos del texto en cada una de las voces, o bien cantando ambas el mismo texto, pero sin coincidencia temporal.

Tras una breve introducción instrumental, en la que el piano expone un tema a lo largo de tres compases, la voz grave hace su

---

[272] Bacarisse opta por una versión reducida y modificada del poema, que puede verse completo en el apartado 7.13, a propósito de la canción homónima de Juan José Mantecón.

[273] A propósito de la relación de este poeta con la música resulta interesante el siguiente artículo: PASTOR COMÍN, Juan José: «Fuentes musicales en la obra poética de Gutierre de Cetina», *Revista de Musicología*, XXXIII, 1-2, 2010, pp. 63-81.

aparición en el compás 4 repitiendo, con el texto del primer verso del poema, la melodía enunciada por el piano. La voz más aguda hace su aparición un compás y medio más tarde, cantando idéntico texto, como contrapunto expresivo de la melodía de la segunda voz. En la primera sección de este dúo la voz inferior comienza el juego contrapuntístico, siendo respondida por la superior, pero en el compás 18 es la voz aguda la que toma la iniciativa, pasando a ser contestada por la voz más grave a distancia de un compás. Seguidamente se alcanza el clímax musical en un pasaje comprendido entre los compases 25 y 27, en el que el piano adquiere protagonismo melódico con el enunciado de un tema sobre la nota pedal Mi repetida en el bajo. La voz superior asciende a la nota La aguda, y canta en dos ocasiones sin la presencia de la voz grave, antes de que ambas acometen el único pasaje homofónico, en el que cantan en paralelo el último verso del poema. La composición finaliza con suaves acordes de La menor ascendiendo al registro agudo en el piano mientras ambas voces mantienen largamente la nota La a distancia de octava. Estimulado por este modelo de canción polifónica a dos voces, Bacarisse lleva a cabo en 1951 una adaptación para coro mixto de *Madrigal*, que bajo el título *Ojos claros, serenos*, ocupa el número de catálogo op. 52b, nº 2.

La composición de *Coplas*, segunda canción de este original díptico para dos voces y piano, está fechada los días 3 al 14 de diciembre de 1949, pocos días antes de *Madrigal*. Su texto pertenece al personaje de Dorotea, en la escena quinta del segundo acto de *La Dorotea*, de Lope de Vega:

Madre, unos ojuelos vi,
verdes, alegres y bellos.
¡Ay, que me muero por ellos,
y ellos se burlan de mí!

Las dos niñas de sus cielos
han hecho tanta mudanza,
que la color de esperanza
se me ha convertido en celos.
Yo pienso, madre, que vi
mi vida y mi muerte en ellos.
¡Ay, que me muero por ellos,
y ellos se burlan de mí!

¿Quién pensara que el color
de tal suerte me engañara?
Pero ¿quién no lo pensara
como no tuviera amor?
Madre, en ellos me perdí,
y es fuerza buscarme en ellos
¡Ay, que me muero por ellos,
y ellos se burlan de mí!

 Este texto ocupa un lugar destacado en el género de la canción de concierto española desde que Eduardo Toldrá en 1942 lo utilizara admirablemente en *Madre, unos ojuelos vi*, perteneciente a sus *Seis canciones sobre poemas del Siglo de Oro*. El dúo que compone Bacarisse incluye el texto original completo y sigue una estructura —dividida en cinco secciones musicales claramente definidas— de lied estrófico combinada con componentes de lied desarrollado. La simetría resultante de la estructura de las cinco secciones (A-B-C-B'-A'), que comprenden cada una de ellas cuatro versos del poema, revela un trabajo de planificación formal concebido concienzudamente.
 La canción, compuesta en la tonalidad de Sol menor, comienza con la nota Sol sostenida en solitario por un

calderón en la zona grave del teclado. En compás de 2/4 y movimiento «Allegretto» las dos voces entonan simultáneamente el mismo texto a distancia de tercera entre los compases 2 y 10, y a distancia de sexta entre los compases 11 y 13. En esta sección A (comp. 1-13), el piano opone al canto terceras en ambas manos que se mueven en un apacible «legato» en valores de negra principalmente. La sección B (comp. 14-29) rompe el movimiento homofónico de ambas voces para establecer un cambiante juego contrapuntístico en el que no falta la utilización ocasional del canon. El acompañamiento pianístico se dinamiza desarrollando armonías en movimiento de corcheas en la mano izquierda que se oponen a los acordes de la mano derecha, en un ejemplo de escritura bastante convencional. Tras un breve reposo sobre la tonalidad de Fa menor, se da paso a la sección C (comp. 30-42), cuya parte pianística sigue una línea de escritura muy similar a la segunda.

Las voces por su parte se alternan cantando cada una dos versos en solitario: la voz aguda comienza su intervención cantando el verso 9, siendo respondida por el verso 10 a cargo de la voz grave, mientras que con los versos 11 y 12 asistimos a idéntico juego de alternancia entre voces, un formato de combinación voz-texto que no había aparecido aún en este díptico. Esta sección culmina sobre un acorde de Do menor, que da paso a la cuarta sección, B' (comp. 43-58), que no es sino una repetición de la sección B transportada una tercera superior. Esta sección desemboca en un acorde de séptima sobre la dominante de Sol menor que prepara la última sección, A' (comp. 59-71) repetición de la primera pero con el texto de los cuatro últimos versos.

6.17. Mira, gentil dama

La canción *Mira, gentil dama* op. 67 nº 3, con acompañamiento de piano o de arpa, forma parte —junto a *Cántica de loores*[274] y *Por amor e loores de una señora*[275]— del grupo *Tres canciones medievales,* publicado en 1970 por Unión Musical Española. Se desconocen datos sobre su primera audición. Dedicada a Miguel de Villabella, está compuesta sobre el siguiente texto del portugués García de Resende (1470-1536):

Mira gentil dama
el tu servidor,
cómo está tan triste
con tanto dolor.

Mira que merezo
no ser desamado
ni tan olvidado
pues tanto padezo.

Y pues con dolor
mi vida te llama
mira gentil dama,
el tu servidor.

Pues tu hermosura
causó mi dolor,
mira mi tristura
y tu disfavor.

---

274 Apartado 6.6.
275 Apartado 6.21.

No trates peor
el que más te ama,
mira gentil dama,
el tu servidor.

    Este poema de carácter amoroso da pie a una composición de forma desarrollada y estructura tripartita A-B-C. Bacarisse recurre a la libre repetición de algunos versos, como ocurre con el tercero y cuarto —»cómo está tan triste / con tanto dolor»—, repetidos en los compases 8-10, el duodécimo —»el tu servidor»—, repetido en los compases 17-18, o los dos últimos versos del poema —»mira gentil dama / el tu servidor»—, cuya repetición se produce en los dos últimos compases de la canción.
    Una introducción pianística de cuatro compases presenta acordes arpegiados en ambas manos, lo que constituye el rasgo compositivo predominante en el acompañamiento de esta canción. Dichos arpegios en el piano, como apoyo armónico a una sencilla línea vocal que se desenvuelve en un «legato» de carácter muy expresivo, son los elementos que dominan las dos secciones extremas A (comp. 5-14) y C (comp. 19-28), cuyo carácter —»Adagio dolente»— y la escritura de carácter arcaizante guardan conexión con el sentido expresivo y con la época medieval del poema de García de Resende. Un acusado contraste con estas dos secciones, en la tonalidad de Mi menor, se produce en la breve parte central B (comp. 15-18), muy especialmente en los compases 15 y 16, correspondientes a los versos 9-11 —»Y pues con dolor / mi vida te llama / mira gentil dama»—, en los que la línea melódica se torna quebrada, el tempo se agita —»poco string.»—, la dinámica crece hasta el «forte» y los arpegios del piano dan paso a abruptas modulaciones, amplían su extensión, y se refuerzan con acentos.

6.18. Cuatro cantarcillos

En 1952 compone Bacarisse, sobre poesías anónimas de los siglos XV y XVI, *Cuatro cantarcillos* op. 68a para voz y piano, obra editada en 1954 por Unión Musical Española (Madrid). Su primera audición española tuvo lugar en el Conservatorio de Música y Declamación de Valencia el 12 de diciembre de 1953, en un concierto organizado por Juventudes Musicales Españolas, en la voz de la soprano Emilia Muñoz con el acompañamiento pianístico de Margarita Conde.

El mismo año de la composición de *Cuatro cantarcillos*, Bacarisse realiza una versión para voz y orquesta de cuerda, catalogada con el nº de opus 68b y con idéntico título que la obra original. Además, en 1962 el compositor lleva a cabo una transcripción para canto y arpa de las tres primeras canciones pertenecientes a *Cuatro cantarcillos* para canto y piano, que cataloga con el nº de opus 68c nº 1-3. Esta versión para arpa y piano fue estrenada el 7 de abril de 1962 por la soprano Amparito Péris y la arpista Solange Renie, en un concierto que tuvo lugar en el Instituto Hispánico de París.

La característica principal de estas cuatro miniaturas para voz y piano es la sencillez de un estilo arcaizante que busca conectar musicalmente con la época de los textos en que se basan. La primera canción lleva por título ¿Por qué me besó Perico? y está compuesta sobre una poesía contenida en la antología de *Villancicos y canciones a tres y a cuatro* de Juan Vásquez (Osuna, 1951):

¿Por qué me besó Perico?
¿Por qué me besó el traidor?
Dijo que en Francia se usaba

y por eso me besaba
y también porque sanaba
con el beso su dolor.
¿Por qué me besó Perico?
¿Por qué me besó el traidor?

    Estos ocho versos se reparten en los veinticuatro compases de esta miniatura cuya estructura compositiva —A-A'-A''-A'''— presenta una calculada simetría. Cada una de las cuatro secciones de la canción abarca exactamente cuatro compases y dos versos del poema. Las dos secciones A' (comp. 9-12) y A'' (comp. 13-16), que ocupan el lugar central, resultan idénticas en lo musical con diferente texto. Por su parte, las dos secciones A (comp. 5-8) y A''' (comp. 21-24), que ocupan las partes extremas, cuentan con idéntico texto y melodía, pero presentan importantes variantes en el acompañamiento pianístico que afectan decisivamente al carácter de la música. Entre las dos secciones extremas y las dos centrales existen además variantes en la melodía. Ambas vienen precedidas por cuatro compases instrumentales que se repiten exactamente en los dos casos. Nos encontramos por tanto ante una estructura compositiva de lied estrófico en el que las modificaciones musicales se encuentran en unos casos en la parte melódica y en otros en el acompañamiento instrumental.

    La introducción pianística (comp. 1-4) afirma con rotundidad la tonalidad de Do mayor con marcados acordes y establece el modelo de frase de cuatro compases —en el que se alternan los compases de 3/4 con los de 1/4— por el que se regirá el resto de la canción. La sección A' presenta leves variantes en la melodía —que en toda la canción gravita insistentemente sobre la nota Sol—, y significativas en el acompañamiento, caracterizado por la escritura de terceras descendentes en pulso de negra en ambas manos del pianista. Tras la repetición exacta de los cuatro compases introductorios a modo de interludio (comp. 17-20), el tempo «Allegro non tanto» inicial pasa a «Più lento» en el compás 21, en el que melodía, texto y mano derecha del piano, repiten los cuatro primeros compases de la voz, pero la mano izquierda del acompañamiento introduce un abrupto y sorprendente choque bitonal que rompe completamente con el clima armónico de la canción. Se trata de un ilustrador ejemplo de cómo una simple modificación armónica influye decisivamente en el carácter musical de una composición.

El segundo de los *Cuatro cantarcillos* toma su texto del *Cancionero musical de los siglos XV y XVI* publicado por Francisco Asenjo Barbieri en Madrid en 1890, y lleva por título *Sol, sol, gi gi*:

Sol, sol, gi, gi, A B C
enamoradico vengo
de la sol fa mi re.
Iba a ver a mi madre
a quien mucho amé;
Íbame cantando
lo que os diré
Sol, sol, gi, gi, A B C,
enamoradico vengo
de la sol fa mi re.

Se trata de un poema de carácter popular y estudiantil, con un tono cercano a lo humorístico que emana de la utilización de los nombres de las notas musicales. Nos encontramos ante una forma de lied, con estructura tripartita A-B-A' que en este caso asigna los tres primeros y los tres últimos versos del poema a las secciones A (comp. 3-17) y A' (comp. 34-49), respectivamente, coincidentes tanto en texto como en música, mientras que la sección intermedia B (comp. 18-33) comprende los cuatro versos centrales del texto. A pesar de la armadura con dos sostenidos, la canción comienza insistiendo en el acorde perfecto sobre tónica de Sol mayor y no modula a Re mayor hasta los últimos compases de la sección A.

Bacarisse emula el tono ligero del texto en los compases 14 a 16, asignando a cada uno de los nombres de las notas musicales presentes en el poema, el sonido musical correspondiente[276]. Al igual que ocurría en la canción inmediatamente anterior, en la sección central el compositor recurre a una escritura pianística que se mueve en terceras en las dos manos. La sección B finaliza en la dominante de Sol mayor, que es la tonalidad en la que se inicia la sección A' en el compás 34. Dicha sección A' consiste en una repetición exacta de la sección A, a la que se añade como colofón un acorde perfecto sobre la tónica de Re mayor, «fortissimo», que sirve como contundente conclusión a esta desenfadada y sencilla canción.

El tercero de los *Cuatro cantarcillos* de Salvador Bacarisse se titula *Agora que sé de amor* y el poema que le sirve como base, extraído de *la Recopilación de sonetos y villancicos a cuatro y a cinco* voces, llevada a cabo en 1560 por Juan Vásquez en Sevilla, es el siguiente:

---

[276] Un precedente de este procedimiento aparece en la canción de Maurice Ravel titulada *Sur l'herbe*, que el compositor de Ciboure escribe en 1907 basándose en un poema de Paul Verlaine (1844-1896). En ella, encontramos dos pasajes, en los compases 10 y 20, en los que a las notas musicales presentes en el texto se les asignan sus correspondientes sonidos musicales.

¿Agora que sé de amor
me metéis monja?
¡Ay, Dios, qué grave cosa!
Agora que sé de amor
de caballero,
agora me metéis monja
en el Monasterio.
¡Ay Dios, qué grave cosa!

    El carácter quejumbroso del poema se vierte en una sencilla canción de carácter doliente, conseguido a través de una línea vocal de largas frases y melodía en «legato». El papel del piano es el de mero sostén armónico, con una escritura muy depurada, pero sin embargo eficaz, a la hora de recrear el desolado ambiente sonoro de música y texto. La estructura de la canción es igualmente sencilla y responde a un irregular planteamiento bipartito A-B, llevado a su consecución con gran libertad por parte del compositor. La característica más destacable de esta estructura consiste en la intensificación sonora, y por ende, expresiva, llevada a cabo en la segunda sección (comp. 16-30) respecto a la primera (comp. 3-15), de carácter más resignado.

    La canción da comienzo, «Adagio», con dos acordes perfectos sobre la tónica de la tonalidad principal, La menor. La línea vocal se mueve, desde su entrada en el tercer compás, por intervalos cortos y entrelazando consecutivas frases largas de carácter «legato». La citada intensificación expresivo-sonora, llega en el compás 16 con el comienzo de la sección B, en dinámica «forte» y escritura vocal más aguda, con lo que la pregunta del primer verso —traducida con carácter resignado y dinámica «piano» al comienzo de la canción— se torna en una súplica desesperada en la segunda sección, perdiendo fuerza a medida que la canción se acerca al final. Aquí las dos secciones convergen, dado que los cinco últimos compases plantean una repetición musical de los compases 11 al 15, siendo además su texto —correspondiente a los versos 3 y 8, respectivamente— idéntico. El compositor recurre a la licencia de incluir en su canción algunas repeticiones del texto del poema, como la palabra «agora» en los compases 5-6, la frase «me metéis monja» en los compases 8-10, y nuevamente la palabra «agora» en los compases 20-21.

El texto de la cuarta canción de este grupo, *Al alba venid, buen amigo*, proviene, al igual que lo hacía la segunda, del *Cancionero musical de los siglos XV y XVI* publicado por Francisco Asenjo Barbieri en Madrid en 1890. Este poema se encuentra también en la canción homónima de Fernando Remacha, segunda del tríptico *Dos cantares y un cantarcillo*[277].

Al alba venid, buen amigo,
al alba venid.
Amigo, el que yo más quería,
venid al alba del día.
Amigo el que yo más amaba,
venid a la luz del alba.
Venid a la luz del día,
non trayáis compañía.
Venid a la luz del alba,
non traigáis gran compaña.

Aunque predominan los versos de ocho sílabas, se trata de un ejemplo de villancico con versos fluctuantes, perteneciente a la tradición poética amorosa de la alborada o canto del

---
277 Apartado 8.3.

anhelado encuentro de dos amantes en dicho momento del día. Aquí, la última palabra del poema, «compaña», se refiere a «criados»; la enamorada, buscando la mayor discreción, no desea la presencia de criados centinelas que vigilen el encuentro amoroso, muy posiblemente de carácter adúltero. Sin embargo, Bacarisse comete un error de transcripción del poema, pues incluye en dos ocasiones (compases 15 y 17-18) el término «compañía», cuando la segunda vez debería de ser «compaña».

Nos encontramos ante una sencilla estructura tripartita, en la que la sección B (comp. 9-13) guarda cierta relación armónica y melódica con las secciones extremas A (comp. 1-8) y A' (comp. 14-18). En realidad se podría entender la línea vocal de esta canción como un todo conformado por una melodía repetida con variantes, más acusadas en el caso de la sección B y mucho menos en el de la sección A'. Pero lo verdaderamente relevante en esta original composición es el acompañamiento pianístico, que presenta armaduras diferentes para cada mano, en un nuevo ejemplo de la predilección de Bacarisse por la utilización de la bitonalidad. Las tonalidades de Mi b mayor en la mano derecha y de Mi mayor en la izquierda, chocan bruscamente a lo largo de toda la canción, separadas por un semitono de distancia, produciendo un efecto sonoro tan extraño como sugerente, que en cualquier caso resulta eficaz para subrayar el carácter secreto y prohibido del encuentro amoroso sugerido en el texto (Ejemplo 39). La parte vocal está escrita en la misma tonalidad de la mano derecha del piano, Mi b mayor, y por tanto se enfrenta a la tonalidad de Mi mayor de la mano izquierda del acompañamiento.

Ejemplo 39: Primeros compases de *Al alba venid buen amigo*, de Salvador Bacarisse

6.19. Canción al estilo popular

En octubre de 1952 Salvador Bacarisse finaliza la composición de *Tres canciones al estilo popular* op. 75. Fruto de la colaboración del músico con el polifacético escritor Antonio Porras Márquez (1886-1970), dentro de las emisiones en español de la Radiodiffusion Télévision Française de París, estas canciones fueron escritas para el sainete radiofónico titulado *Desayuno en el campo*. De ellas tan sólo se conserva la partitura de la tercera, que ha llegado a nosotros bajo el título de *Canción al estilo popular* op. 75 nº 3. Dado que su texto no es sino un fragmento de un sainete radiofónico, desconocemos si posee forma de verso o de prosa, por lo que la disposición en forma de poema propuesta a continuación ha de tomarse como una mera posibilidad:

Ese que en su mula roja
traspone el cerro
es el que me quita el sueño.
Como junco entre los juncos,
como perdigón en celo,
hombre entre los hombres,
madre, mi bandolero.

En las aguas de mis ojos
se miró con sed su cielo
y las bebió para nubes
y en mi corazón llovieron.
Míralo cómo me lleva
en volandas por los cerros,
al hilo de sus miradas
¡que le quiero!
Mulilla la bien montada,
mulilla roja
No puedo ya dormir sola.

    Esta canción comprende seis secciones bien diferenciadas —A-B-C-B'-D— y se corresponde con la forma de rondó libre, en el que dos pasajes —B y B', comp. 7-10 y 18-21— de cuatro compases cada uno, repetidos con idéntica música pero diferente texto, hacen las veces de estribillo. El carácter popular indicado en el título de la canción viene dado de la presencia del estribillo repetido dos veces y por la inclusión de giros andalucistas en la melodía, contribuyendo a ello también una tesitura de la parte vocal poco exigente, así como un acompañamiento pianístico muy sencillo y sin personalidad propia, que actúa como mero soporte armónico de la voz.

    La canción comienza —»Lentamente»— con la dominante de la tonalidad principal —Si b menor— que el piano deja escuchar dos veces en la región grave del teclado. Cinco compases más en los que la voz enuncia frases ascendentes y descendentes de corte popular, conforman la primera sección (A, comp. 1-6) y dan paso al estribillo (B, comp. 7-10), cuyo tempo más dinámico —»Más deprisa», indica el compositor— contrasta con el de las secciones impares, más pausadas. La tercera sección (C, comp. 11-17) retoma el movimiento lento del inicio, y su melodía repite la de los dos primeros compases durante un compás y medio, para seguir posteriormente su propio camino. Un nuevo cambio de tempo —»Más deprisa»— anuncia la segunda entrada del estribillo (B', comp. 18-21), ahora con diferente texto. La última sección de esta breve canción (D, comp. 22-26) finaliza con la repetición del diseño melódico escuchado al comienzo de las dos restantes secciones impares, que actúa como elemento cohesionador entre ellas. A través de este rasgo temático común que encontramos en los compases 2-3, 5-6, 11-12 y 25-26, Bacarisse vincula entre sí las tres diferentes secciones que se alternan con el estribillo, dotando así de una mayor unidad a su canción, un detalle propio de un compositor siempre preocupado por la cohesión formal de sus obras.

6.20. El delfín

La génesis de esta obra es muy similar a la estudiada en el apartado anterior. Salvador Bacarisse continúa aquí su colaboración con Antonio Porras Márquez con las ilustraciones musicales para una nueva comedia radiofónica del polifacético escritor, titulada *Los locos de la Rivera* o *Canción de la pájara pinta*. Se trata de cinco números musicales compuestos para dos voces con acompañamiento de piano entre el 13 y el 21 de enero de 1953, en los que dos personajes, Luz y Graciosa, protagonizan una comedia perteneciente al género músico-teatral. Su estreno tuvo lugar el 28 de abril de 1953, a cargo de las cantantes Amparito Péris y Manolita Soler, a través de una retransmisión de la Radiodiffusion Télévision Française de París. De los cinco movimientos que componen esta comedia musical, Bacarisse registró en la Societé des Auteurs de París el segundo, titulado *El delfín*, como obra independiente para dos voces con acompañamiento de piano, catalogado como op. 78a nº 2, que es la obra estudiada en este apartado. Existe además una transcripción de esta obra para canto y arpa, realizada por el compositor, con idéntico título y número de opus 78b nº 2, cuyo estreno tuvo lugar el 7 de abril de 1962 en el Instituto Hispánico de París, a cargo de la soprano Amparito Péris y la arpista Mireille Flour. El siguiente texto de Antonio Porras es la base de la composición de *El delfín*:

> Raro delfín grande y negro,
> que navega las olas,
> brillante al lomo el viento.
> Con la mar en los brazos
> te busco amada
> y soy yo los furores
> del mar que avanza.
> Con las palmas crecidas
> de juncos finos
> hago playa a tus voces,
> amante mío.
> Raro delfín duro y negro,
> que de noche me llevas,
> valiente, cara al viento.

La estructura musical de esta canción para dos voces con acompañamiento de piano responde a una forma tripartita A-B-A'. Aunque se desconoce la configuración original de este texto, y la distribución en versos aportada es una mera propuesta, se puede adivinar una disposición en forma de poema gracias, especialmente, a los ocho versos centrales. Éstos se encuentran en la posición intermedia de la canción, ocupando la sección B (comp. 14-33), y en la disposición propuesta alternan versos heptasílabos con pentasílabos, lo cual daría lugar a dos seguidillas o estrofas de cuatro versos de rima asonante, los impares heptasílabos y los pares pentasílabos. Por su parte, la sección A (comp. 1-14) comprende los tres primeros versos del texto transcrito, mientras que su repetición variada en los últimos compases de la canción, la sección A' (comp. 34-47), está compuesta sobre los tres últimos versos del texto o poema.

Al igual que ocurría en *Deux chansons classiques espagnoles*[278], Bacarisse explota en *El delfín* diversas posibilidades que emanan de la utilización de dos voces en su canción. Al comienzo de ésta, ambas líneas melódicas se contestan en forma de canon a la octava, separadas por dos compases, e idéntico canon encontramos en la sección A', entre los compases 36 al 40. En la sección central las voces no se mueven homofónicamente sino superponiéndose con plena libertad e independencia la una de la otra, y abordando además fragmentos diferentes del texto que se encabalgan entre ellos conducidos por el movimiento de las voces.

La canción está compuesta en Do menor, y su movimiento, «Andante tranquillo», viene establecido por la escritura pianística, que desde los dos compases introductorios se mueve en un cómodo pulso de semicorcheas en la mano derecha. Dicho movimiento de semicorcheas arpegia y desarrolla armonías que se complementan con los acordes de la mano izquierda, mostrando el conjunto un carácter de soporte armónico, «armonioso e dolce», de las líneas vocales. Éstas se mueven principalmente en intervalos cortos y forman líneas ondulantes

---

[278] Apartado 6.16.

que responden musicalmente a las olas marinas aludidas en el texto. El sugerente carácter amoroso de éste se refleja en una música melancólica conducida con un lenguaje musical sencillo, basado en dos melodías integradas en una estructura y un contexto armónico tradicionales, sin ningún tipo de intención innovadora. Lejos de experimentaciones sonoras, Bacarisse responde a un texto, que, como parte de una comedia con música, está destinado a una emisión radiofónica.

6.21. Por amor e loores de una señora

Se trata de la tercera de las canciones editadas en 1970 por Unión Musical Española bajo el epígrafe *Tres Canciones Medievales*, junto a *Cántica de loores* op. 32[279] y *Mira, gentil dama* op. 67 nº 3[280]. *Por amor e loores de una señora* op. 86, de cuyo posible estreno se desconocen los datos, fue compuesta entre los días 13 y 15 de julio de 1953, sobre una cantiga del toledano Alfonso Álvarez de Villasandino (c. 1340-50-c. 1424), representante de la poesía cortesana de su tiempo y uno de los poetas más relevantes que tuvieron lugar entre 1370 y 1420. Este poema lleva como encabezamiento *Cantiga que fizo Alfonso Alvarez por amor e loores de una su señora*, y Salvador Bacarisse prescinde para su canción de los ocho últimos versos, razón por la que éstos se reproducen en cursiva.

Visso enamoroso,
Duelete de mi,
Pues bivo pensoso
Desseando a ti.

---

279 Apartado 6.6.
280 Apartado 6.17.

La tu fermosura
Me puso en prision,
Por la cual ventura
Del mi coraçon.

Nos parte tristura
En toda sazon:
Por en tu figura
Me entristece assi.

Todo el mi cuidado
Es en te loar,
Quel tienpo passado
Non posso olvidar:
faras aguissado
De mi te menbrar,
Pues sienpre de grado
Leal te serví.

Estoy cada dia
Triste sin plazer;
Si tan solo un dia
Te pudiesse ver,
Yo confortar me ía
Con tu parescer;
Por en cobraria
El bien que perdi.

Razonando en tal figura
La aves fueron bolando;
Yo apres de una verdura

Me falle triste cuidando:
E luego en aquella ora
Me menbro gentil señora
A quien noche e dia adora
Mi coraçon sospirando.

Nos encontramos ante una calculada y simétrica estructura en espejo —A-B-C-B'-A'— que comparte características tanto del lied estrófico como del desarrollado y delata las inquietudes formales de Bacarisse. La canción, compuesta en la tonalidad de Si b menor, presenta una armonía tonal plagada de disonancias. Los dos compases instrumentales introductorios —»Lento molto»— presentan una abigarrada escritura pianística polifónica integrada por siete voces, lo que supone un infrecuente ejemplo dentro del acompañamiento pianístico de la canción de concierto. Este formato de escritura pianística, en el que dos voces de cometido melódico más activo destacan sobre el resto de voces que forman armonías, se mantiene a lo largo de toda la canción. Sobre esta densa textura del piano, la voz hace su entrada en el tercer compás chocando en abierta disonancia la nota Sol b de la mano izquierda del piano con la nota Sol becuadro de la melodía cantada. Ésta desarrolla una línea áspera y quebrada que se encuentra muy lejos de lo que cabría esperar del tono abiertamente amoroso del poema. Es por ello que el estilo de esta canción guarda conexión con el neoclasicismo stravinskiano, en el que la música posee un sentido por sí misma y no busca expresar sentimientos. Nos encontramos por tanto ante un tipo de relación poético-musical neutra, en el que ambos elementos no guardan, al menos aparentemente, una relación expresiva.

La sección A (comp. 3-6) finaliza en la tónica de la tonalidad principal, mientras que la sección B (comp. 7-11) lo hace en la dominante. Dos compases pianísticos hacen las veces de interludio (comp. 12-13) —»con grande espressione»— y anticipan la melodía cantada por la voz, una octava más grave, en la sección C (comp. 14-18). La sección B' (comp. 19-23) consiste en una variante de la sección B, mientras que la sección A' (comp. 24-28) supone una repetición de los cuatro primeros versos del poema y de la música de la sección A. En ambas secciones, A y A', el compositor recurre a la licencia de repetir la primera palabra del poema, «Visso», lo que consigue un efecto enfático sobre dicha palabra. La tesitura de esta canción —en la que la preocupación por cuestiones formales, como estructura y unidad, predominan sobre la intención expresiva— es bastante central.

6.22. El oasis

Salvador Bacarisse compone entre los días 3 y 4 de enero de 1954 dos canciones sobre poemas de Juan Ramón Jiménez (1881-1958), tituladas *Luna feliz* y *El oasis*, al igual que los poemas en los que se basan. Este díptico no se conserva completo pues la partitura de la primera canción se ha perdido, conservándose tan sólo la segunda, *El oasis* op. 91 nº 2, de cuyo estreno, si es que tuvo lugar, se desconocen los datos. Se basa en un poema perteneciente al libro de Juan Ramón Jiménez titulado *La estación total con Las canciones de la nueva luz (1923-1936)*. A partir de poemas escritos en España entre 1923 y 1936, la editorial Losada publicó en 1946 esta antología que ejemplifica el estilo del segundo periodo poético de Juan Ramón[281]. Salvador Bacarisse renuncia a poner en música la tercera estrofa completa y los tres versos y medio —dos

---

281 Libro reeditado por Tusquets en 1994: JIMÉNEZ, Juan Ramón: *La estación total con Las canciones de la nueva luz (1923-1936)*. Barcelona: Tusquets, 1994.

en la primera estrofa, y uno y medio en la segunda— que se encuentran entre paréntesis en el poema original (razón por la que se reproducen aquí en cursiva), finalizando su canción con la repetición de los dos primeros versos, así como del último:

Verde brillor sobre el oscuro verde.
Nido profundo de hojas y rumor,
donde el pájaro late, el agua vive,
y el hombre y la mujer callan, tapados
(el áureo centro abierto en torno
de la desnudez única)
por el azul redondo de la luz sola
en donde está la eternidad.

Pabellón vivo, firme plenitud,
para descanso natural del ansia,
con todo lo que es, fue, puede ser,
abierto en concentrada suma;
abreviatura de edén sur,
fruta un poco mayor *(amparo solo*
de la desnudez única)
en donde está la eternidad.

Color, jugo, rumor, curva, olor ricos
colman con amplitud caliente y fresca,
total de gloria y de destino,
la entrada casual a un molde inmenso
(encontrado al azar de horas y siglos,
para la desnudez única)
mina libre de luz eterna y sola
en donde está la eternidad.

Nos encontramos ante una forma de lied desarrollado dentro de una estructura tripartita, A-B-A', con dos secciones principales, A (comp. 1-27) y B (comp. 28-51), una para cada estrofa del poema, seguidas de una recapitulación abreviada de la primera sección —A' (comp. 52-67)—, empleando para ella los dos primeros y el último verso de la primera estrofa. El rasgo compositivo más relevante de *El oasis* es la utilización de la bitonalidad, con un acompañamiento pianístico escrito con dos armaduras diferentes, una para cada mano, al igual que ocurría en *Al alba venid*[282]. En este caso la armadura de la mano derecha cuenta con dos sostenidos, mientras que la de la mano izquierda tiene cinco bemoles (Ejemplo 40). Por su parte la voz cantada está escrita con la misma armadura que la mano derecha del piano y se identifica armónicamente con ésta. El choque entre dos tonalidades tan cercanas como Re mayor y Re b mayor produce un efecto musical tan misterioso e indefinido como el poema que sirve de base a esta canción.

Ejemplo 40: Primeros compases de *El oasis*, de Salvador Bacarisse

Bacarisse refleja la sensación de intemporalidad presente en la poesía de Juan Ramón Jiménez, no sólo a través de la indefinición creada por la utilización de la bitonalidad, sino también

---

282 Cuarta canción de *Cuatro cantarcillos*, apartado 6.18.

recurriendo a una escritura pianística minimalista, caracterizada por la repetición, de principio a fin, de acordes en valores de blanca y negra, tempo «Andante». El citado rasgo minimalista viene tanto del ritmo blanca-negra repetido invariablemente, de forma casi hipnótica, a lo largo de toda la canción, como de las armonías sostenidas en el tiempo, mantenidas durante largas secciones sin cambio alguno.

En la mitad de la sección B, Bacarisse anota «cresc. poco a poco» hasta llegar al «forte» con que finaliza dicha sección, que coincide con la palabra «eternidad». La línea vocal, en una cómoda tesitura central, está caracterizada por un melodismo basado en frases largas que han de interpretarse con un adecuado «legato» capaz de flotar sobre el ambiente estático creado por el piano.

6.23. En los profundos valles de la tierra

El 7 de octubre de 1955 compone Salvador Bacarisse *En los profundos valles de la tierra*, canción para voz y piano catalogada como op. 100(II). El texto, obra de Aitana Alberti (1941) —hija de Rafael Alberti—, es el siguiente[283]:

También hay niños que lloran,
no los he visto pero lloran
y tienen inflamadas las pupilas
de horror y de miseria
y tienen los dedos helados
como garfios sangrantes
y tienen las bocas desdentadas.

---

[283] La distribución de versos y estrofas aquí ofrecida es una mera presunción.

También hay niños que claman,
no los he visto, pero claman
y están solos, sin nadie,
mirando el pan ajeno,
y están llenos de llagas y de piojos,
y están abandonados.

También hay niños que mueren,
no los he visto, pero mueren
y caen entre los pastos quemados,
con los ojos abiertos, sin mirada,
y caen entre las aguas de los ríos
y los cañaverales,
y caen destrozados en el cieno
y caen destrozados en el alba.

Se trata de un poema de temática social que, lejos de los cánones de la rima, denuncia la miseria infantil traducida musicalmente en un intenso cromatismo de corte expresionista, similar al utilizado por uno de los más grandes maestros del género liederístico, Hugo Wolf (1860-1903), en muchas de sus canciones. La escritura de esta canción de Bacarisse se encuentra impregnada de principio a fin de un exacerbado cromatismo, presente tanto en la parte vocal como en la pianística (Ejemplo 41).

Ejemplo 41: Primeros compases de *En los profundos valles de la tierra*, de Salvador Bacarisse

La estructura presenta una forma de lied en tres partes —una para cada estrofa del poema—, en la que la tercera sección (A', comp. 23-37) consiste en una recapitulación variada de la primera (A, comp. 1-13), trasportada un semitono ascendente, mientras la sección central (B, comp. 13-22) se basa en material temático nuevo. El diseño de seis notas —las cuatro primeras separadas por semitonos descendentes— ejecutado por la mano derecha del piano en el primer compás, es repetido por la voz en su entrada en el compás 4. El primer periodo de la sección A (comp. 1-10) consiste en material temático derivado de estas seis notas, mientras que en el segundo periodo de dicha sección (comp. 10-13), el cromatismo cede el paso a una escritura vocal semideclamada en la que abundan las notas repetidas, una para cada sílaba del texto cantado. El piano acompaña dicha escritura semideclamada de la voz con acordes sobre una nota pedal La, repetida en la zona grave del teclado, que se convierte en la característica definitoria de la textura pianística de la sección central. El segundo periodo de la tercera sección —A'— incide en el pasaje de escritura vocal silábica sobre notas repetidas de forma mucho más insistente que en la sección A. La nota pedal en la región grave del teclado pasa a ser un Si b, que se deja escuchar hasta que tres compases antes del final reposa sobre la nota La y un breve postludio pianístico de dos compases remata la canción.

Tanto el intenso cromatismo presente en esta obra, como la ocasional escritura vocal silábica y semideclamada sobre repeticiones de notas, son recursos propios del estilo expresionista, que resultan apropiados para un texto no exento de dramatismo. *En los profundos valles de la tierra* supone tanto la exploración de una estética que aún no había sido experimentada plenamente por Bacarisse en el ámbito de la canción, como una muestra de su capacidad de adaptación a los más variados recursos estilísticos en respuesta a textos de diversa índole expresiva.

6.24. Complainte de Romulus

Entre 1958 y 1968 el escritor y crítico dramático francés André Camp, especialista en el mundo ibérico y a la sazón director de las emisiones en español de la Radiodiffusion Télévision Française de París, escribió una serie de obras radiofónicas que contaron con ilustraciones musicales de Salvador Bacarisse. Del 24 de marzo de 1958 data la canción *Complainte de Romulus* (Lamento de Rómulo) op. 109, que forma parte de la pieza radiofónica de André Camp titulada *Profil de Médailles: Romulus Augustule*. Ese mismo año tuvo lugar su estreno a través de RTF, aunque se desconoce quienes fueron sus intérpretes. Al igual que hace en *Deux mélodies*[284], Bacarisse utiliza el idioma francés en esta canción, cuyo texto original francés —cantado, según indica la partitura, por un personaje nombrado como «L'aveugle» (El ciego)— y su traducción española[285] se reproducen a continuación:

---

284 Apartado 6.28.
285 Traducción de Carmen Torreblanca y José Armenta.

Manants curés, filles publiques,	Curas, villanos, mujeres públicas,
Sénateurs, gamins, prétoriens,	senadores, niños, pretorianos
Oyez l'histoire véridique	oíd la historia verídica
Du dernier empereur romain.	del último emperador romano.
En l'an quatre cent soixante-quinze	En el año cuatrocientos setenta y cinco,
Le trône devenu vacant.	estando vacante el trono,
Ce fut un jeune et gracieux prince	fue un joven y gentil príncipe
Qui l'occupa fort peu de temps.	quien lo ocupó brevemente
Abrégeons notre préambule	Resumamos nuestro preámbulo
Pour expliquer quand et comment	para explicar cuándo y cómo
Romulus, nommé Augustule,	Rómulo, llamado Augústulo,
Fut sacré à moins de seize ans.	fue coronado con menos de dieciséis años.
Son papa, un certain Oreste,	Su padre, un tal Orestes,
Homme sévère, au parler bref,	hombre severo, parco en palabras,
au regard dur, au geste leste,	de mirada dura, de gesto vivo,
Fut promu général en chef.	fue nombrado general en jefe.
Il combattait en Pannonie	Combatía en Pannonia
Quand l'empereur Julius Nepos	cuando el emperador Julio Nepote
Le fit venir en Italie	le hizo venir a Italia,
Mais Julius tomba sur un os.	pero Julio erró el golpe.
Car nommé généralissime	Pues nombrado generalísimo,
Oreste dit à son seigneur:	Orestes dijo a su señor:
«Tu ferais bien Illustrissime	«Ilustrísimo, harías bien
De filer quelque part ailleurs».	en irte a alguna otra parte».
Il mit la main sur la couronne	Puso la mano sobre la corona
Et sur les insignes royaux,	y sobre las insignias reales
Pensant: Puisque Dieu me les donne	pensando: "ya que Dios me los da
Pour un cadeau, c'est un cadeau.	como regalo, regalo es.
Pour moi, j'aime mieux la puissance	Prefiero el poder para mí
Que le titre, vain ornement,	al título, vano adorno;
J'ai un fils encore en enfance	tengo un hijo todavía niño,
Couronnons-le en un moment".	coronémosle de inmediato".

Romulus devient Augustule	Rómulo se convirtió en Augústulo
Et régna grâce à son papa	y reinó gracias a su padre
quelques mois. Ce fut ridicule	algunos meses. Fue ridículo,
Vraiment, le crime ne paie pas!	¡el crimen en verdad no es rentable!
En effet un sieur Odoacre,	En efecto, un tal Odoacro
Roi des Skyres fils d'Édécon	rey de los esciros, hijo de Edecón,
Rêvant de mort et de massacre	soñando con muerte y masacre
Franchit aussi le Rubicon.	cruzó también el Rubicón.
Oreste vaincu meurt victime	Orestes, vencido, muere víctima
D'un désagréable accident.	de un desagradable accidente.
Quant à Odoacre il supprime	En cuanto a Odoacro, aniquila
L'Empire romain d'Occident.	el Imperio Romano de Occidente.
Manants, curés, filles publiques,	Curas, villanos, mujeres públicas,
Sénateurs, gamins, prétoriens,	senadores, niños, pretorianos
Telle est l'histoire véridique	oíd la historia verídica
Du dernier empereur romain.	del último emperador romano

Se trata de un texto, desusadamente largo, que cuenta la historia de Rómulo Augústulo, último emperador del Imperio Romano de Occidente. Su nombre completo fue Flavio Rómulo Augusto, nacido el año 461/463 en Rávena, hijo del general Atila Flavio Orestes, y ascendido a emperador por su padre con el nombre de Rómulo Augusto, aunque debido a su muy corta edad fue conocido despectivamente por sus detractores como Augústulo (pequeño Augusto). Con tan sólo quince años de edad, la presión de los hérulos provocó su deposición, mientras Odoacro, general de aquéllos, reclamó el trono de Italia. Se desconoce la fecha de su muerte, perdiéndose su rastro en el año 476.

El título «Complainte» hace alusión a un género lírico francés —una de las variantes de la «Chanson»— cantado por los trovadores de los siglos XI y XII, compuesto por numerosas estrofas. Se distingue de la «Canción de gesta», pues a diferencia de ésta, que relata epopeyas heroicas y legendarias, la «Complainte» está protagonizada por un personaje, a menudo real, cuyas adversidades e infortunios se convierten en dramáticos, como es el caso de la historia relatada en *Complainte de Romulus*.

Esta larga canción de más de doscientos compases se encuentra muy cercana al estilo de la balada, género narrativo de corte dramático y en algunos casos, declamatorio, cultivado por Franz Schubert y desarrollado muy especialmente por Carl Loewe (1796-1869). Salvador Bacarisse ordena su estructura siguiendo un plan muy elaborado. Una introducción pianística (comp- 1-14) de catorce compases establece el carácter arcaico de la música —acorde con la procedencia y el género literario del texto—, escrita en la tonalidad de La menor, en movimiento «Tranquillement» y compás de 2/4. A partir de la entrada de la voz, cada una de las cuatro primeras estrofas, de cuatro versos cada una, es asignada a una sección musical diferente —A (comp. 16-32), B (comp. 33-46), C (comp. 47-62), D (comp. 63-75)—. Pese a ello, la textura musical permanece uniforme en toda la canción, caracterizada por una sencilla melodía vocal doblada por la mano derecha del piano, mientras la mano izquierda desarrolla un «bajo Alberti» en pulso de corcheas dentro de un contexto tonal.

Un breve y sencillo interludio pianístico de cinco compases (comp. 76-80) separa la primera parte de la canción (comp. 16-75) —que incluye las secciones A, B, C y D— de la segunda parte (comp. 81-142) —que incluye las secciones A' (comp. 81-97), B' (comp. 98-111), C' (112-128) y D' (129-142)—, o repetición variada de las primeras cuatro secciones. El primer interludio aparece repetido en los compases 143-147, para dar paso a la tercera y última parte de esta canción (comp.

148-209). Ésta comienza con una breve sección de un verso y medio (verso 33 y 34 hasta «quelques mois») que musicalmente se basa en la introducción pianística con el añadido de la voz cantando la melodía de la mano derecha del piano. Sigue la sección A" (comp. 157-175), que no es sino una nueva repetición variada de la sección A, que comienza sobre las palabras «Ce fut ridicule» (Fue ridículo) pertenecientes al verso 35, y tras ella reaparece por tercera vez la sección C (C", comp. 176-192), antes de dar paso a la cuarta repetición, sin apenas variaciones, de la sección A (A'", comp. 193-209) sobre los versos 45-48, que suponen una repetición de los cuatro primeros versos, cambiando la frase «Oyez l'histoire véridique» (oíd la historia verídica) del inicio por «Tell' est l'histoire véridique» (oíd la historia verídica) al final. La división que tiene lugar en el verso 35 se debe a que éste contiene el final de una frase y el inicio de otra, separadas por un signo de puntuación, y Bacarisse decide otorgar prioridad a la separación de ambas frases por encima de la distribución en versos, rompiendo así la tendencia general de esta composición.

La canción posee un desarrollo lineal, sin altibajos en la textura musical ni en la expresión, y el compositor no deja que los avatares de la historia narrada en esta balada afecten al carácter de la música, que se mantiene imperturbable de principio a fin de la obra. La melodía vocal resulta de gran sencillez y de muy cómoda tesitura, lo que sin duda constituye un intento de Bacarisse por dar prioridad a la inteligibilidad de la narración del texto por encima tanto del interés de la línea melódica como de cualquier posible lucimiento vocal. Para ello adopta una reproducción del texto que elimina las vocales finales mudas, sustituyéndolas por apóstrofos (jeun', seiz', sévèr', Illustrisim'...), un recurso propio de un género como el de la opereta francesa, pero desusado en la canción de concierto. La finalidad ilustrativa de un texto radiofónico prima aquí sobre cualquier otra intención, si bien el compositor acierta a encontrar el adecuado tono arcaico propio del género literario —»Complainte»— al que pertenece el texto en que se basa esta balada.

6.25. Soneto *de Antonio Machado*

Salvador Bacarisse centra su atención en la poesía de Antonio Machado (1875-1939) para su *Soneto* op. 116, compuesto entre los días 19 y 21 de marzo de 1959. En la parte superior izquierda de la partitura manuscrita leemos la siguiente inscripción del compositor: «En el 20 aniversario de la muerte del poeta en Collioure», recordando el fallecimiento de Machado en dicha localidad francesa. El soneto que sirve de canción es el cuarto poema de *Los sueños dialogados*, una de las parte integrantes del libro *Nuevas canciones (1917-1930)*:

¡Oh soledad, mi sola compañía,
oh musa del portento, que el vocablo
diste a mi voz que nunca te pedía!,
responde a mi pregunta: ¿con quién hablo?

Ausente de ruidosa mascarada,
divierto mi tristeza sin amigo,
contigo, dueña de la faz velada,
siempre velada al dialogar conmigo.

Hoy pienso: este que soy será quien sea;
no es ya mi grave enigma este semblante
que en el íntimo espejo se recrea,

sino el misterio de tu voz amante.
Descúbreme tu rostro, que yo vea
fijos en mí tus ojos de diamante.

Nos encontramos ante una estructura compositiva muy libre, en forma de lied desarrollado. Las cuatro secciones en que se puede dividir la canción —A (comp. 1-12), B (comp. 13-18), C (comp. 19-24) y D (o A', comp. 25-28)— responden más a las características de periodos musicales que a las de secciones con personalidad musical propia y diferenciada del resto, pues esta canción está elaborada como un continuo musical en el que las divisiones más claras son propiciadas por cambios en la armadura: desde la tonalidad de Si b menor del inicio, a la de Fa # menor del compás 13 —armadura con tres sostenidos— y posteriormente nuevo cambio de armadura —sin alteraciones— en el compás 21. Finalmente en el compás 25 se vuelve a la tonalidad del principio pero sin abandonar la armadura sin alteraciones que comenzaba en el compás 21. Otra diferenciación apreciable entre secciones consiste en la profusa utilización de disonancias —dentro de un contexto armónico tonal— en las secciones A y D, mientras las dos secciones centrales, B y C, muestran un lenguaje armónico «biensonante» que contrasta abiertamente con aquellas.

El piano ejecuta dos compases introductorios que establecen la tonalidad principal de Si b menor, tras los cuales la voz aborda en el tercer compás una melodía que comienza imitando el primer compás de la introducción. Bacarisse modifica el poema original al ponerle música, enfatizando el concepto de soledad al añadir este término en dos ocasiones, además de la que encontramos al principio del primer verso:

«oh soledad» en el compás 5 y «¡Soledad!» en el compás 10. El poema expresa la soledad, que aquí es más que un mero sentimiento, para convertirse en una total identificación del yo poético con la vivencia de la soledad. Es también lo que el compositor quiere expresar con su canción, tanto al escoger este poema de Antonio Machado como al añadir dos veces más el término soledad. El poeta personifica la soledad dirigiéndose a ella, lo que Bacarisse enfatiza nuevamente al repetir, con parecida interválica, la palabra «contigo» del verso 7 en el compás 15.

En la sección final encontramos una breve recapitulación muy variada pero perfectamente reconocible, del comienzo de la primera sección. Es por ello que denominamos a esta sección como D, pero entre paréntesis se indica A', pues el material temático no es nuevo, si bien, dada la brevedad de esta última sección —tan sólo los cuatro compases finales—, no existe espacio para más que la mera cita temática de la sección A, a modo de recapitulación antes del desenlace.

Si bien las disonancias presentes en las secciones A y D confieren un componente expresionista a esta canción, las secciones B y C, más complacientes desde el punto de vista armónico, resultan igualmente expresivas, y en su conjunto este *Soneto* de Bacarisse busca plasmar musicalmente la expresión de la soledad hasta el punto de la identificación absoluta con ella. La subjetividad neorromántica de esta composición tiene por tanto como objetivo la transmisión de sentimientos y emociones, en este caso el de la soledad, con la que el compositor en su obligado exilio parisino posiblemente se sentiría muy identificado.

6.26. Dos poemas *de Blas de Otero*

Entre los días 25 y 29 de mayo de 1959 compone Salvador Bacarisse en París *Dos poemas de Blas de Otero* op. 118, para voz y piano. Se trata de dos canciones cuyos títulos son, respectivamente, *Ni una palabra* y *León de noche*, ambas basadas en sendos poemas pertenecientes al libro del poeta bilbaíno Blas de Otero (1916-1979) *Pido la paz y la palabra*, editado en 1955 por Cantalapiedra en Santander. El texto original de la primera canción de este díptico, *Ni una palabra*, cuyo estreno tuvo lugar en la Biblioteca Española de París el 24 de mayo de 1960 por María Cid (soprano) y Nadine Combet (piano), es el siguiente:

Ni una palabra
brotará en mis labios
que no sea
verdad.
Ni una sílaba,
que no sea
necesaria.
Viví
para ver
el árbol
de las palabras, di
testimonio
del hombre, hoja a hoja.
Quemé las naves
del viento.
Destruí
los sueños, planté

palabras
vivas.
Ni una sola
sometí: desenterré
silencio, a pleno sol.
Mis días
están contados,
uno,
dos
cuatro
libros borraron el olvido,
y paro de contar.
Oh campo,
oh monte, oh río
Darro: borradme
vivo.
Alzad,
cimas azules de mi patria,
la voz.
Hoy no tengo una almena
que pueda decir que es mía.
Oh aire,
oh mar perdidos. Romped
contra mi verso, resonad
libres.

Los versos 37 y 38, «Hoy no tengo una almena / que pueda decir que es mía», los incluye Blas de Otero como encabezamiento del poema, seguidos de la indicación entre paréntesis «De un romance viejo». Es por tanto a partir de esta cita que el poeta construye su obra, aunque Bacarisse prescinde de dicho encabezamiento para su puesta en música, ciñéndose al poema completo, que transcribe sin modificación alguna. Nos encontramos ante una estructura de tipo desarrollado, que introduce aspectos de la estructura de tipo lied, como son las tres secciones —A (comp. 1-12), B (comp. 13-26), A' (comp. 27-34)— de las cuales la última es una recapitulación variada de la primera. Sin embargo dicha recapitulación de la sección A se produce aquí abreviada con respecto a su exposición.

Sobre la nota pedal Sol # batida en la mano izquierda del piano en los pulsos impares de cada compás de 4/4, se superponen las quintas Re #-Sol # y Re-La, en un claro efecto bitonal de naturaleza disonante que opone los acordes de tónica de Re menor y Sol # menor, dando como resultado un color armónico agrio y severo a la vez (Ejemplo 42).

Ejemplo 42: Primeros compases de *Ni una palabra*, de Salvador Bacarisse

Sobre la citada base armónica bitonal, establecida por el piano en el primer compás, que hace las veces de breve introducción, en un movimiento de carácter «Grave», la voz hace su entrada coincidiendo su tonalidad de Re menor con la de la mano derecha del piano. Un segundo periodo de la sección A da comienzo en el compás 6, llegando en la voz hasta la escalada a la nota La aguda, sobre el texto «palabras vivas» del compás 11. Dicha ascensión a la tesitura aguda se produce en «forte» como consecuencia de un incremento dinámico comenzado en el compás 7, «Cresc. poco a poco». El compás 12, meramente instrumental, hace las veces de brevísimo interludio para dar paso en el compás 13 a la segunda sección. Ésta se compone a su vez de dos periodos: el primero (comp. 13-20), con una escritura muy libre, y el segundo (comp. 21-26) que incluye un pasaje de tres compases en estilo semideclamado, al estilo de un recitativo, con el apoyo, primero de un único acorde pianístico sostenido y después sin apoyo pianístico alguno, sobre el texto cantado correspondiente a los versos 30-33: «Oh campo, oh monte, oh río Darro: borradme vivo».

En los compases 24-26 la escritura pianística se dinamiza de nuevo, sirviendo como transición a la recapitulación del primer periodo de la sección A en el compás 27. Dicha sección A' conserva la escritura pianística con escasas variantes, mientras la melodía cantada se presenta profusamente variada con respecto a la exposición. Un nuevo ascenso a la tesitura aguda en el compás 32 sobre la palabra «libres» sirve como colofón vocal antes de que dos compases pianísticos de postludio se encarguen de rematar esta canción.

El poema de Blas de Otero sobre el compromiso del creador con su obra y sobre lo intangible del proceso de creación es traducido por Bacarisse en una canción de árida sonoridad que renuncia tanto a un melodismo bello como a una expresividad complaciente. Los abruptos choques armónicos derivados del tratamiento bitonal producen una sonoridad dura y austera que refuerza el tono fuertemente afirmativo —en primera persona— del poeta-creador, con el que el compositor se identifica. Con su canción, Bacarisse hace suyas las aseveraciones presentes en el poema de Blas de Otero, revistiendo el texto de una austeridad sonora que contribuye a potenciar el carácter del mismo.

La segunda canción de este díptico de Bacarisse, *León de noche*, está compuesta sobre el siguiente poema de Blas de Otero:

> Vuelve la cara Ludwig van Beethoven,
> dime qué ven, qué viento entra en tus ojos,
> Ludwig; que sombras van o vienen, van
> Beethoven; qué viento vano, incógnito,
> barre la nada... Dime
> qué escuchas, que chascado mar
> roe la ruina de tu oído sordo;
> vuelve, vuelve la cara, Ludwig, gira
> la máscara de polvo,
> dime qué luces
> ungen tu sueño de cenizas húmedas;
> vuelve la cara, capitán del fondo
> de la muerte: tú, Ludwig van Beethoven,
> león de noche, capitel sonoro!

Este poema —titulado *León de noche*, de donde toma su título la canción— aparece encabezado por la inscripción «En voz alta», y en él el poeta apela al célebre compositor alemán Ludwig van Beethoven (1770-1827), permitiéndose juegos con las palabras como «van», en su doble acepción verbal y como parte del nombre del protagonista del poema. En su puesta en música Bacarisse recurre a un estilo expresionista, con abundantes cromatismos, respetando el contenido íntegro del poema sin añadidos ni supresiones. La estructura compositiva es de tipo desarrollado o «Durchkomponiert», llevada a cabo con un estilo muy libre por Bacarisse, que hace uso profuso del canto semideclamado con escaso o nulo apoyo pianístico y profusión de pasajes cantados «a capella».

La canción da comienzo con una despojada línea musical de cinco compases, conducida sin ropaje armónico alguno por la mano izquierda del pianista en la región grave del teclado, en pulso de valores de negras y corcheas, compás de 2/4 y movimiento «Andante lento». La voz hace su aparición en el compás 6, «a capella», en una tesitura que incide sobre las zonas grave y central, contestando a los compases previos con una línea melódica muy similar a la enunciada por el piano en la introducción. La escritura se muestra extremadamente despojada y de gran desnudez, las líneas cromáticas de corte expresionista se suceden, y como elemento unificador encontramos un diseño de negra y dos corcheas sobre una nota repetida, seguido de un semitono ascendente y otro descendente, que encontramos en el piano en los compases 1-2 y en la voz en los compases 6-7, y que reaparece más o menos variado en otros puntos de la canción, como en el compás 23-24 en voz y piano, y en el 41-42, en la parte del piano.

Es también recurrente un diseño pianístico ascendente de tres notas, integrado por dos quintas consecutivas en pulso de corcheas, que encontramos en los compases 14, 20, 33, 34, 42, 48 y 55. Dicho diseño aparece en dos ocasiones (comp. 14 y 48) seguido de una línea cromática descendente, formando un interludio pianístico de estilo expresionista utilizado por el compositor como bisagra entre distintos pasajes de la voz «a capella». El pasaje comprendido entre los compases 36 y 41, muestra una escritura más ortodoxa, en la que un piano de cometido eminentemente armónico apoya el canto de la voz en una tesitura grave. La independencia entre las líneas de voz y piano finaliza definitivamente en el compás 56, a partir del cual, y hasta el final de la canción, se renuncia al estilo semi-declamado con escaso apoyo pianístico, para desarrollar en el acompañamiento pianístico una escritura armónica que sirve de soporte a una línea vocal que asciende a la nota La aguda en el compás 59. La obra finaliza en un triunfal Re mayor, «fortissimo», sostenido por el piano mientras la voz mantiene su última nota sobre la palabra «sonoro».

6.27. Nanas de la cebolla

Entre los días 23 y 25 de febrero de 1962 compone Salvador Bacarisse en París su opus 129, *Nanas de la cebolla*, canción para voz y piano sobre un poema de Miguel Hernández (1910-1942), de quien el año de composición de esta obra se cumplían los veinte años de su fallecimiento. Con motivo de un homenaje al poeta oriolano celebrado en el Instituto Hispánico de París el 28 de marzo de 1962, tuvo lugar la primera audición de esta canción, a cargo de intérpretes cuyo nombre se desconoce actualmente. Como dedicatoria de esta obra se puede leer en la portada de la partitura autógrafa «A mi Piruleja», que era el nombre con que Bacarisse llamaba a su esposa. El poema original de Miguel Hernández no es otro que el célebre *Nanas de la cebolla*, perteneciente a *Cancionero y romancero de ausencias* (1938-1941), publicado de forma póstuma en 1958 en Buenos Aires por Lautaro. De las doce estrofas de siete versos cada una que componen el poema original completo, Bacarisse toma seis para su canción —las nº 1, 2, 3, 5, 8 y 12— dejando sin poner música el resto —que son las estrofas 4, 6, 7, 9, 10 y 11—, reproducidas en cursiva a continuación:

La cebolla es escarcha
cerrada y pobre:
escarcha de tus días
y de mis noches.
Hambre y cebolla:
hielo negro y escarcha
grande y redonda.

En la cuna del hambre
mi niño estaba.
Con sangre de cebolla
se amamantaba.
Pero tu sangre,
escarchada de azúcar,
cebolla y hambre.

Una mujer morena,
resuelta en luna,
se derrama hilo a hilo
sobre la cuna.
Ríete, niño,
que te tragas la luna
cuando es preciso.

Alondra de mi casa,
ríete mucho.
Es tu risa en los ojos
la luz del mundo.
Ríete tanto
que en el alma al oírte,
bata el espacio.

Tu risa me hace libre,
me pone alas.
Soledades me quita,
cárcel me arranca.
Boca que vuela,
corazón que en tus labios
relampaguea.

*Es tu risa la espada
más victoriosa.
Vencedor de las flores
y las alondras.
Rival del sol.
Porvenir de mis huesos
y de mi amor.*

*La carne aleteante,
súbito el párpado,
el vivir como nunca
coloreado.
¡Cuánto jilguero
se remonta, aletea,
desde tu cuerpo!*

Desperté de ser niño.
Nunca despiertes.
Triste llevo la boca,
ríete siempre.
Siempre en la cuna,
defendiendo la risa
pluma por pluma.

Ser de vuelo tan alto,
tan extendido,
que tu carne parece
cielo cernido.
¡Si yo pudiera
remontarme al origen
de tu carrera!

Al octavo mes ríes
con cinco azahares.
Con cinco diminutas
ferocidades.
Con cinco dientes
como cinco jazmines
adolescentes.

Frontera de los besos
serán mañana,
cuando en la dentadura
sientas un arma.
Sientas un fuego
correr dientes abajo
buscando el centro.

Vuela niño en la doble
luna del pecho.
Él, triste de cebolla.
Tú, satisfecho.
No te derrumbes.
No sepas lo que pasa
ni lo que ocurre.

Se trata de unas coplillas escritas por Miguel Hernández desde la prisión, como respuesta a una carta de su esposa Josefina, en la que ésta le relata cómo ella y el hijo de ambos, de tan sólo ocho meses de edad, se ven obligados a alimentarse únicamente de pan y cebollas debido a las penurias económicas que atraviesan. La estructura elegida por Bacarisse para esta canción responde a la forma de lied desarrollado, asignando una sección musical diferente del resto a cada una de las seis estrofas puestas en música, claramente separadas entre sí por medio de doble barra de compás, y cada una de ellas con una indicación de movimiento diferente.

Bacarisse reproduce bastante fielmente las seis estrofas del poemas escogidas para su canción, salvo alguna excepción sin demasiada relevancia que se irá señalando en el análisis que sigue a continuación. La canción comienza en la tonalidad de Mi menor, compás de 3/4, con indicación de carácter «Meditativo (Adagio ma non troppo)». En el tercer compás encontramos una posible errata de reproducción del poema por parte del compositor, que escribe «La cebolla es de escarcha» en lugar de «La cebolla es escarcha» del original, es decir, añadiendo —muy posiblemente por error— la preposición «de» que no consta en el texto. El carácter «Meditativo» indicado por el compositor se traduce en una escritura de líneas en «legato» en la parte de la voz, apoyada por acordes que se mueven pausadamente en valores de blancas y negras, en una escritura tonal de carácter neorromántico, similar a la utilizada por el compositor para la expresión de sentimientos subjetivos relacionados con situaciones de exilio —y en el caso que nos ocupa, de cárcel— en *Vuelta a empezar* op. 42[286],

---

[286] Apartado 6.11.

Déjame a solas con la muerte mía op. 44a[287], y en el *Soneto* op. 116[288].

La segunda sección (B, comp. 20-40) lleva como indicación «Tristemente (Andante)», y está introducida por cuatro compases pianísticos en los que un movimiento de corcheas desarrolla el acorde de tónica de Mi menor, primero, y de Sol menor, después. A pesar de la mayor animación agógica introducida con el movimiento de corcheas del piano, el carácter resulta similar con respecto a la sección anterior (A, comp. 1-19), moviéndose también aquí la voz por largas frases en «legato», hasta el reposo sobre la nota Mi, mantenida con un calderón, «molto lungo», sobre la armonía de tónica de Mi menor del piano.

Tras la doble barra de compás que separa las diferentes secciones musicales, desaparece el sostenido para la nota Fa en la armadura, quedándose ésta sin alteración alguna. La tercera sección (C, comp. 41-68) muestra una nueva dinamización agógica con respecto a la sección anterior, «Con animación (Quasi allegro)», y da comienzo con cinco compases pianísticos en los que se establece un diseño pedal que se mantiene durante dieciséis compases —comp. 41-56—, consistente en un trino sobre la nota Si del centro del pentagrama de la clave de Sol, ejecutado por la mano izquierda del piano. La voz continúa su canto en frases bien ligadas, ascendiendo a la nota aguda Sol # sobre la palabra «cuna» en el compás 53. El largo trino pianístico se detiene en el compás 57 para dar paso a una escritura estática que se desvanece con un acorde mantenido largamente en la mano derecha del piano entre los compases 61 y 68, mientras la dinámica se extingue disminuyendo de «mezzopiano» a «pianissimo». Un calderón sostiene este último acorde antes de encontrar la doble barra

287 Apartado 6.12.
288 Apartado 6.25.

que anuncia el comienzo de una nueva sección musical (D, comp. 69-90).

Ésta comienza en el compás 69 con cambio al compás de 6/4 en el piano e indicación de carácter «Con alegría (Allegretto)», lo que supone una nueva intensificación agógica, que se sucede de forma progresiva en cada nueva sección desde el inicio de la canción. El mayor dinamismo en el tempo se ve reforzado por una escritura en valores de corcheas que desarrolla acordes por medio de líneas ascendentes y descendentes, mientras el primer pulso de cada compás lo establece una nota en valor de redonda que ejecuta la mano izquierda del piano con carácter «marcato». Tras seis compases meramente instrumentales en los que se establece la citada textura pianística, la voz hace su aparición como anacrusa del compás 75 en compás de compasillo, en oposición al compás de 6/4 de la parte del piano, lo que da lugar a una interesante y expresiva tensión agógica. La línea vocal introduce dos modificaciones respecto al texto original, consistentes en la repetición de las palabras «tu risa» llevada a cabo en los compases 75-76, seguida de la repetición de la frase «me hace libre» en los compases 76-77. Dicha parte cantada continúa desarrollándose en un estilo «cantabile» aunque la interválica presenta una apariencia más quebrada con mayor profusión de amplios saltos respecto a las anteriores secciones. Sobre la palabra «relampaguea» la voz mantiene, de forma muy gráfica, un brillante Sol agudo en los compases 85 y 86, antes de descender en salto de octava y dejar paso a que el movimiento de corcheas del piano se extinga en la nota Sol del registro agudo, mantenida con un calderón previo a la doble barra de compás que nos indica el comienzo de la quinta sección musical (E, comp. 91-108), correspondiente a la octava estrofa del poema.

La tendencia a la dinamización progresiva del movimiento en cada nueva sección musical se ve aquí interrumpida con la introducción de la indicación «Con desesperación (Lento)». Cuatro compases pianísticos introducen esta sección, en compás de 4/4, dinámica «piano» y una sencilla escritura de acordes en valores de blanca en la mano izquierda apoyando un movimiento melódico en valores de negras y corcheas en la mano derecha. La voz hace su aparición en el compás 95 continuando con el carácter «cantabile» de anteriores secciones, para cambiar a un compás de 3/2 en el compás 96 y retomar el 4/4 inicial en el compás siguiente. En esta sección encontramos nuevas modificaciones introducidas por Bacarisse con respecto al texto original. En los compases 99-100 recurre a enfatizar la palabra «siempre» mediante una repetición de la misma, mientras en los compases 102-104 la voz se desvanece poéticamente mediante la repetición de las palabras «pluma por pluma», cantadas la segunda vez en «ritardando». Cuatro compases instrumentales hacen las veces de postludio de la sección E.

La sexta y última sección de esta canción (F, comp. 109-132) se inicia tras una nueva doble barra de compás, que da paso a la indicación «Tierno y melancólico (poco più mosso)». En compás de compasillo, nueve compases instrumentales crean un clima expresivo poético y meditativo, «molto espr.», antes de dar paso a la entrada de la voz en el compás 118 para cantar la última estrofa del poema, en líneas «legato» sostenidas por un acompañamiento estático en valores largos y sostenidos.

Bacarisse, desde su exilio parisino, muestra en esta canción su empatía con un poema que expresa la impotencia del padre encarcelado al tener conocimiento de la desesperada situación económica por la que atraviesan su esposa e hijo, a los que trata de transmitir ánimos. La traducción musical llevada a cabo por el compositor presenta un estilo neorromántico que asume sin tapujos una subjetividad expresiva capaz de transmitir el contenido intensamente emocional del poema, que ve así multiplicado su enorme potencial emotivo mediante una música tonal y franca cuya intención no es otra que la de conmover al oyente. La canción se estructura como un todo multiforme integrado por la aportación resultante de la clara diferenciación entre las seis secciones musicales que la componen.

6.28. Deux mélodies

El opus 130 de Salvador Bacarisse está constituido por *Deux mélodies*, para canto y piano, compuestas en París entre los días 17 y 22 de junio de 1962, sobre dos poemas en francés de Romain Selsis y dedicadas a la cantante Amparito Péris, intérprete habitual de las canciones del madrileño. El poema que sirve de base para la primera canción, titulada *Premier Sonnet* (Primer Soneto) es el siguiente soneto de Romain Selsis, con su traducción española[289] en la columna de la derecha:

J'ai feuilleté ce soir un cahier d›autrefois	He ojeado esta tarde un viejo cuaderno
Et pleuré sur mon cœur en tournant chaque page	y mi corazón ha llorado al pasar cada página
Où j'ai relu des mots oubliés à mon âge	en la que he releído palabras olvidadas a mi edad
Que ma lèvre en tremblant, épelait à mi-voix	que mis temblorosos labios pronunciaban a media voz.
L'odeur du vieux papier s'imprégnait à mes doigts,	El olor del viejo papel se impregnaba en mis dedos,
Chaque ligne à mes yeux, évoquant une image	cada línea en mis ojos, evocando una imagen,
Une main qui se frôle, un éclair de visage	una mano que acaricia, el resplandor de un rostro,
En chantait la douceur de mes jeunes émois;	cantaba la dulzura de mis jóvenes pasiones;

---

[289] Traducción de Carmen Torreblanca y José Armenta.

J'ai retrouvé des noms, des lettres enlacées,	he reencontrado nombres, fajos de cartas
Sur mon fol avenir d'orgueilleuses pensées	a cerca de mis locas y vanas ideas de futuro,
Et les vers pleins d'azur de mon premier sonnet;	y los versos llenos de cielo de mi primer soneto;
Cette nuit, en rêvant, je referai le même;	esta noche, soñando, lo volveré a escribir;
Car entre deux soupirs, au crayon griffonné,	pues entre dos suspiros, garabateado a lápiz,
Mon sonnet de vingt ans commençait par «Je t'aime».	mi soneto de veinte años comenzaba por «Te amo».

De nuevo encontramos aquí una peculiaridad en la transcripción del texto por parte de Bacarisse, ya utilizada en *Complainte de Romulus*[290], y más propia de la opereta que de la canción culta, como es la eliminación las vocales finales mudas y su sustitución por apóstrofos, que vuelve a estar presente en *Deux mélodies*.

La estructura de *Premier Sonnet,* primera canción de este díptico, responde a la forma de lied desarrollado. Las tres secciones —A (comp. 1-19), B (com. 20-38) y C (comp. 38-53)— forman un discurso musical continuo sin diferencias de escritura notorias entre ellas. Bacarisse responde al nostálgico poema con una música igualmente evocadora, de contornos rítmicos poco definidos, imprecisión armónica y escritura vocal en estilo semideclamado, con repeticiones de notas cambiando de sílaba en varios pasajes, características todas ellas presentes en mayor o menor medida en la música francesa de estilo impresionista.

El pianista ejecuta cinco compases instrumentales a modo de introducción, en los que tres diseños ascendentes de notas desarrollando acordes crean un clima nostálgico y meditativo, acorde con el contenido del poema. La voz hace su entrada en el compás 6 con un canto de carácter silábico en el que la inteligibilidad y claridad del texto cantado poseen más rele-

290 Apartado 6.24.

vancia que el interés de la línea melódica, siempre apoyada por un piano cuyo papel consiste eminentemente en el de mero soporte armónico. Un interludio de siete compases (comp. 38-44), que incluye pasajes muy similares a los compases introductorios, separa la segunda de la tercera sección, en la que el carácter semideclamado de la voz, con profusión de escritura silábica sobre notas repetidas, se acentúa con respecto a las secciones primera y segunda. El estilo de canto semideclamado y la discreción del acompañamiento pianístico permiten resaltar al máximo el contenido del poema, que en la última estrofa añade un componente amoroso al tono general, que desarrolla el sentimiento de nostalgia por un pasado que no se puede recuperar. La escritura musical, muy despojada en los últimos compases, crea un clima poético en el que las palabras cantadas se sitúan en un primer plano respecto a la música, cuya misión es simplemente la de potenciar el sentido expresivo del texto. Se puede decir que *Premier Sonnet* supone en la obra de Bacarisse un retorno al lenguaje impresionista que había abandonado en 1926. Posiblemente el compositor, estimulado por la añoranza del tiempo pasado que aflora del poema, realizó un ejercicio de retrospección en la composición de esta canción, recuperando el estilo compositivo asumido en su primera etapa creativa.

La segunda canción de este díptico en lengua francesa compuesto por Salvador Bacarisse lleva por título *Attends* (Aguarda) y pone música al siguiente soneto de Romain Selsis, que se reproduce junto a su traducción al castellano[291]:

---

291 Traducción de Carmen Torreblanca y José Armenta.

Sous le ciel terne et gris de ce matin d'hiver,	Bajo el cielo pálido y gris de esta mañana de invierno
Je me sens l'âme lasse et lourde et si morose	siento el alma cansada, pesada y tan sombría
Qu'il m'a pris un dégoût profond de toute chose	que me ha invadido un profundo hastío de todo
Et je n'y trouve plus mon beau rêve d'hier;	y ya no encuentro mi bello sueño de ayer;
Je voulais ce matin t'écrire de beaux vers,	yo quería esta mañana escribirte bellos versos,
Mais ce temps déplorable, hélas! ne me propose	pero este tiempo deplorable, ¡ay! sólo me propone
Que de sombres sujets, si sombres que je n'ose	temas tenebrosos, tanto que no me atrevo
Les mettre en un sonnet qui serait trop amer;	a ponerlos en un soneto demasiado amargo;
Attends des jours meilleurs, attends que s'ensoleille	aguarda días mejores, aguarda que se solace
Mon esprit mécontent qui boude et qui sommeille	mi espíritu abatido que dormita pesaroso
Et ne provoque pas mon cœur désenchanté;	y no estimula mi corazón desencantado;
Quand tu verras venir le Printemps qui murmure	cuando veas llegar la Primavera que susurra
Son gazouillis d'amour à toute la nature,	su murmullo de amor a toda la naturaleza,
Je ferai pour toi seule un hymne à la beauté.	yo haré un himno a la belleza sólo para ti.

En un entorno de clima invernal gris, que supone tanto el paisaje externo como el paisaje interno del protagonista del poema, el poeta expresa en este soneto un estado anímico sombrío, casi depresivo, lleno de desencanto, amargura, adormecimiento y ausencia de estímulo. Se trata de una atmósfera que no resulta proclive al sentimiento amoroso, que se aplaza para la llegada de la primavera. En definitiva, se produce en este poema una identificación entre el mal tiempo del clima invernal con el estado de ánimo triste y desolado del poeta. La traducción musical del clima expresivo del poema llevada a cabo por Bacarisse en su canción resulta muy efectiva, y se consigue a través de elementos muy simples: monótonos acordes repetidos lentamente en el piano y una línea vocal igualmente monótona caracterizada por las repeticiones de notas y la ausencia de intervalos amplios, son detalles de la escritura que contribuyen eficazmente a recrear con éxito la monotonía, la tristeza y la desolación presente en el soneto de Romain Selsis.

Bacarisse recurre a una estructura de lied desarrollado, con tres secciones —A (comp. 1-24), B (comp. 25-41) y C (comp. 42-89)— que presentan entre sí una escasa diferenciación en cuanto a la escritura musical, constituyendo esta canción un continuo musical en el que la frontera entre las diferentes partes queda diluida gracias a la similitud de elementos musicales.

En compás de 3/4, «Sostenuto», el piano crea el clima sombrío y depresivo presente en el poema a través de un pulso de acordes de tres notas en valores de negra, sin soporte de la mano izquierda. Dichos acordes contienen en su nota central una monótona línea melódica conducida por grados conjuntos. La voz en su entrada del compás 5 repite dicha línea melódica, cambiando los valores de negra del tercer compás por los de corchea, lo que acentúa el carácter monótono y repetitivo de la melodía. La utilización del registro vocal grave contribuye asimismo a recrear el sombrío clima expresivo del poema. La mano izquierda del piano hace su aparición en el compás 8, con una frase «legato» que repite en eco el comienzo de la melodía principal que había sido enunciada primero por el piano y después por la voz. Un interludio instrumental de ocho compases (comp. 42-49), en el que se escucha la melodía inicial en los acordes de la mano izquierda del piano, abre paso a la tercera sección, cuya línea vocal comienza con las primeras cuatro notas cantadas al principio de la canción, y que no plantea novedades de escritura respecto a las dos secciones anteriores. La obra se cierra en «pianissimo» con un postludio pianístico (comp. 82-89) que recuerda en la mano izquierda el diseño constituido por las cuatro primeras notas de la melodía que encontrábamos en la introducción.

La textura musical varía muy poco a lo largo de esta canción, lo que incide en un resultado sonoro monótono, que constituye una adecuada recreación musical del hastío vital que encontramos en el poema de Romain Selsis. La línea vocal no alcanza la tesitura aguda de la voz, llegando tan sólo hasta un Fa # de la parte superior del pentagrama de la clave de Sol. Además la melodía cantada evita grandes saltos, moviéndose generalmente en intervalos muy reducidos e incidiendo en un canto silábico con abundancia de repeticiones de notas. Por su parte, el piano plantea a lo largo de toda la canción una escritura en lentos acordes, y ocasionalmente la mano izquierda se opone contrapuntísticamente a la línea vocal con una melodía en la zona grave del teclado.

6.29. A vos ordres, mon général

Esta canción, fechada en París el 30 de noviembre de 1962 y de cuya primera audición se desconocen los datos, está catalogada como Oso 26. Fue dedicada por el compositor a su esposa, con motivo del cuadragésimo aniversario de su boda[292], con las siguientes palabras escritas en la partitura autógrafa: «A mi Piruleja 40 años después». Pese al título francés de esta obra, aportado por el propio Bacarisse, nos encontramos ante un nuevo ejemplo de canción de inspiración cervantina, lo que empareja *A vos ordres, mon général* Oso 26, con *Soneto a*

---

[292] Dicha boda tuvo lugar el 2 de diciembre de 1922.

Dulcinea del Toboso op. 45a[293]. La canción que aquí nos ocupa utiliza un poema perteneciente a *El ingenioso hidalgo Don Quijote de la Mancha* de Miguel de Cervantes Saavedra (1547-1616), concretamente una copla enunciada por Cupido en la danza hablada descrita en el capítulo 20 de la inmortal obra, «Donde se cuentan las bodas de Camacho el rico, con el suceso de Basilio el pobre»:

> Yo soy el dios poderoso
> en el aire y en la tierra
> y en el ancho mar undoso
> y en cuanto el abismo encierra
> en su báratro espantoso.
> Nunca conocí qué es miedo;
> todo cuanto quiero puedo,
> aunque quiera lo imposible,
> y en todo lo que es posible
> mando, quito, pongo y vedo.

Como mera curiosidad, cabe citar que Bacarisse reproduce fielmente este poema, salvo el olvido en el compás 6 de la conjunción copulativa «y» con que se inicia el tercer verso. Una breve y concisa canción de tan sólo veinte compases es suficiente para que Bacarisse traduzca musicalmente, con gran eficacia, la afirmación del poder casi ilimitado del amor realizada por Cupido en el poema. Lo consigue a través de una música que suena contundente, poderosa y asertiva, casi majestuosa en la potente afirmación tonal de Do mayor —poderosamente reforzada con una nota pedal Do del registro grave del piano—, con que comienza la canción, «Allegro enérgico» y dinámica «forte».

---

[293] Apartado 6.13.

Los acordes perfectos sobre la tónica de Do mayor en la mano derecha del piano ascienden, a partir del segundo compás, desde la región grave del teclado, ocasionalmente formando ritmos sincopados, hasta la entrada de la voz en el compás 4. Ésta canta una línea melódica que continúa y prolonga la afirmación del acorde perfecto sobre la tónica de Do mayor iniciada por el piano. El acompañamiento pianístico apoya a la voz incidiendo sobre dicho acorde que, en distintas posiciones, asciende en la mano derecha, limitada a tocar las teclas blancas del piano, mientras la mano izquierda, en una suerte de juego bitonal, se desenvuelve sobre las teclas negras en los compases 4 y 5. En los compases 6 y 8 encontramos reminiscencias de la nota pedal Do en la región grave del piano que escuchábamos al inicio de la canción, mientras el acorde perfecto sobre la tónica de Do mayor se combina ocasionalmente con armonías lejanas.

La dinámica «piano» con que comienza la segunda sección (B, comp. 11-20) produce cierto descanso y contrasta con la dinámica «forte» de la sección anterior (A, comp. 1-10). La repetición de la nota Do, primero en la voz en el compás 11, y contestada posteriormente por el piano en el compás 12, supone la continuidad de la afirmación de la tonalidad de Do mayor iniciada en la sección A. La sección B se estructura sobre un «crescendo» iniciado en el compás 14, que conduce hasta el «fortissimo» del compás 18, antes de que la canción concluya con doce repeticiones de la nota Do acentuada y tocada a dos manos en la zona grave del piano, tras un acorde perfecto sobre tónica de Do mayor, y después de escucharse las últimas notas de la parte cantada, cuya línea desarrolla nuevamente dicho acorde.

6.30. Canción del hombre nuevo

La última obra del amplio catálogo compositivo de Bacarisse es *Canción del hombre nuevo* op. 133, para voz y piano, escrita en París el 7 de enero de 1963. Se desconocen los datos de la primera audición de esta obra, que utiliza el siguiente poema de Rafael Alberti:

Creemos el hombre nuevo
cantando.
El hombre nuevo de España,
cantando.
El hombre nuevo del mundo,
cantando.

Canto esta noche de estrellas
en que estoy solo, desterrado.

Pero en la tierra no hay nadie
que esté solo si está cantando.

Al árbol lo acompañan las hojas,
y si está seco ya no es árbol.

Al pájaro, el viento, las nubes,
y si está mudo ya no es pájaro.

Al mar lo acompañan las olas
y su canto alegre los barcos.

Al fuego, la llama, las chispas
y hasta las sombras cuando es alto.

Nada hay solitario en la tierra.
Creemos el hombre nuevo cantando.

    Este poema, perteneciente al libro *Baladas y canciones del Paraná*, publicado en 1954 en Buenos Aires por Losada, lleva por título *Canción 37* y expresa con pasión el deseo de crear un futuro diferente. Para su puesta en música Salvador Bacarisse hace uso de una armonización compleja y una estructura muy libre —A (comp. 1-13), B (comp. 14-36), C (comp. 37-47)— que sigue la forma de lied desarrollado.
    Dos diseños consecutivos ascendentes en valores de negras, corcheas y tresillos de corcheas, ocupan la introducción pianística de cuatro compases, en compás de 4/4, movimiento «Andante lento» y ausencia de alteraciones en la armadura. Tras la entrada de la voz en el compás 5, Bacarisse recurre a la doble repetición enfática de la palabra «cantando», perteneciente al segundo verso, en los compases 6-8, y a una nueva repetición de la misma palabra, perteneciente al sexto verso, en los compases 12-13. Encontramos nuevas repeticiones de palabras, respecto al texto original, en los compases 17-18, en los que la voz ha de cantar dos veces la palabra «desterrado» del octavo verso. Dichas repeticiones de palabras en la canción, que modifican el poema, son recursos expresivos del compositor con el objetivo de reforzar y enfatizar conceptos en su puesta en música.
    En medio de la sección B, se encuentra un breve interludio de tres compases que da paso a un pasaje cuyo tempo se dinamiza gracias a la indicación «Tpo. un poco più andante» que

encontramos en el compás 22. Más adelante, en el compás 28, el movimiento musical se ve nuevamente acelerado con la indicación «animando poco a poco», no retornándose al «Tempo Iº» hasta los tres últimos compases de la canción.

La nota más aguda de la parte cantada de esta canción es un Fa # de la línea superior del pentagrama de la clave de Sol. La línea vocal presenta una escritura muy libre, sin utilización de células temáticas recurrentes, salvo un diseño ascendente de tres notas por grados conjuntos, que se encuentra al principio de diversas frases musicales en los compases 5, 9, 11, 14, 22. El acompañamiento pianístico, de escritura heterogénea muy cambiante, presenta una armonía compleja.

Pese a que *Canción del hombre nuevo* no es una de las mejores ni más inspiradas canciones de Salvador Bacarisse, resulta significativo que el compositor cierre con ella su catálogo, así como el hecho de que sea un poema de Rafael Alberti —un poeta al que ya había puesto en música casi treinta años antes en sus *Tres nanas*[294]— el elegido para esta obra, y más significativo aún que se trate de un poema que mira con optimismo y esperanza el futuro, en un momento en el que al compositor le quedaba menos de un año de vida. Con la palabra «cantando» se cierra por tanto, no sólo la amplísima producción de canciones de Salvador Bacarisse, sino también el total de su obra compositiva.

---

[294] Apartado 6.5.

7. Juan José Mantecón

7.1. Las canciones de Juan José Mantecón

La actividad docente que Juan José Mantecón (1895-1964)[295] desarrolla en su propio domicilio como profesor particular de canto, resulta clave para entender su ocupación en la composición de canciones, «que son lo más destacado de su catálogo en los años de postguerra»[296]. Recordemos que la dedicación de Mantecón a la voz le lleva a ofrecer concier-

---

[295] Principal bibliografía sobre el compositor y crítico Juan José Mantecón: PRIETO, Laura: *Catálogo de obras de Juan José Mantecón (1895-1964)*. Madrid: Fundación Juan March, 2004; PRIETO, Laura: *Obra crítica de Juan José Mantecón (Juan del Brezo): 'La Voz', 1920-1934*. Madrid: Arambol, 2001; PRIETO, Laura: «Juan José Mantecón: Apuntes de un crítico y compositor de la Generación del 27», *Madrid*, nº 4, 2001, pp. 427-447; SÁNCHEZ SÁNCHEZ, Víctor: «Juan José Mantecón. Crítico y compositor de la Generación del 27», *Cuadernos de Música Iberoamericana*, vol. 4, 1997, pp. 49-65; NOMMICK, Iván: «Mantecón Molins, Juan José», en: FINSCHER, Ludwig (ed.): *Die Musik in Geschichte und Gegenwart. Zweite, neubearbeitete Ausgabe*. Kassel / Stuttgart: Bärenreiter, 2004, Personenteil, vol. 11, p. 1012; SÁNCHEZ SÁNCHEZ, Víctor: «Mantecón Molins, Juan José», en: CASARES RODICIO, Emilio (ed.): *Diccionario de la Música española e hispanoamericana*. Madrid: Sociedad General de Autores y Editores, 2000, vol. 7, pp. 106-110.
[296] PRIETO: «Juan José Mantecón: Apuntes», p. 441.

tos acompañando al piano a sus alumnos de canto, con los que recorre buen parte de la geografía española, y a ser nombrado director de estudios vocales del Teatro de la Zarzuela en 1960. No es difícil imaginarse que este contacto diario con cantantes constituyó un decisivo estímulo a la hora de centrar buena parte de sus esfuerzos compositivos en la canción para voz y piano.

Víctor Sánchez Sánchez, hace un repaso por su producción de canciones de concierto de Juan José Mantecón, citando la procedencia de los textos utilizados por el compositor vigués:

> «Otro aspecto destacable en su producción musical son sus canciones, citadas por Antonio Fernández Cid en *Canciones de España* [...]. Para estas piezas recurrió frecuentemente a textos de poetas históricos, especialmente del mundo medieval como en las dos *Canciones y decires* del Marqués de Santillana (1930), *Dos coplas de Mingo Revulgo* (1931), un *Madrigal* de Gutierre de Cetina (1942) o *Avelaneiras floridas* de Juan Zorro (1946), juglar gallego del siglo XIII. Además, utiliza poesías del Siglo de Oro en un *Romance* de Góngora (1942) y *¡Oh! Dulces prendas* de Garcilaso (1947). Destacan igualmente sus tres canciones basadas en poemas de Antonio Machado: *Todo pasa y todo queda* (1922), *La tarde está muriendo* (1930) y *Anoche cuando dormía* (1940). El uso de elementos populares se realiza en *Dos canciones sobre texto popular* (1931) instrumentadas para orquesta, *Canción de cuna* (1946) y en los dos *Villancicos* (1943). Como curiosidad colabora con Rafael Rodríguez Delgado en 1944 en *Festival*

y *Homenaje a Cuba*. En la mayoría de ellas, preside el elemento historicista, tanto castellano como gallego, dentro del estilo ecléctico habitual»[297].

Para su comentario de la obra liederística de Mantecón y los poetas puestos en música por él, Víctor Sánchez recurre al libro de Antonio Fernández Cid *Lieder y canciones de España*[298], que incluye una relación de canciones del vigués publicada «a partir de la información suministrada por el propio músico»[299]. Debido a la existencia de algunas diferencias entre la lista citada por Víctor Sánchez y la ofrecida por Antonio Fernández Cid, transcribimos a continuación dicha relación completa, tal y como aparece en el libro de éste[300]:

– *Dos canciones*, de las *Canciones y Decires del Marqués de Santillana* (1930).
– *Todo pasa y todo queda*. Texto de Antonio Machado (1922).
– *La tarde está muriendo*. Texto de Antonio Machado (1930).
– *Anoche, cuando dormía...* Texto de Antonio Machado (1940).
– *Dos coplas de Mingo Revulgo*. Anónimo del siglo XV (1931).
– *Dos canciones con texto popular*. Instrumentadas para orquesta (1931).

[297] SÁNCHEZ, Víctor: «Juan José Mantecón. Crítico y compositor de la Generación del 27», pp. 63-64.
[298] FERNÁNDEZ-CID, Antonio: *Lieder y canciones de España*. Madrid: Editora Nacional, 1963.
[299] PRIETO: «Juan José Mantecón: Apuntes de un crítico y compositor de la Generación del 27», p. 441.
[300] FERNÁNDEZ-CID: *Lieder y canciones de España*, pp. 346-347.

– *Romance*. Texto de Góngora (1942).
– *Quise dormir un día*. Texto de Ángeles Fernández (1945).
– *Madrigal*. Texto de Gutierre de Cetina (1942).
– *Festival*. Texto de Rafael Rodríguez Delgado (1944).
– *Homenaje a Cuba*. Texto de Rafael Rodríguez Delgado (1944).
– *Avelaneiras floridas*. Texto de Juan Zorro. Juglar gallego del siglo XIII (1946)
   – *Villancicos a dos y a tres voces*. Texto de compositor (1943).
   – *Canción de cuna*. Texto popular (1946).
   – *¡Oh! Dulces prendas...* Texto de Garcilaso (1947).

Podemos igualmente encontrar dicha relación de canciones, pero enumeradas siguiendo un orden cronológico, en el anteriormente citado artículo de Laura Prieto[301], quien a su vez, en el *Catálogo de obras de Juan José Mantecón* confeccionado por ella, dedica el apartado 4.2.2[302] a la obra para voz y piano del compositor, incluyendo 26 entradas, del número 76 al 101, ambos inclusive, comprendiendo todas ellas obras manuscritas.

Dentro del género liederístico encontramos en esta catálogo dos canciones cuya partitura se encuentra actualmente perdida. La primera, compuesta para mezzosoprano y piano, lleva por título *Camino*; conocemos la fecha de su estreno, que tuvo lugar en un concierto —organizado por el Instituto Cervantes— celebrado en el Instituto Nacional de Enseñanza Media Cervantes de Madrid el 17 de mayo de 1954, interpretada por la mezzosoprano Lina Conchello con el propio compositor al piano. La segunda canción cuya partitura es actualmente ilocalizable se titula *Sonatina Pastoral. Giga*, para

---
[301] PRIETO: «Juan José Mantecón: Apuntes de un crítico y compositor de la Generación del 27», pp. 441-442.
[302] PRIETO, Laura: *Catálogo de obras de Juan José Mantecón*, pp. 63-77.

soprano y piano, estrenada en Madrid el 26 de junio de 1930 en un concierto organizado por el Lyceum Club Femenino Español, a cargo de la soprano Micaela Alonso y el pianista Enrique Aroca.

Cinco de las canciones incluidas en el mismo apartado del citado catálogo hacen referencia a manuscritos incompletos. Se trata de *A la puente del amor*, *Cantiga 353* —sobre texto de Alfonso X El Sabio (1221-1284)—, *Jota* —para tenor y piano, estrenada en la Sala Aeolian de Madrid el 27 de febrero de 1931 por el tenor Anglada y el pianista Álvarez Cantos en un concierto organizado por The Aeolian Company—, *Kalenda Maya* —para tenor y piano, sobre texto de Raimbaut de Vaqueiras (c. 1155-c. 1207), estrenada el 28 de febrero en un concierto organizado en Madrid por Juventudes Musicales, con el propio compositor al piano[303]—, y finalmente *Ojos que a la luz se abrieron* —fechada en Madrid en enero de 1922.

Estableciendo una comparación entre el listado de canciones citado por Fernández-Cid[304] y la relación incluida en el catálogo confeccionado por Laura Prieto[305], se aprecian notables diferencias. Las canciones sobre textos de Góngora y Garcilaso citadas por Fernández-Cid representan significativas ausencias del *Catálogo*, mientras que de las tres canciones con texto de Antonio Machado citadas por el primero, tan sólo dos — *Campo* y *La tarde está muriendo*— aparecen en el *Catálogo*, y en éste la obra *Dos coplas de Mingo Revulgo* consta como *Una copla de Mingo Revulgo*. Por otra parte, en el listado propuesto por Fernández-Cid a instancias del propio compositor se aprecian

---

[303] En dicho concierto participaron tres cantantes, Guillermo Garcimartí, Antonio Ávila y Demetrio García, pero se desconoce quién de los tres fue el protagonista del estreno de *Kalenda Maya*.
[304] FERNÁNDEZ-CID: *Lieder y canciones de España*, pp. 346-347.
[305] PRIETO, Laura: *Catálogo de obras de Juan José Mantecón*, pp. 63-77.

diversas erratas e imprecisiones, como el título *Festival*, cuyo correcto nombre es *Estival*, o *Cuba*, canción que también aparece nombrada en unos autógrafos como *Habanera* y en otros como *Homenaje a Cuba*.

Debido a las citadas divergencias e inexactitudes, el estudio individualizado de las canciones conservadas íntegras de Juan José Mantecón que sigue a continuación se realiza sobre las partituras manuscritas depositadas en la Biblioteca de la Fundación Juan March de Madrid[306], que conforman la siguiente relación de quince canciones, las diez primeras fechadas y las cinco últimas sin fechar:

- *Campo* (1919) (Antonio Machado)
- *Harmonie du soir* (1919) (Charles Baudelaire)
- *Una copla de Mingo Revulgo* (1929)
- *Canción del Marqués de Santillana* (1930) (Marqués de Santillana)
- *Quise dormir un día* (1930) (Ángeles Fernández)
- *La tarde está muriendo* (1930) (Antonio Machado)
- *Avelaneiras floridas* (1946) (Juan Zorro)
- *Canción de cuna* (1946) (Texto popular)
- *Estival* (Nocturno estival) (1949) (Rafael Rodríguez Delgado)
- *Cuba* (ca. 1949?) (Rafael Rodríguez Delgado)
- *La ciega* (José Antonio Balbontín)
- *Madrigal* (Gutierre de Cetina)
- *Madrigal de abanico* (Francisco Rodríguez Marín)
- *Serenata* (Texto popular)
- *Villancico* (Anónimo)

---

[306] Legado Juan José Mantecón Molins (Biblioteca de la Fundación Juan March. Madrid).

7.2. Campo

Esta canción —la más temprana que se conserva de Mantecón— data de febrero de 1919, aunque no conoció su estreno hasta el 28 de febrero de 1952, en un concierto del tenor Antonio Ávila acompañado al piano por el compositor, que tuvo lugar en Madrid, organizado por Juventudes Musicales de España. Se conservan datos de numerosas interpretaciones posteriores de esta canción durante la década de los cincuenta, en todos los casos con Juan José Mantecón al piano.

Pese a que Antonio Fernández-Cid cita en su relación[307] tres canciones compuestas por Mantecón sobre poemas de Antonio Machado[308], en el Archivo Mantecón tan sólo se conservan dos canciones sobre textos del poeta sevillano, *Campo* y *La tarde está muriendo*, ambas compuestas además sobre idéntico poema. Aclara al respecto Laura Prieto que el título *La tarde está muriendo* «aparece con más frecuencia en los programas, aunque en la partitura original de 1919 se la titula *Campo*»[309]. Como se explica en el apartado 7.7 de este libro, *Campo* y *La tarde está muriendo* comparten texto, pero se pueden considerar dos canciones diferentes o posiblemente la segunda es una reelaboración de la primera[310]. *Campo* es el título que Antonio Machado da al poema que sirve de base a ambas, perteneciente a *Galerías*, una parte del libro *Soledades. Galerías. Otros poemas*, publicado en 1907:

---

307 FERNÁNDEZ-CID: *Lieder y canciones de España*, pp. 346-347.
308 Las partituras de las otras dos canciones sobre textos de Antonio Machado citadas por Antonio Fernández-Cid, *Todo pasa y todo queda* (1922) y *Anoche, cuando dormía* (1940), se dan por perdidas.
309 PRIETO, Laura: *Catálogo de obras de Juan José Mantecón*, p. 66.
310 Por esta razón, los datos del estreno y posteriores interpretaciones de esta canción aportados en el primer párrafo de este apartado, datos basados en el *Catálogo* elaborado por Laura Prieto, deben tomarse con cautela, pues podrían referirse a *La tarde está muriendo* en lugar de a *Campo*, debido a la confusión entre ambas canciones.

La tarde está muriendo
como un hogar humilde que se apaga.

Allá sobre los montes
quedan algunas brasas.

Y ese árbol roto en el camino blanco
hace llorar de lástima.

¡Dos ramas en el tronco herido, y una
hoja marchita y negra en cada rama!

¿Lloras? Entre los álamos de oro,
lejos, la sombra del amor te aguarda.

 Se trata de un poema de ambiente crepuscular que trata con tono triste la fugacidad del tiempo, lo que incita al joven Mantecón a componer una música igualmente melancólica y de carácter misterioso, reproduciendo el texto en la canción sin recurrir a repeticiones. Tan sólo llama la atención una variante del texto introducida por el compositor, que cambia las palabras «la sombra del amor» del último verso por «las mieles del amor». Se trata de una licencia que modifica significativamente el sentido final del poema, otorgándole así un tono más esperanzador y positivo que el original.
 Mantecón escribe sin barras de compás una canción que sigue una estructura muy libre de tipo desarrollado, en la que se pueden distinguir dos grandes secciones musicales —precedidas por un preludio y un interludio pianístico, respectivamente—, abarcando la primera los seis primeros versos del poema, y la segunda los cuatro últimos. La composición

se inicia con una introducción pianística que comienza con suaves acordes en la mano izquierda para apoyar la melodía que emana de los acordes de la mano derecha. La indicación de movimiento es «Muy lento» y la armadura indica la tonalidad de Re b mayor.

La citada introducción prepara la atmósfera melancólica en la que hace su aparición la voz —con la indicación «Triste»—, cantando unos versos en los que el atardecer del paisaje natural se puede interpretar como una metáfora del paso del tiempo. La entrada de la voz presenta un canto silábico que asigna una nota musical a cada sílaba del poema, manteniendo una cómoda tesitura central, en un intento por parte de Mantecón de otorgar prioridad a la inteligibilidad del texto cantado. La voz es acompañada por un murmullo de semicorcheas en «pianissimo» en la mano izquierda del piano, mientras la mano derecha continúa ejecutando suaves acordes en pulso de negra.

La primera sección musical, que comprende los seis primeros versos, continúa con una escritura de textura similar a la descrita en las líneas anteriores, hasta llegar a un nuevo y breve interludio musical —»pp y lastimoso» en la mano derecha del piano, «Expresivo» en la izquierda— que da paso a la segunda sección, caracterizada por la escritura en estilo recitativo con la que son musicados los versos séptimo y octavo, y la primera palabra —»¿Lloras?»— del noveno. La indicación «Muy recitativo» y los acordes mantenidos del piano no dejan lugar a dudas sobre la asunción por parte de Mantecón del recitativo como recurso estilístico que otorga a la palabra un papel preponderante frente a la música.

Tras la palabra «¿Lloras?» cantada con un inhabitual «portamento» sobre un intervalo descendente de quinta, un breve pasaje con acordes pianísticos da lugar a una sección más animada —»un poco más movido»— en la que se cantan los versos «Entre los álamos de oro, lejos, las mieles del amor te aguarda», que contienen el cambio de texto anteriormente citado. El sentido más positivo y optimista que introduce dicha modificación textual, se ve reflejado en la dinamización de tempo y textura musical, dominada ahora por grupos de cuatro semicorcheas que en ambas manos del piano se superponen en movimiento contrario. Una nota mantenida largamente en la voz mientras el piano ejecuta cuatro acordes de negra, reposando sobre el último de ellos, constituyen el colofón a la primera canción fechada compuesta por Juan José Mantecón que ha llegado íntegra hasta nosotros.

7.3. Harmonie du soir

El 29 de septiembre de 1919 completa Juan José de Mantecón, en la localidad de Salinas de Avilés, esta canción compuesta sobre un poema del francés Charles Baudelaire (1821-1919). A continuación se reproduce el poema escogido por Mantecón para *Harmonie du soir* (Armonía de la tarde) —y su traducción española en la columna de la derecha[311]—, perteneciente al libro *Les fleurs du mal* (Las flores del mal) de Baudelaire:

Voici venir les temps où vibrant sur sa tige	Ya llega el tiempo en el que vibrando en su tallo
Chaque fleur s'évapore ainsi qu'un encensoir;	cada flor se evapora igual que un incensario;
Les sons et les parfums tournent dans l'air du soir	sonidos y aromas giran en el aire de la tarde
Valse mélancolique et langoureux vertige!	¡melancólico vals y desmayado vértigo!

---

[311] Traducción de Carmen Torreblanca y José Armenta.

Chaque fleur s'évapore ainsi qu'un encensoir;	Cada flor se evapora igual que un incensario;
Le violon frémit comme un cœur qu'on afflige;	el violín se estremece como un corazón afligido;
Valse mélancolique et langoureux vertige!	¡melancólico vals y desmayado vértigo!
Le ciel est triste et beau comme un grand reposoir.	El cielo es triste y bello como un enorme altar.
Le violon frémit comme un cœur qu'on afflige;	El violín se estremece como un corazón afligido;
Un cœur tendre, qui hait le néant vaste et noir,	¡Un tierno corazón que odia la nada inmensa y negra
Du passé lumineux recueille tout vestige!	del pasado luminoso recoge todo vestigio!
Le soleil s'est noyé dans son sang qui se fige...	El sol se ha sumergido en su sangre cuajada...
Ton souvenir en moi lui comme un ostensoir!	Tu recuerdo brilla en mí como una custodia.

Se trata de un poema que evoca amores pasados y que, por medio de palabras como «incensario», «altar» o «custodia», busca sacralizar el sentimiento amoroso, una idea típicamente romántica. En cuanto a su forma, es llamativa la repetición ordenada de los versos 2, 4, 6, 8, 10 y 12, que reaparecen cada uno de ellos a distancia de tres versos, es decir en la líneas 5, 7, 9, 11, 13 y 15 del poema. Este poema había sido utilizado por Claude Debussy (1862-1818) para su canción homónima perteneciente a *Cinq poémes de Baudelaire* (1887-9), obra maestra cuyo estilo, impregnado de un cromatismo con reminiscencias wagnerianas, se encuentra muy alejado de la propuesta del vigués.

El compositor se ciñe exactamente al texto original sin supresiones ni añadidos, y la peculiar forma del poema, con las citadas repeticiones de versos, condiciona por completo la estructura musical, dado que Mantecón asigna la misma música —variada o sin variar, como veremos— a los versos repetidos. De esta forma la canción resultante se convierte en un espejo de la repetición ordenada de versos adoptada en su poema por Baudelaire, y la cohesión estructural queda sólidamente fijada por el compositor bajo una engañosa apariencia de libertad formal, pues paradójicamente el resultado sonoro se encuentra cercano a lo rapsódico.

La canción se inicia con una introducción pianística de cuatro compases, en tempo «Lento» e infrecuente compás de 5/4, en la que una serie de acordes crean una atmósfera lánguida que prepara el ambiento sonoro del poema de Baudelaire. A continuación hace su entrada la voz en el compás 5, para dar paso al juego de repeticiones de versos y música que constituye la característica compositiva más relevante de esta canción, un juego iniciado en el verso 2, entre los compases 8 y 11, que se repite, transportado a la quinta superior, en los compases 30 a 33. Para el cuarto verso (comp. 20-29), que hace alusión al «melancólico vals», Mantecón compone una música en compás de 3/4 y ritmo de vals, que introduce el piano en cinco compases instrumentales (comp. 15-19). Dicho vals reaparece, ampliado, en un nuevo pasaje pianístico (comp. 37-45) que sirve de preludio a la repetición musical, una cuarta descendente, de dicho verso en la séptima línea del poema.

Aquí Mantecón no se toma la molestia de escribir el acompañamiento, anotando tan sólo la línea melódica y el comienzo de la parte de piano, dándose por supuesto que la continuación ha de seguir el transporte a la cuarta descendente del pasaje comprendido entre los compases 20 y 29. No es el único pasaje que el compositor deja sin anotar la música completamente, procediendo de forma similar en otros fragmentos asociados a la repetición ordenada de los versos, por lo que a primera vista da la sensación de que nos encontramos ante una partitura incompleta. La precisión de la fecha y lugar de composición de la obra, anotadas al final de al partitura autógrafa, desmienten dicha apariencia. Sólo un estudio del poema y sus repeticiones de versos relacionados con la repetición de los correspondientes pasajes musicales permiten descifrar el enigma de los abundantes espacios en blanco que encontramos en este manuscrito. El hecho de que el compositor obviara la escritura de aquellos pasajes que se repiten transportados, es indicativo de que esta partitura estaba destinada a su utilización personal, ya que es obvio pensar que si hubiera pensado en la publicación o en la ejecución de esta obra por otro pianista, la habría escrito íntegramente.

Un calderón entre los compases 53 y 54 da paso al octavo verso, que, en estilo semideclamado cercano al recitado y con el único acompañamiento de cuatro acordes del piano, ocupa los compases 54 y 55. Su repetición en el poema tiene lugar en la línea undécima, mientras que en la música este pasaje aparece de nuevo en los compases 62 y 62, transportado una segunda descendente. El sexto verso (comp. 34-37) se repite en la novena línea del poema, y para ambos escribe Mantecón la misma música, en este caso sin transportar. En la repetición (comp. 56-58) el acompañamiento pianístico no está escrito, pero al igual que ocurría en el ejemplo citado anteriormente, al no incluir un silencio en ninguno de los pentagramas se deduce que el compositor daba por hecho la repetición del pasaje comprendido entre los compases 34 y 36, pese a que la apariencia del autógrafo a simple vista es la de estar incompleto.

El décimo verso (comp. 59-61) se repite en la decimotercera línea del poema, que se corresponden con los compases 66 a 68 de la música, en los que la repetición tiene lugar a intervalo de quinta ascendente. El acompañamiento se encuentra nuevamente sin completar, por lo que hay que deducir que ha de consistir en el transporte a la quinta ascendente de la parte pianística de los compases 59-61. La última repetición de versos corresponde a las líneas 2 y 15 del poema, que son puestas en música con la indicación «recitative avec dramatisme», sin notación de sonidos escritos, salvo las dos últimas notas, dos blancas para la palabra «fige» (referida a la sangre cuajada), Sol b en el primer caso y Si becuadro-La becuadro en el segundo. El postludio instrumental repite los cuatro compases pianísticos introductorios y añade otros cuatro más, en los que la música se desvanece con delicadeza para finalizar una canción cuyo interés radica en la que la estructura original del poema con sus repeticiones ordenadas de versos impregna por completo la forma musical, al optar el compositor por corresponder a cada repetición del texto con una repetición musical. Posee además relevancia estilística la ausencia de notación para algunos sonidos cantados, lo que, alternado con el canto «legato» y semideclamado, proporciona una amplia gama de registros vocales.

7.4. Una copla de Mingo Revulgo

Esta canción está fechada en diciembre de 1929 y fue estrenada en Madrid el 26 de junio de 1939, en un concierto organizado por el Lyceum Club Femenino, a cargo de la soprano Micaela Alonso acompañada al piano por Enrique Aroca; se conocen también datos de posteriores interpretaciones de esta obra a cargo de otros cantantes con el compositor como pianista acompañante. Mantecón realizó posteriores versiones de esta canción, adaptándola para voz y orquesta, y para orquesta de pulso y púa.

El texto está tomado de las *Coplas de Mingo Revulgo*, colección integrada por treinta y cinco coplas de nueve versos, una redondilla y una quintilla, inscritas en la tradición de la poesía crítico-satírica. Datan de mediados del siglo XV y están atribuidas a varios autores: Hernando del Pulgar, Fray Íñigo de Mendoza, Fernán Pérez de Guzmán, Juan de Mena, Rodrigo Cota y Alfonso de Palencia. Su contenido, crítico con la situación política creada durante el reinado de Enrique IV, se transmite a través de un argumento alegórico en el que dos pastores, Gil Arrebato y Mingo Revulgo, hablan sobre cuestiones políticas del reinado del rey Candaulo. De dicha compilación toma Juan José Mantecón para esta canción la *Copla XV*, en la que, con un estilo que combina el tono popular con el contenido alegórico, moral y metafórico, se compara a los tiranos con lobos, culpándoles de diversos pecados y de hacer mal al pueblo:

> Vienen los lobos hinchados
> y las bocas relamiendo;
> los lomos traen ardiendo,
> los ojos encarnizados;
> los pechos tienen sumidos,
> los ijares rogordidos,
> que no se pueden mover,
> mas cuando oyen los balidos
> ligeros saben correr.

Se trata de una eneagésima, formada por una redondilla seguida de una quintilla, que Mantecón reproduce en su canción repitiendo al final los dos primeros versos, y siguiendo una estructura que combina la forma de lied desarrollado con elementos de la forma Rondó —A-B-C-A'-D-A"—, proporcionados por la repetición, a modo de estribillo, de la frase musical que conforma la parte principal de la sección A.

En compás de 2/4 y tonalidad de Re menor, el piano establece —»decidido y rítmico»— un ritmo conformado por acordes en pulso de corcheas en dinámica «forte», que pasa a «pianissimo» de forma súbita en el quinto compás, antes de convertirse en un ritmo sincopado —»casi lento»— en el compás siete. Dicho movimiento sincopado prepara la entrada de la voz en el compás nueve, con una frase de amplio vuelo que se extiende hasta el compás 23, en el que finaliza la sección. La sencillez de la línea vocal y del acompañamiento pianístico a lo largo de la canción imitan el estilo popular, presente asimismo en el texto poético. Las diferentes secciones e interludios pianísticos —A (comp. 1-23), B (comp. 24-35), interludio I (comp. 36-41), C (comp. 42-47), A' (comp. 48-62), interludio II (comp. 63-66), D (comp. 67-78), A" (comp. 79-98)— se suceden sobre similar textura musical pero dando lugar a acusados contrastes de dinámica, tempo y expresión indicados detalladamente en la partitura. Entre los compases 48 y 54 el estribillo reaparece variado sobre el texto del sexto verso.

La última sección de la canción (A", comp. 79-98) consiste en la repetición de los dos primeros versos del poema, que con leves variantes en el acompañamiento inciden en la música de la primera sección (comp. 9-23), a la que el compositor añade como remate la nota Re mantenida largamente, otorgando la posibilidad, entre paréntesis, de que ésta sea sustituida por un brillante La agudo, cantado sobre un dinámico acompañamiento que crece en tempo e intensidad.

7.5. Canción *del Marqués de Santillana*

El Marqués de Santillana (1398-1458), cuya obra es también utilizada por Salvador Bacarisse para uno de sus más importantes grupos de canciones[312], reaparece en la producción de canciones de Mantecón con la obra titulada *Canción del Marqués de Santillana*. Se trata de una canción fechada en diciembre de 1930, de la que existe asimismo una versión para soprano y orquesta, y que está compuesta sobre el siguiente poema:

Recuérdate de mi vida,
pues que viste
mi partir e despedida
ser tan triste.

Recuérdate que padesco
e padesçí
las penas que non meresco,
desque ví
la respuesta non devida
que me diste;
por lo qual mi despedida
fué tan triste.

Pero no cuydes, señora,
que por esto
te fuy ni te sea agora
menos presto,
que de llaga non fingida

---

[312] Apartado 6.3.

me feriste;
así que mi despedida
fue tan triste[313].

Mantecón respeta el texto original sin supresiones ni añadidos, salvo la preposición «de» del primer verso, que no transcribe. El contenido de este poema —cuya fecha probable de composición es el año 1440—, es una lamentación en primera persona por un amor no correspondido. Dicho tono lamentoso del texto se corresponde con la indicación «Lento y triste» que encontramos al inicio de la canción, y que no deja lugar a dudas sobre el carácter de esta composición, escrita en la tonalidad de Fa menor. Un pasaje instrumental en «pianissimo» presenta una línea melódica poco definida sostenida por suaves acordes, que hace las veces de introducción preparatoria de la entrada de la voz como anacrusa del quinto compás.

La primera sección de la canción (A, comp. 5-10), integrada por los cuatro primeros versos que componen la primera estrofa del poema, se desarrolla durante seis compases, alternando los compases de 4/4 y 3/4 sin abandonar la dinámica «pianissimo». La línea vocal despliega un canto silábico que se mueve con delicadeza en intervalos cortos evitando las aristas y los saltos abruptos. El piano acompaña a la voz con una escritura convencional en la que encontramos acordes junto a movimiento de semicorcheas y ocasionalmente de fusas, siempre con un sentido armónico, que viene a desembocar en una afirmación de la tonalidad principal en el compás 10.

La segunda sección (B, comp. 11-20) ve su inicio con una dinamización del acompañamiento pianístico, cuya mano

---

313 SANTILLANA, Marqués de: *Poesías completas, I. Serranillas, cantares y decires. Sonetos fechos al itálico modo.* Madrid: Castalia, 1989, pp. 71-72.

izquierda se desenvuelve en agitadas figuraciones de seisillos de semicorcheas, que en el compás 13 pasan a ser ejecutadas por ambas manos del pianista. Dicha agitación se corresponde con el sentido pasional de la segunda estrofa del poema. Al final de la sección B, la música se apacigua con los versos «por lo cual mi despedida / fue tan triste», relajándose notablemente la agitación introducida por el dinámico movimiento de seisillos. La sección finaliza sobre la dominante de la tonalidad principal, con un calderón que detiene el pulso antes de dar paso a la sección C (comp. 21-30). Ésta se inicia con la indicación «más alegre», acorde con el pasajero cambio de carácter de los versos con los que se corresponde dicha sección: «Pero no cuydes, señora / que por esto / te fuy ni te sea agora / menos presto»[314]. A partir del compás 27, Mantecón introduce en el acompañamiento pianístico un contracanto consistente en un diseño de cuatro notas, a modo de contrapunto con la línea cantada. Dicho diseño constituye a su vez la base del breve interludio (comp. 30-33) que prepara la entrada de la sección A' (comp. 34-37).

La sección A' toma la melodía que la voz canta en los compases 8-10 sobre los versos 3 y 4, enriqueciendo el acompañamiento y variando levemente los valores de las notas de la línea vocal, que se desenvuelve sobre los dos últimos versos. La similitud de éstos con los versos 3 y 4 convierte en muy oportuna la idea de Mantecón de dotar a ambas secciones de música similar, lo que además proporciona mayor unidad formal a una canción cuya cohesión estructural sería demasiado frágil sin la recapitulación variada de la sección A que encontramos en los últimos compases.

---

314 «Menos presto» significa en este contexto «menos dispuesto a amar».

7.6. Quise dormir un día

Compuesta en diciembre de 1930, *Quise dormir un día* no vio su estreno hasta el 17 de marzo de 1956, en un concierto organizado por la comisión de arte que tuvo lugar en el Centro Gallego de Madrid, a cargo del tenor Guillermo Garcimartí acompañado al piano por el compositor. Esta canción fue compuesta para tenor y piano, sobre el siguiente texto de Ángeles Fernández[315]:

Quise dormir un día
sobre la brisa ingrávida
en el plumón de nubes
bajo el azul dosel
desoprimido el pecho
ni azucenas ni dardos
apenas una palma
tibia entre sien y sien.

El compositor no anota indicación de tempo, carácter ni dinámica en su partitura autógrafa de esta canción, que comienza con cuatro compases instrumentales a modo de introducción, presentando un diseño de acordes sincopados en ambas manos del pianista. Dicho diseño continúa tras la entrada de la voz en el compás 5, que se produce en compás de 2/4 para cambiar a 3/4 en el compás 9, retornando de nuevo a 2/4 en el compás 13. La línea vocal demanda un amplio «legato» y un canto etéreo que haga justicia al carácter ingrávido del poema, que parece reclamar además una diná-

---
[315] La distribución de los versos puede no coincidir con la del poema original.

mica musical que se mueva entre el «piano» y el «pianissimo». Dado el plácido carácter del poema, de contenido soñador, que dibuja una calmada imagen de aéreo y plácido descanso, el tempo «Andantino» puede ser adecuado para lograr la apropiada correspondencia entre texto y música en esta canción. Por su parte el acompañamiento pianístico se despoja de peso abandonando la región grave del teclado, coincidiendo con el pasaje en el que la voz aborda el texto cantado «ingrávida en el plumón de nubes».

Con el verso «desoprimido el pecho» (comp. 22-24) la escritura pianística retoma los acordes sincopados con ambas manos que encontrábamos en la introducción instrumental, volviendo a asentarse sobre la región grave del piano. Tras una pausa con calderón sobre la palabra «sien» en el compás 36, con la que se cierra la sección central (B, comp. 10-36), dos compases pianísticos «dolce y denso» presentan de nuevo los acordes sincopados del comienzo para dar paso a una reexposición (A', comp. 37-45), con leves variantes, de la frase musical que configuraba la primera sección (A, comp. 1-9), antes de cerrar la composición con una nuevo cambio a compás de 3/4, tres compases antes del final.

7.7. La tarde está muriendo

En el apartado 7.2 veíamos que Laura Prieto no incluye esta canción como entrada independiente en su *Catálogo de obras de Juan José Mantecón*, presentándola en el mismo epígrafe que *Campo*, a la que se refiere como «obra también titulada *La tarde está muriendo*»[316]. Si bien existen más que notables similitudes entre ambas canciones, muy especialmente en cuanto

---

316 PRIETO: *Catálogo de obras de Juan José Mantecón*, p. 66.

a la línea melódica, una cuidadosa comparación entre ambas nos lleva a la conclusión de que *La tarde está muriendo* supone una completa reelaboración de *Campo*, y por tanto se puede hablar de dos canciones diferentes, que comparten texto, parte de la línea melódica y ciertas similitudes estructurales, pero que difieren lo suficiente como para considerarlas obras distintas. De hecho más de una década separa una de la otra, pues si *Campo* data de 1919, siendo la primera canción de Mantecón de la que se tiene noticia, *La tarde está muriendo* consta en el libro de Antonio Fernández-Cid[317] —quien sin embargo no cita en su relación la más temprana *Campo*— como compuesta en 1930. Es muy posible que el compositor no quedara satisfecho con la primera versión de su musicalización del poema de Machado titulado *Campo*, y optara, años más tarde y con mayor experiencia compositiva a sus espaldas, por reelaborar su canción basándose en la melodía compuesta en 1919, pero sometiéndola a un nuevo revestimiento compositivo.

En cualquier caso, la cuestión del título de esta canción resulta confusa, pues en un anterior boceto de *La tarde está muriendo*, aparece como *Campo*, no sabemos si refiriéndose al título original del poema cantado o al título que el compositor pensaba dar a su canción. En el manuscrito de la versión definitiva sin embargo, no consta título alguno, razón por la que optamos aquí por el título ofrecido en el listado de Fernández-Cid a instancias del propio Mantecón, que se corresponde con el primer verso del poema de Antonio Machado que sirve de base a esta canción[318]. En definitiva, independientemente del título que Mantecón pensara dar a esta obra, parece evidente

---

317 FERNÁNDEZ-CID: *Lieder y canciones de España*, pp. 346-347. Conviene recordar aquí que la información publicada por Fernández-Cid fue suministrada por el propio compositor.
318 Ver poema en el apartado 7.1.

que *La tarde está muriendo* es una composición diferente de *Campo* y podría tomarse como una segunda versión de ésta.

La estructura bipartita de *La tarde está muriendo* coincide con la de *Campo*, si bien en la segunda versión que compone Mantecón sobre el mismo poema sí existe separación entre compases, lo que da lugar a una canción en compás de 2/4, movimiento «Lento» —en *Campo* se indicaba «Muy lento»— y tonalidad de Si b menor al inicio, para finalizar en Mi b mayor —idéntica armadura en ambas canciones. La armonía sin embargo resulta en la segunda versión más tradicional que en la primera.

El piano protagoniza un preludio —comp. 1-8, «pianissimo» y «dolce»— que comparte carácter con el de *Campo*, pero desde los primeros compases se aprecia aquí una mayor seguridad compositiva, con ideas más definidas y precisas que en la versión anterior. El ritmo sincopado de la mano izquierda, que continúa tras la entrada de la voz como anacrusa del compás 10, proporciona cierta agitación interna al melancólico poema de Antonio Machado. La parte cantada de *La tarde está muriendo* resulta muy similar a la de *Campo*, especialmente en cuanto a la interválica, no así respecto a los valores de las figuras, que presentan notables diferencias. Sin embargo el acompañamiento pianístico es completamente diferente en ambas canciones.

La primera sección (A, comp. 1-27) finaliza en el compás 27 con un calderón, dando paso al inicio de la segunda sección (B, comp. 28-48) con un pasaje en estilo recitativo (comp. 28-30) —»recit ad libi.»— sobre la frase «dos ramas en el tronco herido y una hoja marchita». Recordemos que en la canción titulada *Campo*, Mantecón optaba asimismo por un pasaje en recitativo para esta parte del poema. Si en *Campo* el compositor indicaba un «portamento» descendente (La b - Re) para la palabra «¿Lloras?», con la que se inicia el noveno verso del poema, aquí el «portamento» se limita a un intervalo de medio tono ascendente entre las notas Si b y Do b, en el compás 34.

Tras dos compases pianísticos (comp. 36-37) que inciden en el diseño sincopado del comienzo de la canción, se inicia la segunda parte de la sección B en el compás 38, con la indicación de tempo «más vivo», mientras que en la canción *Campo* el pasaje correspondiente se señalaba con la indicación «un poco más movido». Pasajes pianísticos con arpegios ascendentes y descendentes de fusas dinamizan el acompañamiento pianístico para subrayar las palabras «oro, lejos», antes de concluir la canción con el mismo cambio de texto respecto al poema original de Antonio Machado que encontrábamos en *Campo*: «la sombra del amor te aguarda» se convierte en la canción de Mantecón en un final más esperanzador gracias al las palabras «las mieles del amor te aguardan».

7.8. Avelaneiras floridas

Avelaneiras floridas, para tenor y piano, data de 1946 y fue estrenada en un conferencia-concierto celebrada el 16 de marzo de 1951 en el Centro Gallego de Madrid, por el tenor Guillermo Garcimartí acompañado al piano por el compositor, que interpretaron la obra en repetidas ocasiones durante los años siguientes al estreno. El texto de esta canción es una *cantiga de amigo* gallego-portuguesa de Juan Zorro, un juglar —posiblemente portugués— que vivió en el siglo XIII. Se presenta a continuación el poema original en la columna de la izquierda y su traducción al castellano[319] en la de la derecha:

---

319 Traducción de Alejandro Arnáiz.

Bailemos agora, por Deus, ay belidas,	¡Bailemos ahora, por Dios, ay hermosas,
so aquestas avelaneiras floridas!	bajo estas avellanedas floridas!
E quen por belidas como nós, belidas,	Y quien fuese hermosa como somos nosotras
e amigo amar,	hermosas
so aquestas avelaneiras floridas	si el amigo sabe amar,
vira bailar.	bajo estas avellanedas floridas,
	vendrá a bailar.
Bailemoa agora, por Deus, ay louvadas,	¡Bailemos ahora por Dios, ay escogidas,
so aquestas avelaneiras granadas!	bajo estas avellanedas en fruto!
E quen for louvada como nós, louva-das,	Y quien fuese escogida como somos nosotras escogidas
e amigo amar,	si el amigo sabe amar
so aquestas avelaneiras granadas	bajo estas avellanedas en fruto
vira bailar.	vendrá a bailar.

Nos encontramos ante un ejemplo típico del género denominado *cantiga de amigo*, de origen popular, en el que es común la utilización del paralelismo como recurso estilístico, consistente en la inclusión de versos repetidos en los que tan sólo se modifica la palabra de la rima. En el caso de la cantiga que nos ocupa, encontramos las palabras «belidas» y «floridas» de la primera estrofa sustituidas por «louvadas» y «granadas» en la segunda. La composición refleja en su sencillez un estilo muy próximo a la canción popular, una cualidad también propia de la *cantiga de amigo*. Mantecón utiliza a su favor esta forma de encadenar los versos —pensada originalmente para ser cantada—, acomodándola a una estructura compositiva estrófica, en la que cada una de las dos estrofas está asociada a idéntica música, y dando lugar a una estructura bipartita (A, comp. 1-36 - A', com. 37-72). El compositor respeta el poema original, salvo en la repetición incorporada de los versos cortos de ambas estrofas (4, 6, 10 y 12), repetición que utiliza como recurso muy posiblemente buscando un mayor equilibrio de la extensión de los diferentes versos del poema.

En esta poesía, las enamoradas bailan bajo los avellanos en flor —nos hallamos por tanto en la época de la primavera— mientras invitan a danzar a sus enamorados. El avellano en flor es aquí símbolo de la identificación entre entorno natural y estado anímico, pues tanto la naturaleza como las jóvenes protagonistas se encuentran en el momento más bello y fugaz de su ciclo vital, momento que han de aprovechar éstas para ser cortejadas por el amigo/amado. Esta llamada a disfrutar de la vida y a buscar el amor mientras se es joven, se refleja en una música de corte popular y de carácter alegre, rítmico y danzante, como corresponde al baile aludido en el texto. Los saltarines diseños rítmicos con puntillo hacen su aparición desde los seis compases pianísticos con que comienza la canción.

El compás escogido por el compositor para dar cabida a los ritmos danzantes de corte popular es 6/8, con la posibilidad de 3/4 señalada a continuación entre paréntesis. Encontramos a lo largo de la canción la alternancia de ambos compases, combinada con figuraciones propias del compás de 2/4, como es el caso de la primera mitad del primer compás 7, cuya parte vocal se configura a partir de un diseño de corchea y dos semicorcheas, seguida de tres corcheas, o el caso del compás 13 (y el 49, en la repetición de la canción con la segunda estrofa cantada), cuya línea cantada se encuentra íntegramente escrita en compás de 2/4 —pese a la ausencia de cualquier indicación de cambio de compás— que se opone al compás de 6/8 de la parte pianística. Es posible que Mantecón buscara un mayor relieve rítmico con los citados cambios y contrastes entre los compases escritos de 3/4 y 6/8, y el no indicado de 2/4, en aras de reflejar el contenido de invitación a la danza presente en el texto cantado.

7.9. Canción de cuna

Esta canción data de 1946 y se estrenó el 17 de mayo de 1954 en el Instituto Nacional de Enseñanza Media Cervantes de Madrid, por la mezzosoprano Lina Conchello acompañada al piano por el compositor. Juan José Mantecón volvió a interpretar esta canción en varias ocasiones durante el año 1956, junto a la soprano Ángeles Barrera. *Canción de cuna* está compuesta sobre el siguiente texto de origen popular:

Ea, ea.
Duerme mi vida
que viene el coco
a llevarse a los niños
que duermen poco.

Este niño lindo
no tiene cuna
su padre carpintero
ya le hará una.

Duerme tu vida,
duerme mi amor.
Ea, ea.

La segunda estrofa, con leves variantes, ha sido también utilizada para la canción titulada *Nana de Sevilla*, perteneciente a las *Canciones españolas antiguas* llevadas al pentagrama por Federico García Lorca (1898-1936), quien además de poeta fue un notable músico. *Canción de cuna* presenta el previsible carácter dulce y delicado de las nanas, un tema profusamente abordado en el género de la canción de concierto de compositores españoles del siglo XX. La dinámica se mueve entre el «pianissimo» y el «piu p», algo obligado en una canción pensada para cantarse a un niño que está conciliando el sueño, y en el compás 36 encontramos la indicación «dolcis», igualmente adecuada para el carácter de una nana.

La introducción pianística de cuatro compases afirma la tonalidad de Re b, en movimiento «No demasiado lento». La voz hace su entrada en el compás 5, cantando —»dolce»— una sencilla melodía de valores largamente mantenidos sobre la palabra «Ea», mientras el piano apoya con armonías batidas en un suave ritmo de corcheas. A partir del compás 8, el piano retoma el diseño rítmico de los compases introductorios, consistente en un tresillo de corcheas ligado a un acorde de blanca en la mano izquierda, mientras la mano derecha completa la armonía, sosteniendo una línea melódica cantada que se mueve en intervalos cortos. La sección A (comp.1-23) finaliza con tres compases de largos valores mantenidos por la voz en su registro grave.

La sección B (comp. 24-37) contrasta con la anterior, no en su línea cantada sino en el acompañamiento, que pasa a moverse en suaves tresillos de corcheas en ambas manos —»sempre pp y lejano»—, creando un efecto de murmullo sonoro sobre el que la voz parece flotar con su blanda melodía. La sección B' (comp. 38-50) conserva los tresillos en la mano izquierda del piano, en un tempo más lento que el indicado en la sección B. Dicha sección B' conduce a la sección A' (comp. 51-68) o recapitulación de la sección A, indicada mediante signo de repetición, cerrándose esta canción, al igual que finalizaba la sección A, con notas mantenidas largamente en el registro grave de la voz.

7.10. Estival

Dos canciones de Juan José Mantecón llevan poemas de Rafael Rodríguez Delgado. Se trata de *Estival*, fechada en Madrid en junio de 1949, y *Cuba*. De *Estival* se conservan al menos tres diferentes manuscritos completos, un dato que revela el aprecio de Mantecón hacia esta canción —una de las más logradas de su producción en este campo—, que en otros bocetos aparece también bajo los títulos *Nocturno estival*, *Canción estival* y *Barcarola tropical*. Según consta en una de la partituras autógrafas, *Estival* fue compuesta en Madrid en junio de 1949, sobre el siguiente poema:

Eres mar en calma,
brisa de la tarde,
concha de mi playa,
senda de mi amor.

Eres vino guanche
cuna de mis noches
río de mis valles
y ascua de mi amor.

Se trata de un poema de carácter amoroso que Mantecón traduce musicalmente con acierto en una canción dulce pero a la vez luminosa. Nos encontramos ante una composición de tipo estrófico dividida en dos secciones, una por cada estrofa, constituyendo la segunda sección una variación muy libre de la primera. La canción comienza en compás de 2/2 —»Íntimo y soñador»— con el acorde de tónica de La menor batido en un trémolo lento de semicorcheas —»ppp y lejano»— en la mano derecha del piano, al que se oponen acordes en valores blanca en la mano izquierda. Este diseño rítmico pasa a la tonalidad de La mayor en el tercer compás, de los cuatro que componen la introducción instrumental.

Sobre una escritura pianística muy similar hace su entrada la voz cantada en el compás 5 —»sempre calmo»—, deteniéndose el movimiento de semicorcheas en el compás 7 coincidiendo con la palabra «calma» cantada en valores de redonda largamente mantenidos, ofreciendo una sensación muy gráfica de la «calma» aludida en el poema de Rodríguez Delgado. Por su parte la «brisa de la tarde» se traduce en sonido de forma muy plástica por medio de suaves arpegios descendentes en la zona aguda del teclado ejecutados por la mano derecha del piano, mientras la línea vocal y la mano izquierda se mueven en paralelo (Ejemplo 43).

Ejemplo 43: *Estival*, de Juan José Mantecón, comp. 8-12

A partir del compás 13 el movimiento se anima —»poco más vivo»— y la mano derecha del piano desarrolla acordes arpegiados en pulso de semicorcheas —»fluido, lejano y destacado»—, como transición hacia el final de la esta primera sección (A, comp. 1-20), de carácter más estático, que presenta la curiosa indicación «casi barcarola». La segunda sección (A', comp. 21-34) supone una variación de la primera, llevada a cabo con gran libertad. El citado carácter de barcarola del final de la sección A, continúa al inicio de la sección A', produciéndose una fusión muy natural entre ambas gracias a que la transición de una a otra queda diluida. Más reconocible, respecto a su pasaje correspondiente de la sección A, es el fragmento que se inicia en el compás 24, en el que encontramos nuevamente los acariciadores arpegios descendentes, que en la primera sección subrayaban la frase «brisa de la tarde» y aquí se asocian con igual eficacia al texto «cuna de mis noches». El pasaje de semicorcheas en la mano derecha del piano de la sección A, repetido en la sección A' (comp. 29-31), otorga, por su fluidez, pleno sentido al texto cantado «río de mis valles», mientras la mano izquierda del piano camina, al igual que lo hacía en la primera parte, en valores paralelos a la voz cantada. La canción se cierra poéticamente con una nota largamente mantenida por la voz mientras el piano asciende a la zona aguda del teclado mediante una suave figuración arpegiada.

7.11. Cuba

Esta canción fue estrenada el 22 de marzo de 1953 en el Teatro Bretón de los Herreros de Haro (La Rioja), en un recital de canto a beneficio de la Santa Vera Cruz, a cargo de la soprano Merche Viguri y Juan José Mantecón como pianista. Conocida también bajo el título *Habanera*, fue interpretada en recitales posteriores por el compositor acompañando a la soprano Conchita Moratinos. Se trata de la segunda canción —tras *Estival*[20]— compuesta sobre texto de Rafael Rodríguez Delgado:

---

320 Apartado 7.10.

Diosa antillana dormida
en lecho de plataneras
bajo el humo de arabescos
del tabaco de las vegas
baila Cuba sus danzones
constelados de rumberas
rompiendo en los aires tensos
horizontes de palmeras.

Danza que danza rumbera cubana
canta mi vida este son
danza que danza rumbera cubana
levanta tus brazos al sol.

Añoranza de aventuras
prendida en las doce estrellas
de los rumbos marineros
cinturón de dulce tierra
ceñido de corazones
que laten en nuestras venas
un viejo cantar de historia
con cadencias de habanera.

Danza que danza rumbera cubana
canta mi vida este son
danza que danza rumbera cubana
levanta tus brazos al sol.

 Se trata de un poema que en sus reiteradas citas de la habanera, del baile y de la danza cubana, contiene un germen musical latente que parece pedir su musicalización. Para dicha puesta en música, Mantecón se decanta por un género que se encuentra a medio camino entre la denominada música culta y un estilo de canción más ligero perteneciente al ámbito del Café-Concierto. La canción, tonal y de corte estrófico, posee un encanto melódico que emana precisamente de su ausencia de pretensiones estilísticas.

Las indicaciones de tiempo —»Lento, con libertad de movimiento»— y de carácter —»dolcis y lánguido»— no constan en todas versiones autógrafas conservadas de esta obra. En la tonalidad de Re menor el piano establece un lánguido ritmo de habanera en los seis compases instrumentales introductorios (Ejemplo 44). La parte cantada comienza en el compás 7 sumándose al danzante ritmo de habanera, sobre el que desarrolla, en una cómoda tesitura central, una sinuosa melodía que continúa con el carácter dulce y lánguido iniciado por el acompañamiento. En éste encontramos cromatismos descendentes (comp. 17, 21, 60 y 64) que acentúan la naturaleza lánguida de esta obra.

Ejemplo 44: Primeros compases de *Cuba*, de Juan José Mantecón

La primera sección (A, comp. 1-27) finaliza en Fa mayor, tonalidad en la que comienza la segunda sección (B, comp. 28-43), cuya parte cantada se encuentra escrita a dos voces. En uno de los manuscritos señala el compositor en el compás 71: «En caso de una sola voz, cántese la 2ª con letra». Añade además una doble barra de repetición entre los compases 28 y 43, solicitando un cambio de dinámica: «En la repetición cambiar los valores [...]; ff primero y luego p»; ni las citadas indicaciones ni la repetición señalada mediante doble barra de compás se encuentran en un autógrafo posterior cuya apariencia es la de una copia definitiva en limpio. Tampoco se encuentra en ninguno de los autógrafos la indicación de doble barra de repetición al final de la canción, que ha de darse por supuesta para hacer posible la interpretación de la segunda letra cantada (versos 13-20), que tampoco se encuentra presente en todos los manuscritos.

7.12. La ciega

Esta canción está compuesta sobre un texto del abogado, político, poeta y escritor madrileño José Antonio Balbontín (1893-1977), que fuera diputado por Sevilla en las Cortes Constituyentes de 1931 y Magistrado del Tribunal Supremo de España, con sede en Valencia, durante la Guerra Civil. Aunque se desconoce la fecha de composición de *La ciega*, el hecho de que la partitura manuscrita incluya un autógrafo de Balbontín con el poema completo, puede señalar que esta canción fue compuesta con anterioridad a 1936, pues tras la Guerra Civil el poeta se exilia a Londres, ciudad en la que formó una Comisión Coordinadora de la «Junta Española de Liberación»

(JEL)[321] —de la que fue secretario entre 1944 y 1945—, y de la que no regresaría a España hasta 1970. El poema de José Antonio Balbontín —titulado *La ciega*, al igual que la canción de Mantecón—, tal y como aparece en el anexo al autógrafo de la canción, es el siguiente:

> Me quería por los ojos;
> me dejó al quedarme ciega...
> ¡Que los cielos le castiguen
> y le venga una ceguera!
> Ya verá cómo es la vida
> sin la luz de las estrellas,
> ni la gracia de las rosas,
> ni el amor de las doncellas...
> Agüita del valle:
> ¡Cúrame los ojos
> que quiero mirarle!
>
> Que se quede ciego un día
> en el fondo de la selva,
> y espantado y desvalido
> sienta el cerco de las fieras...
> Y que yo esté cerca entonces
> y de pura angustia, vea,
> y acudiéndole en el trance,
> con la vida le defienda...
> Agüita del valle:
> ¡Cúrame los ojos
> que quiero mirarle!

---

321 Institución creada por parte del exilio español republicano tras la Guerra Civil, como alternativa al Partido Comunista para la formación de un gobierno republicano.

El poeta numera las dos estrofas e inserta la indicación «Estribillo» antes de los versos 9-11 y 20-22. Por su parte, Juan José Mantecón pone música tan sólo a la primera estrofa, pero al final de su canción indica «DC al canto» cuya intención podría ser la repetición de la obra con la segunda estrofa como texto cantado, dando lugar a una composición estrófica. La sencillez de escritura, cercana a la melodía acompañada, constituye el rasgo compositivo más destacable de esta canción, que se desenvuelve armónicamente dentro de la tonalidad. El carácter de la música es triste y la indicación de Mantecón, «Lento doloroso», resulta acorde con el poema de Balbotín en el que la protagonista expresa su despecho tras ser abandonada por su amante al quedarse ciega.

Una introducción pianística de cuatro compases establece el citado ambiente elegíaco mediante ritmos punteados de acordes descendentes en la tonalidad de Fa menor. Si el compás de la introducción instrumental es 4/4, con la entrada de la voz en el compás 5 cambia a 2/4, para ejecutar una sencilla melodía cuyo comienzo imita la línea descendente del primer compás del piano, pero prescindiendo del ritmo punteado. La melodía cantada se desarrolla con sencillez, en suaves dinámica y cómoda tesitura central, demandando un canto bien ligado y sin estridencias. Cuenta con el leve apoyo de un piano de escritura muy convencional, no produciéndose cambios significativos a lo largo de la sección A (comp. 1-29), que abarca los ocho primeros versos del poema y finaliza con un reposo sobre una nota sostenida con calderón en el compás 29.

La sección B (comp. 30-39) se corresponde con el estribillo indicado por José Antonio Balbontín, es decir, con los versos 9-11 y su repetición idéntica al final del poema. Sobre el verso 9 (comp. 31-33) se produce un cambio relevante pues el ritmo pasa a ser de barcarola en compás de 6/8, para cambiar de nuevo a compás de 2/4, con la indicación «como recitado» —nuevo ejemplo de la utilización del canto recitado como recurso estilístico en las canciones de Mantecón— en los versos 10 y 11 (comp. 34-37), antes de dejar el protagonismo al piano durante dos compases para retornar al compás de entrada de la voz mediante la indicación «DC al canto». Como se ha apuntado anteriormente, tendría sentido pensar que esta repetición está pensada para cantar la segunda estrofa del poema; también podría pensarse que el calderón antes citado con que finaliza la sección A podría ser un posible final de la repetición indicada por el compositor.

7.13. Madrigal

Para esta canción Mantecón recurre a un poeta renacentista, el sevillano Gutierre de Cetina (1520-c. 1557)[322], cuyo *Madrigal* forma parte frecuentemente de antologías poéticas en castellano y que también fue utilizado por Salvador Bacarisse para su canción homónima, primera de *Deux chansons classiques espagnoles*[323]. Mientras Bacarisse utiliza una versión modificada y reducida del poema original de Gutierre de Cetina, Mantecón toma el poema íntegro para su *Madrigal*, cuya fecha de composición se desconoce y cuyo texto es el siguiente:

Ojos claros, serenos,
si de un dulce mirar sois alabados,
¿por qué, si me miráis, miráis airados?

---

[322] A propósito de la relación de este poeta con la música resulta interesante el siguiente artículo: PASTOR COMÍN, Juan José: «Fuentes musicales en la obra poética de Gutierre de Cetina», *Revista de Musicología*, XXXIII, 1-2, 2010, pp. 63-81.
[323] Apartado 6.16.

Si cuanto más piadosos,
más bellos parecéis a aquel que os mira,
no me miréis con ira,
porque no parezcáis menos hermosos.
¡Ay tormentos rabiosos!
Ojos claros, serenos,
ya que así me miráis, miradme al menos.

Madrigal es una de las canciones de mayor encanto melódico entre las de Mantecón, y su melodía se ve arropada por un acompañamiento capaz de reflejar los matices del poema de Gutierre de Cetina, lo que redunda en una adecuada coherencia entre música y texto. Dicho poema es traducido por el compositor en una música íntima y de gran delicadeza, carácter que establece el piano en la introducción instrumental de cuatro compases, que cuenta con la indicación «poético». A través de una desnuda textura pianística que evita utilizar la región grave del teclado, se logra una cualidad etérea que resulta idónea para crear el ambiente delicado y poético que prepara adecuadamente la entrada de la voz en el compás 5.

La tesitura de la parte vocal se mueve en un registro central, sin alcanzar las regiones más agudas de la voz, evitando estridencias que estorbarían el refinamiento requerido tanto por el texto como por la música. Mantecón, contando entre sus manos con uno de los poemas más célebres de la lírica española, parece ser consciente de que evitar una tesitura en exceso tirante favorece la inteligibilidad del texto cantado, y está dispuesto a priorizar la comprensión de las palabras, tratando el poema de Gutierre de Cetina como si se tratara de una alocución del protagonista hacia su amada en un ambiente de intimidad. Para ello, los escasos pasajes en «forte» presentes en esta canción han de tomarse con cierta cautela, y para su correcta interpretación se debe pensar más en una intensificación expresiva que en una exageración de la dinámica. Un ejemplo se encuentra en el pasaje con que finaliza la sección A (comp. 1-23), en el que la música se eleva a una nota Sol en «fortissimo» en el compás 21, reflejando así el carácter del texto «miráis airados», contrastando con el pasaje que en «pianissimo» canta las palabras «Si cuanto más piadoso».

Un nuevo pasaje en escritura «fortissimo» sirve como reflejo de la queja del amante al cantar el texto «¡Ay tomentos rabiosos!» en los compases 35-37, como final de la sección A' (comp. 24-38). En dicho pasaje encontramos una escritura pianística en ágiles valores de fusas, característica del acompañamiento de la sección A', que presenta en la parte cantada una variante melódica de la sección A contando con un apoyo instrumental de mucho mayor dinamismo gracias a los citados valores de fusas, que en determinados pasajes se acompañan de indicaciones como «fluido», «ágil», «como lejano fondo» y «sempre lejano e ingrávido» para subrayar los diferentes matices del texto cantado. El uso del canto semideclamado como recurso estilístico, tan común en Mantecón, aparece nuevamente en los compases 27 y 32, que cuentan ambos con la indicación «casi recit».

La breve sección final resulta más cercana al carácter de una coda (comp. 39-52) que a una nueva sección propiamente dicha. Se llega a ella mediante una transición instrumental de cuatro compases (comp. 39-42) que utiliza una textura pianística muy similar a la de los compases introductorios, contando además con la indicación «como al principio». Esta canción puede concebirse como un todo, con dos secciones principales, A y A', y una coda. Las secciones A y A', parten de similar material melódico pero difieren en la escritura pianística, más dinámica en la segunda parte, mientras que la breve coda hace las veces de recapitulación del material precedente.

7.14. Madrigal de abanico

Se trata de una canción compuesta en fecha desconocida sobre un poema del literato y folclorista andaluz, nacido en Osuna, Francisco Rodríguez Marín (1855-1943), quien fuera nombrado Académico de la lengua en 1905 y director de la Biblioteca Nacional en 1930, cargo que ejerció hasta 1936. La literatura popular, la del Siglo de Oro y los estudios cervantinos constituyeron los intereses primordiales de Rodríguez Marín, autor de una abundante obra poética entre la que se cuenta el siguiente *Madrigal de abanico*, que aparece reproducido en el reverso del manuscrito de la canción homónima de Juan José Mantecón:

No he de llamarte estrella
Porque eres tú más fúlgida y más bella
Te llamaré lucero
De la rosada aurora mensajero.
Mas no lucero
He de llamarte luna
Que ella es un ciclo y tú eres una.
¿Qué dije luna, habiendo más brillante
luz en los cielos? Eres sol radiante
Y aún el llamarte así parece poco
A éste que, de amor loco,
besando su cadena,

nombre busca a quien causa es de su pena
Lucero y luna y sol de Andalucía
¿Cómo te llamaré sino alma mía?

En su puesta en música de este poema Mantecón incurre en algunos errores de transcripción del mismo a la parte cantada. En el séptimo verso, cambia la palabra «ciclo» por la palabra «cielo», en el décimo verso escribe «Y aún el llamarte sol» en lugar del original «Y aún el llamarte así», mientras que en el decimotercero sustituye, «nombre busca a quien causa es de su pena» por «causa busca a quien causa es de su pena». Aparte de estas tres posibles erratas de transcripción, Mantecón respeta la estructura del poema original, al que dota de música sin recurrir a repeticiones de texto y dando lugar a una estructura musical tripartita (A, comp. 1-10 - B, comp. 11-17 - C, comp. 18-26).

El tono expresivo de esta canción responde a un sentimentalismo algo edulcorado, presente igualmente en el poema del Rodríguez Marín que le sirve de base. Texto y música dan lugar a una composición sin duda muy agradable al oído, pero cuya inserción en el repertorio de la canción culta de concierto, desde el punto de vista estilístico, resulta problemática. El fácil y pegadizo melodismo, la sencilla armonía y el ritmo uniforme que caracterizan *Madrigal de abanico*, son cualidades que hacen que esta canción se pueda relacionar mejor con la música ligera de consumo que con la tradición liederística, en una línea estética similar a la de otra canción de Mantecón, la titulada *Cuba*[324].

En la introducción instrumental de cinco compases, el piano establece el carácter rítmico-melódico de la canción, desarro-

---

[324] Apartado 7.11.

llando una escritura en tres planos sonoros bien diferenciados: la línea melódica y el movimiento central de tresillos de semicorcheas a cargo de la mano derecha, junto a la mano izquierda que se hace cargo del sencillo movimiento de corcheas del bajo, en compás de 9/8. La voz hace su aparición en el último tercio del sexto compás, repitiendo el diseño melódico enunciado en solitario por la mano derecha del piano en el quinto compás. En los primeros compases de su intervención, la parte cantada se desenvuelve en una tesitura grave; sin embargo, en la sección central, la voz ha de ascender hasta un Sol # por encima del pentagrama de la clave de Sol, lo que convierte esta canción, a pesar de su carácter relacionado con la música ligera, en una pieza de exigente ejecución para el cantante, dada la amplitud de la tesitura vocal requerida.

Quizás debido al papel de intérprete de su propias canciones, Mantecón prescinde de escribir en la partitura cualquier indicación de tempo, carácter, dinámica y agógica, exceptuando dos calderones en los compases 24 y 26, respectivamente. Un posibilidad de interpretación consistiría en un tempo «Andantino» subdividido en pulso de corcheas, mientras que la dinámica admitiría una dinámica «piano», para pasar paulatinamente a «forte» en el punto culminante de la composición, que es el pasaje situado entre los compases 13-17, en el que la voz asciende a la tesitura aguda sobre el texto «Eres sol radiante y aún el llamarte así parece poco». La textura del acompañamiento pianístico se une al ascenso al agudo de la voz con una notable densificación, incorporando octavas y acordes al incesante pulso de tresillos de semicorcheas establecido desde el inicio de la canción, ampliándose además la extensión de la escritura del piano, que en este pasaje hace uso del registro grave del instrumento. Tras este punto culminante en la segunda sección, B, la canción continua con la vuelta a la calma en la tercera sección, C, en la que tanto la tesitura vocal como la textura pianística retoman los parámetros de la primera parte. La estructura tripartita de la composición otorga a la segunda sección el papel de punto culminante y por ende, el de ejercer un contraste expresivo con las dos secciones de los extremos, dentro de un contexto rítmico y armónico uniforme a lo largo de la obra.

7.15. Serenata

Se desconoce la fecha de composición y datos del estreno de *Serenata*, que, al igual que *Canción de cuna*[325], pone música a un texto de origen popular:

Ya sé que estás en la cama
ya sé que no duermes, no
ya sé que estás escuchando
las coplas que te digo yo.

Asómate a esa ventana
cara de luna redonda
lucero de la mañana
y espejo de quien te ronda.

Asómate a ese balcón
y si no a la ventanilla
y si no tienes ventana
a la puerta, vida mía.

---
325 Apartado 7.9.

Echemos la despedida
con un ramito de nueces
que la música no ha sido
como tú te la mereces.

Se trata de una desenfadada copla de ronda a la que Mantecón responde con una canción compuesta en estilo popular, que cuenta con la indicación general «Con alegría», y en particular demanda a la voz que afronte su parte «Con gracia y humor», dos observaciones del compositor que, junto al gracejo que emana de la copla de ronda, no dejan lugar a dudas sobre el temperamento ligero y jovial de esta obra. La estructura formal de corte estrófico, propia de la canción popular, presenta dos secciones diferenciadas a las que se vuelve con idéntica música y diferente texto mediante la casilla de repetición incluida en el compás 42.

En la tonalidad de La mayor, el piano introduce un marcado ritmo que, mediante acordes de quinta en la mano izquierda y armonías desplegadas en tresillos de corchea y quintillos de fusa en la derecha, acentúa con impulso la parte fuerte de cada compás de 2/4. La escritura, tanto de la voz como del piano, resulta convencional, imitando el carácter de la música folclórica, pese a que la melodía no está extraída de ningún cancionero popular, sino que es obra del compositor. Las dos secciones principales (A, comp. 1-23 y B, comp. 24-42), una para cada una de las dos primeras estrofas, se encuentran separadas mediante una pausa con calderón en el compás 23, tras la que el ritmo inicial se reanuda con un breve interludio instrumental de dos compases (comp. 24-25), cuyo carácter rítmico-armónico es similar al de la introducción, pero añadiendo una octava a las quintas de la mano izquierda y sustituyendo los quintillos del inicio por grupos de cuatro fusas.

La segunda sección de la canción presenta dos periodos, el segundo de los cuales (comp. 36-42) no es sino una repetición variada del primero (comp. 24-35). La casilla de repetición del compás 42 señala el «Da Capo» que lleva de nuevo al inicio para abordar, con idéntica música que la primera vez, la tercera (sección A', comp. 43-67) y cuarta (sección B', comp. 68-84) estrofas del texto, con el añadido de una coda de ocho compases (comp. 85-92) que repite dos veces el último verso.

7.16. Villancico

Se trata de una canción para dos voces y piano cuya fecha de composición se desconoce, pero que por las circunstancias de su estreno podría deducirse muy cercana al mismo. Éste tuvo lugar en la Escuela de Capacitación Social de Trabajadores de Madrid, el 30 de enero de 1957, en el marco de un «festival artístico dedicado a los alumnos de la 99 promoción»[326], a cargo de los cantantes Merche Viguro, Ángeles Barrera, Luisa Montoya, E. Fernández Criach, Guillermo Garcimartín y Rubén Garcimartín, con Guillermo Fanjul (danza) y el propio compositor al piano. Quizás esta profusión de cantantes en el estreno sea la razón por la que Laura Prieto indique «Coro a 2 voces y Piano»[327] como plantilla de esta composición, pese a que los dos autógrafos conservados de esta obra —uno completo y otro incompleto— presentan una obra para dos voces con acompañamiento de piano. Se desconoce también la autoría del texto que le sirve de base, que es el siguiente:

---
326 PRIETO: *Catálogo de obras de Juan José Mantecón*, p. 77.
327 *Id.*

El pajarillo en el árbol
canta su dulce canción
porque en Belén ha nacido
un niño Dios y Señor.
La nieve qué fría,
el niño caliente
la Virgen María
llorosa y riente.

Si bien Mantecón en su partitura manuscrita definitiva de esta canción olvida transcribir la primera sílaba de la última palabra de este texto, gracias al autógrafo incompleto conservado —que sí incluye el texto cantado completo— se puede obtener el texto íntegro. El compositor recurre a un estilo de gran sencillez para reflejar el ingenuo canto navideño, vertido en una breve canción de estructura bipartita (A, comp. 1-22 - B, comp. 23-34) que parece escrita sin mayores pretensiones artísticas que las de la ocasión que dio lugar a su estreno.

La indicación «Moderadamente alegre y en tono popular» no deja lugar a dudas sobre el carácter popular que Mantecón deseaba para este villancico, compuesto en la tonalidad de Mi mayor, que comienza con siete compases pianísticos, que se convierten en catorce mediante el signo de repetición insertado al final del séptimo compás. Dicho preludio se caracteriza por una escritura muy simple, que utiliza en la mano izquierda del pianista acordes de octava y quinta con una disonancia de segunda menor añadida, como apoyo armónico de una melodía a dos voces en la mano derecha.

El compás inicial de 2/4 pasa a ser de 6/8 con la entrada de las dos voces en el compás 15. Durante toda la obra la mano derecha del acompañamiento pianístico se limita a doblar la escritura a dos voces del canto, mientras que la mano izquierda sirve como sostén armónico. El juego contrapuntístico entre las dos voces cantadas resulta de suma sencillez, rompiéndose sólo en ocasiones el movimiento paralelo de ambas. La segunda sección de la canción, B, comienza con la anacrusa del compás 23 reduciendo considerablemente el tempo —»El doble de lento»— y cambiando de nuevo a 2/4, el compás del inicio de la obra.

8. Fernando Remacha

8.1. Las canciones de Fernando Remacha

La obra para canto y piano de Fernando Remacha (1898-1984)[328] está compuesta en la época de posguerra y en ella

[328] Principales referencias bibliográficas sobre la vida y obra de este compositor navarro: VIERGE, Marcos Andrés: *Fernando Remacha. El compositor y su obra*. Madrid: Instituto Complutense de Ciencias Musicales, 1998; VIERGE, Marcos Andrés: «Fernando Remacha Villar (1898-1984). Seis puntos claves sobre su vida y obra», *Cuadernos de Música Iberoamericana*, vol. 5, 1998, pp. 23-40; VIERGE, Marcos Andrés: «25 Años de la muerte de Fernando Remacha», *Cuadernos de Música Iberoamericana*, vol. 18, 2009, pp. 121-134; VIERGE, Marcos Andrés: «Remacha Villar, Fernando», en: CASARES RODICIO, Emilio (ed.): *Diccionario de la Música española e hispanoamericana*. Madrid: Sociedad General de Autores y Editores, 2000, vol. 9, pp. 97-104; VIERGE, Marcos Andrés: «Fernando Remacha y la Generación del 27», *Mito y realidad en la historia de Navarra*, vol. II, Pamplona, Gobierno de Navarra, 1998, pp. 371-383; REMACHA, Margarita: *Fernando Remacha. Una vida en armonía*. Pamplona: Gobierno de Navarra, 1996; HEINE, Christiane: «Remacha (Villar), Fernando, en: SADIE Stanley (ed.): *The New Grove Dictionary of Music and Musicians, second edition*. London: Macmillan Publishers Limited, 2001, vol. 21, p. 176; HEINE, Christiane: «Remacha Villar, Fernando», en: FINSCHER, Ludwig (ed.): *Die Musik in Geschichte und Gegenwart. Zweite, neubearbeitete Ausgabe*. Kassel / Stuttgart: Bärenreiter, 2005, Personenteil, vol. 13, pp. 1550-1551; HEINE, Christiane: «Fernando Remacha (1898-1984), su despedida de la música», *Revista de Musicología*, XIX, 1-2, 1996, pp. 239-243; PERSIA, Jorge de: «Remacha y Bacarisse, el difícil retorno», *ABC Cultural*, 10-12-1998, pp. 46-47; GARCÍA DEL BUSTO, José Luis: «Fernando Remacha: *Cuarteto para violín, viola, violoncello y piano*», en: GARCÍA GALLARDO, Cristóbal L., MARTÍ-

encontramos una concepción muy variada e interesante. Pese a que la canción de concierto es un género importante para los compositores de la Generación del 27, la estancia de Remacha en Italia para estudiar con Gian Francesco Malipiero (1882-1973) pudo ser la razón de la inicial falta de interés del navarro en este género, ya que el compositor italiano orientó a su discípulo hacia estudio de la música barroca italiana de compositores como Monteverdi o Vivaldi. Esto le diferencia de otros compositores del Grupo de los Ocho de Madrid, como los hermanos Halffter, Julián Bautista o Salvador Bacarisse, que comienzan a componer canciones a edades muy tempranas, mientras que actualmente no se tiene constancia que Remacha compusiera ninguna canción antes del final de la Guerra Civil. Remacha compuso quince canciones, con diferentes planteamientos estéticos, que se distribuyen en dos grupos de tres y seis canciones, respectivamente, más seis canciones independientes, dando lugar a la siguiente relación:

– *Seis canciones vascas* (1951-53) (Textos populares)
– *Dos cantares y un cantarcillo* (1953)
– *Elegía sin palabras* (10-5-1953)
– *Canción romántica* (18-2-1954)
– *Nouturnio* (1958) (José Luis López Cid)
– *El domingo de sol*
– *Mimosa no llores*
– *Charramandusca*

NEZ GONZÁLEZ, Francisco y RUIZ HILILLO, María (eds.): *Los músicos del 27*. Granada: Universidad de Granada, 2010; NERI DE CASO, Leopoldo: «En torno al estreno del *Concierto para guitarra y orquesta* de Fernando Remacha», en: SUÁREZ-PAJARES, Javier (ed.): *Joaquín Rodrigo y la creación musical en los años cincuenta*. Valladolid: Universidad de Valladolid, 2008, pp. 239-257; VIERGE, Marcos Andrés: La *Cantata de Jesucristo en la Cruz*, de Fernando Remacha, como modelo de síntesis entre la tradición y la vanguardia», *Cuadernos de Veruela*, 2, Zaragoza, 1998, pp. 36-58.

Los dos grupos principales los integran *Dos cantares y un cantarcillo*, de inspiración renacentista, que constituye su obra más importante en el campo de la canción de concierto, y *Seis canciones vascas*, obra de concepción regionalista. Dentro de la tendencia nacionalista-folclorista se pueden situar *El domingo de sol* y *Charramandusca*, mientras que en *Elegía sin palabras* (1953) y *Nouturnio* (1958) Remacha muestra una actitud compositiva experimental diferenciada de la estética oficial del Grupo de los Ocho de Madrid, lo que ocurre también en obras pertenecientes a otros géneros compuestas por el navarro tras la Guerra Civil.

El Fondo de Publicaciones del Departamento de Educación y Cultura del Gobierno de Navarra, Institución Príncipe de Viana, publicó en 1995 el volumen 4 de *Música de Fernando Remacha*[329], que incluye su obra para canto y piano, con catorce de las canciones antes citadas, de las cuales tan sólo se encuentra ausente *Canción romántica*. La citada edición incluye los textos originales de las catorce canciones incluidas en la misma, así como las traducciones al castellano de las seis canciones en vascuence, que serán la referencia utilizada para este trabajo.

8.2. Seis canciones vascas

En *Seis canciones vascas* Fernando Remacha se adapta al estilo regionalista de canción popular tonal construida sobre elementos musicales muy simples, en una línea similar a la seguida por otros compositores del Grupo de los Ocho de Madrid al abordar la canción popular de inspiración folclórica. Editadas por la Institución Príncipe de Viana, las *Seis canciones vascas* están dedicadas a María Dolores Malumbres, compositora discípula de Remacha. Marcos Andrés Vierge, en su estudio sobre Fernando

[329] *Música de Fernando Remacha, vol. 4. Canto y piano*. Pamplona: Gobierno de Navarra, 2005.

Remacha opina que «el carácter y la edición de Príncipe de Viana posibilita que las fechemos entre 1951 y 1953»[330]. En la edición impresa original se puede leer que se trata de «Seis canciones vascas, armonizadas para canto y piano por Fernando Remacha», lo cual indica el carácter de mera armonización, que no pretende reelaborar el material folclórico para dotarle de una nueva identidad, sino tan sólo añadir un sencillo acompañamiento pianístico a las melodías populares preexistentes.

La primera canción lleva por título *Eijerra zira, maitia* (Hermosa eres, amada), y cuenta con el siguiente texto[331]:

Eijerra zira, maitia,	Hermosa eres, amada
erraiten deizüt egia;	Te digo la verdad
nurk eraman othe deizü,	¿Quién te habrá llevado
rai tara rai tai rai rai rai,	rai tara rai tai rai rai rai,
zure lehen floria?	tu primera flor?
Eztizü egin izotzik	No ha habido helada
ez eta ere kharrumik	ni tampoco pájaro
ene lehen floriari,	que mi primera flor
rai tara rai tai rai rai rai,	rai tara rai tai rai rai rai,
kalte egi dienik.	ha dañado.
Landan eder iratze,	Hermoso helecho en el campo
behi ederrak aretche;	vaca de hermosos terneros
zü bezalako pollitetarik	De alguien bonita como tú
rai tara rai tai rai rai rai,	rai tara rai tai rai rai rai,
desir nüke bi seme.	desearía dos hijos.

Se trata de un texto de carácter amoroso, aunque muy explícito, recogido en *Flor de Canciones populares vascas* por el padre Jorge de Riezu (1894-1992), que dejó el siguiente comentario sobre el mismo:

330 VIERGE: *Fernando Remacha*. Madrid: ICCMU, 1998, p. 187.
331 En las *Seis canciones vascas*, junto al texto original se transcribe en la columna de la derecha la traducción española incluida en *Música de Fernando Remacha, vol. 4: Canto y piano*. Pamplona: Gobierno de Navarra, 1995.

«Publicó la poesía A. Chaho en el diario bayonés *Ariel*, 9 de marzo de 1845, de donde la tomó Fr. Michel para la colección de su libro *Le pays Basque* (p. 290). He acomodado la melodía al uso actual suletino. Recogió Azkue la melodía en Larrañe, Zuberoa y la incluyó en su Cancionero con la sola tercera estrofa, sin hacer referencia alguna a la poesía de Chaho y Fr. Michel»[332].

Sobre este texto compone Remacha una canción estrófica en la que la música es idéntica para cada una de las tres estrofas del texto, lo cual se indica por medio del signo de repetición al final de los catorce compases. El compositor escribe debajo de la línea melódica únicamente la primera estrofa del texto, añadiendo —separadas de la música— las dos restantes estrofas del mismo debajo de la partitura. En movimiento *Andante*, tonalidad de Sol mayor y con sencillas armonías, Remacha concibe un escueto apoyo armónico para una melodía que tan sólo es doblada por el acompañamiento en los tres últimos compases. La proliferación de escritura en terceras supone el rasgo más sobresaliente de un acompañamiento muy simple en el que también encontramos un rasgo de imitación rítmica (un diseño de corchea y dos semicorcheas, seguidas de cuatro corcheas) entre las partes de la voz y la mano derecha del piano en los compases 10-11. En el compás 7 la voz imita, una octava más aguda, un diseño melódico de cuatro notas enunciado por la mano derecha del piano en el compás 6.

La segunda canción, *Zubietako neskatxentzat* (Para las chicas de Zubieta), proviene «de Goziueta y según Resurrección

[332] RIEZU, Jorge de: *Flor de canciones populares vascas*. San Sebastián: Sendoa, 1982, p. 86.

María de Azkue, la aplicaron irónicamente a unas jóvenes que se enamoraron de unos gallegos que trabajaban allí»[333]. Su texto, cuyo carácter es irónico, burlón, satírico y no carece de cierto despecho, es el siguiente:

Zubietako neskatxentzat joana da fama berakomen dabiltza galleguengana.	En las chicas de Zubieta se ha centrado la atención, parece ser van tras los gallegos.
Zubietakineskatxak amabost urteko amontegin dabiltza gallegoekin bapo.	Las quinceañeras de Zubieta muy enamoradas están de los gallegos.
Gorputzera sendo ta animara flako, aurten gertatuko da bekatua franko.	Por la fortaleza del cuerpo y la debilidad del alma, este año se cometerán muchos pecados.
Trotx bat aski lukete soldatu jatzea, geroztk bilatuko Zubiean emaztea.	Es suficiente ponerse una vestimenta de soldado, a partir de ello encontrarán esposa en Zubieta.

Se trata de una canción estrófica muy breve que consta tan sólo de seis compases escritos; la barra de repetición indica que cada una de las cuatro estrofas del texto, integradas a su vez por dos versos, se repite con idéntica música un total de cuatro ocasiones. Remacha recurre al movimiento de semicorcheas en la mano derecha del acompañamiento para dinamizar, en movimiento «Allegretto», una armonización de gran sencillez en la tonalidad de Fa mayor. Ocasionales disonancias (comp. 5) son utilizadas como recurso para subrayar el carácter burlón del texto.

La tercera canción, con el título *Chorietan bürüzagi* (Cabecilla entre los pájaros), «recogida por el padre Riezu, pertenece al cancionero vasco gracias a Charles Bordes que transcribió la melodía, recogió el texto y escribió el acompañamiento de piano»[334]. El compositor francés Joseph

---
333 VIERGE: *Fernando Remacha. El compositor y su obra*, p. 187.
334 *Id.*

Canteloube (1879-1957) utilizó el mismo material en su colección de *Chants des Pays Basques*, con un acompañamiento mucho más exuberante y elaborado que las sencillas armonizaciones de Fernando Remacha. Canteloube transcribe la melodía de *Chorietan bürüzagi* en la tonalidad de La menor, una tercera más grave que Remacha, que opta por la tonalidad de Do menor. *Chorietan bürüzagi* cuenta con un breve texto de tan sólo seis versos:

Chorietan bürüzagi	Cabecilla entre los pájaros
erre simula khantari	simulando cantar.
Khatazen dizu ederki	Al amanecer te canta
Goizan argi hastiari	maravillosamente.
Oi! haren aire ederrak	¡Oh! hermosos cantos los de aquel,
chora türik nai ezarri.	alelado me he despertado.

Al contrario que las dos canciones anteriores, de estructura estrófica, nos encontramos aquí ante una canción desarrollada que consta de diecisiete compases escritos, convertidos en veintiuno gracias al signo de repetición incluido por el compositor entre los compases 3 y 7 para repetir los dos primeros versos. Junto a *Ondarribia, erri txikia* (sexta y última canción de este grupo), *Chorietan bürüzagi* cuenta con el acompañamiento pianístico más desarrollado de la serie, y ambas comparten también el hecho de incluir un breve preludio instrumental. En compás de 6/8 un movimiento continuo de semicorcheas —»Allegretto»— en la mano derecha del piano recorre la canción de principio a fin, con una escritura que presenta tres planos sonoros diferenciados: el bajo, la voz intermedia en pulso de semicorcheas y una línea melódica que emana de éstas oponiéndose en contrapunto a la melodía cantada por la voz. Cabe destacar un insistente pedal melódico sobre la nota Re que aparece en la voz superior del acompañamiento pianístico de esta canción, entre los compases 12 y 14, contrastando con la lírica parte cantada.

La cuarta canción, *Astea Luze gandum* (Semana larga), fue recogida por Resurrección María de Azkue en Bozate, un barrio baztanés de Navarra, y cuenta con el siguiente texto:

Astea luze gandum, Maria non dun asteko matazaria Matazaño bat in diat in dia eta tabernarako erdia.	La semana ha sido larga, María ¿Dónde está el hilo de la semana? He hecho, ha hecho una madeja, y media para la taberna.
Gainerakoa non dun, Maria, zertaz izain naiz nerau jantzia? - Sukalondoan nengoelarik, erre zitakan bertzea.	¿Dónde está el resto, María? ¿Con qué ha sido vestido? - Estando cerca de la cocina se me quemó lo demás.
Non dun ardatza, non dun linaja, len or baitziren sukaldean? - Linai-ardatzak erabiltzean min artzen diat beatzean.	¿Dónde están el huso y la rueca que antes estaban en la cocina? - Al utilizar el huso y la rueca me hago daño en el dedo.

Explica Azcue que este poema «es un curioso diálogo entre un marido muy sufrido y una mujer muy devota de Baco. Desgraciadamente el cantor me lo dio incompleto, y el pobre folklorista ha tenido que recurrir a su vieja musa»[335]. Fernando Remacha adopta nuevamente una estructura estrófica, idónea para recrear el estilo de la canción popular, con tres repeticiones de la música escrita, una para cada estrofa. El carácter no demasiado serio del texto y de la melodía original se traduce en una animada canción —»Allegretto», compás de 6/8— con mayor preponderancia del elemento rítmico que en las tres anteriores, que presentaban un corte más lírico. La composición, muy concisa, viene introducida por un diseño pianístico consistente en una escala ascendente de corcheas acentuadas

---

335 VIERGE: *Fernando Remacha. El compositor y su obra*, p. 187.

en la mano izquierda, que prepara la entrada de la voz y que se vuelve a escuchar en el último compás. Con el diseño rítmico recurrente incluido en el acompañamiento pianístico de esta canción —acordes sincopados acentuados y marcados en la mano derecha—, Remacha consigue reforzar la síncopa presente en la melodía original, para incidir en el aspecto rítmico por encima del melódico.

Para la quinta canción, titulada *Bentara noa* (Voy a la venta), Fernando Remacha recurre a una de las diferentes variantes existentes de la melodía, la transcrita por el padre Jorge de Riezu[336] y por Resurrección María de Azkue[337], que cuenta con un breve texto de carácter amoroso:

Bentara noa, bentatik nator,	Voy a la venta, vengo de la venta
benta da nere gogoa.	en la venta está mi pensamiento.
Bentako arrosa krabeliñetan	En los claveles rosas de la venta
artu dut amorioa.	he conocido el amor.

La frase de cinco compases cantada al inicio de la canción, se repite en un nuevo periodo de cinco compases, variando las notas del acompañamiento pianístico, pero no su estructura. De hecho, el movimiento en octavas de la mano izquierda del piano, se repite —prácticamente sin variar su estructura rítmica— en los compases 6-10, transportado una tercera superior respecto a su aparición en los compases 1-5. La primera sección (comp.1-5) finaliza en Re menor y la segunda (comp. 6-10) lo hace en Fa mayor. Marcos Andrés Vierge opina que *Bentara noa* cuenta con «la armonización más intimista y personal de las seis canciones. [...] Remacha elabora un acompañamiento

---

[336] RIEZU: *Flor de canciones populares vascas*, p. 147.
[337] AZKUE, Resurrección María de: *Cancionero popular vasco*. Barcelona: Talleres de Grabado y Estampación de Música A. Boileau y Bernasconi, 1923-1924.

muy personal, utilizando los registros extremos del piano y provocando choques de notas que convierten la pieza en algo muy intimista»[338]. Los choques de notas a los que se refiere Vierge en este comentario suponen disonancias muy características de la obra compositiva de Fernando Remacha, ilustradas en esta canción en los compases 2 y 7, con el choque producido entre la primera nota de la melodía —La—, y la parte superior de la mano derecha del acompañamiento pianístico —Si. Otra característica llamativa en esta composición son los continuos cambios de compás, que fluctúan entre 3/4, 6/8 y 2/4.

La sexta y última canción, *Ondarribia, erri txikia* (Fuenterrabía, pueblo pequeño), recogida, al igual que la anterior, por Azkue y por el padre Riezu, cuenta con el siguiente texto:

Ondarribia, erri txikia	Fuenterrabía, pueblo pequeño
erdian plaza zabala,	con ancha plaza en medio
alargun batek or emen dauzka	donde una viuda tiene
ederrak iru alaba:	tres hermosas hijas:
zon, zon, zon,	zon, zon, zon,
Isabela, Manuela, Margarita,	Isabela, Manuela, Margarita,
zen eta zun, eta zun.	zen y zun, y zun.
Peru larga tajun.	Peru abandona y se marcha.

Este texto de carácter desenfadado se traduce en una vigorosa canción de corte eminentemente rítmico y «marcato», que Remacha adapta a una estructura de lied desarrollado. La canción —con un piano más enjundioso que el del resto de canciones del grupo— es introducida por dos compases instrumentales que preceden a la entrada de la voz. La mano izquierda del piano ejecuta en cada compás un trémolo de seisillos de semicorcheas que bate dos notas en intervalo de

---

[338] VIERGE: *Fernando Remacha. El compositor y su obra*, p. 188.

segunda, un diseño que imita el tamboril, instrumento del folclore vasco que acompaña normalmente al chistu (Ejemplo 45).

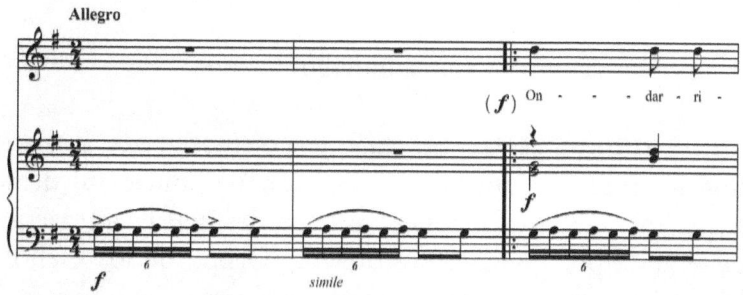

Ejemplo 45: Primeros compases de *Ondarribia, erri txikia*, de Fernando Remacha

La sección A (comp. 1-10) está integrada por una frase musical de ocho compases dividida a su vez en dos periodos de cuatro compases cada uno. Los signos de repetición acotan la doble ejecución de este pasaje entre los compases 3 y 10. La sección B (comp. 11-18) presenta una escritura pianística muy similar a la de la sección A, a la que el compositor añade numerosos acentos en la mano izquierda. Es en la tercera sección (comp. 19-31) donde se produce una modificación de la textura pianística, con vigorosos acordes subrayando el texto sin significado «zon, zon, zon» del quinto verso (comp. 19-20). Estos dos compases actúan como transición a un pasaje (comp. 21-23) en el que la voz canta cada uno de los tres nombres propios del sexto verso —»Isabela, Manuela, Margarita»— sobre un diseño rítmico de corchea con puntillo y semicorchea seguida de dos corcheas. El piano apoya con un escueto movimiento de corcheas en el bajo y acordes de blanca con un trémolo de segunda mayor en la mano derecha, retomando posteriormente (comp. 25) el diseño rítmico de los nombres en fuertes octavas ejecutadas con la mano derecha, apoyadas por acordes de tres notas desarrollados en forma de trémolo en la mano izquierda, que desembocan en un enérgico final en «fortissimo».

8.3. Dos cantares y un cantarcillo

Este tríptico es la obra más representativa de Fernando Remacha en el campo de la canción de concierto, debido a que incluye las canciones más acordes con la línea estética seguida por los compositores del Grupo de los Ocho de Madrid durante la época anterior a la Guerra Civil: la corriente folclorista influenciada por la concepción compositiva de Manuel de Falla y el pasado como fuente de inspiración. Marcos Andrés Vierge encuentra ambas tendencias reunidas en esta composición que evoca «tanto por la métrica de los versos como por la construcción melódica y armónica, la música de los maestros del Renacimiento español. Estas obras, junto con *El domingo de sol*[339] están dentro de una tendencia folklorista-nacionalista»[340]. La obra fue editada en 1953 por la Institución Príncipe de Viana y fue dedicada a Mari Eva Zabalza, amiga del compositor y a la sazón solista de la Coral de Cámara de Pamplona.

La primera canción de este grupo lleva por título *¡Ay que non era!* y su texto pertenece a la tradición popular medieval. Dado que este texto es conocido en diferentes variantes, se reproduce a continuación el poema tal y como aparece en la edición de las obras completas para canto y piano de Fernando Remacha[341]:

---

[339] Apartado 8.7.
[340] VIERGE: *Fernando Remacha. El compositor y su obra*, p. 188.
[341] *Música de Fernando Remacha, vol. 4: Canto y piano*. Pamplona: Gobierno de Navarra, 1995.

¡Ay que non era!
mas ay que no hay,
quien de mi pena se duela.
Madre, la mi madre.
El mi lindo amigo
moricos allende
lo llevan cativo.

Cadenas de oro,
candado morisco.

¡Ay que non era,
mas ay, que non hay
quien de mi pena se duela!

 Las variantes existentes de este texto, diferenciadas entre sí por leves modificaciones, presentan una simbología que relaciona la cautividad con la expresión de los sufrimientos causados por la soledad amorosa, lo que se convierte aquí en el tema principal de letra y música. Remacha traduce el tema del mal de amores en una música sencilla pero muy efectiva en su expresión de los sentimientos de tristeza y soledad, recurriendo a un estilo arcaizante que conecta con la procedencia medieval del texto. La estructura de la composición da lugar a una sencilla forma tripartita constituida por una sección central (B, comp. 13-26) y dos secciones en los extremos, la segunda de las cuales (A', comp. 27-38) supone una repetición de la primera (A, comp. 1-12) con el añadido de los cuatro últimos compases.

 Un diseño de negras en cuartas descendentes en la mano derecha y quintas ascendentes en la izquierda —»Moderato, gracioso»—, crea un movimiento contrario en ambas manos del piano en los cuatro compases pianísticos introductorios (Ejemplo 46). Dicho diseño de acordes en movimiento contrario vuelve a aparecer en la canción en dos ocasiones más como acompañamiento de la voz: la primera vez con idéntica disposición de la mano izquierda mientras la derecha es transportada una octava más grave (comp. 9-12), y la segunda en los cuatro últimos compases (comp. 35-38), transportadas ambas manos una quinta descendente respecto a los compases introductorios.

Ejemplo 46: Primeros compases de *¡Ay que no era!*, de Fernando Remacha

Una frase musical integrada por ocho compases —subdividida a su vez en dos periodos de cuatro compases cada uno— ocupa la totalidad de la sección A, cuya línea cantada, un plácido movimiento de negras y corcheas de melodía sin saltos abruptos, es apoyada desde el piano en su primer periodo (comp. 5-8) por acordes desplegados en movimiento de corcheas. Tras un calderón en el compás 12 sobre la dominante de la tonalidad principal —La menor—, se inicia la sección B, que consta de dos periodos: el primero (comp. 13-21), caracterizado por un movimiento de corcheas en ambas manos de la parte pianística, y el segundo (comp. 22-26) —»Más lento»—, cuyo acompañamiento pianístico consiste en acordes de blanca sostenidos en dinámica «forte».

Tanto la línea melódica como el acompañamiento presentan en líneas generales una escritura sencilla en la que Remacha inserta ásperas disonancias características de su estilo compositivo. Como ejemplo más llamativo, véase el compás 26, en el que la nota Fa # del pentagrama inferior del piano choca abruptamente con las notas Fa becuadro presentes en cada uno de los dos acordes del acompañamiento pianístico, lo que responde a una estética cercana al feísmo sonoro. Otros ejemplos similares los encontramos en el tercer compás, con el choque entre la nota Sol # de la mano derecha y la nota Sol de la mano izquierda (Ejemplo 46), y en las repeticiones de este pasaje pianístico en los compases 11 y 33, o en el compás 37, con el choque producido entre las notas Do # y Do becuadro de ambas manos del teclado. Dichas disonancias se insertan sin embargo en un contexto tonal, lo que confiere a su resultado sonoro una sorpresiva agresividad y un carácter desconcertante para el oyente.

La sección central finaliza en el compás 26, con una pausa indicada mediante calderón sobre el doble acorde y la nota disonante citada anteriormente. La recapitulación comienza en el compás 27, con la repetición exacta de los ocho compases que integran la sección A, a los que se suma la coda con los cuatro compases introductorios transportados una quinta descendente (comp. 35-38), como acompañamiento de una parte cantada que ejecuta la melodía de la voz superior de dichos acordes con el añadido de escapadas o bordaduras sin resolución. La canción finaliza con la tónica de la tonalidad principal escuchada en una octava ejecutada en la región grave del teclado y sostenida mediante un calderón.

Al alba venid, buen amigo es el título del segundo de los cantares de este tríptico. Fernando Remacha recurre para esta canción a un poema también utilizado por Salvador Bacarisse para su canción homónima, última del grupo *Cuatro cantarcillos* op. 68a[342], editados en 1954, un año después de la fecha de edición de *Dos cantares y un cantarcillo* del compositor navarro. Se trata de un texto perteneciente a la tradición popular medieval del que existen diferentes variantes[343]:

Al alba venid, buen amigo
al alba venid.

Amigo al que yo más quería,
venid al alba del día.

Amigo al que yo más amaba,
venid a la luz del alba.

Venid a la luz del día
no traiyais compañía.

Venid a la luz del alba
no traiyais gran compañía.
Al alba venid, buen amigo
al alba venid.

---

342 Apartado 6.18.
343 El poema se reproduce aquí tal y como aparece en la edición de las obras completas para canto y piano de Fernando Remacha: *Música de Fernando Remacha, vol. 4: Canto y piano*. Pamplona: Gobierno de Navarra, 1995.

Como se indica en el apartado 6.18 a propósito de la canción homónima de Salvador Bacarisse, nos encontramos ante una albada o canción de cita amorosa al amanecer[344], muy probablemente de carácter adúltero, razón por la que se evita la presencia de «compañía» (referida aquí a «criados»). La estructura del poema es paralelística, en la que los últimos versos de las estrofas impares se repiten como inicio de la siguiente estrofa impar, sucediendo lo mismo en el caso de las estrofas pares, un recurso propio de la *cantiga de amigo* del siglo XIII, que se puede apreciar en las parejas de versos 4-7 y 6-9. Remacha recurre además a la repetición de los dos primeros versos, que reaparecen de nuevo al final del poema (versos 11-12) diferenciándose así de la composición de Bacarisse, que respeta los diez versos originales sin añadidos. La estructura resultante, de carácter rapsódico, contiene una sección repetida al principio (A, comp. 1-8) y al final de la composición (A', comp. 45-52), que enmarca una serie de secciones (B, comp. 8-16 - C, comp. 16-25 - D comp. 25-44) que guardan entre sí vínculos motívicos e intercalan breves interludios instrumentales. Dicha composición rapsódica refleja el tono amoroso del poema mediante el desarrollo, a través de las diferentes secciones musicales, de una sencilla y lenta melodía apoyada por arcaizantes arpegios del piano.

La introducción pianística de tres compases comienza con un arpegio ascendente que se detiene en un calderón sobre el primer acorde, para dar paso a un diseño descendente de semicorcheas (Ejemplo 47). La indicación «Lento, con fantasía», sugiere libertad al intérprete para ejecutar dichos pasajes de semicorcheas con un sentido del «rubato» que produzca en

---

[344] Su carácter es similar al de los Wächtelieder de los Minnesinger alemanes medievales.

el oyente sensación de improvisación, acorde con el carácter rapsódico de la composición.

Ejemplo 47: Primeros compases de *Al alba venid, buen amigo*, de Fernando Remacha

La línea vocal, de frases largas, se conduce desde la anacrusa del compás 4 con claro sentido melódico, en una cómoda tesitura central apta para una voz media y sin grandes saltos interválicos. El acompañamiento pianístico apoya con acordes arpegiados no exentos de disonancias, dentro de un contexto armónico que, con abundantes modulaciones, gira alrededor de la tonalidad de Fa menor. La última nota de la primera sección de la melodía se superpone en el compás 8 al acorde arpegiado con que se inicia el primer interludio pianístico, cuya escritura, al igual que la del resto de interludios, resulta similar a la del pasaje pianístico introductorio. La sección B desarrolla una melodía que, por su interválica y estructura rítmica, recuerda a la que encontramos en la sección A.

La estructura rapsódica continúa con idéntico plan en las siguientes secciones: breves interludios pianísticos similares a la introducción instrumental separan secciones en las que la voz desarrolla pasajes melódicos que contienen similitudes con la frase de la sección A, a través de diferentes tonalidades, mientras el piano acompaña con acordes arpegiados de carácter arcaico, aderezados con ocasionales disonancias, manteniendo un estilo casi improvisatorio. Las dinámicas fluctúan en la sección C desde el «pianissimo» del compás 19 al «forte» del compás 22, mientras que en la sección D van del «piano» del compás 31 al «fortissimo» del compás 40, en lo que constituye el punto culminante de la composición y el momento de mayor intensidad expresiva. Tras este punto culminante, el compositor incluye como conclusión una recapitulación con los ocho primeros compases de la canción, finalizando en un acorde sostenido sobre la dominante de la tonalidad principal de Fa menor.

Si bien esta obra se encuentra cohesionada gracias a la similitud de escritura de sus diferentes pasajes, presenta abundantes contrastes debidos a su rico juego modulatorio y a los cambios dinámicos indicados en la partitura. A través de una cuidada construcción, el compositor logra crear una engañosa sensación de improvisación dentro de una estructura rapsódica que produce en el oyente una falsa sensación de libertad estructural.

Si estos dos cantares presentan movimientos lentos y un carácter melódico y «legato», *Cantarcillo*, tercera canción de este tríptico, contrasta con ellos gracias a un tempo más movido y al carácter «staccato» y acentuado de su acompañamiento pianístico. El poema en que se basa, perteneciente a la tradición popular medieval, trata el tema amoroso[345]:

A la villa voy,
de la villa vengo;

---

[345] El texto cantado se reproduce aquí tal y como aparece en la edición de las obras completas para canto y piano de Fernando Remacha: *Música de Fernando Remacha, vol. 4: Canto y piano*. Pamplona: Gobierno de Navarra, 1995.

«que si no son amores,
no sé qué me tengo».

Si voy a poblado,
vuelvo más perdida,
el alma afligida
y el cuerpo cansado:

con este cuidado
el alma entretengo
«que si no son amores
no sé qué me tengo».

Todo mi contento
fabrico en el aire,
por hacer donaires
de un ligero viento:

vuela mi mente
donde voy y vengo,
«que si no son amores,
no sé lo que tengo».

Se trata de un texto integrado por cinco estrofas de cuatro versos cada una, incluyendo un estribillo de dos versos repetido al final de las tres estrofas impares, lo que en la canción de Remacha da lugar a una forma musical de «Rondó». El compositor aprovecha inteligentemente el estribillo presente en los dos últimos versos de las tres estrofas impares, para asignar a dichas estrofas el papel de «ritornello» musical, que se alterna con las dos estrofas pares haciendo las veces de episodios contrastantes, en lo que constituye un buen ejemplo de cómo Remacha hace derivar la forma musical de la forma literaria del poema. Sobre dicho aspecto formal incide Marcos Andrés Vierge en su comentario de *Cantarcillo*, que el musicólogo destaca sobre los dos cantares anteriores:

> «De los *Dos cantares y un Cantarcillo*, destacamos este último. El *Cantarcillo* es una excelente muestra de adecuación texto y música. Las cinco estrofas de que consta el texto sirven a Remacha para elaborar la estructura musical. Un verso común en la primera, segunda y quinta estrofa[346], 'que si no son amores, no sé que me tengo', son entonados con la misma fórmula cadencial. A su vez, la quinta estrofa utiliza exactamente la misma melodía y acompañamiento que la primera.
>
> El planteamiento musical es básicamente tonal. Únicamente, en la segunda estrofa, la melodía utiliza la sensible rebajada, aspecto que resuelve el acompañamiento en los compases siguiente. El piano tiene en su diseño un cierto tiente fallesco buscando en algunos momentos choques disonantes entre notas[347], que en cualquier caso tienen una resolución convencional»[348].

El piano inicia esta canción con un dinámico diseño de negras en la mano izquierda —»Gracioso», «Staccato sempre»— al que se opone un acorde acentuado en la mano derecha, bien en la segunda negra del compás o bien en la tercera parte, rompiendo así la acentuación natural del compás

---

[346] Los versos comunes citados se encuentran en las estrofas primera, tercera y quinta del texto.
[347] Las disonancias aludidas suponen una característica presente en las tres canciones de este tríptico.
[348] VIERGE: *Fernando Remacha. El compositor y su obra*, pp. 188-189.

de 3/4 (Ejemplo 48). El compositor recurre a la repetición del segundo verso del estribillo —versos 4, 12 y 20— en las tres apariciones de éste (comp. 11-12, 38-39 y 64-65). Tras la sección A (comp. 1-12), la transición a la segunda sección —y primero de los dos episodios— (B, comp. 17-27), tiene lugar mediante un interludio instrumental de cuatro compases (comp. 13-16) en el que por primera vez aparece una escritura de corcheas en la mano derecha, mientras la mano izquierda continúa con su imperturbable pulso de tres negras por compás, ahora con acentuación en la última de ellas. Al diseño de corcheas de la mano derecha, viene a sumarse un contrapunto con un motivo ascendente de tres blancas con puntillo. Dicho contrapunto se convierte en sincopado a partir del compás 21, en el que en la parte pianística asistimos a un choque rítmico producido entre el compás de 3/4 de la mano izquierda y el compás de 2/4 figurado —dentro del compás de 3/4 real— con que se mueve la mano derecha.

Ejemplo 48: Primeros compases de *Cantarcillo*, de Fernando Remacha

El estribillo (A', comp. 28-39) reaparece con idéntico acompañamiento pianístico al que encontramos en la sección A, mientras que la línea cantada presente leves variantes derivadas de la prosodia de los versos 9 y 10 que le sirven de base. La tonalidad principal de La menor se abandona abruptamente en el compás 40, que se inicia en el tono relativo mayor como comienzo de la sección C (comp. 40-55) y segundo de los episodios. Dicha sección se subdivide en dos periodos, el primero de los cuales (comp. 40-45) toma elementos del estribillo, mientras que el material compositivo del segundo (comp. 46-53) se deriva del primer episodio. Los compases 54 y 55 actúan como transición para el retorno a la tonalidad principal y a la escritura característica de los tres estribillos. La última sección (A", comp. 56-66) presenta variantes en la parte cantada, para cuyo remate Remacha ofrece entre paréntesis una alternativa de ejecución con final en agudo, un compás antes de que el piano remate la canción expeditivamente con dos acordes en «fortissimo» que afirman la tonalidad de La mayor.

8.4. Elegía sin palabras

Entre las canciones de Remacha que no pertenecen a ningún grupo destaca por la originalidad de su planteamiento *Elegía sin palabras, in memoriam de Jesús García Leoz*, una de las más personales creaciones del compositor en el ámbito de la canción de concierto. Está fechada en Tudela el 10 de mayo de 1953 y fue compuesta como reacción a la honda impresión que produjo en Fernando Remacha la repentina muerte del compositor también navarro, de Olite, Jesús García Leoz, a quien el primero había tenido ocasión de conocer personalmente en el Teatro Gayarre de Pamplona. Esta canción tuvo que esperar para ver su estreno hasta el 4 de junio de 1975, pero no fue en su versión original, sino en una versión para coro de voces blancas y orquesta que el compositor realizó veinte años después. Fueron los protagonistas de este estreno la Orquesta de Santa Cecilia de Pamplona y el coro del Conservatorio Pablo Sarasate, en un acto que tuvo lugar en el citado conservatorio. Marcos Andrés Vierge, especialista en la obra de Remacha, destaca la individualidad expresiva de esta obra dentro de la producción del compositor:

> «Se trata de una obra absolutamente personal que no tiene conexión alguna con las canciones típicas de los años veinte. [...] De todas las canciones que escribió Fernando Remacha la que más nos impresiona es la *Elegía sin palabras, in memoriam de Jesús García Leoz*. [...] Remacha configura una pequeña obra dotada de un expresionismo más conceptual que técnico, en relación con otras composiciones que vendrán posteriormente. [...] El origen de esta composición lo constituye la fuerte impresión que le provoca la muerte del músico olitense García Leoz, con quien tan solo había estado en una ocasión. La necesidad de plasmar en música las sensaciones anímicas que esta muerte le produce refleja una estética musical humanamente expresiva que nada tiene que ver con la búsqueda de una belleza basada en criterios clásicos o formalistas. Encontramos en esta elegía una primera visión del humanismo expresionista que caracteriza a Remacha en las obras más importantes de después de la guerra.
> [...] *Elegía sin palabras* es un reflejo de una escritura espontánea muy sentida. [...] Podemos contemplar la necesidad inmediata de expresarse como mejor sabe, con pocas palabras y con una visión sintética del len-

guaje musical. En este sentido, destacamos la falta de un texto que se sustituye por un lamento prolongado. A su vez, la melodía apenas se mueve y tan solo es ayudada por unos ligeros adornos que son los que sugieren o evocan el llanto[349].

La canción —sincera y honda expresión de dolor compuesta íntegramente sobre la vocal «a»— se inicia con dos compases instrumentales en los que el piano ejecuta poderosos acordes de negra con octavas y quintas paralelas en la mano derecha —»Siempre como campanas»— sobre octavas sostenidas en el registro grave del piano en valores de redonda en la mano izquierda, que ocupan el compás de compasillo completo (Ejemplo 49). El citado diseño de campanas, insistente y repetitivo, tiene lugar en movimiento «Largo, blanca: 54».

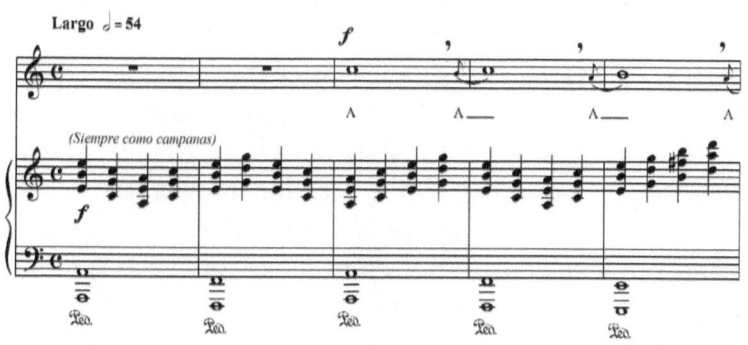

Ejemplo 49: Primeros compases de *Elegía sin palabras*, de Fernando Remacha

La imitación de la sonoridad de las campanas, la profusa demanda de pedal y la utilización de los registros extremos del

---

[349] VIERGE: *Fernando Remacha. El compositor y su obra*, pp. 187, 189-191.

teclado se encuentran cercanos a algunos recursos compositivos propios del impresionismo, si bien la intención expresiva de corte dramático y carácter elegíaco guarda aquí una mayor concomitancia con el expresionismo. En el tercer compás hace su entrada la voz sin texto cantado en dinámica «forte», valores sostenidos de redonda y ausencia de intervalos amplios en el escaso movimiento de su línea melódica, tendente a cierto estatismo. La expresividad del movimiento melódico habitual en las canciones es sustituida aquí por mordentes situados antes de cada redonda, con los que el compositor busca la imitación del lamento, de acuerdo al carácter elegíaco de esta original composición. Tras la sección A (comp. 1-20), la segunda sección (B, comp. 21-28) conserva la textura pianística de la primera parte, para dar soporte a una línea melódica que pasa de moverse en valores de redondas a hacerlo en valores de blancas, manteniendo los mordentes citados anteriormente y sumando un trino a la primera nota de cada compás. La línea vocal se vuelve más estática en los cuatro primeros compases de la sección B (comp. 21-24), cantada exclusivamente sobre la nota Mi, para ascender al agudo en los siguientes (comp. 25-28), que conforman el punto culminante de la canción.

Un interludio instrumental (comp. 28-31) en los que el piano prosigue con la imitación de las campanas que no ha abandonado desde el comienzo de la canción, si bien ahora se produce un descenso a la región central-grave del teclado, da paso a la tercera sección de la obra (C, comp. 32-39), caracterizada por una nueva textura pianística que renuncia a los acordes con octavas y quintas paralelas, pero continúa produciéndose en valores de redondas y negras, en una suerte de escritura polifónica a cuatro voces, mientras la voz retoma los valores de redonda anticipados por un mordente, sin apenas movimiento melódico. En la sección final (D, comp. 40-50) es la voz la que sustituye su hasta ahora carácter estático por una línea melódica en valores de negra, si bien su interválica continúa ciñéndose a distancias reducidas. Su apoyo instrumental lo constituye un pedal de tónica —La menor— en la mano izquierda del piano, mientras la mano derecha aporta armonías que a menudo chocan con la voz cantada, en un ejemplo más de las características disonancias utilizadas por Remacha en contextos tonales.

8.5. Canción romántica

Esta canción, fechada por el compositor en Tudela el 18 de febrero de 1954, está escrita para voz de mezzosoprano y piano y no aparece incluida en la edición de las obras completas de Fernando Remacha llevada a cabo por la Institución Príncipe de Viana. Se conserva en una copia manuscrita procedente del archivo personal de Gloria Berisa, mezzosoprano artífice del estreno de la obra, que tuvo lugar en el Teatro Gayarre de Pamplona el 25 de junio de 1981, en un concierto en el que contó con el acompañamiento pianístico de Juan José Huici. El musicólogo Marcos Andrés Vierge, especialista en la obra del compositor navarro, establece un paralelismo entre *Canción romántica* y *Elegía sin palabras*, viendo en ambas una salida de Remacha «para manifestar sus expresiones más íntimas o personales», aunque en el caso de la canción que nos ocupa en este apartado «los orígenes de esta obra pueden ser más oscuros»[350] que en la canción estudiada en el apartado anterior. Prosigue Vierge su comentario sobre esta canción con la siguiente explicación:

---

[350] VIERGE: *Fernando Remacha. El compositor y su obra*, p. 187.

«Con un texto lamentoso y concebida como una romanza, la obra discurre sobre la tonalidad de La menor. Melódicamente utiliza la escala menor armónica, aunque en algún momento juega con la frigia. En el acompañamiento encontramos rasgos típicos del lenguaje de Remacha, como la utilización de cuartas, apoyaturas, a veces sin resolver, disonancias de segundas y efectos de color mediante la superposición de acordes distintos, destacando en este sentido la simultaneidad del modo mayor y menor. Dinámicamente la obra está planteada en la línea más romántica, alcanzando su clímax momentos antes de terminar la obra. El interrogante que plantea la última frase del texto es reforzado por la imprecisión melódica y tonal, siendo el piano el que resuelve tonalmente la obra»[351].

La partitura no indica la autoría del texto de esta canción, reproducido a continuación con la siguiente propuesta de disposición de versos y estrofas:

Aquel brote de amor tú le mataste,
tú le rezaste, tú le arrojaste
unas marchitas flores.
¡Ay morena, morena traidora!
¿Por qué no la pisaste
al asomar por tierra?
Seguir viendo tus ojos,
cuánto tormento, cuánto martirio,
cuánto sufrir mi corazón herido.

---

351 *Ibid.*, p. 189.

¡Ay morena, morena traidora!
¿Por qué no haberme muerto
sin que te conociera?

Pese a lo incierto de la disposición original de los versos de este poema, sí parece clara su división en dos estrofas, que quedarían señaladas por los tres últimos versos, que comparten la frase exclamativa «Ay morena, morena traidora!», seguida de una frase interrogativa que cerraría cada una de las dos estrofas. La estructura biestrófica del poema podría quedar confirmada por la forma estrófica adoptada por Remacha para su composición: dos grandes secciones musicales (A, comp. 1-17 - B, comp. 23-43) que se corresponderían, respectivamente, con las dos estrofas del texto. Ambas secciones se encuentran separadas por un interludio pianístico (comp. 18-22) y cada una de ellas consta de dos periodos (A1, A2 / A'1, A'2) que abarcarían tres versos cada uno.

El primer compás, que hace las veces de brevísima introducción, está reservado al piano, que ejecuta acordes disonantes en dinámica «forte» que crece al «fortissimo» para dar paso a la entrada de la voz en el segundo compás con un diseño ascendente de seis notas en valores de corchea, al que se opone un diseño descendente de tres negras en la mano derecha del piano. Desde estos primeros compases asistimos a la expresión vehemente y apasionada que emana del texto y caracteriza esta canción, cuya indicación de carácter es «Lentamente». Todavía dentro de la sección A1, el acompañamiento pianístico rompe la acentuación natural del compás de 3/4 en los compases 6 y 7, por medio de acentos a contratiempo que inciden en la expresión agitada de música y texto. En el compás 8 un diseño ascendente en la mano derecha del piano imita el primer compás de la voz mientras ahora es la mano izquierda la que opone el diseño descendente de tres negras que en el segundo compás se encomendaba a la mano izquierda.

El segundo periodo de la sección A (A2, comp. 9-17), comienza en dinámica «piano» exclamando la voz el texto «¡Ay morena, morena traidora!» que viene apoyado por un acompañamiento instrumental menos agitado. El interludio pianístico que separa las dos grandes secciones posee un carácter tumultuoso acorde con la intensa expresividad de esta canción; en tan sólo tres compases pasa del «piano» al «fortissimo» por medio de una progresión en acordes acentuados desplegados en corcheas. Remacha recurre aquí a un pianismo tumultuoso de corte postromántico que utiliza una amplia extensión del teclado y requiere la utilización del pedal derecho para dar relieve a los tres planos sonoros presentes en los compases 20-22 (Ejemplo 50).

Ejemplo 50: *Canción romántica*, de Fernando Remacha, comp. 18-23

La segunda sección —A'— constituye una variación de la sección A, y su primer periodo —A'1 (comp. 23-29)— repite el periodo A1 con la modificación del texto, que ahora corresponde a los versos 7-9. El periodo A'2 (comp. 30-38) consiste en la repetición del periodo A2 pero transportado ahora una cuarta ascendente para afrontar los tres últimos versos del poema. La repetición del último verso en los compases 39-40 constituye una novedad respecto a la sección A2, y hace las veces de coda junto a los últimos tres compases exclusivamente instrumentales (comp. 41-43) con los que se extingue en «pianissimo» esta canción de estética postromántica.

8.6. Nouturnio

Esta canción fue compuesta por Remacha en 1958 como parte del homenaje que treinta y cuatro compositores rindieron al crítico Antonio Fernández-Cid, dedicándole cada uno una canción escrita sobre textos de poetas gallegos[352]; dichas canciones fueron publicadas en dos series, siendo la soprano Isabel Garcisanz junto a la pianista Carmen Díez Martín las artífices del estreno de la segunda serie de veintidós canciones[353] —que incluye *Nouturnio* de Fernando Remacha— en la inauguración del Conservatorio de Orense, los días 26 y 27 de septiembre de 1958. *Nouturnio* (Nocturno) cuenta con un texto del poeta orensano José Luis López Cid, que se ofrece a continuación, en el original gallego en la columna de la izquierda y su traducción al castellano[354] en la columna de la derecha:

[352] A propósito de las colecciones de canciones gallegas dedicadas a Antonio Fernández-Cid, ver el apartado 4.5 dedicado a la canción *Desterro* de Rodolfo Halffter.
[353] *Veintidós canciones sobre textos de poetas orensanos*. Orense: Conservatorio de Orense, 1961.
[354] Traducción de Alejandro Arnáiz.

A iauga, toda homilde,	El agua, toda humilde,
pra me deixáre paso,	para dejarme paso,
abríuse onde estaban	se abrió donde estaban
a fogadas estrellas.	ahogadas estrellas.
Tremendo viva-mortas	Tremendo viva-muertas
as polas dos salgueiros,	las ramas de los sauces,
a lúa sóia, encól,	la luna sola, encima,
dos cómaros de herba.	de las lindes de hierba.
Pasaron os cabalos:	Pasaron los caballos:
a pisar troncos vivos,	a pisar troncos vivos,
o meu amor en somas	mi amor en surcos
do noso amor enlevan.	de nuestro amor embelesan.
I os árbores petrucios	Y los árboles petrucios
desprendéndose canas	desprendiéndose de canas
bicaban unha a unha	besaban una a una
as cándidas aréas.	las cándidas arenas.

El poema, integrado por cuatro estrofas, refleja una estampa nocturna, «locus amoenus» de la voz poética que aparece de forma tímida y esporádica a lo largo del poema, en los versos 2 («me»), 11 («meu») y 12 («noso»). Fernando Remacha adopta para esta canción una forma compositiva muy libre, en la que cada estrofa del poema se puede asociar a una diferente sección musical. La citada división se aprecia claramente en las dos primeras estrofas —que musicalmente se hallan separadas por un interludio pianístico—, pero se encuentra menos definida en lo que respecta a las estrofas tercera y cuarta, que se podrían contemplar igualmente en conjunto formando una tercera sección musical más amplia que las dos primeras. Resulta revelador poder contar con el testimonio vertido por el propio compositor sobre esta obra de lenguaje poco convencional, de cierto carácter experimental y con incursiones en la atonalidad y la bitonalidad.

«Observando que en el piano cuanto más distan los sonidos tocados por las dos manos más se pierde el efecto de consonancia o disonancia, lo he aprovechado para crear unas armonías-orden vertical: color-'claro de luna', mientras la voz se mueve por su lado, poniendo con su melodía-orden horizontal, dibujo-'humanidad' dentro del indiferente paisaje»[355].

Según este comentario, el compositor, partiendo del poema, otorga al piano el papel de paisaje mientras que la parte cantada asume el protagonismo de la voz poética que describe dicho paisaje y que en primera persona se expresa en el marco descrito. Respecto a la escritura pianística, Remacha amplía al máximo la distancia entre ambas manos como recurso para experimentar con la disonancia, optando en algunos pasajes por la bitonalidad (Ejemplos 51 y 52).

Ejemplo 51: *Nouturnio*, de Fernando Remacha, comp. 12-14

[355] FERNÁNDEZ-CID, Antonio: *Lieder y canciones de España*. Madrid: Editora Nacional, 1963, p. 132.

En los dos primeros compases de la introducción pianística (comp. 1-4), Remacha utiliza una escritura a dos voces en la que ambas manos se alternan el papel activo (movimiento de negras) y pasivo (sonidos largamente mantenidos), creando un misterioso efecto que refleja el paisaje nocturno del poema. Cada uno de los cuatro compases instrumentales presenta un compás diferente: 7/4, 9/4, 6/4 y finalmente compás de compasillo. Tras este preludio instrumental encargado de crear el ambiente sonoro, se incorpora la parte cantada con tres negras en el registro grave de la voz que parecen continuar el diseño iniciado por el piano en la introducción, que ahora acompaña con acordes —arpegiados en la mano derecha y sin arpegiar en la izquierda— mantenidos largamente en valores de redonda. La escritura musical se desenvuelve entre la atonalidad —tanto en la parte vocal como en la pianística— y la bitonalidad. Un ejemplo de bitonalidad se encuentra en el último compás de la sección A (comp. 5-12), para continuar en los dos siguientes (Ejemplo 51), con los que comienza el primero de los dos interludios pianísticos con los que cuenta esta canción. Dicho interludio (comp. 13-15) se completa con un compás que presenta un murmullo de semicorcheas y fusas que se desenvuelve en «pianissimo» por movimiento contrario de ambas manos, en una posición muy cerrada. Este diseño se asemeja a una pincelada que aporta color al paisaje sonoro de la canción, y tiene relevancia porque además de escucharse como parte de la transición instrumental entre las secciones A y B, continúa al comienzo de la sección B como acompañamiento de la parte cantada (comp. 16), reapareciendo además al final de la canción (comp. 52 y 53), sobre diferentes notas pero manteniendo intacta su definida personalidad rítmico-melódica.

La sección B (comp. 16-25) se caracteriza en la parte vocal

por una tesitura muy grave que incide especialmente en tres notas separadas por semitonos: Do, Do # y Re, mientras el acompañamiento pianístico desarrolla en pulso de corcheas —»Piú lento»— armonías de Mi y de Mi b enfrentadas en ambas manos, en un nuevo ejemplo de escritura bitonal (Ejemplo 52).

Ejemplo 52: *Nouturnio*, de Fernando Remacha, comp. 18-21

El movimiento de corcheas se detiene cobre un calderón en el compás 23, tras el cual la voz aborda en solitario, volviendo al «Tempo primo», el texto final de la segunda estrofa —»encól dos cómaros de herba» (encima de las lindes de hierba)— imitando los diseños melódicos en negras de la introducción pianística. El segundo interludio (comp. 26-28) continúa imitando la escritura de dicha introducción para dar paso a la tercera sección (C, comp. 29-41), caracterizada por la escritura pianística en octavas y acordes, muchos de ellos arpegiados, mientras la voz se desenvuelve en una interválica atonal, independiente respecto al acompañamiento instrumental. Finalmente, la cuarta sección (D, comp. 42-54) presenta una progresión dinámica, desde el «pianissimo» del compás 42 en el que la voz comienza su andadura en el registro grave, hasta el punto culminante de la canción en el compás 48, «fortissimo», con potentes acordes en ambas manos del piano apoyando una línea vocal que asciende a la nota Fa #. A partir de la segunda mitad del compás 48 encontramos en la parte pianística elementos ya conocidos que reaparecen con ligeras modificaciones, como el pasaje bitonal de los compases 12-14 y el diseño de semicorcheas y fusas en ambas manos del compás 15.

8.7. El domingo de sol

Se desconoce la fecha de composición de la canción *El domingo de sol*, cuyo estreno tuvo lugar el 25 de octubre de 1994 en el Conservatorio Pablo Sarasate de Pamplona, a cargo de la soprano María Eugenia Echarren. Igualmente desconocida resulta la autoría de su texto, de contenido erótico y a la vez descriptivo, que posiblemente pertenezca a la tradición popular:

El domingo de sol
sol en el manzanar.
A manzanas maduras
huelen las huertas ya.

Ahora llega el viajero
con el último sol.
Baja de las montañas,
pregunta por el mesón.

Dice la mesonera:
nadie vino hoy,
sola está la casa,
sola estoy con vos.

Está el mi marido

en tierras de León.
El viajero dice:
casado soy.
Poned mesa y manteles
para los dos.

Resulta interesante observar de qué forma Remacha traslada a la música los acontecimientos presentes en el texto cantado: la primera estrofa del texto, que describe un paisaje con su color y sus aromas, se refleja en una escritura musical estática y muy plástica, que, a pesar de su carácter cercano al atonalismo, resulta casi impresionista por su sentido pictórico y colorista, con plena independencia entre voz y piano; la aparición del viajero bajando por las montañas se traduce en un dinámico movimiento de corcheas, reflejo de la acción de caminar por parte del primer protagonista; finalmente, con la aparición del segundo personaje, la mesonera, a partir de la tercera estrofa, la música se transforma completamente para dar lugar a una escritura convencional, tonal y con plena identificación entre voz y acompañamiento, símbolo del entendimiento erótico entre la mesonera y el viajero. Un buen ejemplo de cómo el compositor adapta su estilo musical a los diferentes requerimientos expresivos provenientes de un texto, adoptando incluso diferentes soluciones estéticas en una misma obra.

La canción consta de dos secciones bien diferenciadas: la primera de ellas (A, comp. 1-28), «Moderato», pone música a las dos primeras estrofas de cuatro versos cada una, las de contenido más descriptivo, mientras que la segunda sección (B, comp. 29-58), «Allegro», se basa en el resto de estrofas del poema, las que reproducen el diálogo entre la mesonera y el viajero, de las cuales se desprende el matiz erótico del texto. Remacha introduce una repetición (comp. 29-48) en la que cambia el texto «Poned mesa y manteles para los dos» por «Poned un lecho hermoso para los dos», que acentúa y explicita el carácter erótico. En esta canción el compositor ha buscado una diferenciación musical muy acusada entre las secciones A y B, cada una de las cuales se divide a su vez en dos subsecciones separadas por breves interludios pianísticos.

La sección A1 (comp. 1-13), se caracteriza musicalmente por cuatro elementos principales presentes en la parte pianística: el primero es un pedal sobre la nota Sol que suena a lo largo de toda la sección; el segundo consiste en un diseño de semicorchea (nota Sol) seguida de corchea con puntillo (acorde La-Re #) que se repite siete veces en los nueve primeros compases; el tercero consiste en un diseño de tresillo de fusas seguido de negra (sobre las notas Re #-Do) en la zona aguda del teclado, que se escucha nueve veces durante los primeros doce compases; finalmente, el cuarto de los elementos, repetido en ocho ocasiones en los doce primeros compases, es un motivo descendente de tres notas, en unas ocasiones negra seguida de dos corcheas y en otras blanca seguida de dos corcheas, que tienen en común invariablemente las dos últimas notas (Mi-Do#), mientras que la primera nota alterna entre La b, La, y Si b. Los citados cuatro elementos se encuentran presentes desde el primer compás de la introducción instrumental (comp. 1-3) y con ellos construye Remacha el acompañamiento pianístico de la sección A1 (Ejemplo 53).

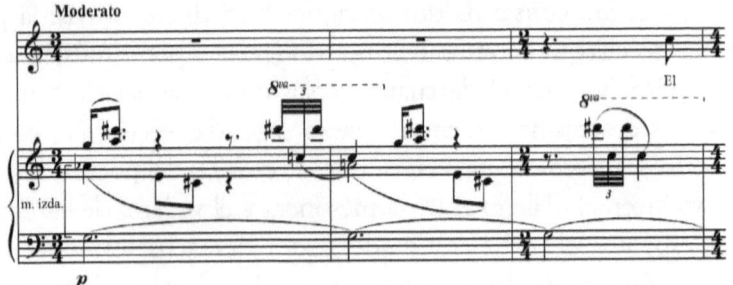

Ejemplo 53: Primeros compases de *El domingo de sol*, de Fernando Remacha

Los compases alternan entre 3/4, 2/4, 4/4 y 6/4 y la voz hace su entrada en la anacrusa del cuarto compás con una melodía que muestra total independencia respecto al acompañamiento instrumental, mientras en éste los elementos pictóricos del poema se encuentran reforzados por el compositor a través de los cuatro motivos citados en el párrafo anterior. El conjunto formado por voz y piano da lugar una escritura atonal. En la primera sección de la canción nos encontramos sin embargo ante una escritura atonal cuya plasticidad y sentido pictórico-descriptivo logrado gracias a los cuatro elementos del piano combinados con la independencia de la voz respecto al acompañamiento, permite establecer cierto paralelismo con el lenguaje musical impresionista.

La parte pianística comienza a moverse en un pulso de corcheas a partir del compás 13, dando paso a un breve interludio instrumental (comp. 14-15) que actúa como transición a la sección A2 (comp. 16-24), caracterizada por el citado movimiento de corcheas en la mano derecha del acompañamiento, al que ocasionalmente se opone una línea de negras a contratiempo que da lugar a una escritura pianística a tres voces. La transición a la sección B1 (comp. 29-36) se consigue por medio de un breve interludio instrumental (comp. 25-28) en el que el movimiento de corcheas del acompañamiento se convierte paulatinamente en semicorcheas, con un «affrettando» indicado por el compositor, que produce el paso del «Moderato» inicial al «Allegro» de la segunda sección. La parte pianística de esta segunda parte de la canción, más convencional que la de la primera parte, no sólo cuenta con un tempo más rápido sino que su mayor dinamismo viene propiciado por un movimiento de semicorcheas. Desaparece aquí además la indeterminación tonal y la independencia voz-piano de las secciones anteriores, para que parte cantada y acompañamiento se muevan finalmente de forma coordinada en una escritura de corte más tradicional.

En el tercero y último de los interludios instrumentales (comp. 36-38), el piano canta en octavas en la mano derecha y dinámica «forte» una lírica melodía que da paso a la sección B2 (comp. 38-52), en la que el viajero se dirige a la mesonera mientras el acompañamiento continúa desenvolviéndose en un dinámico pulso de semicorcheas. La voz aborda los dos últimos versos, «poned mesa y manteles para los dos», finalizando sobre la nota La del pentagrama, que pasa a ser un brillante La agudo en la repetición del pasaje, con el anteriormente aludido cambio de texto que pasa a ser ahora «poned un lecho hermoso para los dos». El agudo sobre la palabra «dos» en «fortissimo» sirve de colofón a la parte vocal pero aún restan seis compases pianísticos que hacen las veces de postludio (comp. 52-58), relajando la tensión lograda en el citado clímax de la canción, para hacer oír como conclusión un recuerdo del motivo de tresillo de fusas de la sección A1.

8.8. Mimosa no llores

Se desconoce la fecha de composición y posible estreno de esta breve composición, así como la autoría del texto que le sirve de base, integrado por tan sólo cuatro versos:

Mimosa, no llores mimosa
no llores que pronto vendré.

Ya se va el mocito que me quería.

¡Ay Virgencita! Vela por él.

Se trata de un texto que expresa los sentimientos de tristeza y angustia ante la despedida de dos amantes. Si su estilo se puede relacionar con la tradición popular, lo mismo ocurre con la sencilla canción que Remacha compone basándose en dicho texto, que en lo musical entronca con *Seis canciones vascas*, tanto por su concisión como por la sencillez del lenguaje armónico. La estructura formal es bipartita, con una breve introducción pianística de un sólo compás, que vuelve a ser utilizado a modo de postludio (comp. 14-15). Dicho preludio y postludio se mueven sobre la dominante de la tonalidad principal de Mi menor, preparando la entrada de la voz como anacrusa del segundo compás en la citada tonalidad principal.

La sección A (comp. 1-5) se compone de dos periodos integrados por dos compases cada uno, insistiendo cada periodo sobre una frase melódica que la segunda vez (comp. 4-5) presenta alguna variación respecto a la primera exposición (comp. 2-3). El diseño melódico del tresillo de la introducción (y del postludio) reaparece varias veces en la sección A como elemento cohesionador de la composición: lo encontramos una vez (comp. 2) en la parte cantada y dos (comp. 4 y 5) en la mano izquierda del piano. La sección B (comp. 6-15) se compone asimismo de dos periodos de cuatro compases cada uno. El primer periodo de esta sección B (comp. 6-9) se caracteriza por los movimientos de terceras en la parte del piano, mientras que el segundo periodo (comp. 10-13) presenta un acompañamiento convencional, exceptuando la áspera disonancia —muy típica de Remacha— producida por la nota Re # de la mano izquierda del piano (comp. 11) respecto al acorde de la mano derecha. Debido a las reducidas dimensiones de esta composición de tan sólo quince compases, escrita en el sencillo estilo de la melodía acompañada, Remacha introduce una repetición en el compás 13, que remite al principio de la obra para ser interpretada de nuevo en su totalidad.

8.9. Charramandusca

Charramandusca[356], al igual que la canción estudiada en el apartado anterior, entronca con el lenguaje popular de *Seis canciones vascas*, tanto en cuanto al texto como a la música. Se desconocen las fechas de su composición y estreno, así como la autoría del texto:

Dicen que no me quieres
por las albarcas,
zapatos con trabilla
tengo en el arca.

Charramandusca
Y allá voy por si me gusta.
Déjala sola,
solita, sola.

La quiero ver saltar
y brincar,
andar por el aire.

Busca amiga mía
que te acompañe.

---

[356] El término «charramandusca» puede presentar una doble acepción: en primer lugar como «danza folclórica» y en segundo, «hacer la charramandusca» se refiere en el lenguaje popular a realizar una tarea de prisa y corriendo, sin poner interés ni cuidado.

Este sencillo texto de carácter folclórico es traducido musicalmente por Remacha dando lugar a una estructura tripartita A-B-A', con dos secciones repetidas en los extremos —la segunda (A', comp. 33-41) variada respecto a la primera (A, comp. 1-16)— enmarcando una sección central (B, comp. 17-32).

La canción comienza con seis compases introductorios en los que el piano, en tempo «vivo», presenta una progresión de «forte» a «fortissimo» a través de una escritura caracterizada por un diseño de un acorde de octava en valor de negra con puntillo en la mano izquierda y silencio de corchea seguido de un acorde desplegado en dos corcheas en la mano derecha. Dicha introducción instrumental finaliza en la nota Mi —dominante de la tonalidad principal de La menor— ejecutada en la mano izquierda del piano con una octava en «fortissimo» en la zona grave del teclado.

La sección A se compone de dos periodos musicales, cada uno de los cuales comprende dos versos de la primera estrofa del texto. La escritura pianística presenta una escritura armónica tonal en la que las armonías se desarrollan conjuntamente a ritmo de negra-corchea en la mano izquierda, a lo que se opone en la mano derecha un acorde a contratiempo ejecutado invariablemente en la segunda corchea de cada compás. La factura melódico-armónica de la canción resulta acorde con su citado carácter folclórico. La sección B se divide en dos periodos. El primero de ellos (comp. 17-22) presenta una textura similar a la que encontrábamos en la sección A. El segundo periodo (comp. 23-32) comienza en «pianissimo» con una escritura pianística más estática y crece paulatinamente en dinámica hasta el «forte» del compás 30.

El texto «la quiero ver saltar» es traducido por Remacha en

una escritura pianística de carácter saltarín caracterizada por dos corcheas en la mano izquierda separadas por distancias cada vez más abiertas, a las que se opone un acorde en la zona aguda del teclado ejecutado por la mano derecha en la segunda corchea de cada compás, continuando así con el juego rítmico a contratiempo que se iniciaba en el compás 7 y que se mantiene invariable hasta el compás 31. La recapitulación de la sección A se inicia en el compás 33, con variantes en la estructura rítmica del acompañamiento, que añade ahora al acorde a contratiempo de la mano derecha una segunda corchea en el tercer pulso del compás, desplegando así acordes que desembocan sorpresivamente en la tonalidad de La mayor, con la que se cierra esta canción tras un arpegio descendente de corcheas y un acorde en «sforzando» que afirman la citada tonalidad. Remacha introduce en el compás 40 (antes del citado acorde conclusivo) una indicación de «Da capo» que obliga a los intérpretes a repetir la canción al completo.

9. Gustavo Pittaluga

9.1. Las canciones de Gustavo Pittaluga

El archivo de Gustavo Pittaluga González del Campillo (1906-1975)[357] se encuentra disperso, lo que no contribuye a la adecuada difusión de su catálogo compositivo. Antonio Fernández-Cid en su libro sobre la canción de concierto[358] cita tres obras en este campo: *Metamorfosis del clavel,* ciclo de cuatro canciones para voz y guitarra sobre textos de Rafael

---

357 Principales referencias bibliográficas sobre este compositor: GAN QUESADA, Germán: «Pittaluga González del Campillo, Gustavo», en: FINSCHER, Ludwig (ed.): *Die Musik in Geschichte und Gegenwart. Zweite, neubearbeitete Ausgabe.* Kassel / Stuttgart: Bärenreiter, 2005, Personenteil, vol. 13, p. 646; GAN QUESADA, Germán: «Gustavo Pittaluga: *La romería de los cornudos*», en: GARCÍA GALLARDO, Cristóbal L., MARTÍNEZ GONZÁLEZ, Francisco y RUIZ HILILLO, María (eds.): *Los músicos del 27.* Granada: Universidad de Granada, 2010, pp. 293-311; CASARES RODICIO, Emilio: «Pittaluga González del Campillo, Gustavo», en: CASARES RODICIO, Emilio (ed.): *Diccionario de la Música española e hispanoamericana.* Madrid: Sociedad General de Autores y Editores, 2000, vol. 8, pp. 834-839; CAPDEPÓN, Paulino: «Pittaluga González del Campillo, Gustavo», en: *Diccionario Biográfico Español.* Madrid: Real Academia de la Historia, 2011; PERSIA, Jorge de: «Notas sobre Gustavo Pittaluga y el contexto generacional», *Scherzo*, nº 209, 2006, pp. 128-132.

358 FERNÁNDEZ-CID: *Lieder y canciones de España*, p. 414.

Alberti, compuesto en Nueva York entre 1940 y 1942 y editado en 1953; *Cuatro canciones* sobre texto de Francisco Vighi, cuyo paradero se desconoce actualmente; y finalmente *Llanto por Federico García Lorca*, obra compuesta en México en 1944 con elementos expresionistas, para voz, recitante y dos pianos, el segundo a cuatro manos, sobre un texto extraído de varias obras de García Lorca. Asimismo, en la biografía de Pittaluga editada en el programa del concierto de presentación en Barcelona del Grupo de los Ocho de Madrid, aparecen citadas entre sus obras *Tres canciones* de las que se desconoce cualquier información adicional.

Por su parte, Emilio Casares en su artículo[359] sobre Gustavo Pittaluga cita las siguientes obras dentro del apartado *Voz y acompañamiento*: *Vocalise étude* (A. Leduc), 1932[360]; *Five Popular Songs*, 1938 (París, Polidor); *Metamorfosis del Clavel*. *Cuatro canciones* (para voz y guitarra), R. Alberti, 1940-42 (para voz y guitarra); *Homenaje a Díez-Canedo*, IX-1944; *Canciones del teatro de Lorca* (UME, 1960); *Llanto por Federico García Lorca*, versión para voz y dos pianos. De la citada relación, nada se sabe actualmente de *Five Popular Songs*, mientras que tanto *Homenaje a Díez-Canedo* como *Llanto por Federico García Lorca*, son obras vocales que cuentan con la participación de un recitador, evitando la utilización de la voz cantada. A estas dos relaciones de canciones de Pittaluga hay que añadir *Romance de Solita*, extraída de su ballet *La romería de los cornudos*[361].

El grupo de cuatro canciones titulado *Metamorfosis del clavel* cuenta con poemas de Rafael Alberti y fue editado en

---
359 CASARES RODICIO: «Pittaluga González del Campillo, Gustavo». *Diccionario de la Música española e hispanoamericana*, vol. 8, p. 839.
360 Apartado 9.3.
361 Apartado 9.2.

Madrid en 1953 por la Sociedad General de Autores de España (SGAE). En ellas la guitarra está tratada —salvo contadas excepciones— de forma homofónica haciendo las veces de una segunda voz que se opone a la línea cantada, muy a menudo en forma de canon.

Respecto a las *Canciones del teatro de Lorca,* no se trata de composiciones propias sino de transcripciones; Pittaluga había trabajado en estrecha colaboración con Federico García Lorca transcribiendo y recopilando las músicas que el poeta enseñaba a su actores cuando dirigía el montaje de sus obras de teatro, como *Los títeres de cachiporra, Mariana Pineda, Los amores de Don Perlimplín con Belisa en su jardín, La zapatera prodigiosa, Bodas de sangre* o *Yerma.* Se trata de un trabajo encomendado por los herederos de García Lorca a Pittaluga para salvaguardar las melodías, folclóricas o inventadas por el poeta, que en su día no quedaron escritas y corrían el riesgo de perderse. Fueron editadas en la década de los sesenta del pasado siglo por Unión Musical Española, con prólogos de José Bergamín y Óscar Esplá, y están escritas para diversas formaciones: voz, dos clarines y un tambor; dos voces y guitarra; voz y piano; voz y acordeón; voz sola; dos, tres y más voces «a capella»; piano solo; flautas; dos oboes y un tamboril, entre otras combinaciones. Dos canciones de esta recopilación responden al formato de voz y piano: la *Canción del contrabandista,* original de Manuel García, requerida por García Lorca para su obra teatral *Mariana Pineda* y la titulada *Entre mis muslos cerrados, nada como un pez el sol,* ideada por Federico García Lorca para su pieza teatral *Amor de Don Perlimplín con Belisa en su jardín.* La escritura de esta canción presenta similitudes de escritura con la primera de las cuatro canciones que componen el grupo *Metamorfosis del clavel,* para voz y guitarra. En ambas obras el instrumento acompañante está tratado de forma contrapuntística, dando prioridad a la escritura horizontal sobre la vertical, creando líneas melódicas que efectúan contrapuntos con la melodía de la voz cantada.

9.2. Romance de Solita

Romance de Solita pertenece a la obra de Pittaluga que a la sazón obtuvo mayor éxito; se trata del ballet-pantomima *La romería de los cornudos*, basado en un libreto de Federico García Lorca y Cipriano Rivas Cheriff (1891-1967) —autor y director de escena que fuera cuñado de Manuel Azaña—, una de las consecuencias de los positivos efectos que ejercieron sobre los compositores jóvenes de la época tanto la actividad de los Ballets Españoles de Antonia Mercé, como la influencia de los ballets rusos de Diaghilev y el éxito de los ballets de Manuel de Falla, triple causa de la restauración del ballet que se produjo en España durante la primera década del pasado siglo. En este ballet de Gustavo Pittaluga, que se dio a conocer al público en 1930[362], fruto del encargo de la compañía de ballets de La Argentina, el compositor, en opinión de Jorge de Persia, «intenta diferenciarse del 'pintoresquismo' que dominaba la música española, intentando esa distancia de la pura cita y tratando de manifestarse con lenguaje propio»[363]. La referencia al Falla de *El amor brujo* sin embargo resulta bien patente en esta obra de cuño nacionalista y color folclórico. Para María Palacios, en este ballet «los elementos típicamente nacionalistas se sitúan fundamentalmente en el plano melódico. Prácticamente toda la obra se reduce a melodías de corte popular andalucistas, sometidas a acompañamientos rítmicos,

---
362 Aunque su composición se inició en 1927.
363 DE PERSIA: «Notas sobre Gustavo Pittaluga ...», p. 129.

a veces muy sencillos [...], o en ocasiones con elementos algo más modernos y desarrollados»[364].

El argumento de este ballet-pantomima estructurado en once números gira en torno a la romería popular del Cristo de Moclín, a quien la tradición otorga la capacidad de conceder la maternidad a las mujeres estériles. Al principio de la obra, tras la introducción, tiene lugar la escena de la que Pittaluga extrae su canción titulada *Romance de Solita*, dedicada a su maestro Oscar Esplá. En dicha escena la protagonista se dirige al Santuario del Cristo del Paño de la villa granadina de Moclín la víspera de la fiesta pues, según la tradición, a aquella mujer que acuda al bosque el día antes de la romería y sea la primera en regresar con una corona trenzada en flor de verbena para adornar al Cristo, le será concedida la maternidad. El fragmento *Romance de Solita*, que se suprime en la versión de concierto de este ballet de inspiración neopopularista, reaparece en forma de brillante canción de concierto, editada por la Union Musicale Franco-Espagnole de París en 1930[365]. La autoría del texto de esta canción es fruto de la colaboración entre Cipriano Rivas Cherif y Federico García Lorca:

Sube un camino a una fuente
monte del Moclín arriba.
En la cruz de los caminos
se alza la cruz de la ermita.

Y en ella Nuestro Señor
Cristo de la Serranía:

---
[364] PALACIOS: *La renovación musical en Madrid...*, p. 483.
[365] También una versión pianística de tres de las danzas de este ballet fue publicada en 1930 por Unión Musical Franco-Española bajo el título *Tres danzas para piano*.

La sangre de su costado
Alimenta, ay, fuente viva.

Pittaluga añadió una larga y brillante introducción pianística que no se encuentra presente en el ballet original, muy posiblemente con el objeto de otorgar mayor entidad compositiva a esta canción. Al comienzo de la misma, tres poderosos arpegios del piano afirman la tonalidad principal de Mi mayor antes de dar paso a un diseño rítmico en semicorcheas en compás de 6/8 que inciden insistentemente sobre la nota Mi repetida gracias a la alternancia de ambas manos del pianista. Dicha repetición de la nota Mi crea un efecto pedal sobre el que se mueven diseños melódicos de cuartas en la mano derecha (Ejemplo 54). Este tipo de escritura pianística basada en la alternancia de las dos manos resulta racional y efectiva, reportando además cierto lucimiento al intérprete[366].

Ejemplo 54: *Romance de Solita*, de Gustavo Pittaluga, comp. 7-9

En el compás 19 tres nuevos arpegios sobre la tónica de Mi mayor descienden del agudo al grave preparando la entrada de la voz en el compás 20, en el que la cantante debe entonar, en un infrecuente compás de 14/4, una vocalización plagada de melismas que recrean giros andalucistas. Dicha vocalización,

---

[366] Ejemplos similares de esta escritura pianística se encuentran en las versiones de la canción *El vito* de Fernando Obradors (1897-1945) y Joaquín Nin (1879-1949).

de fuerte acento andaluz, se emite sobre la interjección «Ay», presentando cuatro agrupaciones irregulares de doce, trece, siete y tres notas, respectivamente, cantadas «un po liberamente», según indicación del propio compositor. La musicóloga María Palacios se refiere a este tipo de canto melismático utilizado por Pittaluga en *Romance de Solita* indicando que la cantante «ayea al más típico modo flamenco, estilizado con la impostación propia en la música culta», añadiendo que «uno de los cantos más típicos andalucistas, más propios del flamenco, y profusamente utilizado por los compositores en sus partituras es el *ayeo*»[367]. Por su parte Germán Gan Quesada ofrece su propio comentario del citado pasaje y del *Romance de Solita* en general:

> «Un largo 'quejío' introductorio —de nuevo basado en el tetracordio frigio, en esta ocasión sobre la nota Mi— precede al breve romance, de 'tempo' moderado, cuyas dos estrofas se cantan uniformemente en compás de 3/8, adornando melismáticamente los finales de verso y sobre un inquieto acompañamiento [...]. La segunda estrofa, más aguda, visita las regiones armónicas de La menor frigio, Sol menor y Fa mayor (estas dos últimas por medio de su dominante) y concluye su texto con una nueva versión, algo ampliada del lamento introductorio»[368].

El citado «Ayeo» sumado al largo pasaje pianístico previo conforman la introducción (comp. 1-20) de esta canción, dando paso al texto cantado en el compás 21, que se extiende hasta el

---
367 PALACIOS: *La renovación musical en Madrid...*, pp. 483-484.
368 GAN QUESADA: «Gustavo Pittaluga: *La romería de los cornudos*», pp. 304-305.

compás 105, lo que conforma dos secciones separadas por un breve interludio pianístico (comp. 69-74). El acompañamiento de ambas secciones alterna en ambas manos del pianista acordes de negra en la mano derecha en la segunda corchea del compás, con notas simples en valor de corchea en los tiempos primero y tercero de la mano izquierda, creando así un incesante pulso de corchea. Dicho pulso de corchea sirve de base a la línea melódica, estructurada en ocho frases musicales, una para cada verso del texto, con largas notas mantenidas al final de cada frase, excepto la última, que se remata con un melisma similar al del inicio. Al final de la canción reaparece un pasaje con vocalizaciones sobre la interjección «Ay» (comp. 105-106) similar al del compás 20, antes de dar paso a una versión abreviada de la introducción pianística (106-115), que rematan esta canción con la misma brillantez del inicio afirmando la tonalidad de Mi mayor con rotundos acordes arpegiados. Si bien la tesitura vocal de la sección B (comp. 75-106) es más aguda que la tesitura de la sección A (comp. 21-74), la canción es apta para una voz de mezzosoprano o para una soprano lírica con consistencia en el registro central-grave de su voz.

9.3. Vocalise-Étude

Vocalise-Étude fue editada en 1932 por la parisina Alphonse Leduc dentro de la antología *Répertoire Moderne de Vocalises-Études*, cuyo nº 111 es la *Vocalise-Étude* para voz y piano de Salvador Bacarisse[369], y que incluye ejemplos de numerosos compositores, entre los se puede citar a Maurice Ravel, Gabriel Fauré, Paul Dukas, Vicent D'Indy, Francis Poulenc, Darius Milhaud, Albert Roussel, Maurice Délage, Florent

---

[369] Apartado 6.4.

Schmitt, Aaron Copland, Carl Nielsen, Karol Szymanowski, Mario Castelnuovo-Tedesco, Joaquín Nin, Heitor Villa-Lobos, Bohuslav Martinů o Ildebrando Pizzetti. Se trata de una amplia antología llevada a cabo por A. L. Hettich —profesor del Conservatoire National de Paris— para el editor Alphone Leduc, cuyo destino era formar parte del programa del concurso del Conservatorio Nacional de Música de París, lo que permite deducir que el posible estreno de esta obra, de haber llegado a producirse, habría tenido lugar en dicho concurso. En el segundo de los dos cuadernos para voz aguda de esta compilación[370] consta, con el nº 135, la *Vocalise-Étude* de Pittaluga.

Sin previa introducción instrumental, la voz es la encargada de iniciar esta *Vocalise* compuesta en la tonalidad de Sol mayor, que cuenta con la indicación de carácter «Gioiso e gaio». El cantante enuncia en «forte» y «deciso» un tema saltarín de cuatro compases que juega con diversas imitaciones sucesivas de carácter contrapuntístico en la parte del piano (Ejemplo 55).

Ejemplo 55: Primeros compases de *Vocalise-Étude*, de Gustavo Pittaluga

La escritura contrapuntística caracterizada por la abundancia de imitaciones va a ser una constante a lo largo de los

---

370 La antología consta de dos cuadernos para voz aguda, cuatro para voz media y uno para voz grave.

cuarenta y siete compases de que consta la obra[371]. Pese a que la composición es plenamente tonal, se trata de una tonalidad derivada de una textura polifónica en la que la parte pianística está compuesta con un sentido más horizontal que vertical, con líneas melódicas que recrean el espíritu dieciochesco afín al de las *Sonatas* de Scarlatti y del Padre Antonio Soler, en un nuevo ejemplo de escritura neoclásica en su variante española del neoscarlattismo, lo que emparenta *Vocalise-Étude* de Pittaluga con la canción *La niña que se va al mar*, de Ernesto Halffter[372]. Esto se puede apreciar, además de en el ya citado carácter contrapuntístico de la escritura, en las rápidas y ligeras figuraciones de semicorcheas —que en ocasiones alternan el «legato» con «staccato»— así como en la profusión de adornos. Un infrecuente detalle de escritura pianística lo encontramos en los compases 39-41, en los que la mano derecha ejecuta figuraciones de semicorcheas en quintas, que junto con la línea de la mano izquierda y con la parte cantada forman una sucesión de séptimas en pulso de semicorchea, en dinámica «fortissimo» e indicación de carácter «sempre gioioso».

La escritura neoscarlattiana del teclado impregna y condiciona la escritura vocal, a la que se exige una ejecución de carácter muy instrumental, no sólo por el hecho de carecer de texto, sino debido a la agilidad demandada para el movimiento de semicorcheas aderezadas con rápidos adornos, muy poco vocal desde el punto de vista de la adecuación a la ejecución. En los compases 27 y 28, por ejemplo, se puede observar en la parte cantada una figuración ascendente de semicorcheas

---

371 El tratamiento imitativo y contrapuntístico del conjunto formado por voz y piano resulta común a otras canciones del compositor, como su arreglo para voz y piano de *Entre mis muslos cerrados* de Federico García Lorca y la primera canción del grupo *Metamorfosis del clavel*, para voz y guitarra.
372 Apartado 3.3.3.

cuya articulación alterna el «legato» con el «staccato», un pasaje típicamente instrumental aplicado a la escritura vocal o, dicho de otra manera, un ejemplo de la voz tratada de forma instrumental. Este tipo de dificultad vocal, sumado a la amplia tesitura demandada, convierte a esta obra en una pieza de ejecución virtuosística, acorde con el objetivo de formar parte del repertorio del concurso del Conservatorio Nacional de Música de París.

La composición presenta en general un carácter dinámico, alegre y muy desenfadado, con cierta preponderancia del aspecto rítmico por encima del melódico. Pese a su naturaleza plenamente tonal, Pittaluga añade puntualmente ásperas disonancias, como la que encontramos en el compás 7, en el que la nota Re de la mano izquierda del piano choca con la nota Re # de la mano derecha. La escritura neoscarlattiana aderezada con disonancias relaciona esta composición con *Feliciano me adora*, segundo de *Dos Sonetos* de Rodolfo Halffter[373]. En cuanto a la estructura de esta composición, ésta viene determinada por tres firmes y concluyentes cadencias, todas ellas con la indicación «pesante» y resueltas con firmeza en la región grave del teclado: la primera (comp. 12) sobre Sol mayor cerrando la primera sección, la segunda (comp. 30) sobre Mi mayor finalizando la sección central, para dar paso a la tercera sección, que comienza en Mi menor para finalizar con una cadencia de Sol mayor en el compás 47.

---

373 Apartado 4.4.

10. Rosa García Ascot

Rosa García Ascot (Madrid, 1902-2002)[374] no se sintió tan vinculada al Grupo de los Ocho de Madrid como lo llegaron a estar los otros compositores que lo integraron. A la edad de diez años Rosa García Ascot era ya una pianista formada, a pesar de no haber estudiado en un conservatorio. Posteriormente desarrolló una brillante carrera como concertista tanto en España como en los diversos países que visitó y en los que vivió: Inglaterra, Francia y México. En 1932 se formaliza su

---

374 Principal bibliografía relacionada con esta compositora: CARREIRA, Xoán M.: «García Ascot, Rosa», en: CASARES RODICIO, Emilio (ed.): *Diccionario de la Música española e hispanoamericana*. Madrid: Sociedad General de Autores y Editores, 2000, vol. 5, p. 426; BAL Y GAY, Jesús y GARCÍA ASCOT, Rosa: *Nuestros trabajos y nuestros días*. Madrid: Fundación Banco Exterior, 1990; PALACIOS, María: «La participación de la mujer: Rosa García Ascot», en: GARCÍA GALLARDO, Cristóbal L., MARTÍNEZ GONZÁLEZ, Francisco y RUIZ HILILLO, María (eds.): *Los músicos del 27*. Granada: Universidad de Granada, 2010, pp. 343-360; ADKINS CHITI, Patricia (ed.): *Las mujeres en la música*. Madrid: Alianza Música, 1995; CAPDEPÓN, Paulino: «García Ascot, Rosa», en: *Diccionario Biográfico Español*. Madrid: Real Academia de la Historia, 2011; CAÑOBANO, Antonio Álvarez, RIBOT, Mª José González, DORADO, Pilar Gutiérrez, PATIÑO, Cristina Marcos (eds.): *Compositoras españolas. La creación musical femenina desde la Edad Media hasta la actualidad*. Madrid: Centro de Documentación de Música y Danza (INAEM), 2008; VILLANUEVA, Carlos (ed.): *Jesús Bal y Gay. Tientos y silencios 1905-1993*. Madrid: Residencia de Estudiantes, 2005.

relación con el musicólogo y también compositor gallego Jesús Bal y Gay (1905-1993), con quien contrae matrimonio en Madrid en 1933. Ambos se conocieron durante el concierto de presentación del Grupo de los Ocho de Madrid, celebrado el 29 de noviembre de 1930 en la Residencia de Estudiantes, en el que Rosa interpretó al piano las obras programadas; el hecho de ser incluida en el citado grupo supone un hecho muy relevante en su trayectoria artística, gracias a lo cual su nombre aparece vinculado a una serie de compositores situados en la vanguardia de la creación madrileña de la época. La musicóloga María Palacios incide en esta idea comentando que «Rosa tenía muy pocas obras y escasa presencia como compositora en los conciertos de la capital. Prácticamente las únicas ocasiones en que su música tuvo cierta repercusión y acogida fueron en los conciertos que el Grupo de los Ocho de Madrid realizó como tal»[375].

Debido a su situación como discípula de Manuel de Falla, Rosa García Ascot se convirtió en protagonista de una polémica suscitada a raíz de la rivalidad sostenida con Ernesto Halffter, ya que la primera se sentía como la única alumna directa del gaditano deslegitimando así la teoría generalmente aceptada que considera a Ernesto Halffter como alumno de Falla. Así lo manifiesta expresamente la compositora madrileña:

> «(...) Falla no daba lecciones a nadie. Fui yo 'el único discípulo de Falla'. Si Ernesto Halffter hubiera sido discípulo, lo hubiera sabido en el acto, porque Don Manuel me lo hubiera dicho. No hay que olvidar que Ernesto Halffter y yo somos —año arriba, año abajo—

---

[375] PALACIOS: «La participación de la mujer: Rosa García Ascot», en: GARCÍA GALLARDO, MARTÍNEZ GONZÁLEZ y RUIZ HILILLO (eds.): *Los músicos del 27*. Granada: Universidad de Granada, 2010, p. 347.

coetáneos. Ambos estuvimos integrando el 'Grupo de los Ocho' y no se nos han escapado las cosas que nos concernían»[376].

La musicóloga María Palacios opina que la compositora se vio perjudicada en relación a sus compañeros generacionales, pues «la mayor parte de los compositores masculinos de la generación de Rosa García Ascot marcharon a París en estos años, ya que París era el verdadero centro de las vanguardias europeas de la época», añadiendo que «Rosa, sin embargo no pudo disfrutar de ese privilegio, y, al pertenecer a una familia burguesa muy tradicional, ni siquiera pudo tomar una decisión propia sobre este aspecto»[377]. Esta idea podría explicar la menor relevancia como compositora de la madrileña en comparación con sus siete compañeros en el Grupo de los Ocho de Madrid.

La obra que nos ha quedado de Rosa García Ascot es muy escasa, ya que muchas de sus composiciones se perdieron durante la Guerra Civil. Sus partituras quedaron depositadas en casa de sus padres, que durante la guerra permaneció vacía, siendo fácilmente expoliada por refugiados del frente republicano que buscaban cobijo en inmuebles abandonados de Madrid. Su obra actualmente conocida permanece inédita, excepto *Suite para orquesta*, *Preludios* para piano (1938) y su única obra para guitarra, *Española*, editada por Unión Musical Española en 1971. La música de Rosa García Ascot sigue en líneas generales la tendencia neoclasicista tan presente en la obra de los compositores pertenecientes al Grupo de los Ocho de Madrid. Sin embargo, su faceta de intérprete —respaldada por importantes músicos de su tiempo— resultó a la larga más trascendente que su labor como compositora.

376 BAL Y GAY y GARCÍA ASCOT: *Nuestros trabajos y nuestros días*, p. 34-35.
377 PALACIOS: «La participación de la mujer: Rosa García Ascot», p. 346.

No se conoce ninguna canción de concierto salida de la mano de esta compositora que sin embargo fue una activa colaboradora como intérprete en la difusión de las obras de sus compañeros de generación. De hecho fue la pianista que estrenó diversas obras de los compositores del Grupo de los Ocho de Madrid durante la conferencia de Gustavo Pittaluga y el concierto que sirvieron como presentación oficial del grupo en la Residencia de Estudiantes de Madrid en 1931. También reviste importancia su incansable actividad como impulsora de diferentes actividades artísticas y musicales.

A fecha de hoy resulta incierto saber con certeza si Rosa García Ascot fue la única integrante del Grupo de los Ocho de Madrid que no se sintió atraída como compositora por el género de la canción de concierto —lo que parece la tesis más probable—, o si llegó a componer alguna canción que pudiera encontrarse actualmente perdida. Teniendo en cuenta que la compositora fue una pianista de prestigio, pese a que confesó que los nervios podían con ella durante los conciertos, resulta extraño que no sintiera el impulso de escribir alguna canción, tal y como hicieran el resto de compositores del Grupo de los Ocho de Madrid. Por otro lado, dada su amistad con Federico García Lorca y la mutua simpatía y cariño que ambos sentían, resulta también un enigma la razón por la que la compositora no se sintiera motivada a escribir alguna canción sobre alguno de los numerosos poemas de su amigo. Se podría deducir que la madrileña tuvo como compositora varios condicionantes muy favorables para sentir interés por el género de la canción de concierto, por lo que la incógnita sobre su posible producción en este campo resulta de especial interés.

11. Conclusiones

11.1. Tendencias estilísticas

Tras el estudio de la producción de canciones con acompañamiento de piano de los compositores del Grupo de los Ocho de Madrid —excepción hecha de Rosa García Ascot, de quien no nos han llegado ejemplos de este género— se pueden extraer varias conclusiones respecto a la aportación al ámbito liederístico del Grupo de los Ocho de Madrid, un género de extraordinaria importancia, tanto en cantidad como en calidad, dentro del total de la obra creativa de estos compositores.

Teniendo en cuenta que el concepto de grupo no viene dado tanto por las características individuales de los miembros que lo conforman, sino por las metas comunes que definen una nueva identidad colectiva, en la amplia producción de canciones de estos compositores se puede apreciar con claridad la plasmación del objetivo primordial del Grupo de los Ocho de Madrid, que no es otro que la integración de la música española en las vanguardias europeas siguiendo el modelo del Manuel de Falla del *Concierto para clave y cinco instrumentos* y del *Retablo de Maese Pedro*. La vanguardia musical pasaba en la época aludida por un rechazo del romanticismo y por la recuperación de formas musicales previas a éste, además de la expansión del concepto de tonalidad y de la estilización de la música popular. El género de la canción de concierto resulta especialmente propicio para la consecución de estos objetivos, ya que, al igual que ocurre con las obras vocales de la Segunda escuela de Viena, la presencia del texto como elemento formal cohesionador otorga al compositor gran libertad para el tratamiento constructivo de la composición. Frente a dicha escuela musical los compositores del Grupo de los Ocho de Madrid optan sin embargo por una línea de vanguardia moderada cercana a los parámetros de la estética stravinskiana, lejos de las propuestas de la vanguardia más radical.

Para la consecución del los citados objetivos de modernización y actualización de la música española, los compositores del Grupo de los Ocho de Madrid recurrieron en su producción liederística a diversas tendencias y recursos estilísticos comunes, que se exponen a continuación:

11.1.1. Importancia del pasado como fuente de inspiración

Este hecho da lugar a dos fenómenos bien reconocibles: por un lado la estética neoclásica —que en su adaptación a la música española viene dada fundamentalmente por las figuras de Domenico Scarlatti y Antonio Soler—, y por otro el recurso a la antigüedad.

El neoclasicismo, caracterizado por la claridad de texturas y la concisión de las ideas musicales, y su vertiente española del neoscarlattismo, se observa en *Dos canciones de Rafael Alberti* de Ernesto Halffter —muy especialmente en la segunda, *La niña que se va al mar*—, *Feliciano me adora*, segundo de *Dos Sonetos de Sor Juana Inés de la Cruz* de Rodolfo Halffter, *De vos bien servir* —segunda de las *Tres canciones del Marqués de Santillana* op. 6a— de Salvador Bacarisse y en *Vocalise-Étude* de Gustavo Pittaluga. Además de utilizar la citada variante neoscarlattiana, Bacarisse recurre al neoclasicismo stravinskiano en *Por amor e loores de una señora* op. 86 y a un neoclasicismo teñido de neorromanticismo en *Soneto a Dulcinea del Toboso* op. 45a.

El segundo de los fenómenos a que da lugar el pasado como fuente de inspiración, el recurso a la antigüedad, lo encontramos en la inspiración medieval presente en *Cántica de loores op. 32* —con texto de Juan Ruiz, Arcipreste de Hita (1295-1354?)—, *Por amor e loores de una señora* op. 86 —sobre texto de Alfonso Álvarez de Villasandino (1350-1425)—, *Mira, gentil dama* op. 67 nº 3 —sobre un poema de García de Resende (?-1536)—, *Cuatro cantarcillos* op.68a — sobre poesías anónimas de los siglos XV y XVI— y *Tres canciones del Marqués de Santillana* op. 6a, todas ellas de Salvador Bacarisse. En la misma línea estilística se sitúa la obra más relevante de Fernando Remacha en el campo de la canción de concierto, *Dos cantares y un Cantarcillo*, evocación musical y literaria del Renacimiento español en estilo arcaizante sobre poemas pertenecientes a la tradición popular medieval; *Al alba venid, buen amigo*, título del segundo de los cantares de este tríptico se basa en un poema también utilizado por Salvador Bacarisse para su canción homónima, última del grupo *Cuatro cantarcillos* op. 68a. Además Juan José Mantecón para su canción *Una copla de Mingo Revulgo* toma un poema perteneciente a la compilación de mediados del siglo XV titulada *Coplas de Mingo Revulgo;* para *Avelaneiras floridas* se basa en una cantiga de amigo gallego-portuguesa de Juan Zorro (siglo XIII); comparte con Salvador Bacarisse el recurso a la obra del Marqués de Santillana (1398-1458) en *Canción del Marqués de Santillana*; y ambos coinciden —utilizando incluso el mismo título— en poner música a *Madrigal*, poema del sevillano Gutierre de Cetina (1520-c. 1557) que en manos de Salvador Bacarisse forma parte de *Deux chansons classiques espagnoles*.

La atención a la poesía del Siglo de Oro prestada por los compositores del grupo se enmarca asimismo en la citada apreciación del pasado como base del trabajo compositivo en el ámbito liederístico. Lo encontramos bajo la vestimenta de arcaísmo musical en tres musicalizaciones de poemas de Miguel de Cervantes Saavedra: *Canción de Dorotea* de Ernesto Halffter, *Soneto a Dulciena del Toboso* op. 45a y *A vos ordres, mon géneral* Oso 26, ambas de Salvador Bacarisse. La poesía de Lope de Vega hace acto de presencia en *Soneto de Lope de Vega* op. 35a (1941) de Salvador Bacarisse, quien tres años después vuelve de nuevo su mirada al gran poeta y dramaturgo del Siglo de Oro español en *Dos cantares de Lope de Vega* op. 39a y de nuevo en 1949 en *Coplas*, segunda de *Deux chansons classiques espagnoles*. Juana Ramírez, poetisa mexicana del Siglo de Oro más conocida como Sor Juana Inés de la Cruz (1651-1695), se encuentra presente en *Dos Sonetos* de Rodolfo Halffter, quien conoció la obra poética de aquélla durante sus años de exilio mexicano.

11.1.2. Nacionalismo y folclore popular

Los compositores del Grupo de los Ocho de Madrid heredan de Manuel de Falla una novedosa visión del tratamiento del folclore como recurso compositivo; dicho recurso se encuentra íntimamente ligado a la estética nacionalista, que junto con la neoclásica, tratada en el apartado anterior, constituyen las dos principales corrientes compositivas seguidas por este grupo de creadores.

En la producción de canciones llevada a cabo por esta generación existen numerosos ejemplos que siguen un modelo cercano al utilizado por Falla para sus *Siete canciones populares españolas*. Lo encontramos en *Seis canciones portuguesas, Seguidilla calesera* y *Canto Inca* (canción popular peruana) de Ernesto Halffter, así como en diversas composiciones de Salvador Bacarisse: *Canciones populares españolas* op. 31 (II), *Canción leonesa* Oso 14, *Villancicos populares españoles* op. 48a y *Canción al estilo popular* op. 75. Por su parte Fernando Remacha en *Seis canciones vascas* sigue un modelo de canción popular tonal construida sobre elementos musicales muy simples. Además el compositor navarro presenta un estilo regionalista, caracterizado por armonías sencillas con esporádicas disonancias añadidas, en dos canciones independientes, *Mimosa no llores* y *Charramandusca*, que, pese a no basarse directamente en fuentes folclóricas, suponen una recreación de dicho estilo por parte del compositor.

En el citado contexto de utilización del folclore se produce asimismo una frecuente utilización de ritmos de danza, así como la imitación de sonoridades de instrumentos populares, muy especialmente la guitarra —en *Malagueña*, primera de *Tres ciudades* de Julián Bautista—, pero también de otros como el tamboril, instrumento del folclore vasco que acompaña normalmente al chistu —en *Ondarribia, erri txikia*, sexta y última de *Seis canciones vascas* de Fernando Remacha.

11.1.3. Influencia de Manuel de Falla

Otra variante de nacionalismo, diferente de la anterior, la encontramos el tratamiento del folclore por parte del genial gaditano como materia integrada en la estructura final de la obra más allá de la mera cita de temas populares, huyendo de las referencias regionalistas y de los tópicos musicales.

El citado modelo de Falla como referencia estética supone una clara influencia en canciones como *Romance de Solita* de Gustavo Pittaluga, *Dos canciones* de la época de juventud de Julián Bautista — la primera de las cuales, *Villancico de las madres que tienen a sus hijos en brazos*, utiliza además un poema que ya había sido puesto en música por Manuel de Falla— y, muy especialmente, en sus *Tres ciudades* —con evocación de ritmos de danza provenientes del folclore andaluz como soleá, alegrías, bulerías—, el ejemplo más falliano entre todas las canciones estudiadas en este libro y la más importante aportación de Julián Bautista al campo de la canción de concierto.

11.1.4. Influencia francesa

Fernando Remacha manifestó que a los compositores del grupo les unía una admiración profunda hacia Maurice Ravel y Claude Debussy, aunque el impresionismo en las canciones de los compositores del Grupo de los Ocho de Madrid supone antes una aproximación estética que un objetivo en sí mismo. Los planteamientos musicales de Ravel y Debussy constituyen uno de los recursos utilizados por este grupo de compositores españoles para tratar conseguir el objetivo de integrar la música española en las corrientes europeas de su época.

Conclusiones

Fruto de la cercanía entre las culturas francesa y española, la conexión con el impresionismo se aprecia de una forma muy directa en algunas de las canciones en francés de diversos compositores del grupo, quienes contaban con el modelo de *Trois Mélodies* (1909), para voz y piano, y *Psyché* (1924), para voz, flauta, arpa y trío de cuerda, ambas de Manuel de Falla. Si Ernesto Halffter compone en 1926, bajo la influencia de Maurice Ravel, *Automne Malade* para voz y pequeña orquesta, en el ámbito de la canción con piano contamos con ejemplos reveladores del fuerte influjo francés: el grupo *L'hiver de l'enfance* —obra de clara influencia raveliana, especialmente la tercera canción *Le chant en étoffe*— de Ernesto Halffter, compuesta sobre poemas de Denise Cools, hija de Eugène Cools, su editor en Max Eschig, y el tríptico, sobre poemas chinos traducidos al francés por Franz Toussaint, *La flûte de jade* de Julián Bautista —cuyas superposiciones armónicas parecen salidas de la pluma del Debussy más impresionista—, suponen los ejemplos más representativos de canciones en idioma francés con estilo compositivo francés, aunque existen otros menos relevantes como *Premier Sonnet*, primera canción de *Deux mélodies* op. 130 sobre sonetos de Romain Selsis, de Salvador Bacarisse. Las superposiciones

Otro ejemplo de estética cercana al impresionismo pero en canciones sobre texto en castellano lo encontramos en *Vuelta a empezar* de Salvador Bacarisse y en *Elegía sin palabras*, obra expresionista de Fernando Remacha que sin embargo presenta ciertos procedimientos compositivos, como la imitación del sonido de campanas en el piano, que coinciden con el impresionismo; en otra obra del navarro, *El domingo de sol*, encontramos una utilización de un impresionismo de tipo descriptivo.

Existen además otras canciones del grupo cuyo único vínculo con el país vecino es la utilización del idioma francés, pero no la estética impresionista, como es el caso de *Harmonie du Soir* de Juan José Mantecón, sobre un poema de Charles Baudelaire (1821-1919), *Attends* —segunda canción de *Deux mélodies* op. 130— y *Complainte de Romulus* op. 109, ambas compuestas por Salvador Bacarisse sobre textos del escritor y crítico dramático francés André Camp.

11.1.5. Poetas coetáneos

Los compositores del Grupo de los Ocho de Madrid, perteneciente a la denominada Generación del 27, en numerosas ocasiones recurren a textos poéticos de escritores de su misma generación y a la vez del mismo círculo y amigos, como Rafael Alberti y Federico García Lorca. Los ejemplos más relevantes del primero los encontramos en *Dos canciones de Rafael Alberti*, en las que Ernesto Halffter responde en estilo neoclásico a la poesía neopopularista de Alberti, y muy especialmente en el grupo *Marinero en tierra* de Rodolfo Halffter, ciclo capital en la historia del género tanto por su perfecta fusión entre poesía y música como por el extraordinario lirismo alcanzado por su andalucismo de corte popular. Respecto a Federico García Lorca, destaca por su monumental fuerza expresiva el tríptico *Tres ciudades*, compuesto por un inspiradísimo Julián Bautista, que, siguiendo la más pura línea postfalla, consigue integrar de forma magistral las vívidas imágenes presentes en los poemas de García Lorca pertenecientes al *Poema del cante jondo* en una música de paralelo poder de evocación y de fuerte impacto dramático.

Pero no hay que olvidar otros logros, quizás más modestos pero sin duda interesantes, como el lirismo misterioso y casi siniestro presente en las sugerentes *Tres nanas de Rafael Alberti* op. 20(II)a de Salvador Bacarisse, *Canción del hombre nuevo* op. 133, en la que éste recurre a la poesía de Rafael Alberti para cerrar en 1963 su catálogo compositivo y *Romance de Solita* de Gustavo Pittaluga, cuyo texto forma parte del libreto del ballet *La romería de los cornudos*, fruto de la colaboración entre Federico García Lorca y Cipriano Rivas Cheriff (1891-1967). Como curiosidad cabe citar que Bacarisse compone en 1955 *En los profundos valles de la tierra* op. 100(II) sobre un poema de Aitana Alberti (1941), hija del gran poeta gaditano.

Además de la poesía de Federico García Lorca y de Rafael Alberti, los compositores del Grupo de los Ocho de Madrid recurrieron también a otros poetas coetáneos: Antonio Machado (1875-1939) aparece en *Soneto* op. 116 de Salvador Bacarisse y en dos canciones de Juan José Mantecón, *Campo* y *La tarde está muriendo* —ambas compuestas además sobre idéntico poema; Ernesto Halffter compone *Canciones del niño de cristal* sobre poemas del uruguayo Carlos Rodríguez Pintos (1895-1985) y en 1974 *Hommage a Salvador Dalí. Pregón* para tenor y piano sobre un texto del pintor Salvador Dalí; su hermano Rodolfo compone *El loro y el niño* sobre un poema del mexicano Juan Almela y *Desterro* (Destierro) sobre versos gallegos de Xose María Álvarez Blázquez (1915-1985); aunque como autor de los textos de *Dos canciones* de Julián Bautista consta el nombre de Gregorio Martínez Sierra, los poemas están en realidad escritos por su esposa María Lejárraga (1874-1974); Juan José Mantecón recurre a un poema del escritor madrileño José Antonio Balbontín (1893-1977) para la canción titulada *La ciega*.

Por su parte Salvador Bacarisse constituye el caso más inquieto entre sus compañeros generacionales en cuanto a la utilización de poetas coetáneos, pues comienza su producción liederística con *Dos canciones infantiles* sobre poemas de Luis Cernuda (1902-1963), se basa en la poesía de Miguel Hernández (1910-1942) en *Nanas de la cebolla* op. 129, en la de Blas de Otro (1916-1979) en *Dos poemas de Blas de Otero* op. 118 y utiliza poemas de compañeros de exilio como José María Quiroga Plá (1902-1955) en *Vuelta a empezar* op. 42 y Jorge Semprún (1923-2011) en *Déjame a solas con la muerte mía* op. 44a; además colabora con el escritor Antonio Porras Márquez (1886-1970) en dos ocasiones, en *Canción al estilo popular* op. 75 nº 3 y en *El delfín*; la corriente poética modernista queda representada por *Responso a Verlaine* op. 40a, canción compuesta en 1945 sobre un poema de Rubén Darío (1867-1916) por Salvador Bacarisse, quien además recurre a un poeta cercano al modernismo en *El oasis*, sobre texto de Juan Ramón Jiménez (1881-1958).

11.1.6. Politonalidad

Diversos compositores del Grupo de los Ocho de Madrid utilizan la politonalidad como recurso estilístico, lo que se ejemplifica en *Du schönes Fischermädchen* —cuarto de *Heine Lieder*— de Ernesto Halffter, *La flûte de jade* de Julián Bautista, *Nouturnio* de Fernando Remacha y en diversas canciones de Salvador Bacarisse, como la primera y tercera de *Tres canciones del Marqués de Santillana* op. 6a, o el último de sus *Cuatro cantarcillos* op. 68a.

La politonalidad, utilizada como recurso expresivo para reflejar sentimientos dolorosos de ruptura o alejamiento, aparece en *Miró Celia una rosa*, primero de los *Dos Sonetos* op. 15 de Rodolfo Halffter, y la encontramos nuevamente en *Desterro* op. 31, del mismo compositor; Salvador Bacarisse utiliza pasajes bitonales con idéntica finalidad expresiva en *El triste que se despide* —primera de *Tres canciones del Marqués de Santillana* op. 6a—, en los últimos compases de *Al alba venid* —cuarto de *Cuatro cantarcillos* op. 68a—, en *El oasis* op. 91 nº 2 y en *Ni una palabra* —primera canción de *Dos poemas de Blas de Otero* op. 118. Existe además un juego bitonal producido entre las teclas blancas y las negras del piano en *A vos ordres, mon général* Oso 26, también de Bacarisse. A Fernando Remacha pertenece *Nouturnio*, canción caracterizada asimismo por su escritura bitonal.

11.1.7. Utilización de la voz declamada

Más allá del habitual tratamiento «cantabile» de la voz, en las canciones de los compositores de este grupo encontramos frecuentes ejemplos tanto de utilización de la declamación vocal, como de un estilo de canto cercano al recitativo; se trata recursos estilísticos que, puestos al servicio del compositor primero y del intérprete después, amplían la gama de registros expresivos de las canciones.

Salvador Bacarisse recurre al canto declamado en *Soneto de Lope de Vega* op. 35a y en *Responso a Verlaine* op. 40a, y a una escritura vocal semideclamada en *Vuelta a empezar* op. 42, *En los profundos valles de la tierra* op. 100 y en *León de noche* —segunda canción de *Dos poemas de Blas de Otero* op. 118. Ernesto Halffter utiliza un estilo de canto declamado especialmente en *Pregón*, pero también en varios pasajes de la suite *L'hiver de l'enfance* como recurso para otorgar mayor fuerza expresiva a determinados momentos del texto cantado. Se trata asimismo de un recurso expresivo profusamente utilizado por

Juan José Mantecón, en canciones como *Campo, La tarde está muriendo, Harmonie du soir, La ciega* y *Madrigal*, en las que encontramos indicaciones como «muy recitativo», «casi recit», «como recitado», «recit ad libi.» y «recitative avec dramatisme» (recitativo con dramatismo). Por su parte Julián Bautista emplea un estilo vocal semideclamado en las dos primeras canciones de su tríptico *La flûte de jade*.

11.1.8. Atonalidad y disonancia

Si bien la adscripción de este grupo de compositores al nacionalismo y al neoclasicismo como corrientes estéticas principales conlleva un tratamiento principalmente tonal de sus canciones, encontramos asimismo, aunque de forma casi marginal, casos de escritura atonal. Ejemplos de ello lo constituyen *Du schönes Fischermädchen*, cuarto y último de *Heine Lieder* de Ernesto Halffter, *Desterro* de Rodolfo Halffter y *Al alba venid buen amigo*, cuarta canción de *Cuatro cantarcillos* op. 68a de Salvador Bacarisse. Si la atonalidad se encuentra también presente en *El domingo de sol* y *Canción romántica*, ambas de Fernando Remacha, en su *Nouturnio*, junto a los pasajes bitonales se encuentran otros atonales en un lenguaje de carácter experimental; otra obra del compositor navarro, *Cantarcillo* —perteneciente a *Dos cantares y un cantarcillo*—, presenta una característica de su estilo musical, la tonalidad con disonancias añadidas que se encuadra en una estética feísta de sonoridad agresiva que a menudo puede resultar desconcertante para el oyente.

11.1.9. Estilo romántico, postromántico y expresionista

Pese a la fuerte impronta antiromántica derivada del manifiesto fundacional del grupo, algunos de los compositores escriben esporádicamente utilizando un estilo romántico, postromántico y expresionista o hiperromántico. Es el caso de Ernesto Halffter en una de sus obras tempranas de juventud, el grupo de cuatro *Heine Lieder* compuestos en idioma alemán. Pero sin duda es Salvador Bacarisse el compositor del grupo más afín a esta tendencia, seguida especialmente durante sus años de exilio; en varias de sus canciones aparece el neoromanticismo como expresión de sentimientos subjetivos producidos por el exilio y la cárcel, como ocurre en *Vuelta a empezar* op. 42, *Déjame a solas con la muerte mía* op. 44a, *Soneto de Antonio Machado* op. 116 y *Nanas de la cebolla* op. 129; encontramos asimismo rasgos de un estilo expresionista de abigarrado cromatismo en *En los profundos valles de la tierra* op. 100 y en *León de noche* —segunda canción de *Dos poemas de Blas de Otero* op. 118—, ambas de Salvador Bacarisse; este compositor recurre también a la fusión estilística utilizando un neoclasicismo teñido de neoromanticismo en *Soneto a Dulcinea del Toboso* op. 45a.

Por su parte, *Elegía sin palabras*, representa el expresionismo que caracteriza a Fernando Remacha en algunas de sus obras más importantes realizadas después de la guerra y constituye un buen ejemplo del lirismo dramático adoptado por el compositor en más de una obra de su catálogo. Otra composición del navarro, *Canción romántica*, presenta una estética postromántica plagada de disonancias.

11.1.10. Minimalismo

El minimalismo supone otro recurso estilístico presente —aunque de forma muy marginal— en algunas de las canciones estudiadas; lo encontramos en tres composiciones de Salvador Bacarisse: *Negra flor* —tercera de *Tres nanas de Rafael Alberti*—, *Cortejo* Oso 1 y *El Oasis* op. 91 nº 2. Bien es cierto que el citado minimalismo se podría también contemplar como influencia de la obra del francés Erik Satie, por lo que estaría enmarcado dentro del influjo de la música francesa citado anteriormente. Sin que se pueda hablar exactamente de minimalismo, Ernesto Halffter desnuda al máximo el lenguaje en las tres *Canciones del niño de cristal* compuestas con acompañamiento tan sólo de la mano derecha del piano.

11.1.11. Música ligera

Igualmente marginal es la presencia de estéticas cercanas a la música ligera, que encontramos en algunas obras que se podrían adscribir antes al género del café-concierto que al de la canción de concierto culta, como es el caso de *Señora* de Ernesto Halffter y ¡Ay, palomita! de Julián Bautista. Por su parte Juan José Mantecón traspasa las fronteras del género liederístico en *Madrigal de abanico* y *Cuba*, dos canciones de estilo cercano a la música ligera de consumo inmediato. Se trata de ejemplos que prueban la versatilidad estilística de un grupo de compositores que saben también explorar ámbitos fronterizos con el lied para adentrarse en otros terrenos musicales menos elitistas.

11.1.12. Canciones para dos voces

Un reducido número de las canciones estudiadas presentan una escritura de la parte vocal destinada a ser cantada por dos voces: es el caso de *Deux chansons classiques espagnoles* op. 52a y *El delfín* op. 78a nº 2 de Salvador Bacarisse, así como de *Villancico*, canción compuesta por Juan José Mantecón para dos voces con acompañamiento de piano. Se trata de una formación también utilizada por Ernesto Halffter en *Minha mãe me deu um lenço* —cuarta de *Seis canciones portuguesas*—, aunque en esta canción la segunda voz es opcional y acostumbra a interpretarse por una sola voz.

11.1.13. La balada

La presencia del género narrativo de la balada supone una interesante rareza dentro de las canciones del Grupo de los Ocho de Madrid, que aparece en un único ejemplo, *Complainte de Romulus* op. 109 de Salvador Bacarisse.

11.1.14. El acompañamiento pianístico

El acompañamiento pianístico de las canciones de los compositores del Grupo de los Ocho muestra en muchos casos un altísimo nivel de elaboración y de dificultad de ejecución, acorde con la evolución del virtuosismo pianístico impulsada por compositores-pianistas como Enrique Granados, Isaac Albéniz o Joaquín Turina. Es el caso de *La niña que se va al mar* de Ernesto Halffter, ejemplo perfecto de la vertiente neoscarlattiana, o del piano muy orquestal de las *Tres ciudades* de Bautista

11.2. Consideraciones finales

Frente al amplio abanico expuesto de recursos y tendencias estilísticas comunes, prevalecen dos estilos predominantes en la producción de canciones del Grupo de los Ocho de Madrid: el neoclasicismo y el nacionalismo en la línea iniciada por Falla. Sin embargo, al margen de dicha preponderancia se puede afirmar que no existe una unidad de estilo entre los miembros del grupo, sino que nos encontramos ante una aportación liederística muy heterogénea que desde el punto de vista estilístico presenta tantos aspectos comunes como divergentes. En definitiva, un objetivo común, el de situar la música española al nivel de la vanguardia europea, se lleva a cabo en el campo de la canción de concierto a través de la utilización de una muy variada gama de estéticas y recursos compositivos. Cada una de las individualidades creativas de los compositores estudiados se caracteriza asimismo por el eclecticismo estilístico y por la utilización de muy variadas soluciones musicales, alternando diferentes estilos que dan lugar a una obra liederística en la que a menudo no se encuentran conexiones estéticas aparentes entre canciones o grupos de canciones del mismo compositor, lo que en conjunto da lugar a una heterogeneidad compositiva de gran riqueza.

En el caso de compositores con una producción poco abundantes de canciones, como Rodolfo Haltter, Julián Bautista y Fernando Remacha, podría casi afirmarse que cada una de sus aproximaciones al campo del lied con acompañamiento de piano constituye una aventura estética bien diferenciada del resto y las reducidas dimensiones de su corpus liederístico contrastan con el amplio abanico estilístico presente en esta parcela de sus respectivas obras. Muy a menudo la adopción de un determinado estilo compositivo viene determinada por la procedencia del texto, que condiciona el resultado musical final. Fernando Remacha incluso va más allá adoptando a menudo diferentes soluciones estéticas dentro de una misma obra, adaptando su estilo compositivo en diferentes pasajes musicales a los diferentes requerimientos expresivos que emanan del texto cantado, lo que se ejemplifica en *El domingo de sol*.

Respecto a la cuestión de la cohesión estilística del Grupo de los Ocho de Madrid, el análisis de las características estéticas de la producción de canciones de este grupo de compositores conduce tanto a extraer conclusiones respecto a la existencia de objetivos comunes aglutinadores y a líneas estéticas convergentes, como a la existencia de propuestas estéticas desintegradoras, ya que por un lado encontramos un abanico de corrientes estéticas comunes, especialmente dos de ellas, el nacionalismo y el neoclasicismo, pero por otro la amplitud de las diferentes tendencias compositivas presentes en los lieder de estos compositores obliga a hablar de heterogeneidad y eclecticismo. El hecho de que cada compositor del grupo fuera capaz de desarrollar su voz propia dentro de una amplia gama estética en la que se dan también numerosas características comunes supone un indicador de la elevada personalidad artística de estos creadores que vivieron de forma muy diferente su adhesión al Grupo de los Ocho de Madrid: Fernando Remacha tuvo conciencia de pertenencia al grupo durante toda su vida, pero restringido sólo a él y a otros cuatro compositores con los que guardó una estrecha amistad: Salvador Bacarisse, Gustavo Pittaluga, Rodolfo Halffter y Julián Bautista; por su parte, tres de los compositores de este reducido círculo, Julián Bautista, Salvador Bacarisse y Fernando Remacha, habían sido discípulos de Conrado del Campo en el Conservatorio de Madrid. La mayor parte de compositores del Grupo de los Ocho de Madrid se encuentran además vinculados por el hecho de que fueron personas cultas que experimentaron la música en diversas facetas, no sólo la composición, sino también la interpretación, la docencia, la crítica o la musicología e investigación.

Existen también otros compositores ajenos a la presentación oficial, como Casal Chapí y Gustavo Durán —ambos compusieron canciones de concierto—, que tuvieron un gran vínculo con el Grupo de los Ocho de Madrid sin llegar a formar parte del mismo, pero que perfectamente podían haberse integrado en él por haber desempeñado un papel en cierto modo marginal, similar al desempeñado en el grupo por Rosa García Ascot o Juan José Mantecón. Por otro lado, la polémica generada por Rosa García Ascot reivindicando ser la única alumna de Manuel de Falla y desautorizando así la idea de que Ernesto Halffter fue alumno del gaditano, sumó a posteriori un efecto centrifugador en el grupo. Idéntico efecto produjo el posicionamiento del crítico y compositor Adolfo Salazar, benevolente con el Grupo de los Ocho de Madrid, pero indisimulado en su favoritismo hacia Ernesto Halffter, frente a su escasa consideración hacia Gustavo Pittaluga, su silencio al obtener Fernando Remacha el Premio de pensionado de Roma, o el hecho de que le pasaran desapercibidas algunas obras de calidad de otros compositores de este grupo. En definitiva, la no inclusión en el grupo de otros compositores muy afines a él, como Casal Chapí y Gustavo Durán, las desavenencias entre Rosa García Ascot y Ernesto Halffter por el conflicto de su exclusividad como alumnos de Manuel de Falla y el posicionamiento de claro favoritismo de Adolfo Salazar hacia Ernesto Halffter frente al resto, fueron circunstancias que, sumadas a la evidente heterogeneidad estética de sus miembros y a la obligada dispersión provocada por el estallido de la Guerra Civil, contribuyeron de forma negativa a la cohesión del grupo más allá del hecho de una presentación oficial que, contemplada desde la perspectiva histórica, contó con cierto componente artificial.

La indudable existencia histórica del Grupo de los Ocho de Madrid se deriva de la presentación y del manifiesto generacional del mismo, ambos hechos poco comunes en la historia de la música española, que hacen de este grupo un acontecimiento singular. Sin embargo la actividad conjunta del grupo, más allá de su presentación oficial no fue muy abundante. Tras la Guerra Civil, el exilio y la desconexión entre sus compositores provocó tanto la pérdida de la conciencia del mismo como la ruptura de la cohesión de las metas comunes y de los principios estéticos, lo que impidió lograr el objetivo de situar a la música española dentro de las corrientes europeas y permite por tanto hablar de una generación truncada e incluso de cierta involución estilística en algunos de sus miembros. Pero todos ellos continuaron componiendo canciones de concierto desde sus respectivos exilios. Algunos, como Salvador Bacarisse, deben la mayor parte de su producción precisamente a dicho periodo de exilio, lo cual es comprensible teniendo en cuenta la joven edad de la mayoría de ellos cuando se produjo el inicio de la Guerra Civil. Pero por razones obvias, el obligado exilio de este grupo de compositores perjudica notablemente sus respectivas actividades creativas; en el caso de Fernando Remacha, su denominado exilio interior merma su labor compositiva al tener que dedicarse a su negocio familiar primero, y a labores musicales docentes y organizativas más tarde. A pesar de que algunos compositores mantuvieron cierto contacto entre ellos, la dispersión geográfica se tradujo en una aún mayor disgregación estética, favorecida por el hecho de que la estética común seguida por los compositores del grupo antes de la guerra reflejaba un abanico estético antes que un lenguaje musical unitario.

En cuanto a la calidad alcanzada por los compositores del Grupo de Madrid en el ámbito de la canción de concierto, ésta refleja asimismo un dispar abanico que se mueve entre el indudable logro artístico de los hermanos Halffter y Julián Bautista, frente a la nula aportación de Rosa García Ascot, cuya actividad como pianista superó su faceta de compositora, así como frente a la escasa relevancia compositiva de Juan José Mantecón, cuya aportación como crítico supera su importancia como compositor. En un término medio se sitúan los otros tres compositores: la escasísima producción de canciones conservadas hoy en día de Gustavo Pittaluga —aunque significativa por representar las dos tendencias estéticas principales del grupo, el nacionalismo y el neoclasicismo—, el reducido corpus de Remacha —en el que destaca el logro de sus *Dos cantares y un cantarcillo*—, cuyo eclecticismo constituye el fruto de una diversidad de estilos muy amplia en proporción a su exiguo corpus liederístico, y finalmente la tan abundante como desigual producción de canciones de Salvador Bacarisse —entre la que se encuentran indudables aciertos como *Tras nanas de Rafael Alberti* y *Tres canciones del Marqués de Santillana*. Aunque la aportación de Bacarisse al género liederístico resulta en líneas generales más relevante desde el punto de vista cuantitativo que cualitativo, su habilidad para responder con una amplísima gama de recursos estilísticos y compositivos ante el estímulo producido por un texto, así como su capacidad de adaptación a los más diversos estilos musicales de su tiempo, hacen pensar en un gran talento para la composición de canciones muy perjudicado por su situación de exilio. Es por ello que la proporción entre la cantidad de canciones y los verdaderos logros artísticos alcanzados en este género por Salvador Bacarisse resulta pobre en relación a los indiscutible aciertos de Julián Bautista —*Tres ciudades*—, Rodolfo Haffter —*Marinero en tierra*— o su hermano Ernesto Halffter —*Dos canciones de Rafael Alberti* y *Seis canciones portuguesas*, muy especialmente dos de ellas, *Ai que linda moça* y *Gerinaldo*—, siendo estos tres compositores autores de una producción liederística mucho más reducida que la de aquél.

Independientemente de la posterior pérdida de conciencia del grupo, resulta indiscutible la importantísima contribución de este ramillete de compositores como continuadores de la consolidación del género de la canción de concierto iniciada por Enrique Granados, Isaac Albéniz y Manuel de Falla a finales del siglo XIX, y seguida por los compositores de la Generación de los Maestros, que cuentan con la producción de canciones muy asentada en el repertorio de Jesús Guridi, Óscar Esplá y, especialmente, Joaquín Turina —y en menor medida con las canciones de Conrado del Campo y Julio Gómez. En este sentido la canción de concierto de los compositores del Grupo de los Ocho de Madrid se sitúa, al igual que la contribución del resto de compositores pertenecientes a la denominada Generación musical del 27, como el puente que une la Generación del 98, Manuel de Falla y los Maestros con los posteriores compositores del siglo XX: representantes del nacionalismo casticista —Joaquín Rodrigo—, figuras independientes —Federico Mompou, Xavier Montsalvatge—, Generación del 51 y compositores actuales como Antón García Abril. Si a finales del XIX figuras señeras como Isaac Albéniz y Enrique Granados son los artífices de un nuevo impulso al género de la canción de concierto, que sitúan a un nivel artístico hasta entonces inalcanzado a lo largo del siglo XIX, Manuel de Falla como genio irrepetible logra con sus *Siete canciones populares españolas* una aportación que supone un auténtico hito en la historia del género; posteriormente la aportación de la Generación de los Maestros —especialmente Joaquín Turina, Jesús Guridi y Óscar Esplá— son los encargados de fijar dicho legado en su obra liederística, lo que supone la herencia recogida por los compositores del Grupo de los Ocho de Madrid —algunos de ellos alumnos directos de los denominados Maestros— para modernizarla e impulsarla hacia las estéticas que en su día constituían la parte de la denominada vanguardia musical más cercana a las ideas musicales de Stravinsky y Manuel de Falla.

Las variadas corrientes estéticas empleadas en el campo liederístico por los ocho compositores protagonistas de este trabajo constituirán a su vez la herencia recogida por las nuevas generaciones de creadores que habrán de venir a lo largo del siglo XX; se trata de una herencia que desde el punto de vista de la estética musical no es superada hasta la Generación del 51, cuyos compositores consiguen impulsar nuevamente y de forma decisiva la evolución del lenguaje musical, que en el campo de la canción no había evolucionado de forma notable desde la rica aportación de la Generación del 27. Es decir, desde el punto de vista de la estética musical, la contribución de los integrantes del Grupo de los Ocho de Madrid en cuanto al lenguaje compositivo no se ve superada por las generaciones inmediatamente posteriores, sino que hay que esperar hasta la Generación del 51 para que los compositores experimenten nuevas líneas estéticas y un lenguaje musical más avanzado que el utilizado por la Generación del 27.

La importancia del mencionado avance estético fruto de la decisiva contribución de los compositores del Grupo de los

Conclusiones

Ocho Madrid al género de la canción de concierto choca con la escasa presencia de sus canciones en salas de conciertos y grabaciones, debido principalmente a que este grupo de creadores, en su mayoría exiliados durante la Guerra Civil, se vieron muy perjudicados por el citado exilio en cuanto a la posterior recepción de su obra; este hecho se ve agravado además por la actual situación de las ediciones de sus canciones, solventado en el caso de los hermanos Halffter y en el de Fernando Remacha, que cuentan con ediciones actuales, pero sin resolver en el caso de la obra editada de Julián Bautista, Salvador Bacarisse y Gustavo Pittaluga, descatalogada y pendiente de una improbable reedición.

Sin duda contribuiría a una mayor difusión de las canciones del Grupo de los Ocho de Madrid tanto la reedición de las obras descatalogadas de Julián Bautista, Salvador Bacarisse y Gustavo Pittaluga como la edición de las numerosas obras inéditas de Salvador Bacarisse y del legado de Juan José Mantecón. Permanece pendiente aún la publicación de numerosas canciones inéditas de este grupo de compositores, como *Heine Lieder* y *Cançao do Berço* de Ernesto Halffter, *Canción romántica* de Fernando Remacha, la obra completa para voz y piano de Juan José Mantecón y gran parte del legado liederístico de Salvador Bacarisse. Existen además numerosas canciones perdidas de compositores como Gustavo Pittaluga, Salvador Bacarisse y Juan José Mantecón, y en el caso de Rosa García Ascot, el impulso de una investigación sobre el paradero de su archivo podría desvelar posibles aportaciones al género de la canción de concierto por parte de esta compositora.

En el lado más positivo de la recepción de la obra liederística del Grupo de los Ocho de Madrid se sitúan el ciclo *Marinero en tierra* de Rodolfo Halffter, y las canciones *La corza blanca*

—primera de *Dos canciones de Rafael Alberti*—, *Ai que linda moça* y *Gerinaldo* —ambas pertenecientes a *Seis canciones portuguesas*— de Ernesto Halffter, integradas todas ellas en el repertorio habitual de los cantantes y, debido tanto a su excepcional calidad compositiva como a su extraordinario atractivo musical, aceptadas unánimemente por público e intérpretes. Idéntica suerte debería haber corrido el imponente tríptico *Tres ciudades* de Julián Bautista, cuya difusión sin embargo no está a la altura de las citadas obras ni resulta acorde con la impresionante fuerza expresiva de esta composición.

Pero el corpus compositivo de canciones de concierto del Grupo de los Ocho de Madrid, contemplado en su conjunto casi un siglo después de la fundación del grupo, lamentablemente no halla la difusión y conocimiento entre los intérpretes y el público que corresponde a su envergadura y a su calidad global, desequilibrio que tan sólo una continuada labor de rescate musicológico y editorial podría solucionar, como paso previo hacia una mayor presencia de las canciones objeto de este trabajo en salas de concierto, grabaciones, archivos sonoros y programaciones didácticas de conservatorios, universidades y escuelas de música. Este trabajo de investigación pretende fijar una base sólida y permanente para futuras investigaciones así como para una deseable recuperación editorial que suponga a su vez un estímulo para la interpretación, grabación, difusión e inserción normalizada en el repertorio de cantantes y pianistas de este interesantísimo corpus compositivo.

12. Apunte discográfico

La actual situación del mercado discográfico parece vivir una transición en cuanto a soportes y canales de distribución se refiere, lo que da como resultado una realidad muy cambiante; mientras algunas referencias discográficas pasan rápidamente al olvido al quedar descatalogadas, otras permanecen e incluso algunas largamente desaparecidas retornan en forma de reedición, descarga digital o acceso vía streaming. Pese a ello no he querido resistirme a indicar algunas referencias discográficas que, sin ánimo de convertirse en un listado exhaustivo, puedan ilustrar musicalmente el texto de este libro.

Una antología dedicada exclusivamente a los compositores protagonistas de este trabajo lleva por título *Canciones del Grupo de Madrid,* y está interpretada la mezzosoprano Marta Knörr y el autor de este libro al piano, editada el año 2000 por la Consejería de Cultura de la Comunidad de Madrid como CD nº 3 de la colección «Madrid en su música», que incluye una amplia selección de canciones de los hermanos Halffter, Bautista, Bacarisse, Remacha y Pittaluga.

La integral de canciones de Ernesto Halffter —excepto *Heine Lieder*— ha sido grabada por la mezzosoprano Elena Grajera y el pianista Antón Cardó en un CD editado por el sello Columna Música (ref.: 1CM0086). La mezzosoprano Lola Casariego ha grabado *Tres ciudades* de Julián Bautista en dos ocasiones: con el autor de este libro al piano, en el CD *Canciones* publicado por CajAstur, y la versión orquestal de este tríptico con la Orquesta de Extremadura bajo la dirección de Jesús Amigo en un CD del sello Non Profit Music; este interesante disco incluye además cuatro *Canciones portuguesas* de Ernesto Halffter con orquesta y un arreglo de José Ramón Encinar de *Marinero en tierra* de Rodolfo Halffter con acompañamiento orquestal. Existen al menos dos grabaciones más de *Tres ciudades* de Bautista: una a cargo de la mezzosoprano Elena Grajera y el pianista Antón Cardó en el CD *García Lorca en la Música* editado por Salinas Record Cásica y otra por la mezzosoprano Marisa Montiel y el pianista Fernando Turina en el CD *Lorca, Lieder Recital* publicado por Ensayo (ref.: ENY CD-9804).

Ai que linda moça y *Cançao do berço* se encuentran entre las canciones más difundidas de Ernesto Halffter; han sido grabadas por Teresa Berganza y Félix Lavilla, así como por María José Montiel y Miguel Zanetti en un recital editado por el sello RTVE Música. *Ai que linda moça* cuenta asimismo con un registro de la soprano Isabel Rey y el pianista Alejandro Zabala en el CD titulado *Mi corazón con alas. Canciones españolas* publicado en 2012 por el sello Discmedi (ref.: DM4955 02). Miguel Zanetti es el pianista que acompaña a Carmen Bustamante en el grupo *Marinero en tierra* de Rodolfo Halffter, en una grabación editada en CD por el sello Tritó; la misma obra se encuentra en el CD *Canciones para Alberti*, editado por

Unió Músics, en una versión a cargo de la mezzosoprano María Aragón y el pianista Fernando Turina; pendiente de ser editado se encuentra en el momento de redactar este libro el volumen 4 de la música de cámara de Rodolfo Halffter, un proyecto del sello Naxos del que ya han sido publicados los tres primeros volúmenes y cuyo último CD incluirá *Marinero en tierra* junto a *Desterro* y *Dos Sonetos* del compositor madrileño, a cargo de la mezzosoprano Marta Knörr con la pianista Karina Azizova.

La soprano Victoria de los Ángeles junto al pianista británico Gerald Moore interpretaron *La corza blanca* y *La niña que se va al mar* de Ernesto Halffter en un recital ofrecido el 25 de agosto de 1957 en el Usher Hall dentro de la programación del Festival de Edimburgo, recital que ha sido plasmado en una grabación disponible en el sello BBC Legends (ref.: BBCL 4101-2). Las infrecuentes *Canciones del niño de cristal* de Ernesto Halffter junto a *Tres nanas* de Rafael Alberti compuestas por Salvador Bacarisse pueden encontrarse en el CD titulado *Canción de arte*, interpretadas por la soprano Estrella Estévez y el pianista Francisco Hervás en el sello Arsis (ref.: ARSIS 4155). En el mismo sello el barítono Fernando Latorre y la pianista Itziar Barredo incluyen uno de los *Dos sonetos* de Rodolfo Halffter, el titulado *Miró Celia una rosa*, dentro del CD *Cantar del alma. La poesía del Siglo de Oro en la música del siglo XX* (ref.: ARSIS 4198).

El disco-libro *María Lejárraga. Música emocional, música recobrada*, incluye la grabación de *Dos canciones* op. 3 de Julián Bautista, la primera de ellas, *Villancico de las madres que tienen a sus hijos en brazos* a cargo de la soprano María Zapata y la pianista Noelia Rodiles, y la segunda, *El alma tenía los ojos verdes*, por el tenor Joaquín Pixán con la misma pianista. *Entre Cervantes, Lorca y Machado* es el título del CD interpretado por la soprano Elisa Belmonte y el pianista Julio Alexis Muñoz, que incluye *Nana del niño muerto* y *Cuatro Cantarcillos* de Salvador Bacarisse.

Existe una grabación del *Romance de Solita* de Gustavo Pittaluga realizada en julio de 1954 en Londres por la mezzosoprano norteamericana Nan Merriman con el pianista Gerald Moore. Fue editada por Columbia (actualmente EMI) en 1955 y reeditada en 1998 por el sello Testament bajo el título *Nan Merriman sings French & Spanish Songs* (ref.: Testament, ABT 1134). A pesar del estilo interpretativo muy forzado de la norteamericana, que exagera el aspecto tópico andaluz con unos melismas demasiado libres, la citada grabación no deja de tener interés teniendo en cuenta la época en la que fue realizada.

Relación de ejemplos musicales

Ejemplo 1: Primeros compases de *Aus meinen großen Schmerzen*, de Ernesto Halffter

Ejemplo 2: *Dämmernd liegt der Sommerabend*, de Ernesto Halffter, comp. 1-3

Ejemplo 3: *Dämmernd liegt der Sommerabend*, de Ernesto Halffter, comp. 13-15

Ejemplo 4: *Du schönes Fischermädchen*, de Ernesto Halffter, comp. 15-18

Ejemplo 5: *La corza blanca*, de Ernesto Haffter, comp. 8-10 de la versión original de 1927

Ejemplo 6: *La corza blanca*, de Ernesto Halffter, comp. 8-10 de la versión revisada de 1958

Ejemplo 7: *La niña que se va al mar*, comp. 1-6 de la versión original de 1927

Ejemplo 8: *La niña que se va al mar*, comp. 1-2 de la versión revisada de 1948

Ejemplo 9: Primera cita de *Frère Jacques* en *Le lit laqué blanc*, de Ernesto Halffter, comp. 12-13

Ejemplo 10: Segunda cita de *Frère Jacques* en *Le lit laqué blanc*, de Ernesto Halffter, comp. 18-19

Ejemplo 11: *Le lit laqué blanc*, de Ernesto Halffter, comp. 3

Ejemplo 12: *Le lit laqué blanc*, de Ernesto Halffter, comp. 49-50

Ejemplo 13: Canon a la quinta entre voz y piano en *Le lit laqué blanc*, de Ernesto Halffter, comp. 4-6

Ejemplo 14: *Le chat en étoffe*, de Ernesto Halffter, comp. 31-37

Ejemplo 15: *A jugar, juega, jugando*, de Ernesto Halffter, comp. 20-23

Ejemplo 16: Primeros compases de *Cançao do berço*, de Alexandre Rey Colaço

Ejemplo 17: Primeros compases de *Cançao do berço*, de Ernesto Halffter

Ejemplo 18: Primeros compases de *Ai que linda moça*, de Alexander Rey Colaço

Ejemplo 19: Compases finales de *Ai que linda moça*, de Alexandre Rey Colaço

Ejemplo 20: Compases finales de *Ai que linda moça*, de Ernesto Halffter

Ejemplo 21: Introducción de *Minha mãe me deu um lenço*, de Ernesto Halffter

Ejemplo 22: Primeros compases de *Minha mãe me deu um lenço*, de Rey Colaço

Ejemplo 23: Primeros compases de *Don solidon*, de Alexandre Rey Colaço

Ejemplo 24: Tercera estrofa de *Don Solidon*, de Ernesto Halffter

Ejemplo 25: *Agua do rio que la vai*, de Ernesto Halffter, comp. 22-25

Ejemplo 26: Primeros compases de *Qué altos los balcones*, de Rodolfo Halffter

Ejemplo 27: *Casadita*, de Rodolfo Halffter, comp. 19-23

Ejemplo 28: Introducción pianística de *Siempre que sueño las playas*, de Rodolfo Halffter

Ejemplo 29: Comienzo de *Gimiendo por ver el mar*, de Rodolfo Halffter

Ejemplo 30: *Desterro*, de Rodolfo Halffter, comp. 1-4

Ejemplo 31: *El alma tenía los ojos verdes*, de Julián Bautista, comp. 19-26

Ejemplo 32: Compases iniciales de *Je me promenais*, de Julián Bautista

Ejemplo 33: *Malagueña*, de Julián Bautista, comp. 53-58

Ejemplo 34: Primeros compases de *Locomotora*, de Salvador Bacarisse

Ejemplo 35: Introducción de *El niño muerto*, de Salvador Bacarisse

Ejemplo 36: *Cántica de loores*, de Salvador Bacarisse, comp. 74-78

Ejemplo 37: Primeros compases de *Responso a Verlaine*, de Salvador Bacarisse

Ejemplo 38: Primeros compases de *Déjame a solas con la muerte mía*, de Salvador Bacarisse

Ejemplo 39: Primeros compases de *Al alba venid buen amigo*, de Salvador Bacarisse

Ejemplo 40: Primeros compases de *El oasis*, de Salvador Bacarisse

Ejemplo 41: Primeros compases de *En los profundos valles de la tierra*, de Salvador Bacarisse

Ejemplo 42: Primeros compases de *Ni una palabra*, de Salvador Bacarisse

Ejemplo 43: *Estival*, de Juan José Mantecón, comp. 8-12

Ejemplo 44: Primeros compases de *Cuba*, de Juan José Mantecón

Ejemplo 45: Primeros compases de *Ondarribia, erri txikia*, de Fernando Remacha

Ejemplo 46: Primeros compases de *¡Ay que no era!*, de Fernando Remacha

Ejemplo 47: Primeros compases de *Al alba venid, buen amigo*, de Fernando Remacha

Ejemplo 48: Primeros compases de *Cantarcillo*, de Fernando Remacha

Ejemplo 49: Primeros compases de *Elegía sin palabras*, de Fernando Remacha

Ejemplo 50: *Canción romántica*, de Fernando Remacha, comp. 18-23

Ejemplo 51: *Nouturnio*, de Fernando Remacha, comp. 12-14

Ejemplo 52: *Nouturnio*, de Fernando Remacha, comp. 18-21

Ejemplo 53: Primeros compases de *El domingo de sol*, de Fernando Remacha

Ejemplo 54: *Romance de Solita*, de Gustavo Pittaluga, comp. 7-9

Ejemplo 55: Primeros compases de *Vocalise-Étude*, de Gustavo Pittaluga

Bibliografía

ACKER, Yolanda: «Ernesto Halffter: a study of the years 1905-1946», *Revista de Musicología*, vol. 17, nº 1-2, 1994, pp. 97-176.

ACKER, Yolanda y SUÁREZ-PAJARES, Javier: *Ernesto Halffter (1905-1989), músico en dos tiempos*. Madrid: Residencia de Estudiantes, 1997.

ADKINS CHITI, Patricia (ed.): *Las mujeres en la música*. Madrid: Alianza Música, 1995.

AGUILERA SASTRE, Juan (ed.): *María Martínez Sierra: Feminismo y música*. Logroño: Instituto de Estudios Riojanos, 2008.

ALBERTI, Rafael: *La arboleda perdida, 1. Primero y Segundo libros (1902-1931)*. Madrid: Alianza Editorial, 2002.

ALBERTI, Rafael: *Marinero en tierra. La amante. El alba del alhelí*. Madrid: Editorial Castalia, 1972.

ALONSO, Celsa: *La Canción Lírica Española en el siglo XIX*. Madrid: Instituto Complutense de Ciencias Musicales, 1995.

ÁLVAREZ, Alberto J: *El origen del neoclasicismo musical español. Manuel de Falla y su entorno*. Málaga: Ediciones Maestro, 2008.

AZKUE, Resurrección María de: *Cancionero popular vasco.* Barcelona: Talleres de Grabado y Estampación de Música A. Boileau y Bernasconi, 1923-1924.

AZNAR SOLER, Manuel: «El Partido Comunista de España y la literatura del exilio republicano (1939-1953)», en: AZNAR SOLER, Manuel (ed.): *El exilio literario español de 1939. Actas del Primer Congreso Internacional. (Bellaterra, 27 de noviembre-1 de diciembre de 1995).* Volumen II, 1998, pp. 15-56.

BAL Y GAY, Jesús y GARCÍA ASCOT, Rosa: *Nuestros trabajos y nuestros días.* Madrid: Fundación Banco Exterior, 1990.

BARCE, Ramón: «Luz y sombra de Salvador Bacarisse», *Scherzo,* nº 122, 1998, pp. 132-133.

BAUTISTA, Julián: «La influencia del elemento popular en la canción española de cámara». Texto de la conferencia-concierto leída en la Biblioteca Musical Verdi del Círculo de Periodistas de la Ciudad de La Plata, República Argentina (4-9-1951). Archivo Julián Bautista, Biblioteca Nacional de Madrid. Signatura M. Bautista 57/2(4).

BAUTISTA, Julián: «Lo típico y la producción sinfónica», *Música,* vol. 3, 1983, pp. 23-29.

CAÑOBANO, Antonio Álvarez, RIBOT, Mª José González, DORADO, Pilar Gutiérrez, PATIÑO, Cristina Marcos (eds.): *Compositoras españolas. La creación musical femenina desde la Edad Media hasta la actualidad.* Madrid: Centro de Documentación de Música y Danza (INAEM), 2008.

CAPDEPÓN, Paulino: «Bautista, Julián», en: *Diccionario Biográfico Español.* Madrid: Real Academia de la Historia, 2011.

CAPDEPÓN, Paulino: «García Ascot, Rosa», en: *Diccionario Biográfico Español.* Madrid: Real Academia de la Historia, 2011.

CAPDEPÓN, Paulino: «Pittaluga González del Campillo, Gustavo», en: *Diccionario Biográfico Español*. Madrid: Real Academia de la Historia, 2011.

CARREDANO, Consuelo: «Devociones ejemplares: algunas pautas en la relación de Manuel de Falla y Ernesto Halffter», *Cuadernos de Música Iberoamericana*, vol. 11, 2006, pp. 17-50.

CARREIRA, Xoán M.: «García Ascot, Rosa», en: CASARES RODICIO, Emilio (ed.): *Diccionario de la Música española e hispanoamericana*. Madrid: Sociedad General de Autores y Editores, 2000, vol. 5, p. 426.

CASAL CHAPÍ, Enrique: «Salvador Bacarisse», *Música*, nº 2, 1938, pp. 27-53.

CASARES RODICIO, Emilio: «Bautista Cachaza, Julián», en: CASARES RODICIO, Emilio (ed.): *Diccionario de la Música española e hispanoamericana*. Madrid: Sociedad General de Autores y Editores, 2000, vol. 2, pp. 301-309.

CASARES RODICIO, Emilio: «Bautista (Cachaza) Julián», en: FINSCHER, Ludwig (ed.): *Die Musik in Geschichte und Gegenwart. Zweite, neubearbeitete Ausgabe*. Kassel / Stuttgart: Bärenreiter, 1999, Personenteil, vol. 2, pp. 541-543.

CASARES RODICIO, Emilio: «Halffter Escriche, Ernesto», en: CASARES RODICIO, Emilio (ed.): *Diccionario de la Música española e hispanoamericana*. Madrid: Sociedad General de Autores y Editores, 2000, vol. 6, pp. 192-198.

CASARES RODICIO, Emilio: «Halffter Escriche, Rodolfo», en: CASARES RODICIO, Emilio (ed.): *Diccionario de la Música española e hispanoamericana*. Madrid: Sociedad General de Autores y Editores, 2000, vol. 6, pp. 183-192.

CASARES RODICIO, Emilio (ed.): *La música en la Generación del 27. Homenaje a Lorca, 1915-1939*. Madrid: Ministerio de Cultura, 1986.

CASARES RODICIO, Emilio: «La Revista Musical de Bilbao», *Revista Musical*, vol. 6, 2002, pp. 183-217.

CASARES RODICIO, Emilio: «Pittaluga González del Campillo, Gustavo», en: CASARES RODICIO, Emilio (ed.): *Diccionario de la Música española e hispanoamericana*. Madrid: Sociedad General de Autores y Editores, 2000, vol. 8, pp. 834-839.

CHARLES, Agustín: *Dodecafonismo y serialismo en España*. Valencia: Rivera Editores, 2005.

COCKBURN, Jacqueline; JOHNSON, Graham; STOKES, Richard: *The spanish song companion*. Oxford: Scarecrow Press, 2006.

CRUZ, Sor Juana Inés de la: *El Universo de Sor Juana. Antología*. México: Editorial Diana, 1995.

DANUSER, Hermann (ed): *Musikalische Lyrik. Lied und vokale Ensemblekunst. Handbuch der Musikalischen Gattungen*, Vols. 8.1 y 8.2. Laaber: Laaber-Verlag, 2004.

FERNÁNDEZ-CID, Antonio: *La música española en el siglo XX*. Madrid: Fundación Juan March, 1973.

FERNÁNDEZ-CID, Antonio: *Lieder y canciones de España*. Madrid: Editora Nacional, 1963.

FISCHER-DIESKAU, Dietrich: *Hablan los sonidos, suenan las palabras*. Madrid: Turner Música, 1990.

FRANCO, Enrique: «Ernesto Halffter (Escriche)», en: SADIE Stanley (ed.): *The New Grove Dictionary of Music and Musicians, second edition*. London: Macmillan Publishers Limited, 2001, vol. 10, pp. 692-694.

FRANÇOIS-SAPPEY, Brigitte y CANTAGREL, Gilles: *Guide de la Mélodie et du Lied*. Paris: Librairie Artéme Fayard, 1994.

GAN QUESADA, Germán: «Pittaluga González del Campillo, Gustavo», en: FINSCHER, Ludwig (ed.): *Die Musik in*

Geschichte und Gegenwart. Zweite, neubearbeitete Ausgabe. Kassel / Stuttgart: Bärenreiter, 2005, Personenteil, vol. 13, p. 646.

GARCÍA DEL BUSTO, José Luis: *Rafael Alberti y la música.* Madrid: Eleuve, 2007.

GARCÍA GALLARDO, Cristóbal L., MARTÍNEZ GONZÁLEZ, Francisco y RUIZ HILILLO, María (eds.): *Los músicos del 27.* Granada: Universidad de Granada, 2010.

GARCÍA LORCA, Federico: *Poema del Cante Jondo. Romancero gitano.* Madrid: Cátedra, 1996.

GONZÁLEZ LAPUENTE, Alberto (ed.): *La música en España en el siglo XX. (Historia de la música en España e Hispanoamérica, vol. 7).* Madrid: Fondo de Cultura Económica, 2012.

GONZÁLEZ PEÑA, Mª Luz: *Música y músicos en la vida de María Lejárraga.* Logroño: Instituto de Estudios Riojanos, 2009.

HALFFTER, Rodolfo: «Julián Bautista», *Música*, nº 1, 1938, pp. 9-23.

HEINE, Christiane: «Bacarisse Chinoria, Salvador», en: CASARES RODICIO, Emilio (ed.): *Diccionario de la Música española e hispanoamericana.* Madrid: Sociedad General de Autores y Editores, 2000, vol. 2, pp. 4-24.

HEINE, Christiane: «Bacarisse Chinoria, Salvador», en: FINSCHER, Ludwig (ed.): *Die Musik in Geschichte und Gegenwart. Zweite, neubearbeitete Ausgabe.* Kassel / Stuttgart: Bärenreiter, 1999, Personenteil, vol. 1, pp. 1254-1258.

HEINE, Christiane: «Bacarisse (Chinoria), Salvador», en: SADIE Stanley (ed.): *The New Grove Dictionary of Music and Musicians, second edition.* London: Macmillan Publishers Limited, 2001, vol. 2, pp. 291-292.

HEINE, Christiane: «Ernesto (Alberto) Halffter Escriche», en: FINSCHER, Ludwig (ed.): *Die Musik in Geschichte und Gegenwart. Zweite, neubearbeitete Ausgabe.* Kassel / Stuttgart: Bärenreiter, 2002, Personenteil, vol. 8, pp. 437-439.

HEINE, Christiane: «Fernando Remacha (1898-1984), su despedida de la música», *Revista de Musicología*, XIX, 1-2, 1996, pp. 239-243.

HEINE, Christiane: «Rodolfo Halffter Escriche», en: FINSCHER, Ludwig (ed.): *Die Musik in Geschichte und Gegenwart. Zweite, neubearbeitete Ausgabe.* Kassel / Stuttgart: Bärenreiter, 2002, Personenteil, vol. 8, pp. 435-437.

HEINE, Christiane: *Salvador Bacarissse (1898-1963). Die Kriterien seines Stils während der Schaffenszeit in Spanien (bis 1939).* Frankfurt am Mein: Peter Lang, 1993.

HEINE, Christiane: «Salvador Bacarisse (1898-1963) en el centenario de su nacimiento», *Cuadernos de Música Iberoamericana*, nº 5, 1998, pp. 43-75.

HEINE, Christiane: «Salvador Bacarisse, su obra de 1926 a 1930: del impresionismo al neoclasicismo», *Nassarre, Revista Aragonesa de Musicología*, vol. XIV-1, 1998, pp.119-171.

HEINE, Christiane: *Catálogo de obras de Salvador Bacarisse.* Madrid: Fundación Juan March, 1990.

HEINE, Christiane: «El pensamiento armónico de Julián Bautista en teoría y práctica: del 'Estudio comparativo de los principales Tratados de Armonía' (1934/35) a *Suite all'antica* y *Barrio de Córdoba*», *Recerca musicològica* nº 20 (= 2010), 17pp. (en prensa).

HEINE, Christiane: «Las relaciones entre poetas y músicos de la Generación del 27: Rafael Alberti», *Cuadernos de arte de la Universidad de Granada* nº 26, 1995, pp. 265-296.

HEINE, Christiane: «Generación del 27. Un paso necesario», *Scherzo*, nº 215, 2007, pp. 136-137.
HEINE, Christiane: «Remacha Villar, Fernando», en: FINSCHER, Ludwig (ed.): *Die Musik in Geschichte und Gegenwart. Zweite, neubearbeitete Ausgabe*. Kassel / Stuttgart: Bärenreiter, 2005, Personenteil, vol. 13, pp. 1550-1551.
HEINE, Christiane: «Remacha (Villar), Fernando, en: SADIE Stanley (ed.): *The New Grove Dictionary of Music and Musicians, second edition*. London: Macmillan Publishers Limited, 2001, vol. 21, p. 176.
IGLESIAS, Antonio: *Rodolfo Halffter (Tema, Nueve décadas y Final)*. Madrid: Fundación Banco Exterior, 1992.
IGLESIAS, Antonio: *Rodolfo Halffter: Su obra para piano*. Madrid: Editorial Alpuerto, 1979.
IGLESIAS, Antonio y ORREGO-SALAS, Juan A.: «Rodolfo Halffter (Escriche)», en: SADIE Stanley (ed.): *The New Grove Dictionary of Music and Musicians, second edition*. London: Macmillan Publishers Limited, 2001, vol. 10, p. 692.
JIMÉNEZ, Juan Ramón: *La estación total con Las canciones de la nueva luz (1923-1936)*. Barcelona: Tusquets, 1994.
KIMBALL, Carol: *Song: A Guide to Art Song Style and Literature*. Milwaukee: Hal Leonard Corporation, 2006.
LÓPEZ CHÁVARRI ANDÚJAR, Eduardo: «Salvador Bacarisse y sus 24 Preludios para piano», *Ritmo*, 248, 1952, pp.10-11.
MAINER, José-Carlos: *La Edad de Plata (1902-1939). Ensayo de interpretación de un proceso cultural*. Madrid: Cátedra, 1987.
MARCO, Tomás: *Historia de la música española 6. Siglo XX*. Madrid: Alianza Editorial, 1983 (Alianza Música, 6).

MARCO, Tomás: «Canciones de Ernesto Halffter». Notas al programa del *Ciclo Ernesto Halffter en su Centenario*. Madrid: Fundación Juan March, 2005.

MARTÍNEZ SIERRA, María: *Gregorio y yo. Medio siglo de colaboración*. Valencia: Pre-Textos, 2000.

MARTÍNEZ SIERRA, María: *Una mujer por los caminos de España*. Madrid: Castalia, 1989.

NAGORE, María; SÁNCHEZ DE ANDRÉS; Leticia, TORRES, Elena (eds.): *Música y cultura en la Edad de Plata, 1915-1939*. Madrid: ICCMU, 2009.

NOMMICK, Iván: «Mantecón Molins, Juan José», en: FINSCHER, Ludwig (ed.): *Die Musik in Geschichte und Gegenwart. Zweite, neubearbeitete Ausgabe*. Kassel / Stuttgart: Bärenreiter, 2004, Personenteil, vol. 11, p. 1012.

OSSA MARTÍNEZ, Marco Antonio de la: *La música en la guerra civil española*. Cuenca: Ediciones de la Universidad de Castilla-La Mancha; (Madrid): Sociedad Española de Musicología, 2011.

PALACIOS, María: *La renovación musical en Madrid durante la dictadura de Primo de Rivera: El Grupo de los Ocho (1923-1931)*. Madrid: Sociedad Española de Musicología, 2008.

PASTOR COMÍN, Juan José: «Fuentes musicales en la obra poética de Gutierre de Cetina», *Revista de Musicología*, XXXIII, 1-2, 2010, pp. 63-81.

PERSIA, Jorge de: *Los últimos años de Manuel de Falla*. Madrid: Sociedad General de Autores y Editores, 1993.

PERSIA, Jorge de: *Julián Bautista*. Madrid: Biblioteca Nacional, 2004.

PERSIA, Jorge de: «Lorca: Letra y música», *Scherzo*, nº 122, año 1998, pp. 116-120.

PERSIA, Jorge de: «Música entre dos mundos. Julián Bautista, 1901-1091». Programa de concierto del Auditorio Conde Duque. Madrid, 17-12-2001, sin paginación.

PERSIA, Jorge de: «Notas sobre Gustavo Pittaluga y el contexto generacional», *Scherzo*, nº 209, 2006, pp. 128-132.

PERSIA, Jorge de: «Remacha y Bacarisse, el difícil retorno», *ABC Cultural*, 10-12-1998, pp. 46-47.

PITTALUGA, Gustavo: «Música moderna y jóvenes músicos españoles», *Ritmo*, nº 27, 1930, pp. 5-7, y nº 28, 1931, pp. 2-3.

PRIETO, Laura: *Catálogo de obras de Juan José Mantecón (1895-1964)*. Madrid: Fundación Juan March, 2004.

PRIETO, Laura: *Obra crítica de Juan José Mantecón (Juan del Brezo): 'La Voz', 1920-1934*. Madrid: Arambol, 2001.

PRIETO, Laura: «Juan José Mantecón: Apuntes de un crítico y compositor de la Generación del 27», *Madrid*, nº 4, 2001, pp. 427-447.

REMACHA, Margarita: *Fernando Remacha. Una vida en armonía*. Pamplona: Gobierno de Navarra, 1996.

REVERTER, Arturo: «Rodolfo Halffter en su centenario». Programa de concierto del Centro para la difusión de la música contemporánea. Madrid, 20-3-2000, sin paginación.

REVERTER, Arturo: «La obra de cámara de Rodolfo Halffter: La obra vocal». Programa de concierto de la Residencia de Estudiantes. Madrid, 21-3-2006.

REVERTER, Arturo: «Las dos orillas: La música en el exilio». Programa de concierto de la Residencia de Estudiantes. Madrid, 23-01-2007.

REY COLAÇO, Alexandre: *Cantigas de Portugal*. Lisboa: Sassetti & Cª, 1922.

RIEZU, Jorge de: *Flor de canciones populares vascas*. San Sebastián: Sendoa, 1982.

RUIZ TARAZONA, Andrés: «La corza blanca. Integral de canto». Notas introductorias al CD *Integral de canto de Ernesto Halffter*. Barcelona: Columna Música, 2001.
SALGADO, Susana: «Bautista, Julián», en: SADIE Stanley (ed.): *The New Grove Dictionary of Music and Musicians, second edition*. London: Macmillan Publishers Limited, 2001, vol. 2, p. 933.
SÁNCHEZ SÁNZCHEZ, Víctor: «Juan José Mantecón. Crítico y compositor de la Generación del 27», *Cuadernos de Música Iberoamericana*, vol. 4, 1997, pp. 49-65.
SÁNCHEZ SÁNCHEZ, Víctor: «Mantecón Molins, Juan José», en: CASARES RODICIO, Emilio (ed.): *Diccionario de la Música española e hispanoamericana*. Madrid: Sociedad General de Autores y Editores, 2000, vol. 7, pp. 106-110.
SANTILLANA, Marqués de: *Poesías completas, I. Serranillas, cantares y decires. Sonetos fechos al itálico modo*. Madrid: Castalia, 1989.
SCHMIERER, Elisabeth: *Geschichte des Liedes*. Laaber: Laaber-Verlag, 2007.
SCHMITT, Thomas: «Con las guitarras abiertas. El neopopularismo como reacción y progreso en las canciones españolas de los años 30 del siglo XX». Anuario Musical, nº 66, 2011, pp. 263-282.
SEMPRÚN, Jorge: «La muerte se vuelve vida». *Independencia*, 6 (30 de abril de 1947).
STEVENS, Denis: *Historia de la canción*. Madrid: Taurus, 1990.
SUÁREZ-PAJARES, Javier (ed.): *Joaquín Rodrigo y la creación musical en los años cincuenta*. Valladolid: Universidad de Valladolid, 2008.
SUÁREZ-PAJARES, Javier (ed.): *Música española entre dos guerras, 1914-1945*. Granada: Archivo Manuel de Falla, 2002.

TINELL, Roger D.: *Federico García Lorca y la Música, catálogo y discografía anotados*. Madrid: Fundación Juan March, 1993.

VIERGE, Marcos Andrés: «25 Años de la muerte de Fernando Remacha», *Cuadernos de Música Iberoamericana*, vol. 18, 2009, pp. 121-134.

VIERGE, Marcos Andrés: *Fernando Remacha. El compositor y su obra*. Madrid: Instituto Complutense de Ciencias Musicales, 1998.

VIERGE, Marcos Andrés: «Fernando Remacha Villar (1898-1984). Seis puntos claves sobre su vida y obra», *Cuadernos de Música Iberoamericana*, vol. 5, 1998, pp. 23-40.

VIERGE, Marcos Andrés: «Fernando Remacha y la Generación del 27», *Mito y realidad en la historia de Navarra*, vol. II, Pamplona, Gobierno de Navarra, 1998, pp. 371-383.

VIERGE, Marcos Andrés: La *Cantata de Jesucristo en la Cruz*, de Fernando Remacha, como modelo de síntesis entre la tradición y la vanguardia», *Cuadernos de Veruela*, 2, Zaragoza, 1998, pp. 36-58.

VIERGE, Marcos Andrés: «Remacha Villar, Fernando», en: CASARES RODICIO, Emilio (ed.): *Diccionario de la Música española e hispanoamericana*. Madrid: Sociedad General de Autores y Editores, 2000, vol. 9, pp. 97-104.

VILLANUEVA, Carlos (ed.): *Jesús Bal y Gay. Tientos y silencios 1905-1993*. Madrid: Residencia de Estudiantes, 2005.

VILLA ROJO, Jesús (ed.): *Músicas actuales. Ideas básicas para una teoría*. Bilbao: Ikeder, 2008.

VVAA: *Cuadernos de Música Iberoamericana*, Vol. 11, 2006, Monográfico dedicado a Ernesto Halffter (1905-1989) en su centenario.

www.ingramcontent.com/pod-product-compliance
Lightning Source LLC
Chambersburg PA
CBHW031949290426
44108CB00011B/737